História urbana

GISELE SANGLARD
CARLOS EDUARDO MOREIRA DE ARAÚJO
JOSÉ JORGE SIQUEIRA
(orgs.)

História urbana

memória, cultura e sociedade

Copyright © Gisele Sanglard; Carlos Eduardo Moreira de Araújo; José Jorge Siqueira

Direitos desta edição reservados à
EDITORA FGV
Rua Jornalista Orlando Dantas, 37
22231-010 | Rio de Janeiro, RJ | Brasil
Tels.: 0800-021-7777 | 21-3799-4427
Fax: 21-3799-4430
editora@fgv.br | pedidoseditora@fgv.br
www.fgv.br/editora

Impresso no Brasil | *Printed in Brazil*

Todos os direitos reservados. A reprodução não autorizada desta publicação, no todo ou em parte, constitui violação do copyright (Lei nº 9.610/98).

Os conceitos emitidos neste livro são de inteira responsabilidade dos autores.

1ª edição — 2013

Preparação de originais: Débora de Castro Barros
Diagramação e capa: Ilustrarte Design e Produção Editorial
Revisão: Débora de Castro Barros | Tahyana Viana

Ficha catalográfica elaborada pela
Biblioteca Mario Henrique Simonsen

História urbana : memória, cultura e sociedade / Gisele Sanglard, Carlos Eduardo Moreira de Araújo, José Jorge Siqueira (orgs.). — Rio de Janeiro : Editora FGV, 2013.
368 p.

Inclui bibliografia.
ISBN: 978-85-225-1331-4

1. Sociologia urbana. 2. Espaço urbano. 3. Movimentos sociais urbanos. 4. Cultura. I. Sanglard, Gisele. II. Araújo, Carlos Eduardo Moreira. III. Siqueira, José Jorge, 1948- . IV. Fundação Getulio Vargas.

CDD — 307.76

Sumário

Prefácio   9
Nireu Cavalcanti

Apresentação   11
Gisele Sanglard; Carlos Eduardo Moreira de Araújo; José Jorge Siqueira

Olhares sobre a cidade como palco de disputas e sociabilidade

1. Irmandades, folias e imperadores:
festas do Divino Espírito Santo na Corte do Rio de Janeiro (c. 1750-c. 1830)   21
William de Souza Martins

2. O universo das letras: debates impressos e mediações culturais
— São João d'El-Rey (1827-1829)   49
Rodrigo Fialho Silva

3. A marca de Caim: relações entre violência e cultura política
no Rio de Janeiro colonial   73
Jorge Victor de Araújo Souza

4. Descortesias públicas e quebras de rituais: reações simbólicas
contra as autoridades coloniais (Minas Gerais, 1734 e 1743)   89
Irenilda Reinalda B. de R. M. Cavalcanti

Olhares sobre o trabalhador

5. Cidades como espaços atlânticos:
sobre biografias, diásporas, marinheiros e africanos   113
Flávio Gomes

6. Novos olhares sobre os trabalhadores livres:
uma associação de artífices de cor no Recife oitocentista   129
Marcelo Mac Cord

7. Antigos serviços, novas categorias: a utilização do trabalho prisional
na urbanização do Rio de Janeiro, 1808-1821   143
Carlos Eduardo Moreira de Araújo

8. Transformações rumo ao capitalismo no Vale do Paraíba fluminense
e o papel determinante da questão cultural para explicar
o novo lugar do liberto da escravidão   161
José Jorge Siqueira

9. Moradas, ocupação e territórios urbanos:
crioulos e africanos no Rio de Janeiro, 1870-1910   181
Lucimar Felisberto dos Santos

Tecendo o urbano: cultura e sociedade

10. A Paris dos trópicos e a Pequena África na época do Haussmann tropical   201
Lúcia Silva

11. A sociedade civil e a construção de hospitais
na cidade do Rio de Janeiro da Primeira República   225
Gisele Sanglard

12. Zona, sertão ou celeiro? A constituição do cinturão verde
da cidade do Rio de Janeiro e seus impasses, 1890-1956   251
Leonardo Soares dos Santos

13. A saúde e a cidade: o bairro de Jacarepaguá
e os hospitais de isolamento   279
Renato Gama-Rosa Costa; Ana Albano Amora; Sara Cabral Filgueiras

Tecendo o urbano: culturas políticas em xeque

14. Memória em ruínas: desindustrialização fluminense
no limiar do século XX   303
Ricardo M. Pimenta

15. Praia do Flamengo, 132: entre história e memória — 321
Angélica Müller

16. Jeca Total: a invenção do sertanejo urbanizado na academia paulista — 337
Gustavo Alonso

Os autores — 365

Prefácio

Foi com satisfação que aceitei o convite da amiga doutora Gisele Sanglard para prefaciar o livro produzido pelo Laboratório de Estudos de História Social da Cultura (LEHSC), da Universidade Severino Sombra (USS), situada em Vassouras, estado do Rio de Janeiro. São os principais líderes desse centro de pesquisas históricas a doutora Gisele Sanglard e o doutor José Jorge Siqueira. Foram três professores que coordenaram a presente obra, além dos líderes o doutor Carlos Eduardo Moreira de Araújo.

Por outro lado, sabia da responsabilidade e do desafio que assumia em prefaciar uma obra com 16 textos produzidos por especialistas e pesquisadores em diversas áreas da história urbana, pertencentes aos quadros da USS, da UFRJ, da UFF, da Universo, da UFRRJ, do Rio de Janeiro, e da UEMG, de Minas Gerais, além de pesquisadores ligados à Fiocruz e a programas do CNPq.

O desafio tornou-se mais complexo por ser o livro resultado de seminário montado pelos líderes do LEHSC e pelo fato de os participantes terem ficado livres para escolher a temática a ser desenvolvida em seu texto, sendo exigido somente que o objeto de estudo tivesse ocorrido em espaços urbanos de uma vila ou cidade. Proposta ousada e só possível de alcançar coerência e qualidade nos textos pela experiência e competência dos três doutores coordenadores e pela maturidade dos autores convidados. O excelente resultado dos trabalhos reunidos neste livro é seu ponto marcante, mostrando que é possível congregar experiências multidisciplinares, com liberdade temática, para leitura complexa do fenômeno urbano.

Os coordenadores apresentam um resumo didático de cada texto, explicando seus objetivos e os pontos importantes. Essas resenhas ajudam muito o leitor e facilitaram meu trabalho de prefaciador.

HISTÓRIA URBANA

O livro é um belo painel de histórias urbanas, em que os textos se encaixam e se complementam, formando um espaço urbano multifacetado, rico de vivências históricas, de símbolos, de memórias e de registros importantes para a identidade social. Não trata de uma vila, ou de uma cidade específica, mas sugere ao leitor que a construa, segundo suas vivências, interesses, afinidades e identidade que encontrou em cada capítulo lido. Aliás, cada leitor tem a liberdade de organizar os capítulos segundo a realidade urbana que deseja montar em seu painel.

Esta é a mensagem dos autores de cada texto: é importante a liberdade de escolha do objeto de estudo, na infinita possibilidade deixada por nossos antepassados e até por pessoas do tempo presente, na epopeia construtiva de seu viver e na formação dos espaços no território brasileiro, ao longo de sua história.

Os autores mostraram que todo fato histórico é passível de análise, de formulação de hipóteses e de elaboração de texto consistente, contributivo e esclarecedor para entendermos nosso passado.

O leitor encontrará em cada capítulo orientação metodológica, de redação científica, indicações de variadas fontes de arquivos, além de importante e atualizada bibliografia relacionada com a história em geral e específica a cada assunto tratado pelo autor.

Podemos observar que cada autor contextualizou o tema que escolheu espacial e temporalmente, além de relacionar os agentes neles envolvidos com a sociedade e a estrutura política e administrativa do governo correspondente ao período estudado: colonial, imperial e republicano, até os dias atuais. Nesse vasto painel temporal, há fatos passados no século XVII — "A marca de Caim: relações entre violência e cultura política no Rio de Janeiro colonial", de Jorge Victor de Araújo Souza — até questões recentes da luta dos estudantes em defesa da sede da UNE, na praia do Flamengo, 132, na cidade do Rio de Janeiro, de autoria de Angélica Müller, e o instigante texto de Gustavo Alonso: "Jeca Total: a invenção do sertanejo urbanizado na academia paulista".

Cada fato histórico estudado nos traz o sentido da memória, do conteúdo valorativo de marcos dignos de preservação como patrimônio material ou imaterial, construídos por nossa sociedade e representativos da nacionalidade brasileira.

Os organizadores nos brindaram com consistente obra de estudos urbanos, dentro de ampla visão do fato histórico, o que me faz declarar que, ao terminar a leitura deste livro, os leitores encontrarão úteis ensinamentos por meio de uma escrita agradável e sem o hermetismo de pedante academicismo.

Nireu Cavalcanti

Apresentação

O LIVRO QUE ORA APRESENTAMOS reflete o interesse dos organizadores em pensar a cidade, e a história da cidade, com base nos conceitos de memória, sociedade e cultura. Para tal, foi reunido um grupo de pesquisadores de diversas instituições de ensino e pesquisa do país que compartilhassem esse objeto de pesquisa a fim de explorar melhor as diversas possibilidades de análise da história social da cultura.

Este livro oferece, então, aos leitores a diversidade de análise que a história social da cultura permite: cultura urbana, religiosidade, cultura política, relações de poder, história social do trabalho e a questão da identidade.

Tais temas estão presentes na definição proposta por Norbert Elias para cultura, em sua distinção já clássica entre cultura e civilização na obra *O processo civilizador*. O primeiro conceito compreende, para as sociedades britânica e francesa, fatos políticos, econômicos, religiosos, morais ou sociais, enquanto o segundo está ligado, para os alemães, a questões intelectuais, artísticas e/ou religiosas. Se o conceito de *civilização* permite mitigar as diferenças entre os Estados nacionais, o de *cultura* enfatiza as diferenças entre eles, ou, dito de outra forma, busca reconstituir as fronteiras políticas e espirituais de determinado grupo.

Mais do que compreender a gênese da diferença entre ambos os conceitos, que levou historicamente, como N. Elias chamou a atenção, a um afastamento cada vez maior entre *Kultur* e *Zivilisation*, o que nos interessa neste momento é perceber que esta proposta editorial abarca ambos os conceitos: tanto a ideia de civilização, entendida na Inglaterra e na França como um processo, quanto a de *Kultur* alemã, delimitadora da individualidade de determinado povo.

Nesse sentido, este volume se insere na moderna história cultural, em que a preocupação com o papel das classes sociais ou mesmo a noção de conflito social está presente ao lado de interpretações voltadas para o cotidiano das sociedades, marcando, assim, a característica de uma história plural.

E é essa pluralidade que ora apresentamos a vocês.

Este livro está dividido em dois grandes eixos de interpretação: os olhares sobre o urbano e a tessitura das relações com a *urbes*, levando em consideração as transformações ocorridas em cada um dos grupos.

O primeiro grupo, *Olhares sobre a cidade como palco de disputas e sociabilidade*, apresenta trabalhos voltados para a análise das relações do homem com a cidade colonial, do Rio de Janeiro e das *minas gerais*, em momentos de festividades, de violência explícita, de quebra de rituais ou nas trocas culturais. Nesse grupo, cultura política e manifestações culturais no Brasil colonial serão apresentadas e discutidas com base nos textos de William de Souza Martins, Rodrigo Fialho Silva, Jorge Victor de Araújo Souza e Irenilda Reinalda B. de R. M. Cavalcanti. Ora na cidade do Rio de Janeiro, ora nas cidades mineradoras de São João d'El-Rey e Vila Rica, os autores nos apresentam a diversidade e a riqueza da cultura setecentista e oitocentista no Brasil. Em seu texto "Irmandades, folias e imperadores: festas do Divino Espírito Santo na Corte do Rio de Janeiro (c. 1750-c. 1830)", William de Souza Martins propõe "reconstruir as bases institucionais, sociais e materiais do culto do Divino Espírito Santo na cidade do Rio de Janeiro", levando em consideração as disputas ocorridas entre as diversas irmandades que abrigavam o culto ao Divino, no interior de cada uma delas e delas com a municipalidade — mais especificamente com a polícia, chamando a atenção para as transformações da cultura urbana, notadamente a presença de negros e mulatos em uma organização que chegou a prever o atestado de pureza de seus irmãos. Outro ponto salientado pelo autor é a apropriação dos rituais monárquicos, da Corte portuguesa transmigrada pelas folias e na caracterização do imperador do Divino, representando este a defesa da cristandade, como nas cavalhadas, que, a despeito de não serem ligadas às festividades do Divino, acabaram sendo-lhes associadas. O texto apresenta a riqueza da cultura portuguesa adaptada no Brasil colonial e que vai ganhando contornos distintos com passar do tempo, mantendo sempre o desafio aos poderes públicos de ordenar a cidade no meio das festividades que tomavam conta das diversas freguesias. Cultura, sociedade e espaço urbano são os fios condutores do olhar de William de Souza Martins sobre a cidade colonial.

Saindo do Rio de Janeiro e chegando a São João d'El-Rey da primeira metade do século XIX, o texto de Rodrigo Fialho Silva, "O universo das letras: debates impressos e mediações culturais — São João d'El-Rey (1827-1829)" discute as sociabilidades

APRESENTAÇÃO

impressas nessa cidade mineira que viu nesse período o surgimento da imprensa local. O autor chama a atenção para o fato de que o dinamismo econômico da vila permitiu o surgimento de dois espaços importantes na localidade: a biblioteca pública e a tipografia local, que se tornaram locais de sociabilidade dos letrados e palco das disputas políticas. A proposta do autor é analisar esses espaços com base na biografia das principais personagens envolvidas na construção da biblioteca e na direção dos periódicos que se opunham. Sociabilidade, imprensa e disputas políticas são os caminhos percorridos pelo olhar de Rodrigo Fialho Silva para a então vila de São João d'El-Rey.

Os dois últimos textos desse grupo vão discutir a cultura política no Brasil setecentista. Em "A marca de Caim: relações entre violência e cultura política no Rio de Janeiro colonial", Jorge Victor de Araújo Souza fala sobre o conceito de *urbanidade*, que, segundo o dicionário do século XVIII, está diretamente relacionado com os "bons modos" daqueles que vivem na cidade. Com base nessa definição, o autor discute a violência na cidade do Rio de Janeiro levando em consideração as hierarquias sociais envolvidas, as armas, as disputas políticas e a tentativa de controle por parte da administração colonial. No diálogo com Natalie Z. Davies e Robert Darton, analisa os valores e as estratégias observados na documentação desses atos de violência. O olhar que Jorge Victor de Araújo Souza propicia passa pelo papel das autoridades coloniais, tanto na mediação dos conflitos quanto na tentativa de contenção da violência; pela tensão social — a questão da hierarquia; e pelas tentativas de implementação de "costumes civilizadores", mesmo que distintos daqueles da metrópole.

Fechando o grupo, Irenilda Reinalda B. de R. M. Cavalcanti propõe o estudo sobre "Descortesias públicas e quebras de rituais: reações simbólicas contra as autoridades coloniais (Minas Gerais, 1734 e 1743)", ou a transformação do espaço público, do lugar da festa, em espaço de animosidades públicas. Os eventos analisados pela autora ocorreram em Vila Rica nos anos 1734 e 1743 e, por terem rompido com a ordem vigente — a cidade como espaço em que as hierarquias sociais se evidenciam e pela prevalência dos ritos cerimoniais e da ordem — e terem sido considerados da esfera pública, foram objeto da análise atenta por parte da administração metropolitana. O olhar da autora nos leva aos rituais da sociabilidade colonial, às formas de demonstração de insatisfação com a administração colonial, às estratégias postas em prática e ao domínio pelos colonos da simbologia dos rituais coloniais.

O segundo grupo, *Olhares sobre o trabalhador*, traz à discussão o mundo do trabalho escravo e livre no período de transição entre o cativeiro e a liberdade. No primeiro texto, "Cidades como espaços atlânticos: sobre biografias, diásporas, marinheiros e africanos", Flávio Gomes apresenta uma leitura do espaço urbano como gerador de cosmovisões, cooperação e identidade para os africanos da diáspora. Para tal, propõe a análise com base na biografia histórica que é considerada por ele a chave de leitura para a reflexão da "circulação e invenções de ideias no Atlântico".

Em seguida, Marcelo Mac Cord apresenta seu percurso intelectual, sua problemática e as estratégias de enfrentamento desta em "Novos olhares sobre os trabalhadores livres: uma associação de artífices de cor no Recife oitocentista". Discutindo, do ponto de vista conceitual, a diferença entre arte mecânica e arte livre, o autor insere o Brasil oitocentista no seio dessa discussão e apresenta como as irmandades, confrarias e sociedades de socorros mútuos exerceram papel importante na mobilidade social do liberto, com a criação da Sociedade das Artes Mecânicas (1841) no interior da irmandade de São José do Ribamar no Recife. As tensões, a sociabilidade dos irmãos, as preocupações com o pecúlio são temas presentes no trabalho do autor, bem como o questionamento de algumas afirmativas caras a uma vertente clássica da historiografia brasileira referente ao período escravista, inserindo seu trabalho na renovação da história social brasileira.

Os outros três textos falam diretamente do trabalhador negro e do uso de sua força de trabalho. Carlos Eduardo Moreira de Araújo, em "Antigos serviços, novas categorias: a utilização do trabalho prisional na urbanização do Rio de Janeiro, 1808-1821", apresenta o esforço da administração da capital colonial de se transformar em sede do Império português. O autor propõe lançar outro olhar sobre a transmigração da Corte portuguesa, que passa pela organização das estruturas de poder na cidade. Sua análise centra-se na ação de Paulo Fernandes Viana, que desde 1800 ocupava o cargo de *ouvidor do crime* na cidade. Era Paulo Viana um grande conhecedor dos becos e vielas da cidade. Com a chegada da Corte, sua missão ficou ainda mais importante: controlar a criminalidade e a vadiagem na cidade. Por outro lado, as obras emergenciais que se faziam necessárias (abertura de estradas, melhorias das vias) esbarravam na falta de mão de obra disponível — os criminosos controlados por Viana, então, acabavam por exercer esse papel. Eram, em sua maioria, fugitivos do cativeiro vigiados por libertos. O olhar que Carlos Eduardo Moreira de Araújo nos apresenta versa sobre as dificuldades de estruturação do poder na cidade e as formas de solidariedade existentes entre vigiados e vigilantes, que conseguiam burlar as amarras do poder.

José Jorge Siqueira, em "Transformações rumo ao capitalismo no Vale do Paraíba fluminense e o papel determinante da questão cultural para explicar o novo lugar do liberto da escravidão", discute a questão do negro na emergência da República no Vale do Paraíba. Para tal, com base em farta documentação pertencente aos arquivos de cidades do Vale do Paraíba (Vassouras, Valença, Barra Mansa, Barra do Piraí), apresenta um quadro das transformações econômicas ocorridas nessa região na passagem do Império para a República. O quadro apresentado pelo autor mostra as iniciativas industriais urbanas em paralelo à crise da grande lavoura cafeeira, mas num ambiente cultural altamente desfavorável ao meio social negro.

Por fim, o trabalho proposto por Lucimar Felisberto dos Santos, "Moradas, ocupação e territórios urbanos: crioulos e africanos no Rio de Janeiro, 1870-1910", tem por objetivo acompanhar, com base na trajetória do liberto José Martins e de outros casos correlatos, como os trabalhadores ocuparam os territórios da cidade, reconfigurando-os e dando-lhes novos significados culturais, e a descoberta de novas formas de resistência ao longo dos 40 anos em que a análise da autora se descortina. É essa relação com a cidade que o olhar da autora nos convida a seguir.

A discussão proposta pelos autores citados no parágrafo anterior abre caminho também para outras leituras da cidade. O terceiro grupo, *Tecendo o urbano: cultura e sociedade*, traz o texto de Lúcia Silva, "A Paris dos trópicos e a Pequena África na época do Haussmann tropical", que traça uma análise das reformas urbanas propostas para a cidade do Rio de Janeiro desde a década de 1870 e sua relação com a população que vivia na região central, notadamente a Pequena África e o grupo da Tia Ciata, enfatizando a gestão de Pereira Passos no início do século XX. A autora ressalta que a reforma urbana, para além do *bota-abaixo*, significou uma série de alterações na vida cotidiana: do aumento na fiscalização nas casas de diversão à proibição dos leiteiros de ordenharem as vacas na frente do cliente e da venda de miúdos pelas ruas. Tais medidas também geraram reclamações de um lado e apoio do outro. Eram medidas modernizadoras, mas não deixavam de ser medidas que reformavam as estruturas de poder na cidade. O texto de Lucia Silva ressalta que a reforma urbana de 1904, apesar de ter dado a vitória ao grupo que defendia a modernização da cidade e sua transformação nos moldes europeus, ou parisienses, o fez em base dicotômica. Se, de um lado, reduziu ou acabou com as habitações coletivas — na parte mais central e visível —, de outro fez com que esse tipo de habitação aumentasse nas freguesias mais afastadas (Santana, Santa Rita e outras), historicamente ligadas à presença de uma população mais carente e egressa do cativeiro. Essa região (e população) ficou à margem da reforma de Pereira Passos.

A seguir, Gisele Sanglard, em "A sociedade civil e a construção de hospitais na cidade do Rio de Janeiro da Primeira República", apresenta as transformações da cidade com base na relação da elite carioca com a abertura de hospitais na cidade, notadamente aqueles voltados para a criança. No cenário proposto pela autora, a vida na cidade, as necessidades do mundo do trabalho, as novas ideologias são ingredientes para entender a relação que se estabelece entre a elite e a cidade, por meio da construção e da manutenção de instituições de assistência. Nos salões da elite, *locus* de sociabilidade, eram também decididas as ações filantrópicas, uma das maneiras de enobrecimento dessa nova elite que se formava naquele momento. A localização dessas instituições indica o público-alvo: filhos de operários, trabalhadores, ou seja, o pobre trabalhador. Fechando o quadro, a disputa pelo saber médico: a pediatria era uma especialidade nascente em busca de uma institucionalização. Tal discussão permite, na ótica da autora, pensar as transformações da cidade.

A discussão proposta pelos dois últimos capítulos desse grupo transfere a análise do centro da cidade para os subúrbios, mais especificamente para a zona Oeste, o bairro de Jacarepaguá. Leonardo Soares dos Santos discute a ideia de construção do cinturão verde para o Rio de Janeiro em "Zona, sertão ou celeiro? A constituição do cinturão verde da cidade do Rio de Janeiro e seus impasses, 1890-1956". Para tal, apresenta as discussões sobre cada um dos conceitos: como foi se constituindo a zona suburbana, sua relação com a cidade, a criação das linhas de bondes e, sobretudo, o surgimento de políticos que se autointitulavam "suburbanos" para defenderem a região; sua transformação em sertão, logo doente, como as teorias sanitaristas das décadas de 1910 e 1920 o viam, e necessitando da intervenção dos poderes públicos para melhorá-lo ou redimi-lo — é nesse período, segundo o autor, que Jacarepaguá receberá três hospitais de isolamento; e, por fim, as disputas para a manutenção da região como cinturão verde, no momento em que a especulação imobiliária lá chegava.

Um desses aspectos salientados por Leonardo Soares dos Santos será explorado por Renato Gama-Rosa Costa, Ana Albano Amora e Sara Cabral Filgueiras em "A saúde e a cidade: o bairro de Jacarepaguá e os hospitais de isolamento". Nesse texto, os autores refletem sobre a transformação de Jacarepaguá em uma região propícia para o isolamento de portadores de tuberculose, doenças mentais e hanseníase por sua localização e clima salubre. Para tal, vão se dedicar ao estudo da Colônia Juliano Moreira, voltada para o isolamento dos doentes mentais desde a década de 1910, partindo tanto da apropriação das edificações remanescentes da antiga fazenda quanto da construção de novas edificações, levando em consideração os preceitos da arquitetura moderna e das teorias médicas então vigentes. Ao final do texto, os autores refletem sobre o terreno da Colônia Juliano Moreira hoje em dia, quando a urbe já chegou à sua porta, quando o tratamento médico já não preconiza mais o isolamento para essa doença. Qual o caminho a seguir para aquele espaço que preserva uma área verde importante e um museu com acervo considerável (Museu Artur Bispo do Rosário)?

O ponto levantado por esses autores abre espaço para a discussão do último grupo de textos, *Tecendo o urbano: culturas políticas em xeque*. Ricardo M. Pimenta traz a discussão da preservação do patrimônio industrial carioca. Em "Memória em ruínas: desindustrialização fluminense no limiar do século XX", ele propõe uma reflexão sobre a fábrica como patrimônio industrial, incluindo os espaços vinculados ao mundo trabalho como valor simbólico da sociedade carioca e brasileira. Para tal, toma como exemplo a trajetória da Companhia América Fabril e da Nova América, bem como acrescenta outros exemplos oriundos do antigo estado do Rio de Janeiro, procurando inserir essas edificações na identidade da cidade: palco do crescimento industrial nacional, palco de disputas trabalhistas e políticas que não podem ser apagadas da geografia urbana, nem ser pensadas como empecilhos ao crescimento e à modernização do município, mas que são marcas de outra cidade que devem ser refletidas e inseridas na vida do Rio de Janeiro de hoje, devendo ser-lhe dado o devido valor.

O tema da memória será também recuperado por Angélica Müller em "Praia do Flamengo, 132: entre história e memória". A proposta levada a cabo pela autora busca refletir sobre esse edifício considerado como *lugar de memória* do movimento estudantil brasileiro, logo fundamental para a construção da identidade da União Nacional dos Estudantes (UNE) e para o uso político dessa memória pela entidade. Para tal, a autora vai trabalhar com os depoimentos dados por pessoas ligadas direta ou indiretamente ao movimento estudantil durante o regime militar, que culminou com o incêndio do prédio. A leitura desse *vazio* urbano, para nos apropriarmos de um termo caro aos urbanistas, na percepção da autora deve ser feita mantendo a dicotomia presente nos estudos de memória: a presença constante de lembranças e esquecimentos, para assim poder contribuir tanto para os "usos políticos do passado" quanto para sua relação com a cidade.

Por fim, fechando o grupo e o livro, temos o texto de Gustavo Alonso, "Jeca Total: a invenção do sertanejo urbanizado na academia paulista". Nesse texto, o autor traz o tema da música sertaneja para a construção de determinada identidade cultural brasileira nos anos 1960 e 1970. Em sua perspectiva, foi na USP desse período que a MPB passou a ser considerada genuinamente nacional, colocando em lados opostos o sertanejo e o caipira. Para tal, o autor se debruça sobre a historicidade do conceito de *caipira* e a oposição forjada com o sertanejo — o primeiro, mais próximo da realidade da vida no campo, e o segundo, falando do amor não correspondido. O ponto central da discussão, as categorias de *caipira* e *sertanejo* na música popular brasileira, deve ser lido na relação entre Estado e sociedade e, notadamente, no momento histórico no qual o gênero musical aparece: o das grandes migrações internas, trazendo para o "Sul Maravilha" levas de imigrantes nordestinos. A não compreensão do outro pela intelectualidade brasileira do período levou à não incorporação do gênero musical.

Agradecemos à Faperj (APQ3 2012.1) a possibilidade de publicação desta obra, que tem como ponto de partida o espaço urbano, a cidade, em suas múltiplas facetas.

A todos vocês, uma boa leitura!

Gisele Sanglard
Carlos Eduardo Moreira de Araújo
José Jorge Siqueira
(organizadores)

Olhares
sobre a cidade como palco de disputas e sociabilidade

1

Irmandades, folias e imperadores:
festas do Divino Espírito Santo na Corte do Rio de Janeiro (c. 1750-c. 1830)*

William de Souza Martins

O PRESENTE TEXTO PRETENDE RECONSTITUIR as bases institucionais, sociais e materiais da organização do culto do Divino Espírito Santo na cidade do Rio de Janeiro. Para tanto, investiga a formação das irmandades e devoções que veneravam o orago em questão, assim como as relações que tais associações mantinham com as autoridades seculares e eclesiásticas, durante o período que se estende aproximadamente entre meados do século XVIII e 1830. A composição da folia, ritual necessário para a realização das festividades, e os critérios de seleção dos membros das irmandades e dos agentes presentes nos rituais são também examinados. Por fim, na tentativa de apresentar uma etnografia das festividades, foram analisados diversos elementos materiais que compunham o cenário das festas de Pentecostes. Para alcançar os objetivos traçados, efetuaram-se comparações com as festividades do Divino praticadas em Portugal, Açores, Pirenópolis (GO), Cunha (SP), entre outras localidades. Com isso, espera-se ter mostrado alguns elementos comuns entre as áreas estudadas e, não obstante, assinalado as particularidades da festa do Divino no Rio de Janeiro.

---

* O presente capítulo desenvolve várias discussões iniciadas em Martins (2009:17-24). Com mudanças e atualizações, o texto é uma versão modificada de Martins (1996:325-360). Agradeço à professora Gisele Sanglard a oportunidade de apresentar os resultados da pesquisa inicial a um público mais amplo. A ortografia das fontes foi modificada, respeitando-se apenas o uso de maiúsculas no original. Os títulos das obras antigas foram mantidos.

Irmandades do Divino

A organização do culto ao Divino Espírito Santo na cidade do Rio de Janeiro, em meados do século XVIII, acompanhou seu enraizamento em outras áreas de colonização portuguesa no Brasil. Na vila de Guaratinguetá (SP), os primeiros registros dos festejos remontam a 1761, enquanto o *Livro das sortes para as festas do Divino da vila de Itu* data de 1765, mesmo ano em que os açorianos introduziam o culto na capital da Bahia.[1] Aludir a essas datas talvez seja mais convincente do que projetar para o início da colonização as origens do culto ao Divino, conforme propuseram alguns folcloristas (Cascudo, 1969; Etzel, 1995:45).

Por meio de uma escritura de doação datada de 27 de dezembro de 1745, Henrique da Costa Corrêa e sua mulher, Antônia Maria de Jesus, cederam uma parte das terras da chácara que possuíam aos "moradores da Bica dos Marinheiros", visto que estavam a erigir ali uma capela com a invocação do Divino Espírito Santo.[2] No referido edifício sagrado se instalou a irmandade do Divino de Mata-Porcos, onde atualmente se situa a matriz do Divino do largo do Estácio. Em uma data incerta, mas presumivelmente ainda no século XVIII, fundou-se no mesmo templo uma irmandade dedicada ao Divino. Em uma representação de 22 de agosto de 1789, o juiz de fora do Rio de Janeiro concedia uma licença ao imperador ou festeiro do Divino Espírito Santo em Mata-Porcos, cuja finalidade não foi possível definir.[3]

Mais importante talvez do que precisar o nascimento da irmandade do Divino de Mata-Porcos é atentar que o primeiro compromisso desta continha uma cláusula que o procurador-geral da Mesa da Consciência e Ordens, o conhecido monsenhor Pizarro, achou por bem condenar, por ocasião da confirmação régia daquele estatuto: "a inibição [do] capítulo 21, de se festejar o Espírito Santo em outra capela, porque não seja a própria do Espírito Santo de Mata-Porcos, é inconcessível [sic] por exótica".[4] A irmandade procurava garantir a exclusividade do patrocínio do referido culto em relação a outras associações leigas, o que não era permitido pela lei, quando confrarias com idêntica invocação eram erigidas em paróquias distintas. Tal pretensão era reveladora da mentalidade da época, sequiosa de privilégios e monopólios tanto na esfera secular quanto na religiosa. Ainda que seu pleito não tenha sido aprovado, os irmãos do Divino de Mata-Porcos se destacavam das demais irmandades que veneravam o Divino na cidade

---

[1] Araújo (1967, v. 1, p. 33-34); IHGB, lata 102, doc. 22; OTT (1955:52).
[2] ANRJ. MCO, caixa 289, doc. 25.
[3] *Publicações do Arquivo Nacional*, n. 2, 1889.
[4] ANRJ. MCO, caixa 289, doc. 25.

do Rio de Janeiro. Possuíam seu próprio templo de culto, enquanto as demais associações foram fundadas em altares laterais de templos dedicados a outros patronos, como Santa Rita, Nossa Senhora da Lapa e Santo Antônio dos Pobres.

A 30 de março de 1814, a irmandade obteve a confirmação de seu compromisso pelo tribunal régio da Mesa da Consciência e Ordens, com algumas alterações indicadas por monsenhor Pizarro (Maurício, 1946:284). Oito anos depois, a associação se dividiu em dois grupos opostos, em decorrência da interpretação do capítulo 13 do compromisso aprovado, que prescrevia que, "para Juiz, Escrivão ou para outro qualquer lugar de Mesa, não poderá servir Irmão nenhum que tenha servido em Mesa, senão depois de passados três anos".[5] Tal cláusula, segundo parece, pretendia evitar a perpetuação de alguns poucos irmãos nos cargos mais importantes da irmandade. Reunindo-se os confrades do Divino de Mata-Porcos em Mesa plena, 35 votaram a favor da manutenção do artigo e 19 por sua alteração, havendo não obstante numerosas ausências na votação. O juiz, mesários e irmãos que tinham sido derrotados na eleição forneceram, em 1821, sua versão do ocorrido, reveladora da situação do culto do Divino que praticavam na época e dos conflitos internos da irmandade:

> Alguns muito poucos Irmãos, talvez por falta de inteligência, ou por tenção particular se comportam de um modo que continuando trará a aniquilação ou ao menos a suspensão dos devotos exercícios a que os suplicantes se dedicam [...]. É sem dúvida acertadíssima a disposição deste capítulo, pois cortando grande abusos, *é um dos meios mais conducentes à conservação da boa ordem, mas também é evidente que ela não pode absolutamente ser aplicável às atuais circunstâncias, em que sendo mui diminuto o número dos Irmãos, é indefectivelmente necessário eleger entre eles os que mais se distinguem por seu zelo, devoção e atividade no desempenho das funções de seus cargos.* Partindo desses princípios, expõem a Vossa Alteza Real os suplicantes que, procedendo-se à eleição dos Irmãos, que devem servir em mesa no futuro ano de 1822, por unanimidade de votos foram reeleitos quase todos os de que ele se compõe no presente ano.[6]

Após o pleito, o juiz jubilado da irmandade e o escrivão solicitaram a intervenção do provedor das capelas, que anulara a eleição, mas a quem também fora pedido um meio de evitar os inconvenientes do problemático capítulo 13. Em 1823, certamente sob o efeito desse conflito, os irmãos deixaram de escolher o imperador para as festividades do Divino, cargo que só foi novamente restaurado em 1848.

---

[5] Ibid.
[6] Ibid.; grifos nossos.

Em 1755, por volta da mesma época em que foi construída a capela do Divino de Mata-Porcos, outro grupo de devotos fundou uma irmandade destinada ao culto do mesmo orago na igreja de Santa Rita. Até tornar-se matriz de freguesia em 1751, a capela de Santa Rita de Cássia era filial da freguesia da Candelária. O compromisso da irmandade do Divino de Santa Rita, elaborado em 1755, foi aprovado pelo prelado do Rio de Janeiro dois anos depois e confirmado pela Mesa da Consciência e Ordens em 1766. O primeiro capítulo do compromisso continha uma série de exigências de "limpeza de sangue" para os fiéis que desejavam ingressar na irmandade, excluindo-se todos aqueles indivíduos com rumor de origem hebreia, moura ou mulata, disposições muito comuns nas irmandades reservadas aos brancos até a década de 1770, quando as reformas pombalinas alteraram tais práticas (Rohan, 1930:26; Boschi, 1986:56).

O capítulo 22 do compromisso de 1755, além de tentar garantir a precedência em todos os atos processionais para a irmandade do Divino, de preferência a qualquer outra associação leiga, declarava:

> Será servido o Excelentíssimo e Reverendíssimo Sr. Bispo mandar que em parte nenhuma se festeje [o Divino] senão dentro desta Freguesia de Santa Rita, por evitar escândalos que se fazem na Prainha, com a capa de festejarem o Divino espírito Santo [...] não consentindo que se festeje por nenhuma forma em casa particular, nem em outra Capela: mas sim na dita Freguesia. E o mesmo Reverendo Vigário terá nisto grande vigilância, em serviço do Divino Espírito Santo [Rohan, 1930:27].

É interessante observar que a pretensão de exclusividade em homenagear o Divino era também requisitada, na mesma época e em termos bastante semelhantes, pelos confrades da capela de Mata-Porcos, cuja existência provavelmente não devia ser ignorada pelos irmãos localizados na freguesia de Santa Rita. No entanto, a indicar a popularidade do culto de Pentecostes, a devoção ao Divino Espírito Santo foi apropriada por uma série de irmandades, devoções e até mesmo casas particulares. Atravessando os privilégios territoriais e sociais de culto, a devoção foi se organizando em diferentes pontos da cidade do Rio de Janeiro e brevemente atrairia o interesse de negros e mulatos, segmentos sociais afastados pelo exclusivismo de pelo menos uma irmandade que venerava o Divino. Em relação às festividades do Pentecostes realizadas no período colonial, a da irmandade de Santa Rita é aquela que apresenta menos informações. Nos dias de festividade, eram distribuídas esmolas que variavam entre 22 e 40 mil réis "entre os pobres, os lázaros e os presos da cadeia, quantia essa que naqueles tempos representava grande importância" (Rohan, 1930:45).

Uma das primeiras notícias sobre os irmãos do Divino da igreja da Lapa do Desterro consta em um registro de arruações do Senado da Câmara do Rio de Janeiro de 1793. De acordo com o referido documento, tinham sido contemplados com "seis braças de Chãos de Antônio da Rosa de Medeiros e por outra parte com a rua que vai ter ao portão da Chácara dos Religiosos de Santa Teresa".[7] Um antigo irmão provedor descreveu que, em 1799, a irmandade recebera da Santa Sé 10 breves pontifícios que facultavam aos membros da associação diversas indulgências. Em um termo de posse, lavrado em 10 de maio de 1810, de um terreno situado à direita da igreja da Lapa, que tinha sido concedido à irmandade para a sepultura dos irmãos, consta que a associação já existia há mais de 30 anos (Costa, 1873:9-13).

Quando a Corte se instalou no Rio de Janeiro em 1808, o Convento do Carmo do largo do Paço foi utilizado para acomodação da Família Real. Os religiosos carmelitas, removidos de sua antiga residência, permaneceram por dois anos no Hospício dos capuchinhos italianos, onde atualmente existe um quartel da Polícia Militar, na rua Evaristo da Veiga. Em 1810, os carmelitas se deslocaram novamente, dessa vez para o antigo Seminário da Lapa do Desterro (Fazenda, 1921, v. 86, n. 140, p. 390-391). Tal mudança parece não ter agradado à irmandade do Divino da Lapa, que ocupava praticamente sozinha aquele templo. Em 1821, os irmãos do Divino queixaram-se ao príncipe regente d. Pedro de Alcântara:

> Principiando a dita Irmandade por uma Devoção há muitos anos e aumentando-se o fervor dos devotos, continuaram a festejar o Divino Espírito com toda a solenidade, até que sendo Sua Majestade Servido Conceder o Seminário e a dita Igreja aos Religiosos de Nossa Senhora do Carmo, entrou a Irmandade a sofrer diminuição na concorrência de Irmãos, e conseguintemente nas esmolas para o culto Divino, porque tendo em outros tempos as necessárias comodidades para os arranjos das Alfaias e ornamentos, e para os irmãos se juntarem em Mesa a fazerem suas Eleições, ficaram limitados a um corredor, e privados das sepulturas que tinham para os Irmãos, sendo isto um dos motivos de ter ido em decadência a Irmandade.[8]

Para "poderem continuar a festejar o Divino Espírito Santo com o mesmo fervor e devoção", pediram a posse da igreja que fora dos capuchinhos italianos, que, no transtorno causado pela instalação da Corte, tinham sido transferidos para casas de romeiros pertencentes à irmandade da Glória do Outeiro. O templo soli-

---
[7] Arquivo do Distrito Federal, n. 1, 1894:239.
[8] BNRJ. Manuscritos, docs. II-34, 28, 41.

citado pelos irmãos do Divino da Lapa não se encontrava desocupado, estando na posse dos religiosos da Ordem Terceira de São Francisco, que passaram a chamar o referido edifício de Convento de Nossa Senhora do Patrocínio. Talvez por esse motivo, a súplica dos irmãos do Divino da Lapa foi recusada.

Quanto à irmandade do Divino do Campo de Santana — que no decorrer do século XIX se tornou, por uma conjunção de motivos, a mais popular entre as associações leigas que cultuavam o Divino na cidade do Rio de Janeiro —, não se dispõe de informações seguras sobre sua existência no século XVIII. A 20 de maio de 1809, o intendente da polícia Paulo Fernandes Viana enviou ofícios aos juízes do Crime dos bairros de São José e Santa Rita, solicitando que, "desde a noite de hoje até terça-feira, procurará por Vossa Mercê duas Rondas que servissem para o lugar do Campo de Santana, a evitar distúrbios nos ajuntamentos que ali costuma haver".[9] Fernandes Viana igualmente avisou os juízes do Crime das freguesias da Candelária e de São José para colocarem rondas no bairro da Lapa, do Passeio Público até a Glória, "demorando-se no império da Lapa a evitar os distúrbios que ali costumam haver". Como é possível identificar com base nas datas da correspondência e da alusão ao "império", as providências visavam às festividades do Divino realizadas pelos irmãos de Santana e da Lapa do Desterro, que naquela época pareciam rivalizar em igualdade.

Foi apenas em fins do século XVIII que o campo de Santana, cenário daquela que seria sem dúvida a maior festa religiosa da Corte, incorporou-se à malha urbana, quando o vice-rei conde de Resende empreendeu obras de aterro, alinhamento de casas e traçado das ruas que nele desembocavam. Em 1818, tais obras foram complementadas com a construção de uma fonte com 22 bicas, alimentada pelas águas do rio Maracanã, conhecida como chafariz das lavadeiras. Ainda na década de 1820, o campo de Santana constituía um imenso areal, em que predominava a vegetação de restinga, como os cajueiros, e onde eram despejados os esgotos residenciais trazidos pelos escravos.[10] Possivelmente, o concurso de alguns melhoramentos urbanos ofereceu à irmandade do Divino do Campo condições mais propícias para atrair multidões de devotos. Outro fator contribuiu para conferir mais destaque à discreta capela de Santana, que deu nome ao próprio campo que ficava defronte. A construção do templo datava de 1735, quando fora solicitada por pretos crioulos e outros devotos de Santana, até então venerada na igreja de São Domingos. Por meio da resolução de 5 de

---

[9] ANRJ. *Registro da correspondência da polícia*, cód. 323, v. 1. Registro de 20/5/1809.
[10] Coaracy (1988:145-146); *Almanack dos negociantes do Império do Brasil*, n. 1, 1827:XXVI; *Diário do Rio de Janeiro*, 25/11/1826.

dezembro de 1814, a capela de Santana tornou-se a igreja matriz de uma vasta freguesia. Tal mudança veio acompanhada da instalação de uma irmandade do Santíssimo Sacramento — que só podia existir nas sedes paroquiais — e uma dedicada a São Miguel e Almas, somando-se às associações leigas de Santana, do Divino Espírito Santo e de Nossa Senhora da Batalha (Araújo, 1945, v. 5, p. 258; Carmo Neto, 1923:436-462).

No interior da freguesia de Santana, formou-se na época em análise uma nova devoção dedicada ao Divino Espírito Santo, instalada na igreja de Santo Antônio dos Pobres. Em 1811, os irmãos dessa irmandade haviam deixado a igreja da Lampadosa, onde ocupavam um dos altares laterais, decididos a construírem um templo próprio, para o qual escolheram um terreno na rua dos Inválidos, que desembocava no campo de Santana.[11] Em 1820, um conflito opôs a irmandade do Divino Espírito Santo da igreja de Santana e a devoção do Divino instalada no templo de Santo Antônio dos Pobres. Em 28 de janeiro de 1820, os irmãos do Divino de Santana queixavam-se do aparecimento

> de uma nova devoção ao Mesmo Divino Espírito Santo, suscitada na Capela filial da dita Freguesia, em que é Padroeiro Santo Antônio denominado dos pobres, que não sendo irmandade se introduzem o Juiz e devotos a pedirem esmolas publicamente, na ocasião em que os Suplicantes Costumavam sair nas semanas da Páscoa, incorporados e autorizados por Vossa Majestade a diligenciar pelos Irmãos e mais Fiéis as suas Ofertas para ajuda das grandes despesas que fazem os Suplicantes com as festas pertencentes aos Oráculos desta Irmandade. E como aqueles da nova devoção se autorizam igualmente com bandeira na mesma Ordem, valendo-se e intitulando-se serem da Irmandade da Freguesia de Santana [...] recebendo e utilizando-se inclusivamente das esmolas e ofertas destinadas a esta Irmandade [...] causando-lhes por isso Gravíssimo prejuízo, não só porque perdemos Irmãos [...] como no alcance das despesas que fazem com alfaias e festividades do mesmo Divino.[12]

Terminaram solicitando ao poder régio o impedimento dos devotos do Divino de Santo Antônio dos Pobres de saírem pela freguesia de Santana com peditório de esmolas, em razão da ilegalidade jurídica da nova devoção em face da irmandade do Divino de Santana, "por serem ambas eretas em uma só freguesia, com mesmo título e Protetor". Mais uma vez, as irmandades dedicadas ao Divino cuidavam da proteção dos privilégios que tinham alcançado, como corporações

---

[11] Silva (1978:86); ANRJ. MDP, caixa 131, doc. 12.
[12] ANRJ. MDP, caixa 131, doc. 6.

reconhecidas pelos poderes régio e eclesiástico, opondo-se às tentativas de usurpação de outros devotos leigos. Os devotos do Divino de Santo Antônio dos Pobres alegaram em sua defesa que

> sempre foi de costume e uso muito antigo e nunca proibido tirar Esmolas por esta Cidade e seus Contornos [pel]os irmãos de todas as Irmandades e devoções desta mesma Cidade com suas Bandeiras e Licença competente [...] e para isso requerem sempre os Suplicantes à Intendência Geral da Polícia.[13]

Nessa complexa teia de jurisdições, própria de uma sociedade do Antigo Regime, os irmãos do Divino de Santana contaram com apoios decisivos para a salvaguarda dos próprios privilégios. É o que se torna patente no parecer do provedor das capelas do Rio de Janeiro, que, em defesa de sua jurisdição, achava ilegítimas as licenças concedidas pela Intendência da Polícia aos devotos do Divino de Santo Antônio dos Pobres: "a Irmandade suplicante tem bom direito para embaraçar que os devotos do Espírito Santo de Santo Antônio dos Pobres *não peçam esmolas naquele tempo somente em que ela costuma pedir*".[14] Monsenhor Pizarro, procurador da Mesa da Consciência e Ordens, também foi favorável ao sodalício de Santana, "não só por ser muito mais antigo que aquela devoção moderníssima, mas por ser igualmente proibido que nos limites de uma só Matriz hajam [sic] duas Corporações de igual título".[15] Por despacho de 7 de agosto de 1820, a Mesa do Desembargo do Paço atendeu à súplica dos irmãos do Divino do templo de Santana. Entretanto, ao descobrir que em 24 de janeiro daquele ano já havia concedido licença a Mateus Antônio, imperador do Divino de Santo Antônio dos Pobres, para tirar esmolas pela cidade, a questão foi finalmente decidida a favor deste último e dos demais devotos do Divino da "moderníssima" associação. Provavelmente não ficaria bem para a Mesa do Desembargo do Paço cassar uma licença que ela própria havia expedido. Indiretamente, a demanda citada dava testemunho da força do culto ao Divino, escapando do controle das irmandades que tradicionalmente o cultuavam. Tal pujança se torna mais evidente ao verificar que, nos arredores da Corte, como nas freguesias de Inhomerim e Itaboraí, multiplicavam-se outras irmandades que veneravam a terceira pessoa da Santíssima Trindade.[16]

---

[13] Ibid., doc. 25.
[14] ANRJ. MDP, caixa 131, doc. 18, 28/2/1828; grifo nosso.
[15] Ibid., doc. 21, 27/10/1825.
[16] Ibid.

Folias e imperadores do Divino

O *Diccionario* (1813) de Antonio de Moraes Silva esclarece que folia era uma "dança rápida ao som de pandeira ou adufe, entre várias pessoas". Tal designação se estendeu, assim, aos peditórios do Divino, nos quais estavam presentes os pandeiros. As folias antecipavam, em muitos sentidos, o regozijo das festividades do Divino. Primeiramente no plano material, pois as dádivas oferecidas pelos fiéis como pagamento de promessas eram aplicadas diretamente na realização das festas, como ficou manifesto nas petições dos irmãos do Divino de Santana e de Santo Antônio dos Pobres. Em segundo lugar, o "tempo alegre", para usar a definição de Mikhail Bakhtin relativa à imagem da festa popular, estava ali bem representado, com bandos de rapazes vestidos de forma extravagante a tocar instrumentos musicais. As descrições mais precisas das folias, isentas de anacronismos, foram fornecidas por dois viajantes, podendo ser cotejadas sem contradição com as observações posteriores de alguns memorialistas. Segundo o tenente Chamberlain, que fez sua descrição ser acompanhada de um conhecido registro iconográfico, o imperador do Divino era "Precedido por um grupo de jovens músicos, com roupas vistosas e plumas nos chapéus. Acompanham-no dois homens, um de cada lado, que carregam estandartes vermelhos, em cujo centro encontram-se ricamente bordados os emblemas do Espírito Santo" (Chamberlain, 1943:53).

Tais informações podem ser complementadas com as de Debret, em relação aos instrumentos musicais utilizados:

> Tocadores de violão, de pandeiros e de ferrinhos precedidos de um tambor; o grupo alegre escolta um porta-bandeira, cujo chapéu, ricamente enfeitado de flores e fitas, se assemelha aos demais membros modestos da bandinha. Percorrem os rapazes as ruas da cidade cantando quadrinhas ajustadas ao motivo religioso para os fiéis [Debret, 1989, t. 3, p. 211].

A grande diferença em relação às folias posteriores, como será visto em seu tempo, era a ausência de negros barbeiros, que passaram a fornecer o acompanhamento musical dos peditórios. A ausência dos negros nas primeiras folias torna-se mais bem compreendida à luz dos rígidos critérios de pureza racial presentes na admissão às irmandades do Divino. Alguns autores chegam a falar de uma dualidade no período colonial entre as festas de origem portuguesa e aquelas que absorveram elementos africanos, como as realizadas em devoção a Nossa Senhora do Rosário (Cardoso e Araújo, 1992:133). Não obstante, nas décadas iniciais do século XIX notava-se a lenta penetração dos negros entre os agentes rituais do Divino, saindo apenas da condição de assistentes da festa. Uma petição enviada pelos irmãos do Divino de Santo Antônio dos Pobres ao príncipe regente d. Pedro de Alcântara informava que

> eles suplicantes, requerendo ao Intendente Geral da Polícia licença para sair à rua com folia para se tirar as esmolas pelos seus devotos para ajuda de sua festa, como é de costume desde que se estabeleceu esta devoção no Reino de Portugal de sempre se festejar com folia; *mas Senhor o Intendente lhe nega a licença de sair com a folia para rua e Sim com música de Barbeiros*, em que causa grande prejuízo à Irmandade, porque sempre os pretos levam por cada dia a oito e a dez patacas [2$560 a 3$200 rs.] quando saem, que pouco vem a ser as esmolas que se tiram para pagar os pretos.[17]

Pediam, assim, para sair com a folia de costume, "por ser menos as despesas com os foliões do que com os pretos Barbeiros". O intendente João Ignácio da Cunha consentiu na súplica, determinando, porém, "que a folia seja decente e não perturbe o sossego público". Seguindo com certa cautela a terminologia usada por Carlos Rodrigues Brandão na análise das festividades do Divino de Pirenópolis, os músicos já não eram mais "personagens" da festa, deixando talvez de produzir e receber homenagens, como os antigos foliões. Tornavam-se agora "ajudantes", investindo principalmente o próprio trabalho nos festejos (Brandão, 1978:42). Se, conforme indicaram Maynard Araújo e Alba Zaluar, o assalariamento dos foliões revela fraturas na organização tradicional das festas, pode talvez indicar, no contexto específico do Rio de Janeiro oitocentista, que a lógica das relações escravistas passou a atuar nos festejos, reservando cada vez mais aos negros a execução do trabalho dos peditórios (Zaluar, 1983:71).

É interessante verificar o envolvimento da Intendência da Polícia em um ritual característico das irmandades do Divino, sob o pretexto tão frequentemente invocado da manutenção da tranquilidade pública. É igualmente surpreendente o interesse das autoridades em priorizar os acompanhamentos musicais dos negros barbeiros, em detrimento das folias tradicionais compostas por rapazes brancos. Como se sabe, o que estava por trás da "tranquilidade pública" era o controle rigoroso dos escravos urbanos (Holloway, 1993:41-42). Uma explicação possível para essa aparente contradição consiste no caráter mais desordenado da folia tradicional, composta por músicos muitas vezes improvisados e na qual predominavam os instrumentos de percussão (pandeiros, ferrinhos e tambores). Em contraste, a folia de negros barbeiros, conforme a descrição de Thomas

---

[17] BNRJ. Manuscritos, docs. II-34, 28, 10.

Ewbank na década de 1840, consistia em "dois corneteiros, três tambores, uma clarineta e flautim", sem mencionar o fato de que os barbeiros eram músicos profissionais, revelando por vezes grande habilidade na execução instrumental (Ewbank, 1976:192).

Não era a primeira vez, entretanto, que as autoridades urbanas tentavam regulamentar a composição das folias. Em 5 de abril de 1809, um ofício de Paulo Fernandes Viana dirigido ao juiz de Crime de Santa Rita expunha que

> o Imperador do Espírito santo de Santana pôs na rua uma folia que já fez certa desordem. Vossa Mercê passe a indagar quais foram as pessoas que entraram na dita Folia, *que me consta serem homens, e não meninos, como é costume*, e os Recolha todos à Cadeia, dando-me parte depois de haver concluído a diligência que lhe foi muito Recomendada.[18]

Menos de uma semana depois, o intendente não parecia satisfeito com as providências tomadas pelo seu subordinado, advertindo-lhe que

> o seu ofício de 7 do Corrente em Resposta ao que lhe dirigi sobre a folia do Espírito Santo da Igreja de Santana não está coerente com as determinações que eu lhe dei a esse respeito; é portanto [necessário] que Vossa Mercê sem perda de tempo procure recolher a licença com que esta folia anda na Rua e ma Remeta e Recolha à Cadeia todos esses mandriões que já tem andado na mesma folia.

A dura atitude da Intendência talvez explique o hábito das irmandades e dos festeiros do Divino de recorrer àquele órgão com a finalidade de obtenção de licenças. Um dado intrigante nesse caso foi a alegação de Paulo Fernandes Viana de que o costume sancionava a saída das folias apenas com crianças, ao contrário de todas as evidências analisadas para o século XVIII, na Bahia e na vila de Itu, como também para o século XIX, na região das Minas (Martins, 2009:17-24; Saint-Hilaire, 1975:284-285). Nesse aspecto, uma tradição popular que podia admitir, porém não impor, a presença de crianças era reinterpretada de forma limitadora pela autoridade urbana, com o objetivo de minorar a desordem das ruas (Braga, 1986, v. 2, p. 201-204; Wernet, 1987:143). A reforma da cultura popular, especialmente aquela praticada em território urbano, era mais uma vez levada a efeito, em apoio às teses de Robert Storch e Peter Burke (Storch, 1984-1985:7-33; Burke, 1989:231-265).

---

[18] ANRJ. *Registro da correspondência da polícia*, cód. 323, v. 1; Silva (1978:77-78; grifo nosso).

As folias saíam muito antes da realização das festas, precisamente no Sábado de Aleluia, conforme lembravam alguns cronistas (Azevedo, 1877:178; Fazenda, 1923, v. 89, n. 143, p. 372). Tal antecedência era justificada pela necessidade de recolher o máximo de esmolas e dádivas em gêneros, estas últimas leiloadas durante as festividades do Divino, em lances que alcançavam valores relativamente elevados. Tanto na oferta das dádivas quanto no arremate das prendas não vigorava um comportamento regido apenas pelo cálculo econômico. As dádivas dos devotos ajustavam-se pelo "trato" pessoal com o "santo", quando se prometiam quantidades de bens materiais ou dinheiro em troca de boas colheitas, ou algum objeto acima do controle das forças humanas (Araújo, 1967, v. 1, p. 35-36; Zaluar, 1983:70-71 e 82-96). Nos lances em geral mais elevados oferecidos nos leilões dos dias de festa, o gasto santuário, de retorno não imediato, mas que conferia prestígio aos olhos dos demais devotos, tornava-se a motivação mais importante (Sanchis, 1984:93). Para a década de 1840, Martins Pena recria um leilão do Divino ocorrido nas cercanias da Corte, em que o preço do pão de ló ofertado subiu de 3 para 6 mil réis, enquanto uma galinha alcançou 20 mil réis, a partir de um lance inicial de apenas 640 réis (Pena, s.d.:61-62). Além do caráter manifestamente ficcional da narrativa de Martins Pena, esta assume um tom de sátira em relação às festividades do Divino. A respeito dos leilões, a descrição de Thomas Ewbank pode fornecer bases um pouco mais seguras sobre a valorização dos objetos leiloados na festa do Divino da freguesia de Santa Rita, em 1846. O viajante norte-americano narrou que uma galinha fora vendida por aproximadamente mil réis, "o dobro de seu preço no mercado" (Ewbank, 1976:238).

Tudo leva a crer que as folias, seja no início do século XIX ou ainda em meados do século XX, percorriam distâncias muito consideráveis. Na análise da geografia da festa do Divino do município paulista de Cunha, Maynard Araújo informa que a folia levava sete meses para percorrer os lugares mais longínquos da localidade (Araújo, 1967, v. 1, p. 65-71). A escolha do imperador do Divino um ano antes da festa em que seria o principal personagem facilitava as viagens de porta em porta com as folias, que podiam ser estendidas quando os recursos locais para a promoção da festa eram escassos. Em 1826, o padre João Vaz, festeiro do Divino da vila de Sorocaba, expunha à Mesa do Desembargo do Paço que

> querendo ele solenizar tão grande dia com aquela decência devida à Divina Majestade; e não tendo contudo outros meios que as esmolas dos Fiéis, os quais não são numerosos em tão pequena vila central como a sobredita, onde a pobreza é quase geral, vê-se por isso na precisão de as pedir fora do distrito da mencionada vila.[19]

---

[19] ANRJ. MDP, caixa 131, doc. 49.

Mandando-se informar o ouvidor da comarca de Itu, este achou injusta a reivindicação, tendo em vista o numeroso povo que habitava no distrito da vila sorocabana.

Tratando-se das folias da cidade do Rio de Janeiro, a amplitude da atuação das folias não é tão explícita. Em primeiro lugar, nos registros que mencionam claramente as folias, as licenças eram pedidas apenas para a Corte e circunvizinhanças. No entanto, tal restrição desaparece quando são analisadas as licenças dadas para um ermitão de uma irmandade do Divino tirar esmolas, uma prática corriqueira em diversas outras irmandades, cujas autorizações eram obtidas junto à Mesa do Desembargo do Paço. Em 1817, os irmãos do Divino de Mata-Porcos expunham que

> sendo esta Irmandade pobre, e vendo-se na justa necessidade de sustentar o preciso culto em celebração das precisas Missas [...] à custa das esmolas com que tem sido socorrida [...] se digne conceder-lhes licença para um Irmão pedir as precisas esmolas em todo e qualquer lugar desta Província, conforme o Compromisso que ultimamente lhes foi concedido.[20]

Naquele ano, o monarca autorizou-os a enviar o ermitão apenas pela cidade e termos do Rio de Janeiro. Não obstante, em novembro de 1818, conseguiram o que pretendiam, com a ressalva de que a licença vigoraria somente um ano. Antônio Rodrigues, o ermitão encarregado do peditório, parece ter percorrido distâncias realmente consideráveis, conforme pode ser apurado no "cumpra-se" emitido pelas autoridades de Paraty, Mangaratiba e da vila de Rezende, todas na província do Rio de Janeiro. Ainda no ano 1818, a irmandade do Divino de Mata-Porcos tentou uma licença mais abrangente, solicitando permissão não apenas para ter um irmão andando por toda a província do Rio de Janeiro, "mas até pelas vizinhas".

No "Livro das sortes que se tiraram na igreja matriz da vila de Itu para os festejos do Divino Espírito Santo" (1765-1799), constam diversos personagens do séquito paródico do imperador do Divino: o capitão da guarda, o alferes da bandeira, o mordomo-mor, o capitão do mastro etc. (IHGB, lata 102, doc. 22). Tais denominações têm variado muito nos séculos posteriores, algumas sendo alteradas e outras se mantendo com novas funções. Em geral, é perceptível certa diminuição dos cargos da folia, simplificando a composição da Corte simbólica do imperador. Na análise das festas do Divino em Pirenópolis ocorridas na década de 1970, Carlos Rodrigues Brandão indicou a existência de vários agentes leigos,

---

[20] Ibid., doc. 20.

como o próprio imperador, o mordomo da fogueira, o mordomo do mastro, o das velas e o da bandeira. Entretanto, ao discutir as folias, não testemunhou a presença de especialistas. Os pajens, alferes da bandeira e da coroa, bem como os músicos, não mais se encontravam nos peditórios (Brandão, 1978:26-35). Maynard Araújo encontrou no município de Cunha folias um pouco mais complexas, com tambor, violeiro e mestre violeiro, triângulo e alferes da bandeira (Araújo, 1967, v. 1, p. 56-57). Com relação às fontes do século XIX, Saint-Hilaire descreveu em detalhes o cortejo que acompanhava o imperador do Divino no arraial de São Domingos, nas imediações do distrito diamantino:

> Dois oficiais, dos quais um levava um sabre desembainhado e outro uma salva de prata, precediam [o imperador], e um terceiro levava-lhe o manto. Eu e as três outras pessoas a quem foram dadas as varas vermelhas, formamos com esses bastões um quadrado em torno do Imperador. O oficial que lhe segurava o manto estava com ele no quadrado [Saint-Hilaire, 1975:284-285].

No Rio de Janeiro, Vieira Fazenda mencionou o acompanhamento de cortesãos e guarda-estoque, enquanto na famosa gravura que Debret dedicou à folia o personagem vestido de branco usando um enorme chapéu enfeitado de rosas e fitas parece ser o alferes da bandeira. Atrás, dois irmãos com opas da irmandade davam as mãos ao imperador menino: o da esquerda levava uma vara e o da direita, um estandarte do Divino (Fazenda, 1923, v. 93, n. 147, p. 134; Debret, 1989, t. 3, prancha 29).

Qual o significado mais importante das folias? Sem dúvida, era a possibilidade de reunir os devotos em torno das danças e cantigas com que se homenageava o Divino, possibilitando o reforço dos laços comunitários entre aqueles que se encontravam afastados por grandes distâncias. Conforme expunham os irmãos do Divino de Santo Antônio dos Pobres, "sempre foi costume e uso muito antigo e nunca proibido tirarem Esmolas por esta Cidade com suas Bandeiras e Licença competente, assim como também até das mesmas Roças vêm tirarem Esmolas por esta Cidade para as festas".[21] A argumentação de um antropólogo norte-americano se inclinou na mesma direção, afirmando que as folias da localidade paulista de Cunha mantinham unidas as famílias e os grupos de vizinhança, exercendo uma "força centrípeta" sobre a comunidade dispersa dos devotos (Willems, 1949:406-407). Tais funções eram também obviamente preenchidas pelas festividades do Divino.

---

[21] Ibid., doc. 25.

As bandeiras rubras com as pombinhas bordadas em branco constituíam o sinal mais evidente das folias e quase sem exceção acompanhavam as festividades do Divino, em suas múltiplas variações temporais e geográficas (Braga, 1986, v. 2, p. 203; Simões, 1987:201-203). Parece ter sido o objeto que mais resistia à passagem do tempo, pois, "quando a festa se descaracteriza, quando perde seu aspecto popular, quando desaparece a folia, a distribuição de alimentos, a casa da festa, o império, resta apenas um símbolo — a bandeira" (Araújo, 1967, v. 1, p. 42). O autor citado percebeu o caráter taumatúrgico das bandeiras, que eram recebidas no interior das casas dos devotos com o objetivo de ser abençoadas e protegidas. Jaime de Almeida complementou tais informações nas pesquisas que realizou em São Luís do Paraitinga, assinalando que a bandeira do Divino "é sempre conduzida especialmente à dispensa, para que nunca falte comida, ao leito do casal, para que os esposos não briguem, ao quarto dos enfermos, e colocada à cabeça das crianças, para que tenham juízo" (Almeida, 1987:537-538). Martha Abreu, analisando os relatos do reverendo Robert Walsh e de Thomas Ewbank, revelou o entusiasmo com que as bandeiras vermelhas eram recebidas pelos devotos, em particular se fossem negros, que as beijavam avidamente (Abreu, 1999:47-48).

O personagem mais importante da festa, o imperador do Divino, apresentava-se quase sempre de modo majestático, consoante o prestígio de sua posição. Enquanto na cidade do Rio de Janeiro do século XIX o imperador quase sempre era representado por um menino, o costume variou no interior e na própria cidade do Rio de Janeiro em tempos anteriores, em que o imperador podia ser um adulto, em geral membro de alguma irmandade do Divino.[22] Nesse sentido, torna-se esclarecedor analisar o compromisso da irmandade do Divino de Santana, redigido em 1856 e aprovado no ano seguinte. Segundo se apura no documento, o imperador "deverá ser um menino menor de 12 anos", cujo nome seria sorteado de preferência entre os filhos dos irmãos da associação.[23] Ainda que a coroação de imperadores crianças e a existência de impérios para meninos possa ser uma característica tradicional — associada, por exemplo, à festa do Bispo Inocente, na Idade Média —, não fica claro por que tal costume teve mais desenvolvimento na cidade do Rio de Janeiro, e não em outra localidade.[24] Não podendo ser apresentada uma hipótese satisfatória,

---

[22] Fazenda (1923, v. 88, n. 142, p. 375); Henderson (1821:66); Chamberlain (1943:53); Debret (1989, t. 3, prancha 29).

[23] *Compromisso...*, 1860, cap. XIII.

[24] A possibilidade de ligação da festa do Divino com o referido festejo medieval é sugerida por Simões (1987:112). Maria Fernanda Enes (1998:144) não acredita na referida associação: "O jogo ritual [das festas do Espírito Santo] é essencialmente sacro [...]. A despeito das aparências simbólicas, o comportamento ritual não apresenta indícios de extravasão dos recalcamentos de uma sociedade rígida e opressivamente hierarquizada e rigorista [...], como é o caso da célebre 'Fête des Fous' que dentro dos

resta ao menos examinar a época em que, no Rio de Janeiro, ocorreu a mudança de adultos para crianças, para o lugar de imperador do Espírito Santo. Um antigo provedor da irmandade do Divino da Lapa do Desterro informou que,

> em 5 de junho de 1802, foram os irmãos dispensados de servir esse cargo, que passou a ser exercido por um menino pobre designado por sorte, ou ofertado, que não tivesse mais de 12 anos de idade: neste caso o ofertante era obrigado a vesti-lo e a seus ajudantes [...]. Os pais ou tutores desses meninos nada tinham com a administração do império, nem com as ofertas e promessas, que ali eram entregues [Costa, 1873:20].

Com a referida medida, separavam-se as atribuições do imperador daquelas exercidas pelo conjunto da irmandade. O império era decorado pelos irmãos da Lapa, que, além disso, cooperavam com outras despesas da festa "quando acontecia que o novo imperador não tinha meios precisos para exercer seu cargo". A continuidade dos gastos imprevistos na preparação dos festejos forçou a irmandade a abolir o cargo de imperador "para sempre, por deliberação da Mesa de 20 de agosto de 1820, em consequência das despesas que se faziam" (Costa, 1873:19-20). Como dito, a irmandade entrou em desequilíbrio financeiro no período joanino, na medida em que a instalação dos frades carmelitas na igreja da Lapa tinha privado os irmãos do Divino do acesso aos antigos lugares de sepultamento.

Assim, pelo menos para uma das irmandades do Divino, há uma possível explicação sobre a substituição dos imperadores adultos por crianças, bem como sobre a separação entre as funções do imperador e as da irmandade, numa tentativa fracassada de minorar os gastos com as festas. Não obstante, entre os devotos do Divino de Santana, de Santo Antônio dos Pobres e de Mata-Porcos, a ligação entre imperadores e a irmandade permanecia, ao ser escolhido como imperador da primeira preferencialmente um filho de um membro da irmandade, ou, no caso da segunda associação, quando o imperador encarregava-se da saída da folia ao lado de outros devotos. Além disso, na devoção de Santo Antônio dos Pobres, o imperador era um adulto que se reportava às autoridades para obter o peditório de esmolas com bandeiras e folia.[25]

---

próprios templos eram levadas [sic] a cabo na Idade Média". A respeito do festejo medieval em questão, ver também Heers (1987). No século XIX, em diversas localidades em que eram celebradas festividades do Divino, como o arraial de Traíras (GO), a vila de Pirenópolis, o arraial de São Domingos (MG) e a Vila de Itu, cujas informações remontam ao século XVIII, o sorteio do imperador era sempre feito entre adultos. Para Traíras, cf. Pohl (1951, v. 2, p. 71-72). Acerca de Pirenópolis, Brandão (1978:52-53). Para São Domingos, Saint-Hilaire (1975:284-285). Para Itu, cf. *Livro das sortes que se tiraram na igreja matriz da vila de Itu para os festejos do Divino Espírito Santo (1765-1799)*. IHGB, lata 102, doc. 22.

[25] BNRJ. Manuscritos, docs. II-34, 28, 10; ANRJ. MDP, caixa 132, doc. 25.

A semelhança da indumentária trazida pelo imperador do Divino com aquela exibida pelos monarcas que reinavam de fato foi assinalada por Martha Abreu. Muitos testemunhos indicam o uso de vestes rubras pelo imperador da festa do Espírito Santo, em correspondência ao uniforme utilizado pelos monarcas lusos. Não obstante, na descrição apresentada no romance *Memórias de um sargento de milícias* (1853), os trajes do imperador do Divino se afastaram do padrão usual: "vestido de casaca de veludo verde, calção de igual fazenda e cor, meias de seda, sapatos afivelados, chapéu de pasta" (Abreu, 1999:64; Almeida, s.d., primeira parte, cap. XIX). Nesse caso, as roupas do principal personagem da festa se inspiravam no uniforme adotado pela dinastia de Bragança após a Independência, em que o verde predominava, tingindo o manto imperial de d. Pedro I, como também as casacas dos ministros de Estado (Debret, 1989, t. 3, prancha 9). Ainda que a obra de Manuel Antônio de Almeida pretendesse evocar o período joanino, a evidência citada sugere que a representação do imperador do Divino ali presente remetia ao início do Primeiro Reinado, período de entusiasmo em relação às cores da nova nação, em que o verde e o amarelo, "matizes prodigalizados pelo patriotismo", estendiam-se do "palácio do soberano até ao armazém do negociante" (Debret, 1989, t. 3, p. 162).

Outro indício a apontar para a similaridade da caracterização do imperador do Divino com o monarca reinante foi apresentado por João Emanuel Pohl na descrição das festividades ocorridas na Corte, em 1817. Nessa ocasião, o viajante germânico descreveu o imperador do Divino como "um menino vestido de *preto*, com espada e chapéu de plumas, com uma medalha do Espírito Santo no peito" (Pohl, 1951, v. 1, p. 90; grifo nosso). Cerca de um ano antes, o príncipe regente d. João determinava

> em demonstração de sentimento pela morte de Sua Augustíssima Mãe, a Senhora Rainha D. Maria I [...], se suspenda o despacho dos Tribunais por tempo de oito dias [...] e que se tome luto nesta Corte e nos reinos pelo tempo de um ano, seis meses rigoroso e seis meses aliviado [...] devendo-se cobrirem-se de luto as mesas dos Tribunais.[26]

Certamente, um luto dessa natureza, em conformidade com a liturgia e os espetáculos com que a monarquia se insinuava no coração dos súditos, não teria passado despercebido dos moradores (Schwarcz, 2002:306-307; Lopez, 2004:21-124). Por isso, estes vestiram o imperador do Divino com as vestes usadas em tempo de luto pelo príncipe regente e pelos demais habitantes da Corte.

---

[26] ANRJ. MCO, caixa 322, pacote 3, doc. 184.

O cargo de imperador do Divino dava direito a deferências especiais por parte da irmandade e dos devotos, a indicar o prestígio daqueles que obtinham o cargo ou dos que ofereciam os filhos para ocupá-lo. Na descrição de Saint-Hilaire das festas do Espírito Santo em um arraial mineiro, o viajante informa que, na missa do domingo de Pentecostes, a irmandade acompanhava em cortejo o imperador até a porta da igreja, quando era recebido em pessoa pelo padre. Assentava-se na igreja sob um pálio especialmente preparado para a ocasião, colocado ao lado de um dos altares do templo. Na saída, o imperador era levado em procissão pelo mesmo grupo de devotos até sua casa, ou ao império da igreja (Saint-Hilaire, 1975:284-185). Disposições semelhantes estavam previstas no compromisso da irmandade do Divino de Santana, de 1856: "o Imperador, em todos os atos, será conduzido, quer de casa para a igreja, quer desta para casa, em carro, acompanhado de dois irmãos Definidores nomeados pelo irmão Provedor".[27] Ainda segundo esse documento, a posse do novo imperador ocorria no templo paroquial no domingo seguinte ao de Pentecostes, dedicado à Santíssima Trindade.

A coroação do imperador pelo pároco da matriz mais próxima não foi testemunhada por nenhum viajante. Não obstante, provavelmente devia ser uma cerimônia recorrente nas festas do Divino na Corte, tal como se praticava no Reino de Portugal e no arquipélago açoriano. Com relação ao primeiro, um autor relata que, desde o início dos tempos modernos, o imperador do Divino mantinha um comportamento de exceção no interior do templo, assistindo à missa com pajens trajados de modo extravagante, "com a circunstância irreverente de não ajoelhar" nem mesmo à elevação do sacramento da Eucaristia. Após o ritual, "recebia ali mesmo os cumprimentos da irmandade, do povo e do próprio sacerdote que celebrava a missa" (Almeida, 1970, v. 2, p. 557, e v. 3, p. 456). Nos Açores, seguindo as determinações do Concílio de Trento relativas à separação do sagrado e do profano, as Constituições Sinodais do Bispado de Angra (1560) determinavam que o imperador do Espírito Santo entrasse nos templos "honestamente sem arroído [*sic*] de vozes e sem tangeres, nas quais igrejas não estarão mais tempo que aos ofícios divinos" (Enes, 1998:149). Na ilha açoriana de São Miguel, um cronista oitocentista informou que a coroação era feita "pelo celebrante revestido de capa de asperges, cantando o hino *veni creator spiritus*". Após o término do ritual, sucediam-se os banquetes no império especialmente preparado.

A deferência que merecia o imperador do Divino no tempo festivo exigia contrapartidas, especialmente sob a forma de bens materiais doados pelo principal

---

[27] *Compromisso...*, 1860, cap. XIII, art. 21.

personagem da festa, ou pela família deste. Assim, o imperador devia ter posses suficientes para prover gastos com alimentos, bebidas, fogos artificiais e outras despesas correntes das festividades. O viajante protestante Robert Walsh, no final da década de 1820, informava que na Corte

> um menino, filho de um comerciante, foi eleito imperador do Espírito Santo. Ele tinha uma pequena corte, andava suntuosamente vestido, sendo a casa de seu pai transformada em reunião do povo, que para ali acorria a fim de prestar homenagem ao jovem monarca espiritual. É uma grande honra, mas muito dispendiosa, para os pais do menino, o qual mantém [sic] a casa aberta permanentemente a todos os visitantes e, durante o seu reinado, exerce [sic] uma espécie de autoridade papal, dirigindo os ofícios divinos e, sendo consultado [sic] pelo clero sobre a hora em que devem ser realizados [Walsh, 1985, v. 1, p. 184].

Havia ainda outros gastos, segundo os anúncios publicados na imprensa, nos quais o imperador da freguesia de Santana ofertava grandiosos fogos de artifício, seja para assinalar o encerramento dos festejos do Divino no Campo ou a posse do respectivo sucessor.[28]

Carlos Rodrigues Brandão, ao analisar as festividades em homenagem ao Divino na localidade de Pirenópolis, assinalou que o ritual representava um "*evento da cidade com a Igreja*". Dessa forma, reinterpretava-se o sentido eclesiástico das comemorações do Pentecostes, assinaladas em um calendário com pretensões universalizantes. O inverso ocorria nas solenidades da Quaresma, festas "*da Igreja para a cidade*", em que os significados universais superavam os comunitários (Brandão, 1978:116; grifos do autor). Seguindo ainda a análise deste, a festa converge para e deriva da figura do imperador (Brandão, 1978:43). Na cidade do Rio de Janeiro no século XIX, a iniciativa de organização das festas e das folias partia das irmandades do Divino, que, ao lado dos imperadores, detinham a gestão simbólica do "tempo alegre" daqueles rituais.

A cultura material da festa e seus divertimentos

Manuel Breda Simões, no vocabulário que preparou sobre as festividades do Espírito Santo nos Açores, assinala, a respeito dos impérios: "Designando inicialmen-

---

[28] *Diário do Rio de Janeiro*, 21/6/1848 e 26/5/1849.

te as festividades, significa hoje também a pequena construção de alvenaria ou de madeira, onde se realizava parte das cerimônias das Festas do Espírito Santo e na qual, durante esse período, se expõem as insígnias" (Simões, 1987:213).

O autor continua a explicação dizendo que muitos dos impérios daquelas ilhas eram de madeira, desmontáveis, e na passagem do século XVIII para o XIX foram construídos os primeiros de alvenaria no arquipélago açoriano. Essa evolução também pode ser acompanhada no Rio de Janeiro. Na primeira década do século XIX, havia na cidade dois impérios permanentes: um na esquina do beco do Império com o largo da Lapa e o outro defronte a igreja de Santana (Costa, 1873:19-20). Não foram encontrados nessa época testemunhos sobre festividades externas realizadas pelos irmãos do Divino da igreja de Santa Rita. Quanto aos irmãos do Divino de Mata-Porcos, uma lista de receitas e despesas da irmandade é reveladora do caráter provisório da construção. Em 1821, tinham sido gastos 1$920 réis para "desmanchar o Império por duas vezes".[29]

Nos anos seguintes, operaram-se modificações em alguns impérios, em decorrência da intervenção das autoridades urbanas, em um caso, e da estabilização do culto ao Divino, no outro. O império de pedra e cal que existia defronte o templo de Santana tinha sido construído em uma faixa de terra doada por Manoel José da Costa Martins Gil e a esposa, Emerenciana Isabel Dantas de Castro, à irmandade do Divino constituída naquele templo. Em 1810, o antigo doador ofereceu à Coroa, para a construção de um quartel militar no Campo de Santana, o mesmo terreno antes cedido à irmandade do Divino. O próprio Martins Gil se encarregaria da execução do plano do novo edifício, pois ocupava o lugar de arquiteto da Casa Real. Houve demandas na justiça, que foram decididas a favor da Coroa, em benefício da qual intercedeu de modo decisivo o intendente Paulo Fernandes Viana. Recebida a indenização a que tinham direito os irmãos do Divino, a partir daí o império passou a ser armado ao lado da igreja de Santana, tornando-se "provisório, ou, antes, simples coreto armado para os dias da festança" (Fazenda, 1923, v. 93, n. 147, p. 388-390; Carmo Neto, 1923:444).

Por sua vez, o plano de construção de um novo império da devoção do Divino da igreja de Santo Antônio dos Pobres indicava a estabilização do culto no referido local. Em 1820, o provedor e os mesários da devoção de Santo Antônio dos Pobres expunham que

> têm na mesma igreja em um dos Altares [...] colocado o Divino Espírito Santo, a quem se celebra anualmente com toda a decência, com Império, Imperador e Folia, fazen-

---

[29] ANRJ. MCO, caixa 289, doc. 25, f. 34.

do até o presente o seu Império portátil ao lado da Igreja, e porque agora pretendem fazê-lo de pedra e cal, sobre a vala, ao lado esquerdo da mesma Igreja. Requerendo a Câmara a Licença inclusa que do mesmo Senado [da Câmara] obtiveram, também a obtiveram do Intendente Geral da Polícia [...]. Porque receiam que o vizinho ao lado da dita vala embarace a dita obra, por não querer que se faça parede ao lado da dita vala [...] assinaram os suplicantes termo na Câmara para a conservarem sempre limpa, deferindo-se então ao seu requerimento. Mandou-se o Presidente [da Câmara] e o arquiteto fossem assistir e demarcarem por onde devia correr a parede, para no terreno demarcado os suplicantes formarem o seu Império.[30]

Não obstante, não há indícios de que a licença obtida pelos suplicantes tenha alcançado algum efeito na prática. A documentação sugere uma impressão oposta. Assim, no final da década de 1830, os irmãos do Divino de Santo Antônio dos Pobres solicitaram à Câmara licença para armar império e tablado junto à igreja, o que aponta para o uso de estruturas provisórias durante a festividade.[31]

A elevação de mastros junto aos templos em que se venerava o Espírito Santo também fazia parte das festas, havendo também registro de tal costume em Portugal e nos Açores. Na ilha Terceira desse arquipélago, em tempos recentes se levantava o mastro grande, também chamado da Aleluia, que no sábado assim denominado era "colocado junto do Império, e no topo do qual se encontra içada, durante as sete semanas do Espírito Santo, a bandeira do Império ou da irmandade" (Simões, 1987:128). Fato semelhante parece ter sucedido na Corte do Rio de Janeiro, quando os mastros eram levantados na mesma ocasião em que as folias começavam a sair com os peditórios, ou seja, 40 dias antes da festa. Em 1838, a irmandade do Divino da Lapa pediu licença à Câmara para "ser levantado o mastro da mesma irmandade na primeira oitava da Páscoa", na forma do compromisso.[32] O documento aludido pelos irmãos tinha sido confirmado por provisão régia de 3 de agosto de 1821, mas é provável que o ritual do levantamento do mastro fosse praticado antes pelos irmãos do Divino da Lapa. No mesmo ano 1821, a irmandade do Divino de Mata-Porcos informou haver pagado 7$950 réis aos "pretos, por arrearem o mastro duas vezes e levantar outra e o toque dos timbaleiros".[33] Nesse documento, apura-se que o ritual do mastro realizava-se com acompanhamento musical.

---

[30] BNRJ. Manuscritos, docs. II-34, 28, 47.
[31] AGCRJ. Festividades, cód. 43-4-6.
[32] Ibid.
[33] ANRJ. MCO, caixa 289, doc. 25, f. 34.

As grandes refeições comunitárias realizadas por ocasião das festas foram testemunhadas pelo menos desde o início do século XVI, segundo consta nas *Ordenações manuelinas*. Willems apresentou informações históricas adicionais, mostrando que no século XVII a irmandade do Divino Espírito Santo da cidade de Leiria, em Portugal, fazia corrida de touros. O espetáculo, realizado na sexta-feira anterior ao domingo de Pentecostes, terminava com o abate dos animais. No sábado, realizava-se o vodo, ou bodo, que consistia no oferecimento da carne aos prisioneiros, mendigos e pobres (Willems, 1949:403-404). Moraes Silva informa ainda que, durante os vodos, além daqueles tradicionais destinatários da caridade, comiam também os irmãos da irmandade (Silva, 1813). Nos Açores, até pelo menos o século XIX, havia refeições comunitárias realizadas com os recursos do imperador escolhido, dispostas em amplas mesas junto ao império (Simões, 1987:213). Na descrição fornecida por Saint-Hilaire para o arraial de São Domingos, apurada durante as extensas viagens que realizou pelo interior entre 1816 e 1822, a fartura de alimentos oferecida na festa estava muitas vezes associada ao pagamento de promessas ao Espírito Santo:

> Próximo à casa do imperador armara[m]-se, sob um caramanchão, duas longas mesas, cada uma com cinquenta talheres. Na extremidade de uma das arcadas havia um estrado, acima do qual estava suspenso um dossel, e nessa espécie de trono havia uma poltrona diante da qual se pusera uma mesa com serviço para um. O Imperador subiu ao estrado e assentou-se. Parte do cortejo tomou lugar diante das longas mesas de que falei, e serviu-se um lauto jantar, que consistia em grandes assados, aves, leitões, arroz e salada. Cada um dos convivas tinha diante de si um pequeno pão e por bebida, ofereceu-se aos convivas cachaça, misturada com café e açúcar. O imperador foi servido com grande cerimônia; seus oficiais mantinham-se ao lado [...]. Várias mulheres, acompanhadas da música, vieram sucessivamente oferecer ao imperador pratos de doces, que em seguida foram comidos pelos comensais. Essas oferendas são o resultado de alguma promessa feita ao Espírito Santo, e os que servem os convivas fazem-no também em cumprimento de um voto [Saint-Hilaire, 1975:285-286].

Para a cidade do Rio de Janeiro, as referências a banquetes oferecidos durante as festividades do Divino são infelizmente escassas ou imprecisas. No início do século XIX, era de estilo na irmandade do Divino da Lapa "distribuir-se no dia da festa pão e rosca pelos devotos, que levavam esmolas, e remeter-se pão e carne aos presos da cadeia" (Costa, 1873:20). Um dos poucos testemunhos até agora conhecidos da distribuição de alimentos aos presos na véspera do domingo de Pentecostes foi o de Debret, cujas informações são ambíguas. Fazendo referência aos "víveres levados à cadeia pela irmandade do Santíssimo Sacramento", apresenta indícios, na ilustração que acompanha a descrição, para se acreditar que se tratava, de fato, de alguma irmandade do Espírito Santo. Os irmãos conduziam bandeiras vermelhas, nas quais são perceptíveis pombas bordadas de branco. Além disso, aparecem também pombas fixadas no alto dos estandartes, emblemas quase inequívocos do Divino Espírito Santo. Entre os alimentos levados aos presos, incluíam-se "carne fresca, toicinho, carne-seca, feijões pretos, laranjas e farinha de mandioca" (Debret, 1989, t. 3, p. 191, prancha 22).

Emílio Willems, ao analisar as festas do Divino no município de Cunha, considerou-as um "complexo cultural", em que entravam em cena práticas de origens muito díspares, agregadas por motivos diversos às celebrações do Espírito Santo (Willems, 1949:406-407). Outros folcloristas também concordaram em apontar o caráter central das festividades do Divino em relação a outras do calendário religioso. Assim, é interessante perceber que vários autos e danças praticados anteriormente em celebrações oficiais foram deslocados para a festa do Divino. Na década de 1830, podiam ser encontradas diversas danças nas festas do Divino da cidade do Rio de Janeiro, como as dos cristãos e mouros, camponeses, velhos, jardineiros, chinas, entre outras.[34] São grandes as semelhanças entre tais danças e aquelas que eram apresentadas em séculos passados nas procissões do Corpo de Deus, como parte das obrigações das corporações de ofícios (Santos, 2005:109-154). Segundo Dante de Laytano, referindo-se ao caso de Portugal: "Há íntima relação entre os 'impérios' e as figurações que iam na [sic] procissão de Corpus Christi, tendo aqueles a sua origem nestas. Foi tão importante o seu papel em tais festas que, nalgumas localidade do continente o que delas subsistiu se confundiu com a folia" (Laytano, 1961:129).

As cavalhadas ou argolinhas, torneios equestres entre dois grupos adversários, constituídos frequentemente por mouros e cristãos, os quais retiravam com lanças argolas que eram fincadas em mastros, não se associavam de modo direto às festividades do Divino. Constituíam divertimentos de origem medieval, realizados para comemorar os júbilos da monarquia portuguesa, ou homenagear diferentes patronos religiosos. No casamento real realizado em 1818, as argolinhas foram incluídas na programação dos festejos. Não obstante, em registros da mesma época, aparecem mais frequentemente associadas às festividades do Divino. Os viajantes Saint-Hilaire e Pohl registraram-nas, respectivamente, em São Domingos e Vila Boa. Pouco depois, Hércules Florence, desenhista da expedição de Langsdorff, testemunhou-as em Sorocaba. O jornal *O Simplício da Roça* regis-

---

[34] AGCRJ. Festividades, códs. 43-4-2 e 43-4-3; Abreu (1999:204-216).

trou-as na localidade de Bananal. O ministro Ferreira de Rezende (1832-1893) testemunhou o espetáculo das argolinhas na vila da Campanha. Em todos os casos, o espetáculo equestre era apresentado ao término das festividades de Pentecostes.[35] A realização das cavalhadas oferecia maior pompa às festividades, mas em contrapartida parecia aumentar os respectivos custos. Em 1831, Hércules Florence expunha que "uma festa de Espírito Santo sem cavalhadas custa ao festeiro de 12 a 15 mil francos. Com as cavalhadas, ela custa o dobro".[36]

Nas primeiras décadas do século XIX, o divertimento das argolinhas parece ter também existido nas freguesias centrais da Corte, em associação aos festejos do Divino. Nas despesas realizadas pela irmandade do Divino de Mata-Porcos em 1821, os irmãos informavam ter gastado $960 réis com duas argolas, mais cerca de 8$000 réis com madeira, jornais de oficiais, pregos e tinta.[37] Esse registro revelava as dimensões reduzidas das cavalhadas organizadas nas freguesias centrais, em contraste com aquelas realizadas no cenário rural (Araújo, 1967, v. 1, p. 276-279; Brandão, 1978:30-34). Entre 1830 e cerca de 1860, as barraquinhas armadas no Campo de Santana durante os festejos do Divino Espírito Santo introduziram novas práticas naquele ritual tradicional, constituindo um desafio às autoridades que desejavam ordenar a cidade em nome da "civilização" (Abreu, 1999:175-248; Martins, 1996:239-324).

Referências

Fontes manuscritas

ARQUIVO NACIONAL DO RIO DE JANEIRO (ANRJ). Fundos da Mesa da Consciência e Ordens (MCO), Mesa do Desembargo do Paço (MDP) e da Intendência-Geral da Polícia.

BIBLIOTECA NACIONAL DO RIO DE JANEIRO (BNRJ). Divisão de Manuscritos.

INSTITUTO HISTÓRICO E GEOGRÁFICO BRASILEIRO (IHGB).

Fontes impressas

ALMANACK dos negociantes do Império do Brasil. Rio de Janeiro, n. 1, 1827.

ALMEIDA, Manuel Antônio de. *Memórias de um sargento de milícias* [1853]. Rio de Janeiro: W. M. Jackson, [s.d.].

---

[35] Pohl (1951:332); Saint-Hilaire (1975:286-287); IHGB, lata 350, doc. 28; Rezende (1988:120-122).

[36] IHGB, lata 350, doc. 28.

[37] ANRJ. MCO, caixa 289, doc. 25, f. 34.

ARAÚJO, Mons. José de Souza Azevedo Pizarro e. *Memórias históricas do Rio de Janeiro* [1820]. 2. ed. Rio de Janeiro: Imprensa Nacional, 1945. v. 5.

ARQUIVO DO DISTRITO FEDERAL. Rio de Janeiro, n. 1, 1894.

AZEVEDO, Moreira de. *O Rio de Janeiro*: sua história, monumentos, homens notáveis, usos e curiosidades. Rio de Janeiro: Garnier, 1877.

CARMO NETO, Henrique José do. Recordações e aspectos do culto de Santana. *Revista do IHGB*, Rio de Janeiro, v. 94, n. 148, p. 436-462, 1923.

CHAMBERLAIN, Ten. *Vistas e costumes da cidade e arredores do Rio de Janeiro em 1819-1820* [1822]. Rio de Janeiro: Livraria Kosmos; São Paulo: Erich Eichner, 1943.

COMPROMISSO da irmandade do Divino Espírito Santo ereta na matriz de Santana. Rio de Janeiro: Gráfica Carioca, 1964 [fac-símile da ed. de 1860, publicada na Tipografia de Paula Brito].

COSTA, José Maria Lopes da. *Notícia histórica da imperial irmandade do Divino Espírito Santo da Lapa do Desterro*. Rio de Janeiro: Tipografia Nacional, 1873.

DEBRET, Jean-Baptiste. *Viagem pitoresca e histórica ao Brasil* [1834]. Belo Horizonte: Itatiaia; São Paulo: Edusp, 1989. t. 3.

DIÁRIO do Rio de Janeiro. Rio de Janeiro, 25 nov. 1826, 21 jun. 1848, 26 maio 1849.

EWBANK, Thomas. *Vida no Brasil* [1856]. Belo Horizonte: Itatiaia; São Paulo: Edusp, 1976.

FAZENDA, José Vieira. Antiqualhas e memórias do Rio de Janeiro. *Revista do IHGB*, Rio de Janeiro, v. 86, n. 140; v. 88, n. 142; v. 89, n. 143; v. 93, n. 147; v. 95, n. 149, 1921-1927.

HENDERSON, James. *A history of the Brazil, comprising its geography, commerce, colonization, aboriginal inhabitants, etc.* Londres: Longman, Hurst, Rees, Orme and Brown, 1821.

HOLLOWAY, Thomas H. *Policing Rio de Janeiro*: repression and resistance in a nineteenth-century city. Stanford: Stanford University Press, 1993.

PENA, Martins. *Comédias*. Edição crítica por Darcy Damasceno. Rio de Janeiro: Edições de Ouro, [s.d.].

POHL, João Emanuel. *Viagem ao interior do Brasil* [1832-1837]. Rio de Janeiro: INL, 1951. 2 v.

PUBLICAÇÕES do Arquivo Nacional. Rio de Janeiro, n. 2, 1889.

REZENDE, Francisco de Paula Ferreira de. *Minhas recordações*. Belo Horizonte: Itatiaia; São Paulo: Edusp, 1988.

ROHAN, Amadeu de Beaurepaire. *Esboço histórico da irmandade do Divino Espírito Santo da matriz de Santa Rita*. Rio de Janeiro: Laemmert, 1930.

SAINT-HILAIRE, Auguste. *Viagem pelas províncias do Rio de Janeiro e Minas Gerais* [1830]. Belo Horizonte: Itatiaia; São Paulo: Edusp, 1975.

SILVA, Antonio de Moraes. *Diccionario da lingua portugueza [...]*. Lisboa: Lacerdina, 1813. 2 v. [ed. fac-símile].

WALSH, Robert. *Notícias do Brasil (1828-1829)* [1830]. Belo Horizonte: Itatiaia; São Paulo: Edusp, 1985. 2 v.

Estudos

ABREU, Martha. *O império do Divino*: festas religiosas e cultura popular no Rio de Janeiro, 1830-1900. Rio de Janeiro: Nova Fronteira, 1999.

ALMEIDA, Fortunato de Almeida. *História da Igreja em Portugal*. Nova ed. prep. e dir. por Damião Peres. Porto: Livraria Civilização, 1970. 4 v.

ALMEIDA, Jaime de. *Foliões*: festas em São Luís do Paraitinga na passagem do século, 1888-1918. Tese (doutorado) — PPGH, USP, São Paulo, 1987.

ARAÚJO, Alceu Maynard. *Folclore nacional*. 2. ed. São Paulo: Melhoramentos, 1967. v. 1.

BOSCHI, Caio César. *Os leigos e o poder*: irmandades leigas e política colonizadora em Minas Gerais. São Paulo: Ática, 1986.

BRAGA, Teófilo. *O povo português nos seus costumes, crenças e tradições*. Lisboa: D. Quixote, 1985-1986. 2 v.

BRANDÃO, Carlos Rodrigues. *O Divino, o santo e a Senhora*. Rio de Janeiro: Funarte, 1978.

BURKE, Peter. *A cultura popular na Idade Moderna*: Europa, 1500-1800. São Paulo: Companhia das Letras, 1989.

CARDOSO, Ciro Flamarión; ARAÚJO, Paulo Henrique da Silva. *Rio de Janeiro*. Madri: Mapfre, 1992.

CASCUDO, Luiz da Câmara. *Dicionário do folclore brasileiro*. Rio de Janeiro: Edições de Ouro, 1969. 2 v.

COARACY, Vivaldo. *Memórias da cidade do Rio de Janeiro*. 3. ed. Belo Horizonte: Itatiaia; São Paulo: Edusp, 1988.

ENES, Maria Fernanda. As festas do Império do Divino Espírito Santo nos Açores. *Cultura*: Revista de História e Teoria das Ideias, Lisboa, v. X, p. 127-156, 1998.

ETZEL, Eduardo. *Divino*: simbolismo no folclore e na arte popular. Rio de Janeiro: Kosmos; São Paulo: Giordano, 1995.

HEERS, Jacques. *Festas de loucos e carnavais*. Lisboa: Dom Quixote, 1987.

LAYTANO, Dante. Arquipélago dos Açores: fontes bibliográficas. *Revista do IHGB*, Rio de Janeiro, v. 251, p. 55-183, 1961.

LOPEZ, Emilio Carlos Rodriguez. *Festas públicas, memória e representação*: um estudo sobre as manifestações políticas na Corte do Rio de Janeiro, 1808-1822. São Paulo: Humanitas, 2004.

MARTINS, William de Souza. Abram alas para a folia In: FIGUEIREDO, Luciano (Org.). *Festas e batuques no Brasil*. Rio de Janeiro: Sabin, 2009. p. 17-24.

MARTINS, William de Souza. *Arraiais e procissões na Corte*: festas e civilização na cidade do Rio de Janeiro (1828-1860). Dissertação (mestrado) — PPGH, UFF, Niterói, 1996.

MAURÍCIO, Augusto. *Templos históricos do Rio de Janeiro*. 2. ed. Rio de Janeiro: Laemmert, 1946.

SANCHIS, Pierre. *Arraial, festa de um povo*: as romarias portuguesas. Lisboa: Dom Quixote, 1984.

SANTOS, Beatriz Catão Cruz. *O Corpo de Deus na América*: a festa de Corpus Christi nas cidades da América portuguesa — século XVIII. São Paulo: Annablume, 2005.

SCHWARCZ, Lilia Moritz. *A longa viagem da biblioteca dos reis*: do terremoto de Lisboa à Independência do Brasil. São Paulo: Companhia das Letras, 2002.

SILVA, Maria Beatriz Nizza da. *Cultura e sociedade no Rio de Janeiro, 1808-1821*. 2. ed. São Paulo: Nacional, 1978.

SIMÕES, Manuel Breda. *Roteiro lexical do culto e das festas do Espírito Santo nos Açores*. Lisboa: Instituto de Cultura e Ciência Portuguesa, 1987.

STORCH, Robert. O policiamento do cotidiano na cidade vitoriana. *Revista Brasileira de História*, São Paulo, v. 5, n. 8-9, p. 7-33, set. 1984/abr. 1985.

WERNET, Augustin. *A Igreja paulista no século XIX*: a reforma de d. Antônio Joaquim de Melo (1851-1861). São Paulo: Ática, 1987.

WILLEMS, Emílio. Acculturative aspects of the Feast of the Holy Ghost in Brazil. *American Anthropologist*, Menasha, v. 51, n. 3, p. 400-408, jul./set. 1949.

ZALUAR, Alba. *Os homens de Deus*: um estudo dos santos e das festas no catolicismo popular. Rio de Janeiro: Zahar, 1983.

2

O universo das letras:
debates impressos e mediações culturais
— São João d'El-Rey (1827-1829)

Rodrigo Fialho Silva

> Para tomar o poder têm [*sic*] que tomar a palavra e difundi-la.
> ROBERT DARNTON (1996)

O "lugar" das letras impressas: a vila de São João d'El-Rey

As letras foram imprensadas depois de certo desenvolvimento urbano. Assim diziam os homens letrados da vila de São João d'El-Rey (Silva, 2011), que também estiveram diretamente envolvidos não só com os negócios e com o comércio na região da comarca do Rio das Mortes, cuja vila era o centro administrativo e econômico, mas com as redes comerciais das *praças* de outras províncias, como São Paulo e Rio de Janeiro, por exemplo, responsáveis também por viabilizarem um trânsito cultural permanente entre eles.

Os traços que compõem uma paisagem com características citadinas em Minas se desenham desde os tempos setecentistas por meio de suas vilas e seus sistemas produtivos, como também pelos fluxos populacionais e comerciais. Percebe-se de maneira mais evidente que, no início dos Oitocentos, esses espaços ganham acentuados contornos urbanos (Cunha, 2002), capazes de contribuir para o surgimento de instituições responsáveis por dinamizar a vida cultural das vilas e cidades nas Gerais.

Inicialmente, instituições oficiais foram criadas a cargo da Coroa portuguesa na tentativa de normatizar a vida administrativa nas Minas, como as câmaras, por exemplo (Cavalcanti, 2010), em conjunto com o aparato eclesiástico, típico do Antigo Regime. Com o tempo, no alvorecer dos Oitocentos, as principais vilas mineiras, como São João d'El-Rey, assistiram ao florescimento de instituições capazes de promover a vida cultural *in loco*, como a criação de uma biblioteca pública e da imprensa. Ao contrário do que se pensava décadas atrás, Minas Gerais não entra em decadência econômica com o fim da mineração, atividade nuclear da capitania durante o século XVIII (Linhares, 1979; Fragoso, 1998; Graça Filho, 2002). Pelo contrário, no início dos Oitocentos, algumas de suas regiões, como a comarca do Rio das Mortes, desponta como um "celeiro" cujas atividades agrícolas e pastoris passaram para um primeiro plano na economia regional. Dessa maneira, São João d'El-Rey se evidencia também como uma dinâmica praça comercial e de referência tanto para Minas quanto para o eixo centro-sul do Brasil (Dias, 1972). Ao longo do século XVIII, como característica das vilas e arraiais mineiros, a vila de São João d'El-Rey assiste à propagação das atividades econômicas paralelas à mineração, como o comércio de secos e molhados e a agricultura de subsistência, baseada no trabalho escravo (Libby, 1998), além de se tornar uma das vilas mais povoadas no século do ouro. No entanto, é na passagem dos tempos setecentistas para o século XIX que ela se dinamiza, em função das correntes comerciais e populacionais que a tomavam como centro de referência econômica. Sobre o aspecto populacional na comarca do Rio das Mortes, João Fragoso destaca:

> [...] área baseada principalmente em uma agropecuária dirigida para o mercado interno. No período considerado (1776-1821), essa comarca passa de uma população de 82.781 para 213.617 pessoas. Esses números representam um crescimento demográfico da ordem de 158,0% da população de Minas [Fragoso, 1998:125].

Sabe-se que, no final do século XVIII, houve uma mobilidade populacional em direção ao sul da capitania, em razão da crescente importância das atividades agrícolas e pastoris (Slenes, 1998; Libby, 1998; Almeida, 1994; Carrara, 1999). Tal deslocamento acentuou o aumento da população da comarca do Rio das Mortes, ao passo que, em outras sedes, como Vila Rica, por exemplo, verifica-se uma retração populacional, pois uma das condições prováveis para o crescimento populacional da comarca do Rio das Mortes foi a migração de áreas mineradoras decadentes à procura de trabalho em culturas de subsistência e na criação de gado (Campos, 1998).

Ao estabelecer um estudo comparativo entre a capital da capitania e áreas adjacentes, Kenneth Maxwell aponta que o declínio de Vila Rica e a ascensão do sul de Minas refletem a queda do papel dominante da mineração, mas não da economia, em seu aspecto geral. Maxwell destaca que a vila de São João d'El-Rey se transforma em um "distrito cerealista", ao produzir "milho, feijão e um pouco de trigo em suas terras férteis, além de exportar para o Rio de Janeiro e outras Comarcas mineiras queijo, banha, aves, açúcar, algodão e cachaça" (Maxwell, 1995:12).

Nessa perspectiva, os viajantes Spix e Martius, que estiveram no Brasil entre 1817 e 1820 e passaram por São João d'El-Rey, descreveram o ambiente da vila:

> Quanto é aqui animado o comércio, logo se vê pelo fato de fazerem quatro tropas, cada uma de cinquenta mulas cargueiras, contínuas viagens para lá e para cá da capital, anualmente, levando toicinho, queijos, algum tecido de algodão, chapéus de feltro, gado bovino, mulas, galinhas e barras de ouro para vender ali; pelo valor de seus produtos trazem de volta mercadorias europeias, sobretudo portuguesas e inglesas, como chitas, rendas, utensílios de ferro, vinho, cerveja Porter, licores etc. [Spix e Martius, 1981:195].

O fluxo comercial era desenvolvido pelo sistema de tropas, que foi responsável por dinamizar o comércio local. Estas também eram responsáveis pela integração comercial e cultural com outras regiões. Transpunham as serras e percorriam os caminhos, principalmente o Caminho Novo (Venâncio, 1999), trazendo e levando mercadorias de São João d'El-Rey para o Rio de Janeiro e vice-versa, bem como para o restante da província mineira (Lenharo, 1993). São João d'El-Rey constituía-se, assim, no início dos Oitocentos, no maior núcleo urbano da comarca do Rio das Mortes, e, nas palavras de Alcir Lenharo, "o centro das exportações mineiras tinha sede na praça comercial de São João d'El-Rey, que, juntamente com Barbacena, constituíam os dois polos do comércio atacadista, servindo de verdadeiros entrepostos regionais" (Lenharo, 1993:75).

Era uma vila comercial, com ruas calçadas, belas igrejas, muitas lojas fornecidas de todos os artigos de luxo do comércio europeu, armazéns e muitas e variadas oficinas. Dessa maneira, os viajantes que por ela passaram, em diferentes épocas do século XIX, são unânimes em escrever sobre seu aspecto progressista (Campos, 1998). Nessa época, São João d'El-Rey contava com cerca de 6 mil habitantes, dados registrados por Spix e Martius (1981). Porém, anos mais tarde, no final da década de 1820, o médico Johann Emanuel Pohl registrou que o número de habitantes da vila se elevara a 7 mil. Como de costume e influenciado por um prisma europeu, o viajante nos deixa também sua impressão ao chegar à vila:

> Esta cidade figura entre as mais limpas e alegres que já encontrei no Brasil. Situada em clima suave, apresenta uma vista risonha com as suas 1.000 casas, na maioria de um só andar limpamente caiadas e com pomares verdes, exuberantes, em que se erguem belas bananeiras. As igrejas, inteiramente construídas de pedra, com torres bem pro-

porcionadas, algumas ornadas com relógio, o que é uma raridade no país, ultrapassam os próprios templos da cidade do Rio de Janeiro [Pohl, 1976:87].

A vila era um importante entreposto comercial da comarca, quiçá da província. Além de ser ponto obrigatório de passagem das tropas, estava geograficamente localizada próxima ao Rio de Janeiro, para onde fornecia significativos gêneros agrícolas (Fragoso, 1998), e a São Paulo; daí supor a existência de uma rica paisagem urbana em razão do diversificado comércio, que contribuiu para que ela se tornasse um núcleo de referência na época. O dinamismo econômico da vila proporcionou, em conjunto com uma série de iniciativas pessoais e políticas, a implementação de instituições capazes de mobilizar e de estimular a vida cultural de São João d'El-Rey. Dessa maneira, duas inaugurações marcaram o ano 1827. Foram criadas uma biblioteca pública, a primeira da província, e uma tipografia local, responsável pela publicação do primeiro periódico da vila, *O Astro de Minas*.

O mecenatismo nas Minas: Baptista Caetano d'Almeida e as letras impressas

Tanto a criação da biblioteca quanto a da imprensa foram possíveis, principalmente, por iniciativa do rico comerciante e político Baptista Caetano d'Almeida (Silva, 2011). Nasceu em 3 de maio de 1797, em Camanducaia, nas proximidades da vila. Pertencia a uma família abastada de São João d'El-Rey, para onde se mudou ainda menino, para morar com um tio, o capitão Pedro César de Almeida Lobo, em 1812, com 15 anos de idade. Não seguiu os estudos regulares, pois na vila havia apenas uma aula de gramática latina, mas isso não o impediu de, por esforço próprio, aprender francês e adquirir os conhecimentos que lhe fizeram ter destaque na vida pública de São João d'El-Rey e na província mineira.

Logo que chegou a São João d'El-Rey, o jovem Baptista Caetano d'Almeida tornou-se, juntamente com um primo, Francisco de Paula d'Almeida, dono de uma casa comercial que manteve até o ano 1828. Mesmo tendo desfeito a sociedade com o primo, ele manteve outras duas casas de comércio com seus amigos e sócios Martiniano Severo de Barros, João Martins de Carvalho, José Bernardo Teixeira e Sabino Januário do Sacramento. As casas comerciais, localizadas na rua da Intendência, ofereciam sortimento de fazenda seca, molhados e louças.[1] Em

---

[1] Biblioteca Nacional — Seção de Obras Raras (BN-SOR). *O Astro de Minas*, p. 4, 2/8/1828.

1820, Baptista Caetano d'Almeida se casa com a jovem Mariana, uma das filhas de Francisco José Teixeira, conhecido político liberal mineiro — o barão de Itambé, como mais tarde ficou conhecido. Este chegou a exercer a presidência da Câmara dos Vereadores de São João d'El-Rey e foi um dos responsáveis pela dinamização agrícola e comercial da vila e da lavoura cafeeira em Vassouras, no Rio de Janeiro.

Com 25 anos, Caetano d'Almeida se envolveu na vida pública, tornando-se vereador em 1822 e chegando a exercer em 1829 o cargo de juiz de paz. Além das atividades comerciais e políticas locais, representou a província de Minas Gerais na Câmara dos Deputados de 1830 a 1838, sendo reeleito para as legislaturas de 1838 a 1841. Porém, debilitado por motivos de doença, acabou substituído pelo cônego José Antônio Marinho, seu amigo de longa data, também conhecido por ser um homem culto e dedicado às letras.[2]

De seu círculo de amizades, podem-se destacar o próprio padre Marinho, Bernardo Pereira de Vasconcelos, Evaristo Ferreira da Veiga, Honório Hermeto, o padre Feijó, Paula e Souza, entre outros partidários do liberalismo político. Esses contatos foram possíveis graças às legislaturas exercidas na Câmara dos Deputados (Veiga, 1898) e também às relações impressas estabelecidas entre eles. Não se pode deixar de registrar também seu esforço em contratar o emigrado português Francisco Freire de Carvalho, professor de história e antiguidades em Coimbra, para lecionar a seus irmãos, bem como para abrir um curso público de belas-letras, que durou de 1830 até 1833.

Caetano d'Almeida é conhecido na história mineira do início dos Oitocentos como um personagem envolvido em projetos que visavam dinamizar e civilizar[3] a vida cultural da vila de São João d'El-Rey. O projeto da biblioteca e sua concretização em 1827 podem ser considerados um *locus* de referência na província e até mesmo no Império, pois o Brasil contava, nessa época, com cerca de três bibliotecas em toda a sua extensão. O fato de São João d'El-Rey ter abrigado uma biblioteca despertou o interesse de alguns viajantes quando da passagem pela vila. Entre os aspectos que mais chamaram a atenção dos viajantes europeus, como o reverendo Walsh e Saint-Hilaire, está o rico acervo de livros.

A vontade de Caetano d'Almeida de inaugurar a biblioteca vinha de alguns anos. Sabe-se que o projeto para a instituição havia sido aprovado pelo governo provincial desde 1824, quando a Câmara de São João d'El-Rey recebeu do presidente da província, José Teixeira da Fonseca Vasconcelos, visconde de Caeté, um parecer favorável ao pedido, ou melhor, à representação de Caetano d'Almeida,

---

[2] APM — SIA-APM, jan./jun. 1905.

[3] Campos (1998); Motta (2000); Silva (2011); Moraes (2002); Maculan (2011).

que propunha criar uma biblioteca pública oferecendo, inicialmente, para composição de seu acervo inicial cerca de 800 volumes (Cintra, 1982). Inaugurada, passou a funcionar em uma sala que abrigava os volumes ao longo das paredes e contava com uma mesa localizada no centro destinada à leitura dos livros e inclusive dos periódicos impressos em Minas, alguns provenientes de outras províncias e até mesmo do exterior, que chegavam semanalmente pelo sistema de correios ou pelas mãos dos viajantes e tropeiros que pela vila passavam. Em uma edição de *O Astro de Minas*,[4] Francisco de Assis Braziel, bibliotecário e também redator do periódico, publicou a relação dos periódicos disponíveis na biblioteca para consulta e leitura:

Relação dos periódicos disponíveis na biblioteca pública de São João d'El-Rey

Farol Maranhense
Abelha Pernambucana
Constitucional Pernambucano
Diário de Pernambuco
O Cruzeiro
Amigo do Povo
Gazeta Parahybana
Bahiano
Farol Paulistano
Diário Fluminense
Aurora Fluminense
Astréa
Malagueta
Luz Brasileira
Jornal do Commercio
Courier
Universal
O Amigo da Verdade
O Astro de Minas

Fonte: BN-SOR. *O Astro de Minas*, p. 4, 29 out. 1829.

---

[4] BN-SOR. *O Astro de Minas*, p. 4, 29/10/1829.

Por meio de doações de particulares e de aquisições feitas pela própria biblioteca, aos poucos o acervo foi aumentando. Entre os periódicos disponíveis para leitura e consulta, destacavam-se em maior número os periódicos fluminenses, seguidos pelos pernambucanos, mineiros, um maranhense, um paraibano, um baiano e um paulista. Um ano após sua inauguração, a biblioteca já possuía boas centenas de volumes, somando mais de mil (Maia, Franco e Maia, 1986). De acordo com o viajante Robert Walsh, em 1828 a biblioteca contava com cerca de mil exemplares.[5] Destes, destacava-se um significativo número de obras editadas na Europa:

> Os livros desse incipiente estabelecimento fundado nas montanhas do Brasil, onde, até há bem pouco tempo, era interdita a difusão de qualquer tipo de conhecimento, somavam cerca de 1.000 volumes dispostos ao longo das paredes, numa sala bem arrumada, com uma mesa de leitura no centro. Além de obras em português e espanhol, havia muitas outras em francês; a "Encyclopédie", obras de Voltaire, Rousseau e Raynel, juntamente com outras que apareceram na fase inicial da Revolução Francesa. Ficamos surpresos, porém, ao encontrarmos num lugar tão remoto alguns livros ingleses, entre os quais "O Revolucionário Plutarco", "Riqueza das Nações", de Smith, "Geografia", de Pinkerton, "O Paraíso Perdido", "Viagem Sentimental" e "Trials of Adultery", ao lado de alguns periódicos, entre o "Times" e o "Chronicle". Descobrimos que havia três pessoas na cidade que falavam inglês e eram membros da biblioteca, além de algumas outras que conseguiam ler a língua e estavam fazendo progressos na conversação. Além desses periódicos, todos os jornais publicados no Brasil são recebidos ali e colocados na sala de leitura [Walsh, 1985, v. 2, p. 78].

Segundo Robert Walsh (1985), como dito na citação anterior, a vila contava com três moradores que falavam inglês, o que facilitava o entendimento das obras estrangeiras publicadas nessa língua. Em geral, a biblioteca dispunha de obras raras e antigas, escritas em português, inglês e francês, como informa Viegas:

> Entre muitas de suas obras antigas e raras, se destacam a Bíblia comentada por Cornélio A. Lapide. A Revista dos Dois Mundos, L'Encyclopedie Methodique — Diderot et d'Alembert (coleção completa), Le Moniteur Universel, publicação de dezoito anos

---

[5] Provavelmente, o reverendo Robert Walsh visitou a biblioteca após sua transferência para um dos salões da Casa da Câmara. Desde sua fundação, em 1827, até o ano 1828, a biblioteca funcionou nas dependências da Santa Casa de Misericórdia, causando algum incômodo aos enfermos e aos visitantes leitores. No final de 1828, foi transferida para uma sala da Câmara. BN-SOR. *O Astro de Minas*, p. 1, terça-feira, 9/9/1828.

ininterruptos, o Nobiliário de D. Pedro por Ivan Batista Lavaña, A Imblemata Frei Rafael de Jesus, a Crônica de Cistér por Frei Bernardo de Brito, a Crônica dos Carmelitas de Frei José Pereira de Santana e o Elucidario de Viterbo. Há aqui as obras completas do Padre Manuel Bernardes, de Alexandre Herculano, dos Castilhos, de Felinto Elisio, Garrett, Vieira e Camões; Homero e Aristóteles; Terencio, Tácito, Suetonio, Virgilio, Horacio, Tito Livio, Ovídio e Cícero; Bossuet, Buffon, Montesquieu, Voltaire, Lamartine, Chateaubriand e Victor Hugo; Shakespeare e Milton; Cervantes e Dante [Viegas, 1953:67-68].

Baptista Caetano d'Almeida preocupava-se com a instrução pública. No discurso inaugural da biblioteca em 1827, afirmou que a constituição de uma biblioteca pública seria o caminho para a civilização. É interessante observar em sua fala que também se preocupava em disponibilizar periódicos estrangeiros para que a "mocidade desejosa de aprender" pudesse ler e consultar:

> O estabelecimento de uma Biblioteca Pública em um país é sem dúvida a primeira data de sua civilização: nenhuma sociedade pode ser verdadeiramente feliz sem que todos os seus membros tenham necessária sabedoria. Foi esta a máxima capital de que partiram esses espíritos sublimes, e filantrópicos, que nos tempos antigos ilustraram a terra. [...] Mas não basta que um, ou outro membro, que uma, ou outra classe da sociedade seja sábia, é preciso que a sabedoria se estenda a [sic] massa geral dos povos; pois as mais importantes verdades lançadas no meio de um povo rude, ou ainda não capaz de as conhecer e avaliar, são como mais brilhante luz que, interceptada pelos corpos opacos, ou absorvida pelos escuros, se confunde com as trevas. [...] A mocidade desejosa de aprender achará nele a par de célebres historiadores os publicistas mais abalizados do nosso tempo: conhecerá o presente estado da Europa pela leitura dos jornais de Inglaterra, França, Espanha e Portugal: verá o andamento da nossa Causa pela de todos os periódicos do Rio de Janeiro, e então se persuadirá [de] que a sabedoria é a única base da felicidade dos povos [apud Barata, 2004:11].

Além dos livros, a biblioteca também foi um espaço responsável por dispor de um acervo de periódicos, como demonstrado. Nota-se, no entanto, a preocupação em conservar os livros antigos e raros e ao mesmo tempo investir na cultura dos periódicos, pois estes "arejavam" o ambiente da biblioteca, tornando-a mais atualizada. Tempos antes de sua inauguração, sabe-se que alguns livros eram tidos como proibidos e sediciosos, e que chegavam até o Brasil, durante o período colonial, "sob capote" (Neves, 2003), mas sua circulação se intensificou nas primeiras décadas dos Oitocentos, principalmente a partir da instalação da Corte lusa no Rio de Janeiro. Iara Lis Carvalho Souza informa que muitos foram os livros sobre o direito natural que chegavam ao Brasil, principalmente na Corte, como: "Grotius, Puffendorf, Bularmarqui, Montesquieu, Adam Smith, Locke, Rousseau, entre outros" (Souza, 1999). Lúcia Bastos Neves, por sua vez, apresenta o frequente trânsito de clássicos no Rio de Janeiro, como: Rousseau, Mably, Rainae ou Raynal, Voltaire, Dupradt, entre os anos 1820 e 1822 (Neves, 2003), bem como periódicos estrangeiros. Tanto os livros quanto os periódicos se faziam presentes em Minas e compunham o acervo da biblioteca pública, conforme a observação feita pelo reverendo Walsh.

De maneira instigante, tal apontamento nos leva a crer que o manuseio e a leitura dessas obras não eram privilégio daqueles que se encontravam próximos aos portos de desembarque e locais de venda dessas mercadorias na Corte, pois, de acordo com as informações colhidas, a biblioteca da Vila de São João d'El-Rey dispunha de um significativo acervo. Resta, porém, uma investigação mais apurada sobre a origem desses livros. Embora existisse a censura, segundo Lúcia Bastos, "a simples interdição pela censura despertava a curiosidade do público leitor" (Neves, 2003:36). Embora a censura fosse uma medida de controle das obras que vinham para o Brasil, principalmente aquelas solicitadas junto à Mesa do Desembargo do Paço, o contrabando se fazia presente *sous le manteau*, isto é, sob capote (Neves, 2003).

Além de fundador da biblioteca pública, Caetano d'Almeida foi ao mesmo tempo o responsável pelo surgimento da imprensa local, ao instalar uma tipografia na rua Direita em 1827. Segundo consta, existia uma estreita ligação entre a tipografia e a biblioteca pública. Conforme o exposto sobre esta última, sabe-se que seu projeto tramitou cerca de três anos desde o pedido de Caetano d'Almeida até a aceitação por parte da Câmara Municipal e do governo provincial mineiro, em 1827. A partir de sua inauguração, o problema maior foi encontrar uma saída para sua manutenção, pois não recebera ajuda alguma por parte das autoridades do governo, ficando suas despesas a cargo de seus idealizadores. A saída seria, então, angariar fundos para a conservação e ampliação de seu acervo; assim, de acordo com Christianni Cardoso Moraes (2002), Caetano d'Almeida tomou a iniciativa de criar um grupo de subscritores que passariam a contribuir anualmente, com 5 mil réis, para a preservação da biblioteca. Noventa foi o número inicial de subscritores (Moraes, 2002), porém, ainda no mesmo ano, nem todos pagaram a quantia e desistiram, em sua maioria, do empreendimento. Desse modo, o diretor da biblioteca, dr. Aureliano de Souza e Oliveira Coutinho, propôs a criação de uma sociedade literária que receberia o nome de "Phylopolytechnica", com o mesmo objetivo de Caetano d'Almeida: o de zelar, manter e ampliar o acervo público. Essa associação se dividiria em três institutos:

O primeiro se chamaria "Gymnasio Literário", onde os sócios se reuniriam para debater todos os assuntos do conhecimento humano, desde que de interesse comum, ligados à ciência, letras ou artes. O segundo, o "Gabinete de Estudos", teria um objetivo educativo mais amplo, pois seus membros se dedicariam à leitura dos periódicos e [ao] recolhimento de informações para posterior redação de um extrato mensal. Esses extratos deveriam passar por uma comissão de censura, sendo escritos em linguagem mais acessível ao público em geral. Seu objetivo principal era o de informar a população acerca de novidades e descobertas científicas ocorridas na Europa. Os lucros obtidos com sua venda destinavam-se à compra de novos materiais de leitura para a Biblioteca. O último corpo da Sociedade Literária era a Diretoria, responsável por sua administração [Moraes, 2002:523].

Não obstante, essa ideia foi vetada por José da Silva Lisboa, visconde de Cayru, e tal atitude pautava-se pelo perigo que uma "sociedade" supostamente poderia significar para o governo como um todo e para a religião, pois se tratava de um projeto em que qualquer pessoa "culta" poderia participar dos círculos de leituras, ingressando, assim, na "sociedade". Sobre esse aspecto da proibição, Christianni Cardoso Moraes enfatiza que o principal motivo que impediu a criação oficial da associação de homens de letras em São João d'El-Rey "foi o fato dela estar tão remota da Corte, e sem Inspecção de Authoridade. Talvez o maior perigo [...] seja o fato de se pretender estabelecer uma política de 'leitura crítica'" (Moraes, 2002:523).

De acordo com um constante correspondente de *O Astro de Minas*, portador do pseudônimo "o Amigo do Astro", Caetano d'Almeida implementou a tipografia na vila com a intenção, entre outras, de prestar serviços à sociedade e para, por meio das assinaturas trimestrais de 2.500 réis, bimestrais de 5 mil réis e anuais de 10 mil réis, ajudar na manutenção da biblioteca pública.[6] A tipografia se localizava na rua Direita, centro comercial da vila, e foi responsável pela impressão e distribuição de *O Astro de Minas*, o primeiro periódico local, guardando o mesmo nome deste: "Typographia do Astro de Minas", tendo sido Caetano d'Almeida, além de seu idealizador, o principal colaborador. À frente da redação estava o padre Francisco de Assiz Braziel,[7] também bibliotecário da Livraria Pública, como era chamada a biblioteca, tendo como editor Francisco José de Sales, vindo de Ouro Preto. O periódico era vendido na própria tipografia ou entregue em casa, no caso de assinatura. Para seu funcionamento e manutenção, Caetano d'Almeida contava também com os serviços do professor de latim José Alcebíades Carneiro e

---

[6] BN-SOR. *O Astro de Minas*, p. 2, 8/5/1828.

[7] BN-SOR. *O Amigo da Verdade*, p. 136, 28/8/1829.

com o jovem e atuante tipógrafo José Maria Ferreira Garcia (Cintra, 1982). Os responsáveis por *O Astro de Minas* contavam com dois polos de venda e distribuição fora da vila, além da confiança de amigos em se comprometerem a representar o periódico em suas localidades. Na capital da província mineira, o responsável por sua venda e distribuição foi o coronel Nicolau Soares do Couto, e, na Corte, o político e jornalista Evaristo Ferreira da Veiga (Silva, 2011). O repertório de *O Astro de Minas* continha decretos e resoluções da Assembleia referente à província de Minas, juntamente com notícias nacionais e estrangeiras colhidas dos "melhores" periódicos, inclusive os franceses. O jornal circulava três vezes por semana: às terças, quintas e aos sábados, e constava de quatro páginas por número, ou seja, por edição, exceto quando trazia algum suplemento, isto é, uma publicação extra. Circulava por várias regiões de Minas e também em outras províncias.

Os "avisos" se destacam em suas edições. Nelas, é possível constatar os mais variados, desde a venda de livros, como compêndios de agricultura, o *Contrato social*, de Rousseau, poemas e a *Constituição* do Império, além de anúncios de venda de casas, chácaras, escravos, tecidos, louças e até pianos. *O Astro de Minas* ainda reservava espaço para a publicação de correspondências para seus assinantes, cujo número chegou a 300,[8] além de "variedades" na forma de reflexões sobre assuntos específicos, como anedotas e traduções de trechos de obras clássicas.

Ao comparar a tarefa de "escritor" à figura de um comandante, o redator apresenta os objetivos da "folha": garantir, por meio da divulgação em seu periódico, a propagação de ideias que elevariam todos os concidadãos, acelerariam os progressos da razão e multiplicariam as vantagens das "Luzes". Inclusive, *O Astro de Minas* trazia sempre um reluzente sol nas primeiras páginas como marca desse seu propósito, concebendo "luz de cima para baixo". Daí a sua epígrafe *"Plus… l'instruction deviendra commune à tous les hommes, plus aussi les delicts seront rares dans la société"*.[9] Os vocábulos "luzes" e "razão" estavam associados à instrução pública e, metaforicamente, deveriam iluminar as cabeças para que estas fossem capazes de agir com base na sabedoria adquirida e difundida pela imprensa. De acordo com o professor Francisco Falcon, discorrendo sobre a palavra *luzes*:

> O ponto de partida da ideia de "Luzes" é a multissecular metáfora da luz: a oposição entre luzes e sombras, entre o dia e a noite, cujas origens remontam às épocas mais remotas da humanidade, expressa nos cultos solares e em seus variados mitos. Ao longo

---

[8] BN-SOR. *O Astro de Minas*, p. 4, 28/4/1829.

[9] "Quanto mais a instrução se tornar comum entre os homens, mais os delitos se tornarão raros na sociedade" (Bonnin; trad. nossa).

dos séculos, muitos foram os valores e temas associados quer à noite, quer ao dia, sempre com tendência positiva do dia e da Luz [Falcon, 2002:15].

Por sua vez, Robert Darnton informa que a palavra *luzes* pode ser encontrada em escritos desde a Antiguidade, mas que no século XVIII ela adquire uma nova força e exprime o nascimento da modernidade:

> É uma palavra arregimentadora, lançada contra as forças de repressão, ao lado de outras palavras-chave: razão, natureza, tolerância, liberdade, felicidade, progresso. Essas palavras delimitam um novo sistema de valores, pondo contra a parede as ortodoxias consagradas no Velho Regime, e se entrelaçam nas ideologias que sustentarão todos os regimes democráticos depois das revoluções da América e da França [Darnton, 2001:21].

Encontra-se nos objetivos de *O Astro de Minas* a associação estabelecida entre "luzes" e liberdade, progresso e felicidade. Como apontou Darnton, são palavras-chave escritas e veiculadas contra o *Ancien Régime*. Sempre divulgada, tanto pelos redatores de *O Astro de Minas* quanto por seus correspondentes, a palavra "luzes" se relacionava com o futuro, a instrução e o progresso trazidos pela informação proporcionada pela leitura dos periódicos. O periódico, como o sugestivo título indica, a tudo e a todos iluminaria em uma sociedade até então desprovida de uma prática impressa comum às nações civilizadas, como a Inglaterra e a França (Basile, 2003). À ideia de razão estava associada a de civilização, e a imprensa viria proporcionar a seus leitores o conhecimento das notícias no calor dos acontecimentos, informando de maneira contínua sobre os aspectos mais significativos do Brasil, da América e da Europa daquela época. A intencionalidade civilizadora, como nos ensina a professora Tânia M. T. Bessone da C. Ferreira (2007), ao assinalar que o significado de civilizar passou a ser noção muito presente na ação dos intelectuais do século XIX, também estava presente nos discursos veiculados por *O Astro de Minas*.

A edição do periódico e sua publicação eram práticas que elevariam a civilização; antes, porém, as leituras de outras fontes, como a de outros periódicos, das quais os redatores e editores se apropriavam para compor seu repertório, eram fator preponderante. As transcrições de outros periódicos eram um hábito comum. Verifica-se que os redatores mineiros assinavam diferentes publicações, inclusive impressos fora da província, com a intenção, entre outras, de retirar-lhes as melhores notícias. As tipografias também contavam com significativo acervo de periódicos de outras localidades, o que intensificava o "trânsito cultural" entre as ideias e leituras.

Nota-se a preocupação dos redatores em observar as tendências políticas, bem como, por meio de leituras paralelas, atualizarem-se sobre as discussões e polêmicas travadas pelos colegas de profissão, dentro e fora da província. Por meio dos excertos contidos nas páginas de *O Astro de Minas*, percebe-se que, entre os periódicos mais lidos em São João d'El-Rey e mais frequentemente citados, estavam os fluminenses, "que encontramos nos diversos periódicos de nossa assignatura".[10] Entre eles, o *Aurora Fluminense*, de responsabilidade de Evaristo da Veiga, se destacava, sendo o mais "visitado" na província *O Universal*, de Bernardo Pereira de Vasconcelos. Ambos os redatores eram conhecidos de Caetano d'Almeida. Na medida em que liam o *Aurora Fluminense*, os responsáveis por *O Astro de Minas* publicavam um parecer sobre ele. Seus redatores eram "moços", e o periódico, "o mais noticioso da Corte, e suas reflexões, alem de sempre liberaes, merecem muita atenção pelo profundo conhecimento, que os Redactores possuem das nossas cousas".[11] Para *O Astro de Minas*, o *Aurora Fluminense* era mais um "baluarte da Liberdade" que se unia ao *Astréa*, ao *Farol Paulistano*, ao *Constitucional Bahiense* e ao *Universal*.[12]

Esses periódicos foram referência para *O Astro de Minas*, pois foram citados com certa frequência em suas edições, o que configura a existência de uma rede de sociabilidade (Canal, 2003; Morel, 2005) entre os redatores, tecida por suas tendências políticas cerzidas por um "discurso alinhado" em defesa do constitucionalismo. A atividade impressa também era alimentada pelas redes de sociabilidade entre os editores e redatores, porém eram os debates e as discordâncias os principais ingredientes de mobilização dos espaços públicos (Morel, 2005).

Era comum tomar a imprensa periódica como arena pública de desavenças pessoais e principalmente políticas. As edições semanais também traziam a reboque, junto a seu repertório de (in)formação, algumas correspondências, assinadas por um pseudônimo, o que garantia manter no anonimato o verdadeiro autor, prática bastante comum na época. Enviar as correspondências para publicação significava tornar públicas as subjetividades de opiniões, ao mesmo tempo que compor uma rede de discussões impressas e alimentar os debates públicos. Desse modo, os rumores tomavam "formas" e se materializam no discurso impresso. Assim, cartas opinativas eram lançadas a público, endossando a tendência discursiva dos assuntos lançados pelo periódico de predileção dos correspondentes, configurando uma "polifonia de opiniões".

---

[10] BN-SOR. *O Astro de Minas*, p. 3, 20/12/1827.

[11] BN-SOR. *O Astro de Minas*, p. 2, 26/1/1828.

[12] Ibid.

Porém, os debates impressos não eram somente travados com os periódicos de "fora", mas sobretudo com aqueles escritos "dentro" da província. Dois anos após o surgimento de *O Astro de Minas* veio à luz o segundo periódico local, e os debates entre ambos passaram a fazer parte das discussões cotidianas.

O inimigo impresso:
O Amigo da Verdade e o padre Luís José Dias Custódio

Em 1829, os habitantes de São João d'El-Rey assistem ao surgimento do segundo periódico local, denominado *O Amigo da Verdade*. Era impresso na tipografia de J. Maximiano Baptista e Cia., localizada na rua da Intendência, casa 167, e circulava às terças e sextas-feiras. Esse periódico polemizou questões políticas com *O Astro de Minas* entre os anos 1829 e 1831, momento em que saiu de cena. Eram responsáveis pelo periódico o vigário da matriz de Nossa Senhora do Pilar, Luís José Dias Custódio, e outro padre com o codinome de padre Verruga, além do francês José Maria Jourdan, que, em algumas ocasiões, também exercia a função de tipógrafo em *O Astro de Minas*. Luís José Dias Custódio era natural da vila de Penela, comarca e bispado de Coimbra. Filho do dr. Antonio Dias Custódio e de Damásia Caetana Ribeiro da Conceição, era conhecido em meio à hierarquia eclesiástica e transitava em seus diversos escalões com facilidade, desde que viera para o Brasil. Tornou-se um profundo conhecedor de literatura e foi aluno da Universidade de Coimbra,[13] onde cursou o bacharelado em Cânone (AHUC-ADC, 1784), tendo se formado em 1789.

Desde sua transmigração para o Brasil[14] e instalação em São João d'El-Rey, lugar onde mais viveu, Custódio manteve estreitos relacionamentos com a política conservadora em Minas Gerais, fato esse que lhe custou querelas pessoais e intrigas políticas pelos idos da década de 1820 na imprensa (Silva, 2011). Foi colado vigário na matriz de Nossa Senhora do Pilar em São João em 1824, porém, antes dessa data, havia desempenhado as seguintes funções: "ofícios pastorais no bispado do Pará, vigário-geral e pároco em Goiás, vigário da vara e pároco em Mato Grosso, secretário do governo da última capitania e agraciado com a mercê de cavaleiro da Ordem de Cristo, em 1814" (Neves, 1997:153-154).

---

[13] AHUC-ADC, 1784. Esse documento é uma descrição detalhada do levantamento do histórico familiar. Agradeço a Ana Maria Leitão Bandeira, assessora principal do Arquivo Histórico da Universidade de Coimbra (Ahuc), a atenção dispensada e os e-mails trocados acerca dessa valiosa fonte sobre Luís José Dias Custódio. Igualmente, à amiga Vitória Schettini a viabilização da fonte.

[14] Não dispomos de dados precisos sobre a época de sua chegada ao Brasil.

Custódio ainda teria de aguardar 10 anos para ser colado na freguesia de São João d'El-Rey; então, nesse período de espera, tornou-se coadjutor da igreja de Nossa Senhora da Conceição da Praia, na cidade da Bahia.[15] Enfim, colado em 1824, foi sendo observado com desconfiança pelas "almas sanjoanenses", talvez por ser estrangeiro (Silva, 2011). A partir da circulação do *Amigo da Verdade*, os debates e conflitos impressos se tornaram mais evidentes. Polemizava em uma série de questões de cunho moral e político com *O Astro de Minas*, e sabe-se que Caetano d'Almeida e o vigário Custódio não mantinham convivência amistosa.

Por motivos de ordem pessoal e política, as desavenças dos responsáveis pelos dois periódicos eram constantes, ao ponto de protagonizarem polêmicas na imprensa local, fazendo com que os correspondentes de ambas as publicações se tornassem coadjuvantes das árduas discussões. Por seu turno, cada periódico arregimentava para si um número significativo de correspondentes, que externavam seu apoio ao de predileção. Não foram poucos os missivistas que opinaram sobre as intrigas lançadas pelos periódicos. Não obstante a impossibilidade de saber a verdadeira identidade do correspondente, a hipótese de serem os próprios redatores autores de algumas cartas não é descartada. Como o periódico se evidencia como um instrumento de ação pública de grupos políticos, percebe-se que as estratégias de mobilização da opinião pública eram variadas, e, entre elas, as correspondências tomam lugar de destaque. *O Amigo da Verdade* era classificado pelo adversário impresso como um periódico áulico e com tendências absolutistas.

Em suas publicações semanais, as afrontas eram corriqueiras, inclusive severas críticas, embora veladas, eram tecidas por *O Amigo da Verdade* aos periódicos citados por *O Astro de Minas*. As frequentes rixas pessoais deixam suas marcas no discurso impresso, porém os motivos para tantas trocas de farpas se constituíam no âmbito das relações de poder na vila de São João d'El-Rey (Silva, 2011). O assunto que mais rendeu discussões e trocas de correspondências foi o segundo processo eleitoral para escolha dos deputados para a segunda legislatura que se iniciaria em 1830. As correspondências assumiram um papel de termômetro da trama eleitoral, na medida em que expressavam as opiniões dos eleitores/leitores. Sobre a acusação de incitar a anarquia, entendida como desordem, Francisco José de Sales, o editor de *O Astro de Minas*, foi a público rebater as críticas do padre que o acusava de usar o periódico para fazer propaganda eleitoral dizendo que, com tais notícias, Custódio pretendia incitar uma indisposição entre o editor e os leitores. Os próprios leitores escreviam seus pareceres sobre as desavenças. *Hum*

---

[15] Antiga denominação da cidade de Salvador, na Bahia.

Parochiano se fez presente nos debates na imprensa, escrevendo sobre o comportamento de Custódio com os seus "fregueses" dentro da matriz.

> Quando os empregados públicos não cumprem com os seus deveres, então he que se vê quanto brilha a liberdade de imprensa fazendo-se pela mesma publicar seos erros a fim de serem cohibidos, ou receberem o castigo, que a lei lhes marca; fiado neste direito tão apreciável eu vou publicar fatos do Sr Vigário Luís José Dias Custódio, que devendo em tudo e por ser amante dos freguezes administrando-lhes os sacramentos, dando-lhes bons exemplos e conselhos, e fazendo tudo quanto está da parte de hum bom Parocho, pelo contrario nada disto cumpre [...].[16]

Indignado com as atitudes de Custódio, o *Amigo da paz e concórdia*, outro correspondente de *O Astro de Minas* descrevia o episódio descrito como o dia em que o vigário "escolheo para soltar os diques da sua exaltada bílis".[17] Dessa forma, problemas envolvendo o vigário Luís José Dias Custódio e o negociante e político Baptista Caetano d'Almeida, ligados às eleições para deputado, vereador e juiz de paz, tomaram as páginas impressas.

As eleições serviram para exaltar os ânimos entre os dois atores, evidenciando a existência de uma hostilidade precedente. *Hum dos seus assignantes*, pseudônimo utilizado por um leitor e correspondente do *Amigo da Verdade*, havia lido uma notícia no *Aurora Fluminense* na qual o presidente da província mineira fora censurado por ter denominado comoção popular as confusões ocorridas nas eleições na vila de São João d'El-Rey, e resolveu transcrever o texto. No artigo, que logo foi publicado por *O Astro de Minas*, as confusões eram classificadas como gritos de aprovação e desaprovação comuns entre o *Povo* pelas contingências ocorridas no processo eleitoral. Irritado, *Hum dos seus assignantes* escreveu para *O Amigo da Verdade*: "Não posso ver a sangue frio como certos Senhores Escritores cuidão sempre em ocultar como de nenhum momento as travessuras populares, que talvez elles mesmos promovem, e de que podem resultar bem funestas consequências a tranquilidade pública".[18]

De acordo com o correspondente, existiam dois partidos opostos: um que apoiava Baptista Caetano d'Almeida e outro que o desaprovava, denunciando, inclusive, suborno a seu favor durante as eleições. Assim que foi feita a denúncia de suborno, teve início a agitação popular, quando "mandarão emissários convocar

---

[16] BN-SOR. *O Astro de Minas*, p. 3, 20/1/1829.
[17] BN-SOR. *O Astro de Minas*, p. 4, 14/2/1829.
[18] BN-SOR. *O Amigo da Verdade*, p. 7, 12/5/1829.

parentes, adherentes, e povo para concorrerem a Casa do Concelho, não há quem ignore, que quase todos os que a hi concorrerão nessa occasião, e mesmo alguns Membros da Meza, hião armados de punhaes e pistolas".[19] Caetano d'Almeida era próximo de Bernardo Pereira de Vasconcelos, com quem mantinha alinhadas ideias pautadas pelo empreendedorismo tipográfico e pela afeição filosófica em promover as "luzes", em defender projetos voltados para o ensino público, bem como por estarem diretamente envolvidos com a vida política mineira. O primeiro, vereador e juiz de paz e depois deputado. O segundo, deputado por vários mandatos, ministro e senador. Percebe-se, então, que ambos compartilhavam as mesmas atividades na esfera política.

Em um discurso proferido na Câmara dos Deputados, mais precisamente na sessão de 22 de maio de 1829, Vasconcelos atacou frontalmente o vigário Custódio, chamando-o de "extrangeiro e inimigo do Brasil",[20] partidário do general Madeira, além de acusá-lo de levantar *vozes* "ousadas"[21] e de perturbar as eleições. Como habitual, Custódio havia lido o *Astréa*,[22] de número 435, e ficou "atônito, assombrado, e possuido de hum tal espanto"[23] ao ler as palavras de Vasconcelos proferidas contra si. Ocasionalmente, *O Astro de Minas* se pôs a publicar as palavras do deputado mineiro, multiplicando-as, o que deixava Custódio ainda mais incomodado. Afrontado, ele se lançou às penas e redigiu uma correspondência a sair no *Amigo da Verdade*. Nota-se que, até o mês de maio de 1829, *O Astro de Minas* abarcava as contendas ocorridas nas eleições passadas; porém, agora, com *O Amigo da Verdade* em cena, as opiniões se polarizavam por meio dos dois únicos e divergentes periódicos locais. Verifica-se, contudo, que *O Astro de Minas* contava com o apoio do *O Universal*, o que poderia lhe dar mais credibilidade. Observa-se o aumento significativo de correspondentes que tomam partido ao apoiar ou desaprovar um dos atores envolvidos na trama impressa. Sem dúvida, o crescimento de cartas impressas divulgava os sentimentos individuais daqueles que sentiam a necessidade de se posicionar publicamente diante das discussões sobre um fato, presenciadas ou não por eles.

A carta de Custódio foi elegantemente redigida. Entre as acusações, talvez a que mais tenha provocado sua fúria tenha sido a de ser chamado de estrangeiro e inimigo do Brasil. Em sua defesa, lançou mão da Constituição do Império e escreveu que no Título II, art. 4º, se encontrava a prerrogativa para se considerar brasileiro,

---

[19] Ibid.
[20] BN-SOR. *O Amigo da Verdade*, p. 130, 25/8/1829.
[21] Ibid., p. 130.
[22] Os periódicos fluminenses circulavam com frequência na vila de São João d'El-Rey.
[23] BN-SOR. *O Amigo da Verdade*, p. 130, 25/8/1829.

pois havia se mudado para o Brasil bem antes de a Independência ser proclamada e, a partir dela, havia se naturalizado automaticamente. Custódio vivia no Brasil há tempos, conforme dito anteriormente, e não só havia aderido à causa da Independência como fora "o oitavo no número dos que primeiro juraram a Constituição do Império".[24] Por frequentarem lugares comuns, Custódio conhecia e já vinha se encontrando com Vasconcelos, com alguma frequência, há pelo menos cinco anos, embora "felizmente nossas vozes nunca se tocassem",[25] explica ele com certa satisfação. O fato de frisar que nunca haviam conversado por si só demonstra a falta de afeição entre o vigário e o político, confirmada pelas discussões ora apresentadas.

De maneira a reforçar seus argumentos, Custódio desafia, então, Vasconcelos a apontar pelo menos um fato pelo qual ele podia ser entendido como inimigo do Brasil e partidarista do general Madeira. Segundo o vigário, podiam-se buscar suas referências pessoais até mesmo entre alguns senadores, seus conhecidos. As trocas de acusações de fraude eleitoral entre Custódio e Caetano d'Almeida foram noticiadas por muitos meses na imprensa local, ao longo de 1829. Quatro anos depois, ele foi inquirido em devassa eclesiástica por não cumprir com suas obrigações de pároco, e muitos foram os depoentes que o acusaram. Os paroquianos juravam sobre a Bíblia dizendo que Custódio não cumpria os horários das missas, agia com violência durante elas, não atendia aos fiéis em leito de morte e se negava a dar extrema-unção, além de ter uma amante e de não emitir o bilhete de desobriga, documento paroquial importante para aqueles que cumpriam todas as obrigações pascais, entre outras acusações. Ele sofreu algumas penalizações julgadas pelo bispado de Mariana, e, embora *O Amigo da Verdade* tenha findado sua circulação em 1831, ano da abdicação de d. Pedro I do trono, sua vida jornalística e sua atuação intelectual permaneceram em vigor. Em 1842, voltou à cena impressa com a publicação do periódico *A Ordem*, exaltando a *persona* de d. Pedro II, tal qual fazia com seu pai anos antes. Tido como conservador, em razão das evidentes inclinações áulicas (Silva, 2011), Custódio continuou suas atividades jornalísticas 10 anos depois, porém sem a presença de Caetano d'Almeida, falecido anos antes.

Considerações finais

Baptista Caetano d'Almeida e Luís José Dias Custódio eram homens letrados, envolvidos com o comércio, com a política e a religião. Faziam-se representar pela

---

[24] Ibid.
[25] Ibid.

imprensa periódica, deixando suas marcas e visões de mundo. Não obstante, não foram os únicos redatores. Foram "peças" principais não só da cena política, mas sobretudo da impressa, ao longo do Primeiro Reinado, em Minas. De maneira geral, esses protagonistas destacam-se por serem homens letrados, passíveis de ser pensados como componentes de uma elite intelectual. Exerciam várias atividades: comerciante, dono de escravos, vereador, juiz de paz, deputado, pároco, porém a atividade tipográfica os unia. Eram homens que participavam ativamente do "mundo do governo", em instâncias municipais, regionais e nacionais. Tomavam a imprensa como um "tribunal" alternativo para discutir questões pertinentes aos aspectos políticos da sociedade. Os periódicos também se configuravam como um "espaço" de discussão e combate pessoal, carregado de subjetividades e expectativas.

Nasceram no final do século XVIII e viveram a maior parte de suas vidas na primeira metade do século XIX. Dessa maneira, os redatores, envolvidos diretamente com o "mundo do governo", como dito, foram capazes de alinhavar ideias cujas referências, teóricas ou filosóficas, foram pensadas e sistematizadas do lado de lá do Atlântico, por experiência acadêmica, no caso de Custódio, mediante o ensino universitário, ou simplesmente pelas leituras cruzadas de obras então consideradas pertinentes ao embate político da época. Foram homens que conviveram em um mesmo espaço urbano, homens que escreviam, votavam, elegiam, eram eleitos, publicavam e discursavam. Palavras conjugadas graças à modernidade política soprada pelos ventos do liberalismo. Contudo, dever-se-á entendê-los num ambiente de incertezas e constantes discussões sobre o destino do país recém-independente, a partir da tipografia e da imprensa, a primeira, lugar-comum de atuação intelectual, e a segunda, instrumento da ação política.

Referências

Arquivos e fontes

APONTAMENTOS biographicos de Baptista Caetano de Almeida, natural de Camandocaia, actual cidade de Jaguary, da província de Minas-Geraes (pelo dr. Francisco de Assis de Almeida). *Revista do Arquivo Público Mineiro*, v. 10, fasc. 1 e 2, p. 37-40, jan./jun. 1905.

ARQUIVO DA UNIVERSIDADE DE COIMBRA/ARQUIVO DISTRITAL DE COIMBRA (AHUC-ADC).

ARQUIVO PÚBLICO MINEIRO (APM) — Sistema Integrado de Acesso (SIA-APM).

BIBLIOTECA NACIONAL. Seção de Obras Raras.

HABILITAÇÃO "de genere" para ordens menores, 1784.

O Amigo da Verdade: p. 7, 12 maio 1829; p. 130, 25 ago. 1829; p. 136, 28 ago. 1829.

O Astro de Minas: p. 3, 20 dez. 1827; p. 3, 15 jan. 1828; p. 2, 26 jan. 1828; p. 2, 8 maio 1828; p. 4, 2 ago. 1828; p. 1, 2 set. 1828; p. 3, 20 jan. 1829; p. 4, 14 fev. 1829; p. 4, 28 abr. 1829; p. 4, 29 out. 1829.

Bibliografia

ALMEIDA, Carla M. Carvalho de. *Alterações nas unidades produtivas mineiras*: Mariana (1750-1850). Dissertação (mestrado em história) — ICHF, UFF, Niterói, 1994.

BARATA, Alexandre Mansur. Sociabilidades, cidadania e identidade na província de Minas Gerais durante o Primeiro Reinado, 1822-1831. In: ENCONTRO REGIONAL DE HISTÓRIA. CAMINHOS DA HISTÓRIA: DESAFIOS DA HISTORIOGRAFIA EM MINAS GERAIS, Juiz de Fora, MG, 14 jul. 2004. *Anais eletrônicos...* Juiz de Fora: Anpuh-MG, 2004.

_____; GOMES, Gisele Ambrósio. Imprensa, política e gênero. *Revista do Arquivo Público Mineiro*, v. 54, p. 42-55, 2008.

_____. Do secreto ao público; espaços de sociabilidade na província de Minas Gerais (1822-1840). In: NEVES, Lúcia Maria Bastos Pereira das; CARVALHO, José Murilo de. *Repensando o Brasil do Oitocentos*: cidadania, política e liberdade. Rio de Janeiro: Civilização Brasileira, 2009.

BASILE, Marcello O. N. de Campos. *Ezequiel Corrêa dos Santos*. Rio de Janeiro: FGV, 2003.

CAMPOS, Maria Augusta do Amaral. *A marcha da civilização*: as vilas oitocentistas de São João d'El Rey e São José do Rio das Mortes, 1810/1844. Dissertação (mestrado) — Fafich, UFMG, Belo Horizonte, 1998.

CANAL, Jordi. Historiografia y sociabilidad en la España contemporânea: reflexiones com término. *Vasconia*: Cuadernos de Historia-Geografia, n. 33, p. 11-27, Donostia, 2003.

CARRARA, Ângelo Alves. *Estruturas agrárias e capitalismo*: contribuição para o estudo da ocupação do solo e da transformação do trabalho na zona da mata mineira, século XVIII e XIX. Mariana: NHED/Ufop, 1999. n. 2. (Série Estudos).

CAVALCANTI, Irenilda R. B. R. Moreira. *O comissário real Martinho de Mendonça*: práticas administrativas na primeira metade do século XVIII. Tese (doutorado em história) — ICHF, UFF, Niterói, 2010.

CARVALHO, José Murilo de. *Bernardo Pereira de Vasconcelos*. São Paulo: Ed. 34, 1999.

CHIARAMONTE, José Carlos. Conceptos e linguajes políticos en el mundo iberoamericano. *Revista de Estudos Políticos*, Madri, n. 140, p. 11-31, abr./jun. 2008. Nueva época.

CINTRA, Sebastião de Oliveira. *Efemérides de São João del-Rei*. 2. ed. Belo Horizonte: Imprensa Oficial, 1982. 2 v.

COSTA, Edgard. *A legislação eleitoral brasileira*. Rio de Janeiro: Imprensa Nacional, 1964.

CUNHA, Alexandre Mendes. Paisagem e população: algumas vistas de dinâmica espaciais e movimentos da população nas Minas do começo do dezenove. In: ENCONTRO DA ASSOCIAÇÃO BRASILEIRA DE ESTUDOS POPULACIONAIS, 12. *Anais...* Ouro Preto, 2002.

DARNTON, Robert. A eclosão das luzes. In: _____; DUHAMEL, Olivier. *Democracia*. Rio de Janeiro: Record, 2001.

_____; ROCHE, Daniel (Org.). *Revolução impressa*: a imprensa na França, 1775-1800. São Paulo: Edusp, 1996.

DIAS, Maria Odila da Silva. A interiorização da metrópole 1808/1853. In: MOTA, Carlos Guilherme (Org.). *1822*: dimensões. São Paulo: Perspectiva, 1972.

ENGEL, Magali. Bernardo Pereira de Vasconcelos. In: VAINFAS, Ronaldo. *Dicionário do Brasil imperial (1822-1889)*. Rio de Janeiro: Objetiva, 2002.

FALCON, Francisco C. *O iluminismo*. São Paulo: Ática, 2002.

FARGE, Arlette. Palavras sem história; histórias sem palavras. *Maracanan*, Rio de Janeiro, ano 2, n. 1, ago./dez. 2004.

FERREIRA, Tânia M. T. Bessone da Cruz. Os livros na imprensa: as resenhas e a divulgação do conhecimento no Brasil na segunda metade do século XIX. In: CARVALHO, José Murilo de (Org.). *Nação e cidadania no Império*: novos horizontes. Rio de Janeiro: Civilização Brasileira, 2007.

_____. A imprensa no Brasil e os debates sobre propriedade literária no oitocentos. In: _____ et al. (Org.). *D. João VI e o oitocentismo*. Rio de Janeiro: Contracapa, 2011.

FRAGOSO, João Luís. *Homens de grossa aventura*: acumulação e hierarquia na praça mercantil do Rio de Janeiro, 1790-1830. 2. ed. Rio de Janeiro: Civilização Brasileira, 1998.

FRIEIRO, Eduardo. *O diabo na livraria do cônego*. São Paulo: Itatiaia, 1981.

GRAÇA FILHO, Afonso Alencastro. Jogando caxangá: notas sobre as divisões jurídico-administrativas na comarca do Rio das Mortes durante o século XIX. *Vertentes*, São João Del-Rei, n. 7, jan./jun. 1996.

_____. *O mosaico mineiro oitocentista*: historiografia e diversidade regional [on-line]. Disponível em: <www.decis.funrei.br/rtgerais/n3/artigos/mosaicos.pdf>. Acesso em: 29 jul. 2002.

_____. *A princesa do oeste e o mito da decadência de Minas Gerais*. São Paulo: Annablume, 2002.

GUERRA, François-Xavier; LEMPÉRIÈRE, Annick. *Los espacios públicos en Iberoamérica: ambiguedades y problemas*: siglo XVIII-XX. México: Fondo de Cultura Económica, 1998.

GUIMARÃES, Fábio Nelson. São João Del-Rei e São José Del-Rei. *Revista do IHGB de Minas Gerais*, v. 18, 1981.

GUIMARÃES, Lúcia Maia Paschoal; PRADO, Maria Emília (Org.). *O liberalismo no Brasil imperial*. Rio de Janeiro: Revan/Uerj, 2001.

LENHARO, Alcir. *As tropas da moderação*. Rio de Janeiro: Secretaria Municipal de Cultura, Turismo e Esportes, 1993.

LIBBY, Douglas C. Historiografia e a formação social escravista mineira. *Acervo*, Rio de Janeiro, v. 3, n. 1, jan./jun. 1988.

_____. *Transformação e trabalho em uma economia escravista*: Minas Gerais no século XIX. São Paulo: Brasiliense, 1988.

LINHARES, Maria Yedda Leite. O Brasil no século XVIII e a idade do ouro: a propósito da problemática da decadência. In: SEMINÁRIO SOBRE CULTURA MINEIRA NO PERÍODO COLONIAL. Belo Horizonte: Conselho Estadual de Cultura de Minas Gerais, 1979.

LUNA, Francisco Vidal; COSTA, Iraci del Nero da. Devassa nas Minas Gerais: observações sobre casos de concubinato. In: BARRETO, A. E. M. *História econômica*: ensaios. São Paulo: IPE/USP, 1983. p. 43-58.

LUSTOSA, Isabel. *Insultos impressos*: a guerra dos jornalistas na independência (1821-1823). São Paulo: Companhia das Letras, 2000.

MAIA, Tom; FRANCO, Afonso Arinos de Melo; MAIA, Thereza R. de C. *São João d'El Rey e Tiradentes*. Rio de Janeiro: Companhia Editora Nacional/Embratur, 1978.

_____; _____; _____. *São João d'El Rey e Tiradentes*. Rio de Janeiro: Expressão e Cultura, 1986.

_____; MAIA, Thereza R. C.; IGLÉSIAS, Francisco. *São João Del Rei na história de Minas e do Brasil*. Rio de Janeiro: Expressão e Cultura, 1986.

MACULAN, Carlos Eduardo. *As luzes do tempo*: Baptista Caetano de Almeida, projeto civilizacional e prática política no Brasil pós-Independência (São João del-Rei, 1824-1839). Dissertação (mestrado) — PPGH, UFJF, Juiz de Fora, 2011.

MAXWELL, Kenneth R. *A devassa da devassa*. São Paulo: Paz e Terra, 1995.

MORAES, Christianni Cardoso. Luzes para a vila de São João d'El Rey: os projetos de criação da Livraria Pública e da sociedade literária como estratégias de difusão do letramento (1824-1831). In: LOPES, Ana Amélia B. de M. (Org.). *História da educação em Minas Gerais*. Belo Horizonte: FCH/Fumec, 2002.

MOREIRA, Luciano da Silva. *Imprensa e política*: espaço público e cultura política na província de Minas Gerais, 1828-1842. Dissertação (mestrado em história) — Fafich, UFMG, Belo Horizonte, 2006.

MOREL, Marco. Em nome da opinião pública: a gênese de uma noção. In: COLÓQUIO HISTÓRIA E IMPRENSA. *Anais...* Rio de Janeiro: Uerj/IFCH, 1998.

_____. *As transformações dos espaços públicos*: imprensa, atores políticos e sociabilidades na cidade imperial, 1820-1840. São Paulo: Hucitec, 2005.

MOTTA, Rosemary Tofani. *Baptista Caetano de Almeida: um mecenas do projeto civilizatório em São João d'El-Rei no início do século XIX*: a biblioteca, a imprensa e a sociedade literária. Dissertação (mestrado) — Escola de Biblioteconomia, UFMG, Belo Horizonte, 2000.

NEVES, Guilherme Pereira das. *E recebera mercê*. Rio de Janeiro: Arquivo Nacional, 1997.

NEVES, Lúcia M. B. Pereira das. Liberalismo político no Brasil: ideias, representações e práticas (1820-1823). In: GUIMARÃES, Lúcia Maria Paschoal; PRADO, Maria Emília. (Org.).

O liberalismo no Brasil imperial: origens, conceitos e prática. Rio de Janeiro: Revan/ Uerj, 2001. p. 75.

_____. *Corcundas e constitucionais*: a cultura política da Independência (1820-1822). Rio de Janeiro: Revan, 2003.

OLIVEIRA, Cecília Helena de Salles. Na querela dos folhetos: o anonimato dos autores e a supressão de questões sociais. *Revista de História*, São Paulo, n. 116, p. 55-65, 1984.

POHL, Johann Emanuel. *Viagem no interior do Brasil*. Belo Horizonte: Itatiaia; São Paulo: Universidade de São Paulo, 1976.

RAMA, Angel. *A cidade das letras*. São Paulo: Brasiliense, 1985.

RIBEIRO, Gladys Sabina. *Liberdade em construção*: identidade nacional e conflitos antilusitanos no Primeiro Reinado. Rio de Janeiro: Faperj/Relume-Dumará, 2002.

RIZINNI, Carlos. *A tipografia no Brasil (1500-1822)*. São Paulo: Imprensa Oficial do Estado, 1988.

SAINT-HILAIRE, Auguste de. *Viagem pelas províncias do Rio de Janeiro e Minas Gerais*. Belo Horizonte: Itatiaia, 2000.

SCHIAVINATTO, Iara Lis. Entre os manuscritos e os impressos. In: LESSA, Mônica Leite; FONSECA, Silvia Carla Pereira de Brito (Org.). *Entre a Monarquia e a República*: imprensa, pensamento político e historiografia (1822-1889). Rio de Janeiro: EdUerj, 2008.

SILVA, Ana Rosa Cloclet da. (Re)inventando a Monarquia: o modelo de Estado dinástico na transição para a modernidade política mineira (1821-1831). In: GONÇALVES, Andréa Lisly; ARAÚJO, Valdei Lopes de. *Estado, região e sociedade*: contribuições sobre história social e política. Belo Horizonte: Argvmentvm, 2007.

SILVA, Rodrigo Fialho. "E a luz se fez": o nascimento da imprensa em São João d'El-Rey e a formação de uma cultura política do anonimato (1827-1829). *Diá-Logos*, Rio de Janeiro, n. 2, p. 105-112, 2008.

_____. "Páginas perigosas": o padre Luís José Dias Custódio, redator do "Amigo da Verdade" inquirido em devassa (São João del'Rey, 1833). In: SEMANA DE HISTÓRIA POLÍTICA, 3. *Anais eletrônicos...* Rio de Janeiro: PPGH/Uerj, maio 2008. [CD-ROM].

_____. *Nas Minas... por entre "typos", jornais e tintas*: sociabilidade impressa e debate político na província das Gerais (1823-1831). Tese (doutorado) — PPGH, Uerj, Rio de Janeiro, 2011.

SILVA, Wlamir. *Liberais e povo*: a construção da hegemonia liberal-moderada na província de Minas Gerais (1830-1834). São Paulo: Hucitec, 2009.

SIRINELLI, Jean-François. De la demeure à l'agora: pour une histoire culturelle du politique. In: BERSTEIN, Serge; MILZA, Pierre. *Axes et méthodes de l'histoire politique*. Paris: PUF, 1998.

SLENES, Robert W. Os múltiplos de porcos e diamantes: a economia escrava de Minas Gerais no século XIX. *Estudos Econômicos*, São Paulo, v. 18, p. 449-495, set./dez. 1998.

SODRÉ, Nelson Werneck. *História da imprensa no Brasil*. Rio de Janeiro: Mauad, 1999.

SOUSA, Octavio Tarquínio de. *Bernardo Pereira de Vasconcelos e seu tempo*. Rio de Janeiro: José Olympio, 1937.

SOUZA, Françoise Jean de Oliveira. *Do altar à tribuna*: os padres políticos na formação do Estado nacional brasileiro (1823-1841). Tese (doutorado em história) — PPGH, Uerj, Rio de Janeiro, 2010.

SOUZA, Iara Lis Carvalho. *Pátria coroada*: o Brasil como corpo político autônomo 1780-1831. São Paulo: Unesp, 1999.

SPIX, Johann Baptist von; MARTIUS, Carl Friedrich Philipp von. *Viagens pelo Brasil*: 1817-1820. Belo Horizonte: Itatiaia; São Paulo: Universidade de São Paulo, 1981. v. 1.

STAROBINSKI, Jean. *As máscaras da civilização*. São Paulo: Companhia das Letras, 2001.

TRINDADE, Zeidi Araujo. Comunicação e socialização do conhecimento: o boato e a fofoca como objeto de estudo em representações sociais. In: OLIVEIRA, Denize Cristina; CAMPOS, Pedro Humberto Faria. *Representações sociais*: uma teoria sem fronteiras. Rio de Janeiro: Museu da República, 2005.

VEIGA, José Pedro Xavier da. O fundador da imprensa mineira: Padre José Joaquim Viegas de Meneses. *Revista do Arquivo Público Mineiro*, Ouro Preto, v. 3, p. 240-249, jan./mar. 1898.

_____. A imprensa de Minas Gerais (1807-1897). *Revista do Arquivo Público Mineiro*, Ouro Preto, ano 3, jan./mar. 1898.

_____. *Efemérides mineiras*: 1664-1897. Belo Horizonte: Imprensa Oficial, 1982.

VENÂNCIO, Renato Pinto. Caminho novo: a longa duração. *Varia História*: Códice Costa Matoso, Belo Horizonte: FFCH/UFMG, n. 21, p. 181-189, jul. 1999. Edição especial.

VIANNA, Helio. *Contribuição à história da imprensa brasileira (1812-1869)*. Rio de Janeiro: Imprensa Nacional, 1945.

VIEGAS, Augusto. *Notícia de São João d'El Rey*. Belo Horizonte: Imprensa Oficial de Minas Gerais, 1953.

WALSH, Robert. *Notícias do Brasil*. Belo Horizonte: Itatiaia; São Paulo: Universidade de São Paulo, 1985. v. 1 e 2.

3

A marca de Caim:
relações entre violência e cultura política no Rio de Janeiro colonial

Jorge Victor de Araújo Souza

> Urbanidade: Deriva-se do latim *urbs* que quer dizer cidade, e urbanidade vem a ser o mesmo que comedimento e bom modo dos que vivem na cidade, em diferença da rusticidade e grosseria dos que vivem nas aldeias e no campo [Bluteau, 1728:587].

> Como se há de capacitar que não é lícito matar ou ferir para se desagravar das injúrias, vendo que seu senhor por razões de pouca ou nenhuma entidade promete feridas e balas, por mais que o mesmo senhor lhe intime que Deus ordena que se não cometa homicídio, nem faça outro dano à vida do próximo? [Benci, 1977:111].

Rio de Janeiro:
onde se pode contratar um assassino por melhor preço

Em maio de 1742, dois ingleses de passagem pelo Rio de Janeiro deixaram registradas suas impressões sobre a cidade. Não obstante as contrariedades com a cultura alheia, característica que comumente transborda em muitas descrições de viajantes, é possível apreender a sensação de medo que dominava John Bulkeley e John Cummins, quando afirmaram:

> Nesta cidade, um homem é obrigado a sofrer ofensas calado, pois, ao mostrar-se muito indignado, ele corre sério risco de perder sua vida. Por aqui, os rufiões cobram muito pouco pelos seus serviços. Julgo mesmo que não há lugar no mundo onde se possa contratar um assassino por melhor preço [apud França, 2000:185].

Dias depois, Bulkeley e Cummins deixaram sorrateiramente a cidade com a ajuda de um cônsul. Suas vidas corriam risco.

A capitania do Rio de Janeiro ao final do século XVII tornou-se ponto de confluência no Império português, condição que foi intensificada no início do século seguinte, com a paulatina exploração do ouro nas Gerais e a necessidade de escoamento do nobre metal (Sampaio, 2003:276-312). Concomitantemente a tal crescimento, a capitania foi palco de contínuos atos violentos, que culminaram inúmeras vezes em homicídios. Portanto, o que fora notado pelos dois ingleses não era algo incomum no cotidiano da população local. Na documentação enviada da América portuguesa ao reino sobejam pedidos de justiça por conta de homicídios e outras formas de agressão interpessoal, o que em muitas ocasiões gerou devassas.

Em uma sociedade escravista, o tipo mais comum de violência cotidiana era a entre senhores e escravos, como bem salientou Silvia Hunold Lara (1988). Não trataremos desse tipo de violência especificamente, assim como não da vivenciada pelos índios. Nosso foco são os vassalos presentes nas queixas, nas devassas e nas diligências de maneira generalizada.

Neste texto, baseado em estudos de caso inseridos em diferentes gêneros de práticas de escrita do período, farei um exercício de reflexão em torno da violência, hierarquias envolvidas, criminalização e tentativas de controles comportamentais. Assim como Natalie Z. Davis (2001), que analisou histórias de perdão, meu interesse estará voltado para os valores e as estratégias sociais que podem ser observados em devassas e missivas que narram casos de violência. Enfim, no capítulo discutirei a cidade e seus limites, abordando dois importantes pilares de estruturação da sociedade: justiça e busca de segurança. Tema rico, pois, como questionou o historiador Robert Darnton (2010:16): "Por que a história não haveria de ser tão interessante quanto o homicídio?". Mas, antes de tudo, não de forma exaustiva, vale apreender em algumas obras de nossa historiografia a marca da violência na sociedade colonial.

Era perigoso transitar só

Se no Brasil o tema da criminalidade, sobretudo o homicídio, não despertou muitos interesses sobre o período colonial, o mesmo não pode ser dito dos estudos que a partir da década de 1970 enfocam o Antigo Regime na Europa, notadamente na França e Inglaterra. A análise de processos judiciais massivos foi um dos interesses dos historiadores, e de tal conjunto documental surgiram interpretações para índices de criminalidade, perfis de criminosos, tipologia de crimes e de punições, entre outros aspectos relevantes para a constituição de uma história social. Com essas abordagens destacam-se os trabalhos de Arlette Farge (1974,

1979, 1986) e Benoît Garnot (1989), para a França, e de J. M. Beattie (1986) e Clive Emsley (1996), para os casos britânicos.

No Brasil, podem-se destacar alguns autores que abordaram tal temática, mesmo que de forma indireta. Em *Casa-grande & senzala*, Gilberto Freyre atribui aos conflitos familiares o papel de principais deflagradores de uma violência generalizada na Colônia (2000:397). A luta entre os Pires e os Camargos pelas ruas de São Paulo em 1640 serve ao mestre de Apipucos como exemplo para salientar o quanto o tecido social era trançado nas refregas: "Combateram nestas lutas entre grandes famílias índios de arco e flecha; negros escravos, cabras" (2000:398). Freyre, ironicamente por vezes acusado de adoçicar as relações na Colônia, em trecho da obra aponta a possível origem de um *habitus* violento: "Transforma-se o sadismo do menino e do adolescente no gosto de mandar dar surra, de mandar arrancar dente de negro, de mandar brigar na sua presença capoeiras, galos e canários — tantas vezes manifestado pelo senhor de engenho quando homem feito" (2000:122). As implicações desse comportamento serão percebidas, de acordo com Freyre, em todo o período colonial. Nesse sentido, a formação das cidades coloniais caminhou *pari passu* com os embates violentos.

Sobre o aspecto violento da formação de São Paulo, Alcântara Machado chama a atenção para o armamento encontrado nos espólios por ele analisados, com grande preponderância para lâminas e armas perfurantes. Mesmo considerando "as necessidades da defesa pessoal e doméstica, em sociedade mal policiada como a dos dois primeiros séculos", tais armas estavam em número consideravelmente alto, levando o historiador a concluir que "só a atividade predatória dos paulistas é capaz de explicar abundância tamanha" (Machado, 1965:238-239).

Para outro paulistano, Caio Prado Junior, a violência colonial envolvia as tensões entre parentes ressaltadas por Freyre, as "lutas de campanário". Em *Formação do Brasil contemporâneo*, as disputas de bandos locais não são negativizadas; ao contrário, de acordo com o historiador, essas ações auxiliavam na disciplina e organização dos sertões. Entretanto, se nas regiões ermas as violências interpessoais praticadas por "milícias particulares dos grandes proprietários e chefes locais" poderiam servir para algum grau de organização e "policiamento", o mesmo não ocorreria no espaço urbano. Nas cidades, "os vadios são mais perigosos e nocivos, pois não encontram, como no campo, a larga hospitalidade que lá se pratica, nem chefes sertanejos prontos a engajarem sua belicosidade; no Rio de Janeiro era perigoso transitar só e desarmado em lugares ermos, até em pleno dia" (Prado Junior, 1994:284).

Na análise de Caio Prado, há uma marca que persistirá na historiografia que aborda, mesmo que de forma indireta, a questão da violência no cotidiano colonial, qual seja: as diferenças entre os espaços "urbano" e "rural". Segundo interpretações historiográficas que vêm se consolidando, as zonas de fronteira eram as mais propícias a todas as formas de infrações, incluindo roubos, contrabandos e assassinatos (Gil, 2007; Anastasia, 2005).

Demonstrarei, contrariando a afirmação de Caio Prado, que existiam, sim, na cidade "chefes locais" prontos a mobilizar a violência dos ditos "vadios", e que se eles parecem mais "nocivos e perigosos" na urbe é porque nessa região as disputas eram ainda mais acirradas e geravam queixas mais elaboradas e persistentes sobre a necessidade de "sossego da República". Aliás, a diferenciação radical entre a violência na cidade e no sertão não faz o menor sentido no período colonial; adiantando: bandos dominavam ambos os espaços, e disputas que se iniciavam na cidade terminavam em emboscadas à beira de matas, enquanto outras refregas que começavam na disputa por terras em engenhos acabavam em assassinatos em plena luz do dia nas principais ruas da cidade. A violência não respeitava fronteiras.

"Camas lhes não valem"

O alferes Jacinto Velho de Araújo, em 10 de dezembro de 1652, recebeu três facadas e várias pancadas na cabeça com um pilão de açúcar. Seu caso encerra tensões sociais e explicita algumas condições hierárquicas da sociedade. Os acusados foram Lourença Freire, amancebada com a vítima, o mameluco Pedro de Carvalhais e um escravo seu. Jacinto foi assassinado dentro de sua casa, em sua cama, o que provocou indignação da população, que clamou por justiça em um caso em que "houve traição, luxúria, rapto, furto e adultério",[1] segundo as autoridades encarregadas da averiguação. Pedro de Carvalhais ainda tentou escapar da forca alegando ser filho de um vereador, senhor de engenho na região.

Os três acusados foram executados dois meses depois, e, de acordo com o governador d. Luís de Almeida (1652-1657), tal pressa na aplicação da pena capital visou aplacar os ânimos dos súditos, "residentes daquela cidade e das mais capitanias não se dando ninguém por seguro, pois suas casas e camas lhes não valem".[2] Pedro de Carvalhais foi enforcado por conta de sua condição de mameluco não ter pesado tanto quanto a posição de seu pai. O governador d. Luís de

---

[1] AHU-RJ, caixa 3, doc. 235. Consulta do Conselho Ultramarino ao rei d. João IV sobre carta do governador do Rio de Janeiro, d. Luís de Almeida, informando sobre o assassinato do alferes Jacinto Velho de Araújo cometido por Pedro de Carvalhais, juntamente com um escravo mameluco e com o conhecimento da viúva Lourença Freire; o Conselho de Justiça realizado e o enforcamento dos culpados para servir de exemplo e apaziguar os ânimos da população. Lisboa, 23/8/1653, fl. 2.

[2] Ibid.

Almeida deixou clara a tentativa do acusado de se passar por gente de nobreza, nenhuma surpresa em se tratando de uma sociedade em que o código jurídico adotado previa distinções entre "as qualidades" dos vassalos para aplicação das penas, qualidades essas que passavam pela averiguação da pureza de sangue.

Ainda em meados do século XVII, outros acontecimentos perturbaram as autoridades e os demais vassalos no Rio de Janeiro. Em uma das principais vias da cidade, às 9 horas da manhã, quatro homens mascarados mataram a tiros de espingarda o capitão Francisco Pinto Pereira. O fato ocorreu precisamente no ano 1657. Apesar de o crime ter sido cometido por quatro homens, apenas um foi condenado à "morte natural na forca", o mameluco Simplício Pinto, natural de São Paulo. Ao solicitarem do rei a execução de Simplício, uma junta de "homens bons" expôs, mesmo não sendo a intenção, um drama social e questões hierárquicas que marcavam a sociedade. Segundo a junta, os crimes eram cometidos "pela ousadia das muitas pessoas que nele há sem cabedal, principalmente destes mamelucos que com facilidade cometem qualquer crime".[3]

A associação entre as graves infrações e as marcas de mestiçagem é constante nas devassas, nas determinações jurídicas e entre os escritos dos religiosos. A mesma acusação pairava sobre "o mulato". A respeito do assunto, Antonil, sobre a famosa afirmação de que o Brasil "era o Inferno dos negros, Purgatório dos brancos e Paraíso dos mulatos", fez um alerta aos vassalos: cuidado com os mulatos. Para o jesuíta italiano, "melhores ainda são para qualquer ofício os mulatos. Porém muitos deles, usando mal do favor dos senhores, são soberbos e viciosos, e prezam-se de valentes, aparelhados para qualquer desaforo" (Antonil, 2007:99). O mulato é apontado como irascível e imprevisível: "Salvo quando por alguma desconfiança ou ciúme, o amor se muda em ódio e sai armado de todo o gênero de crueldade e rigor" (Antonil, 2007). Como era muito comum encontrar nas acusações de atos violentos, tal comportamento poderia ser canalizado: "Bom é valer-se de suas habilidades quando quiserem usar bem delas, como assim fazem alguns" (Antonil, 2007).

Larissa Viana (2007) demonstrou de que maneiras uma tópica que imputava a mestiçagem como algo execrável tomou os discursos dos séculos XVII e XVIII. Nesse sentido, o mestiço era tido como perigoso, aquele que não se classificava com muita facilidade, o impuro; enfim, o que causava a desordem em todos os sentidos, sobretudo na prática violenta.

---

[3] AHU-RJ, caixa 3, doc. 316. Carta do governador do Rio de Janeiro, Tomé Correia de Alvarenga, e do ouvidor, Pedro de Mustre Portugal, ao rei [d. Afonso VI] sobre os crimes violentos cometidos na dita cidade; informando acerca da execução da sentença de morte proferida contra Simplício Pinto, pelo homicídio do capitão Francisco Pinto Pereira, de uma donzela e por outros crimes. Rio de Janeiro, 24 jan., fl. 3.

Não matarás

Em 1642, os cidadãos do Rio de Janeiro conquistaram os mesmos privilégios de que gozavam, desde o final do século XV, os da cidade do Porto. Entre tais prerrogativas estava a que conferia aos indivíduos o direito de portarem "quais e quantas armas lhes prouver de dia e de noite assim ofensivas como defensivas". O grupo dos "cidadãos" era formado apenas por um punhado de homens das "melhores qualidades" nas hierarquias. Lembrando tais direitos, em 3 de agosto de 1676 alguns senhores de engenho do Rio de Janeiro escreveram ao príncipe regente, d. Pedro (1667-1706), no intuito de "poderem ter em suas casas armas de fogo e utilizá-las nas estradas para se defenderem dos negros fugidos".[4] O mesmo pretexto foi usado, no começo do século seguinte, contra a nova lei que proibia o uso de armas curtas.[5] Nos argumentos sobre o porte de armas há silêncio sobre as tensões que mais causavam derramamento de sangue: as disputas entre os senhores locais.

O porte de armas foi um ponto de constante discussão na tentativa de controle dos homicídios em todo o Império português. Em 1725, o então governador do Rio de Janeiro, Luiz Vahia Monteiro (1725-1732) — conhecido como "O Onça" por suas atitudes consideradas desmedidas por alguns vassalos —, escreveu ao rei informando-o sobre as dificuldades em fazer cumprir a nova lei de armas, que proibia o porte de armamento de curto alcance e de facas. Segundo seu relato, todos usavam armas, "não havendo branco nem preto que deixe de usar delas", principalmente lâminas, que faziam "todos os dias lamentáveis estragos".[6] Nesse ponto, a Câmara da cidade estava de acordo com o governador, alegando, porém, que o uso de tais armas era mais danoso nas mãos de escravos em busca de liberdade.[7] Entretanto, em 1727, a Câmara voltou a se manifestar sobre o assunto,

---

[4] AHU-RJ, caixa 4, doc. 414. Requerimento dos moradores e senhores de engenho do Rio de Janeiro ao príncipe regente [d. Pedro] solicitando autorização para poderem ter em suas casas armas de fogo e utilizá-las nas estradas para se defenderem dos negros fugidos. 3/8/1676, fl. 1.

[5] AHU-RJ, caixa 12, doc. 1305. Provisão do rei [d. João V] ordenando ao governador do Rio de Janeiro, Aires de Saldanha de Albuquerque, que zele pela observância da nova lei de proibição do uso de armas em todas as partes de sua jurisdição. Lisboa, 5/2/1722. AHU-RJ, caixa 13, doc. 109. Carta do governador do Rio de Janeiro, Aires de Saldanha de Albuquerque ao rei [d. João V], em resposta à provisão de 5 de fevereiro de 1722, sobre o registro da lei de proibição de uso de armas, nos livros da Secretaria, Ouvidoria e Juízo de Fora daquela capitania. 12/11/1722.

[6] AHU-RJ, caixa 15, doc. 1671. Carta do [governador do Rio de Janeiro] Luís Vaía Monteiro, ao rei d. João V, alertando para a não observância da nova lei relativa ao uso indevido de armas proibidas, quer por brancos, quer por escravos negros, daquela capitania, e as penas moderadas que vão sendo aplicadas aos infratores. Rio de Janeiro, 15/6/1725, fl. 2.

[7] AHU-RJ, caixa 15, doc. 1697. Carta dos oficiais da Câmara ao rei [d. João V] solicitando que a lei de 29 de maio de 1719, que proíbe a utilização de facas e de outras armas curtas, seja observada naquela capitania, reconhecendo-se assim o seu proveito. Rio de Janeiro, 3/8/1725.

destacando o quanto era difícil fazer cumprir tal lei, já que "pelas mais leves inimizades" surgiam denúncias sobre esconderijos de armas, existindo clara contradição com o alvará régio de 1642, que permitia o porte armas. A carta termina com a citada tópica da necessidade de defesa dos "homens bons" mediante negros fugidos que salteavam pelas fazendas e mesmo pelas ruas da cidade.[8]

Em 30 de junho de 1730, Inácio de Souza Jacome Coutinho, juiz de fora, denunciou estratégias enviesadas do governador. De acordo com a queixa, a proibição de armas encontrava resistência das próprias autoridades, pois Vahia Monteiro liberava seus apaniguados e os "escravos de seus afilhados" em diversas acusações de porte ilícito. Como exemplo, o juiz citou o caso de Antônio Pereira de Souza, preso com três pistolas e duas facas de ponta e que teve a fuga facilitada pelo governador. Junto à denúncia, o juiz anexou uma lista dos nomes dos presos que portavam armas. A maioria absoluta, dos 46 detidos, era composta de escravos que estavam na posse de facas. Nessa situação, encontrava-se Antônio Preto, escravo de Francisco Aguiar. Antonio foi pego com uma faca de ponta e por isso foi condenado ao açoite e a três anos de galés.[9] A punição nas galés, entretanto, de acordo com Vahia Monteiro, não estava sendo aplicada com precisão, pois os senhores, alegando prejuízos, não permitiam o envio de suas "peças" para além-mar.

Nas missivas entre os moradores da cidade do Rio de Janeiro e o Reino há um emaranhado de tensões em torno da aplicação do sistema normativo para controle de armas e das contingências do viver em colônias. O controle dos atos violentos, entretanto, não era prerrogativa somente dos poderes seculares. Os religiosos também tiveram papel de relevo como mediadores nas tensões sociais limites.

Estudando casos em Évora nos séculos XVI e XVII, Federico Palomo (2003) demonstra como agiam os jesuítas em suas visitações para "tirar de ódios", com apelos constantes nos púlpitos e nas ruas para a "composição de pazes". Sua conclusão é a de que, de modo geral, tais clérigos atuavam na ordenação dos campos e das cidades como elementos civilizadores. É possível perceber o mesmo comportamento dos padres em algumas ações e sobretudo em suas exortações nos trópicos.

---

[8] AHU-RJ, caixa 18, doc. 1997. Carta dos oficiais da Câmara do Rio de Janeiro ao rei [d. João V] sobre as dificuldades em fazer cumprir o alvará régio de 10 de fevereiro de 1642 que concedia aos cidadãos da cidade do Rio de Janeiro os mesmos privilégios dos da cidade do Porto; permitindo que os moradores daquela praça possuam armas em suas casas, o que contradiz a nova lei régia de proibição do uso de todo o gênero de armas curtas; solicitando a manutenção do privilégio concedido. Rio de Janeiro, 13/8/1727, fl. 2.

[9] AHU-RJ, caixa 21, doc. 2327. Carta do juiz de Fora do Rio de Janeiro, Inácio de Sousa Jácome Coutinho, ao rei [d. João V], sobre as dificuldades em cumprir a nova lei de proibição do uso de facas de pontas e outras armas pelos moradores da capitania, devido aos procedimentos do governador Luís Vaía Monteiro que age com parcialidades quando os réus são seus conhecidos ou são escravos de seus afilhados. Rio de Janeiro, 30/6/1730.

Escrevendo sua carta ânua no Rio de Janeiro, o padre jesuíta Luís de Baralho de Araújo, em 1620, apontou de que maneira seus companheiros de batina intervinham nos ânimos exaltados pelas ruas da cidade (apud França, 2000:44-45). Ao narrar a reconciliação de dois homens que "brigaram de morte", o padre observou que foi fundamental a intervenção dos jesuítas, esta sendo bem-sucedida quando um magistrado, aquele que mais deveria promover a justiça e a paz, não usou de violência em uma vingança por ter sido ofendido publicamente, graças à conversação com os religiosos. Em outro caso, padre Luís afirma que um assassino se escondeu em um convento, sendo então perseguido pelos oficiais de justiça, criando um clima de ofensas generalizadas que só foi aplacado com a chegada dos jesuítas que concorreram para a "concórdia entre as partes" (apud França, 2000).

Mesmo considerando que as cartas ânuas eram abarrotadas de narrativas que majoravam as ações dos padres com o intuito de criar uma visão positiva da Companhia perante os superiores em Roma, é considerável a preocupação de Luís de Baralho em inserir uma tópica de atuações pacificadoras na missiva, ressaltando práticas que, se não eram tão corriqueiras, eram pelo menos creditadas como função dos religiosos.

Na escrita de um insigne jesuíta preocupado com a cultura da cana-de-açúcar e com a exploração das minas, há espaço para o tema da mediação dos conflitos. Em uma sociedade violenta, os negócios ficam emperrados, por isso André João Antonil, em obra concluída em 1711, usou as figuras de Abel e Caim para dizer que no Brasil havia senhores de engenho que eram "muito chegados por sangue", mas "pouco unidos por caridade", bastando um pedaço de pau fora do lugar ou um boi fujão para criar um rio de sangue. A solução para sanar tais ódios era "urbanidade e primor", que o padre definia como conjunto de comportamentos que incluíam o "pedir licença" e a tolerância perante a negativa de um vizinho (Antonil, 2007:86). O sentido de urbanidade que Antonil clamava era o mesmo ressaltado na epígrafe deste capítulo, ou seja, qualidade oriunda da cidade, centro civilizador, em contraposição ao campo, lugar de rústicos. Distinção que, como já destacamos, tinha pouca significação prática em uma sociedade com fronteiras em construção, mas que tinha as cidades do Reino como modelo.

Vingando a mais leve ofensa

Segundo a denúncia feita por seu tio, na manhã de 20 de setembro de 1687, um sábado, Pedro de Sousa Pereira seguia para seu engenho em Meriti, saindo da cidade do Rio de Janeiro em uma embarcação tomando o curso de um dos muitos rios que rasgavam a capitania sertão adentro, quando foi vítima de uma emboscada perpetrada por Antonio de Abreu Lima, João de Campos e os irmãos Francisco de Amaral, Claudio Gurgel de Amaral e João de Amaral, acompanhados de mulatos e negros portadores de armas de fogo. Em um trecho não determinado pelo denunciante, os matadores obstruíram o caminho com um tronco e apontaram suas armas sobre forquilhas ocultas pela folhagem. Quando a embarcação da vítima passou pelo local, foi alvejada por uma saraivada de balaços. Pedro de Sousa Pereira foi atingido por 13 das balas disparadas, "umas sobre o coração, outras no lado esquerdo, no braço e as mais na cabeça, sendo todas tão sinetrantes que de improviso morreu logo das feridas". O escravo de Martim Correa, Martinho da Sylva, era o responsável pelo leme quando "se congregaram as balas com tal força que lhe levaram as mãos fora, e o rosto o entropeçaram [sic] tanto de tal forma que não ficou com forma de homem". Cativos que estavam na embarcação pularam na água e conseguiram se safar.

Uma rede de fidelidades vinculava os acusados, que contavam com informantes na cidade para saber os passos do provedor Pedro de Sousa. Martim Correa lembrava Sua Majestade de que seu sobrinho não era um vassalo qualquer, mas "homem fidalgo", alcaide-mor da cidade, parente de prestadores de serviços, como os efetuados por seu irmão Tomé de Sousa Correia, que, como provedor da Fazenda Real, auxiliou na nova Colônia do Sacramento ao custo de sua própria fazenda, assim como ajudou em uma expedição a Angola. O falecido também era irmão do monge beneditino frei João de Santa'Ana. Era filho dos "principais da terra" Pedro de Sousa Pereira e Ana Correia, aparentada com a importante família Correia de Sá.

Pedro de Sousa Pereira podia ser considerado membro da elite da capitania, por seu parentesco de prestígio, por suas propriedades, seu engenho de três moendas, inclusive seus 87 escravos, e por ocupar cargos de destaque na República. Não se casou, nem teve filhos.[10] Sua posição o colocava nas tensões entre os bandos que disputavam poder na capitania. Um dos acusados, Claudio Gurgel do Amaral, almejava o cargo de provedor da Fazenda Real, que conferia muito respeito, conforme salienta João Fragoso (2000:61), e há anos era ocupado por parentes da vítima. Outro motivo para tal crime, como deixa entender o denunciante, foi uma vingança por Pedro de Sousa tentar prender integrantes do "bando dos Amarais".

Nas diversas correspondências entre as autoridades na capitania e o Conselho Ultramarino, sobressai a recorrente opinião de que os Amarais cometiam atrocidades por vinganças e tentativa de obstruir a justiça. Em 18 de maio de 1709, tal procedimento da família ficou explícito com a queixa de que Francisco do Amaral

---

[10] Arquivo do Mosteiro de São Bento do Rio de Janeiro (AMSBRJ), docs. 942-946. Testamento de Pedro de Souza Pereira.

Gurgel enviara um mulato escravo para assassinar o ouvidor-geral José da Costa da Fonseca. Tamanha ousadia chamou a atenção do Conselho Ultramarino, que solicitou o auxílio do desembargador Antônio da Cunha Souto Maior.[11] A este ficou a cargo averiguar o assassinato de Pedro de Sousa Pereira, passados mais de 20 anos do ocorrido, reafirmando que um dos culpados era Bento do Amaral Gurgel.[12] No caso em questão, é patente o longo tempo entre o crime, a apuração dos fatos e a punição, tratando-se do assassinato de "pessoa de qualidade" nas hierarquias locais. O desenrolar extenso aponta o quanto o bando dos amarais contava com vínculos locais que garantiam um longo período de impunidade.

Com mais de 70 anos, encontramos "o violento" Claudio Gurgel do Amaral na correspondência do governador Francisco Xavier da Tavora ao rei, em 12 de abril de 1714. Afirmava o governador que todas as diligências e devassas apontaram Claudio Gurgel como assassino contumaz, e que, para se livrar de tais acusações, ele se tornara padre com hábito de São Pedro e passara às minas por um tempo. Ao retornar ao Rio de Janeiro, ainda de acordo com Francisco Xavier, padre Claudio armou seu filho com uma "grande quantidade de negros" entocados em uma fazenda que servia como verdadeira fortaleza.[13]

A estratégia de se tornar clérigo valeu a Claudio Gurgel a proteção do bispo. Em 14 de junho de 1714, d. Francisco de S. Jerônimo escreveu ao rei em defesa do padre.[14] Na missiva, o antístite afirmou que o governador havia mandado prender José Gurgel, filho do padre Claudio, e, não encontrando o suspeito, a tropa prendeu o pai mesmo, mandando-o para a fortaleza de Santa Cruz e justificando com o intuito de averiguações. O bispo pedia a libertação do padre alegando que o preso tinha 76 anos e havia "ocupado todos os lugares da governança e da nobreza da cidade".[15] No apelo do bispo há claramente a associação entre a ocupação de cargos e a obtenção de privilégios.

---

[11] AHU-RJ, caixa 8, doc. 852. Parecer do Conselho Ultramarino sobre a tentativa de um mulato, escravo de Francisco do Amaral Gurgel, acompanhado de outras pessoas de assassinar o ouvidor-geral José da Costa da Fonseca; recomendando o conselho que se ordene ao desembargador sindicante, Antônio da Cunha Souto Maior, que proceda [a] diligência acerca da queixa deste ministro, a fim de averiguar a veracidade do que alega. Lisboa, 18/5/1709.

[12] AHU-RJ, caixa 8, doc 108. Carta do desembargador sindicante de Santos, Antônio da Cunha Souto Maior, ao rei [d. João V], informando que a devassa tirada ao sargento-mor Bento do Amaral Gurgel aponta-o como culpado da morte do provedor da Fazenda do Rio de Janeiro, Pedro de Sousa. 31/10/1710.

[13] AHU-RJ, caixa 16, docs. 3353-3354. Consulta do Conselho Ultramarino sobre as atrocidades cometidas por um filho de Claudio Gurgel do Amaral, o mau procedimento deste e a sua prisão na Fortaleza de Santa Cruz, por ser um elemento perturbador no Rio de Janeiro. Lisboa, 12/4/1714, fl. 4.

[14] AHU-RJ, caixa 16, doc. 3360. Carta do bispo d. Francisco de S. Jeronymo sobre a prisão do padre Claudio Gurgel do Amaral. Rio de Janeiro, 12/6/1714.

[15] Ibid., fl. 3.

Entre o clero eram previstas punições aos membros que cometessem crimes violentos, apontando que mesmo os que vestiam hábito não estavam livres de incorrer em assassinatos e outras infrações graves. Nas Constituições Primeiras do Arcebispado da Bahia, código proposto em 1707, há diversas referências ao assunto, como no Título XXVI do Livro V — Do Homicídio, Ferimentos e Injúrias —, em que é ressaltado que o homicídio está entre os mais graves crimes, sendo o culpado passível de perda do hábito; "além disso pagará a pena pecuniária que parecer e será degradado para sempre para S. Thomé e condenado a pagar, e satisfazer as partes prejudicadas as perdas e danos que por causa da morte receberam" (Vide, 2007:346). Mesmo desafiado, o clérigo deveria se aquietar segundo as normas das Constituições, e muito menos podia portar armas, por ser "contra a honestidade" de quem participava da milícia de Cristo, apartado do século (Vide, 2007). Padre Claudio Gurgel não estava, portanto, totalmente livre por se encontrar sob um hábito, mas a amizade com o bispo liberava-o de maiores complicações, mesmo na jurisdição eclesiástica.

Em 13 de novembro de 1714, os conselheiros divergiam quanto ao destino do padre. Dois doutores acreditavam que o assunto deveria ser resolvido pelo bispo, enquanto outros dois votavam pelo envio do padre Claudio ao Reino, onde deveria ser condenado por seus atos. Na opinião do conselheiro Antonio Rodrigues, não existiam muitas testemunhas para os casos de violência na cidade do Rio de Janeiro "pelo grande temor que todos lhe têm sentido justamente pelo horror das mortes e violências que esta família dos Amarais se tem feito temer em todo o Brasil, vingando a mais leve ofensa com mortes e tiranias".[16] Violento foi o fim do padre. Em 17 de abril de 1717, Claudio Gurgel foi assassinado juntamente com outro padre em situação pouco esclarecida, mas seus familiares ainda persistiram em usar a violência na capitania para perpetuarem o mando.

"Sem mais causa e nem razão"

Um aspecto recorrente nas queixas por justiça é a presença de súditos em busca de alguma forma de compensação pela perda de um familiar. Os motivos alegados são diversos, mas a busca da honra e a conservação da reputação da família são sempre acionadas nas narrativas dos queixosos.

---

[16] AHU-RJ, caixa 16, docs. 3376-3379. Consulta do Conselho Ultramarino sobre o procedimento que houver no Rio de Janeiro contra o padre Claudio Gurgel do Amaral e seu filho José Gurgel do Amaral pelos crimes que lhes eram imputados. Lisboa, 3/11/1714, fl. 4.

João Macedo Lobo, ajudante de tenente, mandou matar "sem mais causa e nem razão" o escrivão Henrique Fernandes, de acordo com acusação feita em 27 de setembro de 1709 pela viúva Antonia Freire. O matador foi preso, mas a viúva ficou indignada com uma carta que João Macedo enviou de uma cadeia da Bahia, pedindo que ela retirasse a acusação.[17] Viúvas, alegando desonra familiar e incapacidade de criar sozinhas os filhos, ardorosamente insistiam na justiça. Catherina Rodrigues de Jesus escreveu ao rei pedindo nova devassa sobre o caso do assassinato do capitão José Mendes de Carvalho, seu marido. Entretanto, em 10 de julho de 1719, o desembargador Antonio Sanches Pereira alegava que não era necessária nova devassa, pois o acusado, Domingos Bernardes, não tinha a intenção de matar, sendo o crime considerado "casual". Em 28 de abril de 1738, outra viúva, d. Caetana Rosa de Almeida, pediu a prisão dos assassinos de seu marido, encontrado morto na casa de uma mulher enquanto cobrava uma dívida. A mulher, não identificada no requerimento, foi presa, mas seus cúmplices, de acordo com a viúva, estavam soltos.[18]

Justiça era pelo que também clamava o capitão-mor Francisco Gomes Ribeiro, que, em 9 de novembro de 1729, solicitava autorização para acusar por procuração seu genro Victoriano Vieria Guimarães pelo assassinato de sua filha d. Helena da Silva.[19] O corpo de Helena fora encontrado com 18 perfurações feitas por um prego de costado de navio, que, de acordo com a acusação dos familiares da vítima, fora preparado dias antes da tragédia, com a cumplicidade dos escravos da casa de Victoriano. Durante mais de 10 anos, Francisco Gomes e suas filhas solicitaram ao rei diversas interferências na justiça aplicada ao caso, pois alegavam que o desembargador absolvera Victoriano baseado em testemunhas

---

[17] AHU-RJ, caixa 8, doc. 860. Requerimento de Antônia Freire Picate ao rei d. João V, solicitando ordens para que se remeta para a cadeia da Corte o [ajudante de tenente] João Macedo Lobo, preso em Salvador, por ter mandado assassinar seu marido, o escrivão das justificações no Rio de Janeiro, Henrique Fernandes Mendes. 27/9/1709.

[18] AHU-RJ, caixa 42, doc. 9961. Requerimento de d. Caetana Rosa de Almeida, viúva de Dionisio de Parada e Almeida, em que pede a prisão dos assassinos de seu marido. Rio de Janeiro, 28/4/1738.

[19] AHU-RJ, caixa 36, docs. 8377-8378. Requerimento de Francisco Gomes Riberio no qual pede autorização para acusar por procuração seu genro Victoriano Vieira Guimarães e os culpados do assassinato de sua filha. Rio de Janeiro, 9/11/1729. AHU-RJ, caixa 25, doc. 2657. Carta do [vice-rei do Estado do Brasil] conde de Sabugosa [Vasco Fernandes César de Meneses], ao rei [d. João V], sobre o cumprimento da ordem régia para nomear ministros a fim de sentenciar a causa do capitão-mor Francisco Gomes Ribeiro, morador na cidade do Rio de Janeiro, contra Vitoriano Vieira Guimarães, que assassinou sua mulher Helena da Silva, filha do referido capitão-mor. Bahia, 11/5/1733. AHU-RJ, caixa 36, docs. 8373-8376. Requerimentos de Francisco Gomes Ribeiro e de suas filhas nos quais pedem licença para acusar de falas e perjuros várias testemunhas que tinham deposto no processo instaurado contra seu genro e cunhado Victoriano Vieira Guimarães. Rio de Janeiro, 3/10/1734. AHU-RJ, caixa 36, docs. 8371-8372. Requerimento de Francisco Gomes Ribeiro e de suas filhas em que pedem a revisão instaurada contra seu genro e cunhado Victoriano Vieira Guimarães pelo crime de assassinato de sua mulher d. Helena da Silva. Rio de Janeiro, 9/12/1739.

comprometidas com o acusado. Francisco Gomes, natural de Portugal, não era um desqualificado nas hierarquias da capitania. Além de detentor do hábito de Cristo, havia sido, entre 1715 e 1721 e, posteriormente, entre 1723 e 1727, provedor da Santa Casa de Misericórdia.

Os anos de espera que atravessaram famílias como a do capitão Francisco Gomes expõem o quanto a pressão parental, mesmo em relações simétricas, era elemento relevante na busca de justiça em um caso de assassinato. O movimento da justiça estava dependente da memória dos parentes.

Rashomon

Como muito bem salientou Maria Fernanda Bicalho (2003), a sensação de medo no Rio de Janeiro, acionada por ameaças de inimigos externos e internos, foi constantemente salientada na retórica da governança como estratégia. Impressões deixadas pelas autoridades nos documentos coloniais destacam que na cidade imperava a insegurança de seus habitantes e dos viajantes que se aventuravam em seu porto, uma tópica surgida na virada do século XVII para o XVIII, e que, apesar das diversas mudanças no sistema normativo, ainda vigoraram por muito tempo.

As petições por justiça nos casos de homicídio, as devassas dos crimes, assim como as soluções encontradas pelas autoridades governativas, encerram um rico repertório, que possibilita a reconstituição do vocabulário das culturas políticas e das hierarquizações da sociedade escravista. Em tais documentos é possível perceber lógicas, em que estavam em jogo a reputação da vítima e a de quem clamava por justiça — esforços no resgate da honra de quem muitas vezes teve uma morte considerada desonrosa. Há possibilidade de traçar os vínculos entre os envolvidos nos atos violentos, suas ligações familiares e clientelares. Além disso, ficaram registradas as preocupações dos governantes, que diziam agir para eliminar a sensação de insegurança, vista como empecilho para o bom andamento do comércio e a paz dos súditos. Enfim, os casos de violência interpessoal, para além do *modus operandi* dos crimes, produziram documentação privilegiada para o estudo das relações sociais em uma capitania que se configurava como um local importante nas tramas do Império português.

Arrisco ao afirmar que uma devassa, uma investigação, produz uma documentação rica em vozes destoantes que se aproxima da narrativa do filme *Rashomon*, conhecida obra do diretor japonês Akira Kurosawa, em 1950? Pois bem, vejamos. Em sua narrativa não linear, *Rashomon* apresenta os diferentes pontos de vista sobre um evento: o homicídio de um samurai. São apresentados os depoimentos de um lenhador, um sacerdote, um bandido, a viúva do samurai e até da vítima. Na busca de justiça, cada qual oferece uma versão diferente do bárbaro crime ocorrido em um bosque, espaço afastado da urbe onde são julgados os criminosos. Kurosawa demonstra a dificuldade de apurar a verdade em uma situação que envolve interesses conflitantes. A verdade, talvez a única possível, não se encerra na solução do caso propriamente, mas nas relações estabelecidas pelos envolvidos e no motivo que os levou ao conflito.

O estudo de assassinatos e atos violentos, mais do que de outros temas, por óbvios motivos, abarca uma dimensão detetivesca. Em um ensaio instigante, Carlo Ginzburg traçou a analogia entre o ofício do historiador e a prática do detetive, utilizando como exemplo o maior deles, Sherlock Holmes. Entretanto, o limite de tal analogia, não sugerido por Ginzburg, encontra-se na solução do caso. Pelo menos como rege o bom senso, para um historiador os casos não se encerram, pois sempre são passíveis de novas perspectivas. Os casos sobre homicídios e outras violências no Rio de Janeiro colonial encontram-se em aberto e convidam a novas investigações. Não com o intuito de apurar culpados e inocentes, mas como um rico campo para pesquisar as relações sociais em uma sociedade escravista regida em várias instâncias por lógicas de Antigo Regime.

Nas mediações das autoridades e nas providências para contenção da violência, notam-se as tensões hierárquicas coloniais e as tentativas de implementar "costumes civilizadores", mas com regras distintas em relação a Portugal, sobretudo por conta das peculiaridades do sistema escravista. Em nome de certa "urbanidade", medidas que diferenciavam tratamentos nos diversos estratos sociais sempre foram uma constante na história da cidade, tornando-se mesmo uma marca de projetos e processos.

Referências

Fontes manuscritas

ARQUIVO DO MOSTEIRO DE SÃO BENTO DO RIO DE JANEIRO (AMSBRJ).
ARQUIVO HISTÓRICO ULTRAMARINO — capitania do Rio de Janeiro (AHU-RJ).

Bibliografia

ANASTASIA, Carla Maria Junho. *A geografia do crime*: violência nas Minas setecentistas. Belo Horizonte: UFMG, 2005.

ANTONIL, André João. *Cultura e opulência do Brasil por suas drogas e minas*. São Paulo: Edusp, 2007.

BEATTIE, J. M. *Crime and courts in England, 1660-1800*. Princeton: Princeton University Press, 1986.

BENCI, Jorge. *Economia cristã dos senhores no governo dos escravos*. São Paulo: Editorial Grijalbo, 1977.

BICALHO, Maria Fernanda. *A cidade e o Império*: o Rio de Janeiro no século XVIII. Rio de Janeiro: Civilização Brasileira, 2003.

BLUTEAU, Raphael. *Vocabulario portuguez & latino*: aulico, anatomico, architectonico... Coimbra: Collegio das Artes da Companhia de Jesus, 1728. v. 8.

DARNTON, Robert. *O beijo de Lamourette*: mídia, cultura e revolução. São Paulo: Companhia das Letras, 2010.

DAVIS, Zemon Natalie. *Histórias de perdão e seus narradores na França do século XVI*. São Paulo: Companhia das Letras, 2001.

EMSLEY, Clive. *Crime and society in England, 1750-1900*. 2. ed. Londres/Nova York: Longman, 1996.

FARGE, Arlette. *Délinquance et criminalité*: le vol d'aliments à Paris au XVIIIe siècle. Paris: Plon, 1974.

_____. *Vivre dans la rue à Paris au XVIIIe siècle*. Paris: Gallimard, 1979.

_____. *La vie fragile*: violence, pouvoirs et solidarités à Paris au XVIIIe siècle. Paris: Hachette, 1986.

FRAGOSO, João. A nobreza da República: notas sobre a formação da primeira elite senhorial do Rio de Janeiro (séculos XVI e XVII). *Topoi*, Rio de Janeiro, n. 1, p. 45-122, 2000.

FRANÇA, Jean Marçal Carvalho (Org.). *Outras visões do Rio de Janeiro colonial*: antologia de textos, 1582-1808. Rio de Janeiro: José Olympio, 2000.

FREYRE, Gilberto. *Casa-gande & senzala*. São Paulo: Record, 2000.

GARNOT, Benoît. Une illusion historiographique: justice et criminalité au XVIIIe siècle. *Revue Historique*, Paris: PUF, n. 570, abr./jun. 1989.

GIL, Tiago. *Infiéis transgressores*: elites e contrabandistas nas fronteiras do Rio Grande do Sul e do Rio Pardo (1760-1810). Rio de Janeiro: Arquivo Nacional, 2007.

LARA, Silvia Hunold. *Campos da violência*: escravos e senhores na capitania do Rio de Janeiro, 1750-1808. Rio de Janeiro: Paz e Terra, 1988.

MACHADO, Alcântara. *Vida e morte do bandeirante*. São Paulo: Martins, 1965.

PALOMO, Federico. *Fazer dos campos escolas excelentes*: os jesuítas de Évora e as missões do interior em Portugal (1551-1630). Lisboa: Fundação Calouste Gulbenkian, 2003.

PRADO JUNIOR, Caio. *Formação do Brasil contemporâneo*. São Paulo: Brasiliense, 1994.

SAMPAIO, Antônio Carlos Jucá de. A produção política da economia: formas não mercantis de acumulação e transmissão de riqueza numa sociedade colonial (Rio de Janeiro,

1650-1750). *Topoi*: Revista de História, Rio de Janeiro: Programa de Pós-graduação em História Social da UFRJ/7Letras, v. 4, n. 7, p. 276-312, jul./dez. 2003.

VIANA, Larissa. *O idioma da mestiçagem*: as irmandades de pardos na América portuguesa. Campinas: Unicamp, 2007.

VIDE, D. Monteiro Sebastião da. *Constituições primeiras do arcebispado da Bahia.* Brasília: Edições do Senado Federal, 2007.

4

Descortesias públicas e quebras de rituais:
reações simbólicas contra as autoridades coloniais (Minas Gerais, 1734 e 1743)

Irenilda Reinalda B. de R. M. Cavalcanti

GEORGES BALANDIER AFIRMA EM SEU livro *O poder em cena*: "por trás de todas as formas de arranjo da sociedade e de organização dos poderes encontra-se, sempre presente, governando dos bastidores, a teatrocracia. Ela regula a vida cotidiana dos homens em coletividade" (Balandier, 1982:5). Com base nesse pensamento, quero analisar manifestações dessa teatrocracia em duas vilas de Minas Gerais, na primeira metade do século XVIII. São dois momentos exemplares em que representantes do poder são colocados em situação de ridículo (cf. Balandier, 1982), suprema forma de mostrar descortesia e de afrontar autoridades. Lembramos que esse tipo de comportamento desrespeitoso só alcançaria seus objetivos se houvesse uma plateia testemunhando o fato, situação necessariamente vivida nos espaços urbanos.

As formações urbanas coloniais eram o espaço onde se tornavam mais visíveis as hierarquias sociais, marcadas pelo cerimonial e pela ordem de precedência. Nas vilas e cidades luso-americanas, uma forma bastante utilizada de fazer oposição era a prática da descortesia. Existiam inúmeras regras de etiqueta e boa convivência que tinham de ser observadas cotidianamente entre os homens do Antigo Regime, e o rompimento dessas normas gerava enorme mal-estar, principalmente quando o alvo era um ocupante de altos cargos administrativos ou eclesiásticos.

Os dois momentos que ficaram registrados nas fontes coloniais relativas a Minas Gerais podem ilustrar formas de descortesias cujas consequências se tornaram alvo de intensa troca de correspondência entre a América portuguesa e Lisboa, atulhando o expediente do Conselho Ultramarino.

A primeira grave demonstração de descortesia ocorreu no primeiro dia de janeiro de 1734, quando os vereadores deixaram de cumprimentar o governador que os aguardava na soleira da porta de sua casa. Outro fato incluído nesse âmbito foi a retirada dos badalos dos sinos das igrejas de Ribeirão do Carmo em 1743, deixando o bispo frei João da Cruz sem a devida manifestação de apreço e respeito por parte dos moradores da vila.

Os estudos sobre centros urbanos coloniais, em sua maioria, se prendem às análises da disposição topográfica das ruas ou de suas formas arquitetônicas, dos espaços ocupados hierarquicamente e seus interditos. Aqui pretendemos alargar a amplitude do olhar e vislumbrar como o espaço urbano colonial também pode ser enfocado a partir de sua utilização "em diferentes situações e por sujeitos diversos", como nos lembra Silvia H. Lara (2007:52-53):

> Assim como a casa da Câmara e [a] cadeia e o pelourinho marcavam a existência de uma jurisdição efetivada por poderes locais ou situados além-mar, era preciso também que seus agentes se mostrassem em ação, aos olhos do "povo". [...] Desfilando pela cidade, o séquito de juízes e seus oficiais reiterava, para todos os moradores, a presença do poder real e das instituições cujos cargos eram distribuídos entre a nobreza da terra.

Vale lembrar que o cenário urbano com sua "plateia" era imprescindível para essa exibição do poder, a qual era praticada por todos os escalões hierárquicos, a começar pelos mais altos. Esses momentos de exposição pública, de "dar-se a ver", se inspiravam nas entradas régias e nas procissões, as quais também serviam para ressaltar as diferenças sociais, marcadas pelas etnias ou pelas ocupações profissionais. Momentos em que os elos hierárquicos e de dominação entre metrópole e colônia se reforçavam, os "desfiles" públicos de autoridades também se transformavam em ocasiões em que "as diversas instâncias de poder entravam em confronto, lutando por prerrogativas e precedências..." (Lara, 2007:54).

Nas Minas, a contraposição urbano/rural se definiu pelas atividades produtivas, fazendo com que as regiões dedicadas à mineração reunissem o grosso da população e configurassem um ambiente urbano, enquanto as regiões onde se praticavam a agricultura e a pecuária apresentavam uma população mais escassa.

Nas áreas urbanas, as questões ligadas à observância da etiqueta adquiriam maior visibilidade em razão da concentração de indivíduos marcados e reconhecidos pela ocupação de cargos e funções, os quais exigiam contínua reverência, como eram os representantes da Coroa e os homens da vereança, figuras dominantes do poder local. Segundo Georges Balandier (1969:83):

O cargo ou função encerra necessariamente elementos cerimoniais e rituais que, por um processo deliberado e solene, permitem ascender a ele e adquirir nova identidade social. [...] O cargo não tem apenas um aspecto técnico, tem também um caráter moral e/ou religioso, que se acha evidentemente acentuado nos casos de funções político-rituais.

A descortesia dos vereadores de Vila Rica

O primeiro caso de descortesia teve como cenário as ruas de Vila Rica no primeiro dia de janeiro de 1735 e envolveu a pessoa do governador e capitão-general de Minas Gerais, o conde das Galvêas, e os membros da Câmara recém-empossados, liderados por Domingos de Abreu Lisboa e Fernando da Motta (cf. Cavalcanti, 2009:119-132). Esse episódio foi longamente tratado em um parecer escrito por Martinho de Mendonça, comissário real para a capitação, que presenciou o evento. Na documentação, também se encontram a representação dos vereadores envolvidos e a ordem régia dando solução ao caso.[1] Vamos à trama.

Desconfiados de que a proposta de mudanças no sistema de arrecadação dos quintos fosse reapresentada, alguns "homens bons" de Vila Rica se uniram e combinaram que a eleição para a Câmara, em dezembro de 1734, seria disputada por pessoas que fizessem oposição aberta ao governador, conde das Galvêas. Isso porque, pela tradição construída nas Minas, se houvesse mudança na tributação, o assunto deveria ser discutido na Junta de Procuradores, composta por pessoas indicadas pelos vereadores. Dessa forma, a composição da Câmara influenciaria diretamente na votação das propostas da Coroa.[2] Em Vila Rica, apresentaram-se como candidatos Domingos de Abreu Lisboa e Fernando da Motta. O primeiro ti-

---

[1] As fontes relativas ao episódio são: Parecer de Martinho de Mendonça para o rey d. João V, sobre os desentendimentos ocorridos entre os vereadores de Vila Rica e o governador conde das Galvêas. Vila Rica, 31/7/1736. *RAPM*. Belo Horizonte: Arquivo Público Mineiro, v. 1, n. 4, p. 654-657, out./dez. 1896; AHU, Cons. Ultra. — Brasil/MG-Projeto Resgate, caixa 31, doc. 58, CD-ROM 10. Carta de Martinho de Mendonça de Pina e Proença, para d. João V, dando o seu parecer sobre a razão que houve para a prisão de Domingos de Abreu Lisboa e Fernando da Motta. A margem: 1 provisão. Vila Rica, p. 736, 20 jan.; AHU, Cons. Ultra. — Brasil/MG, caixa 29, doc. 65. Representação de Domingos de Abreu Lisboa e de Fernando da Mota, sargentos-mores e juízes ordinários de Vila Rica, por eleição, pedindo isenção para aquele Senado da obrigação e costume introduzido pelos seus antecessores de irem em corpo de Câmara visitar o governador no dia da posse ou no seguinte, a semelhança da Câmara do Rio de Janeiro. Em anexo: 5 certidões. Vila Rica, 17/5/1735; Ordem Régia de d. João V para Gomes Freire de Andrada, governador de Minas Gerais, declarando que os vereadores não são obrigados a visitar os governadores, em corpo, quando não haja ordem para tal. Lisboa, 20/1/1736. *RAPM*. Ouro Preto: Arquivo Público Mineiro, v. 16, n. 1, p. 404, 1911. Disponível em: <www.siaapm.cultura.mg.gov.br>. Acesso em: 18 mar. 2010.

[2] Sobre a Câmara de Vila Rica, ver Gouvêa (2004:120-140).

nha a seu favor o fato de que estivera presente na Junta do ano anterior, quando se deliberara sobre a capitação, e fora veementemente contrário à mudança tributária. Ambos eram sargentos-mores das Ordenanças.[3] Em sua argumentação para convencer os demais homens da governança local, Domingos de Abreu Lisboa usava o mote próprio da cultura política dos colonos: "as Minas foram descobertas, conquistadas e povoadas pelo Povo, sem socorro, nem despesa da Majestade, que se devia contentar com a pequena parte do quinto, que contribuíssem os povos, e ainda somente com manufatura de moeda" (Proença, 1896:654-657). Assim, uma parcela dos eleitores achou que, para enfrentar o problema, seria bom tê-los como vereadores naquele momento.

Nesse processo eleitoral, também podemos ver uma intensa disputa entre grupos influentes, porquanto, na Colônia, a participação na governação local era uma das maneiras de alguém enobrecer. E a Câmara se tornara o "lugar e o veículo de nobilitação, de obtenção de privilégios e, sobretudo, de negociação com o centro — com a Coroa" (Bicalho, 2005a:29). Por outro lado, muitas vezes os cargos camarários podiam ser utilizados em proveito próprio, servindo para implementar "políticas públicas" e regulamentos que auxiliassem ou protegessem os próprios negócios e os de seus amigos (Bicalho, 2005b:86). Como nos aponta M. Fernanda Bicalho (2005b), essas disputas chamam a atenção para a centralidade desses cargos, tanto em sua faceta de espaço de distinção e de hierarquização das elites coloniais quanto, e principalmente, como espaço de negociação com a Coroa. João Fragoso (2005:137) também nos lembra que pertencer às Câmaras era uma das maneiras de tornar visível a hierarquia estamental, isto é, a definição da posição social em relação aos demais grupos coloniais. Significava também "possuir maior qualidade, portanto, deter o mando sobre a república ou a sociedade"; e, ainda, "tal estratificação comportava a mobilidade social — seja ascendente ou descendente — e, inevitavelmente, conflitos" (Fragoso, 2005:137).

Domingos de Abreu Lisboa e Fernando da Motta conseguiram ser eleitos nos fins de 1734, e sua primeira atitude de enfrentamento foi romper com o rito costumeiro de visitar o governador, em Corpo de Câmara, no primeiro dia do ano, após a missa solene de posse.

As consequências foram imediatas e exemplares, pois, sentindo-se agredido, o conde ordenou a prisão dos vereadores envolvidos e convocou nova eleição. Como instrumento de defesa, uma carta-queixa dos prisioneiros foi enviada ao

---

[3] Tanto Laura de Mello e Souza (2006:148-183) quanto M. Beatriz Nizza da Silva (2005:149-153) destacam a importância que assume a inserção dos homens mais ricos nos cargos militares coloniais. Essa era uma das vias preferenciais para a obtenção de ganhos simbólicos e para a participação na vida política das vilas mineiras.

Conselho Ultramarino. Nela, os queixosos apontavam falhas em seu processo, ao lembrar que o mandado de prisão não dizia a causa do ato e nem fora assinado pelos vereadores ou pelo escrivão da Câmara, como era o correto. Eles estavam, dessa forma, dizendo que o governador exorbitara de suas prerrogativas e exigiam reparação. Em vista da denúncia e como costume, o rei queria ouvir a opinião de uma testemunha abalizada e solicitou que Martinho de Mendonça, comissário do rei e testemunha do ocorrido, redigisse um parecer a respeito do sucedido.

> Me pareceu ordenar-vos informeis com vosso parecer declarando a causa que houve para esta prisão, e se for a que os suplicantes referem tendo entendido que não devem os oficiais da Câmara ser obrigados a semelhante ato quando não haja ordem expressa neste particular e também informareis da razão por que esta carta, não foi assinada por todos os oficiais da Câmara, nem sob escrita pelo escrivão delas. El Rei nosso Senhor o mandou [d. João V, 20/1/1736, f. 1].

É interessante acompanhar a troca de correspondências e de informações oriundas tanto dos vereadores quanto dos oficiais reinóis, mostrando que o rei se colocava disponível para ouvir as reclamações dos súditos, mas também conferia o teor das acusações, pedindo a seus funcionários que emitissem pareceres sobre os problemas em pauta. "As queixas das Câmaras coloniais, acerca das mazelas dos funcionários metropolitanos — dada a prerrogativa que detinham de se corresponderem diretamente com a Coroa —, constituíram-se em elemento decisivo do controle régio sobre a política ultramarina", lembra-nos Fernanda Bicalho (2003:353). Por outro lado, essa troca de missivas propiciava à Coroa a construção de um vasto panorama de seu domínio, permitindo-lhe "administrar os conflitos e melhor governar a colônia" (Bicalho, 2003:353).

Comentando com Gomes Freire de Andrada sobre o parecer solicitado pelo Conselho Ultramarino, Martinho de Mendonça ponderou que tanto ele quanto seu interlocutor eram suspeitos, nesse caso, para dar opiniões, em razão de suas ligações com o antigo governador, conde das Galvêas: Gomes Freire de Andrada era sobrinho e Martinho de Mendonça devia favores ao conde. Por conseguinte, observa-se o quanto essas relações traziam implicações para a administração colonial, muitas vezes levando os agentes a assumirem determinadas posições influenciados por suas afinidades pessoais.

> Queixa de Domingos de Abreu, e Fernando da Motta, sobre a prisão que lhe fez o Conde das Galvêas para V. Excelência informar a causa da prisão, e de não ser assinada pelos Vereadores, e Escrivão da Câmara a conta que está velhaca: eu entendo que esta prisão

foi a [sic] dos maiores serviços que fez o conde, farei resposta a tempo, porque serei excessivo, e é justo que V. Excelência a veja, e ainda seria melhor aliviar-me de a assinar; V. Excelência me diga qual de nos é mais suspeito, V. Excelência pelo parentesco do S.ʳ Conde, eu pela obrigação que lhe devo, mas primeiro está a verdade, porque se não fora aquela prisão teríamos uma Câmara baixa de parlamento; cá na Secretaria há coisa que faça ao intento [Proença, 1911:322].

O evento teve muita repercussão em Vila Rica e em Lisboa, deixando o governador, conde das Galvêas, em situação difícil perante o rei por punir com a prisão alguns vereadores que não haviam ido visitá-lo no primeiro dia do ano. Posteriormente, esses vereadores tornaram-se duros opositores tanto de Gomes Freire de Andrade, sucessor no governo, quanto de Martinho de Mendonça, no período em que ocupou interinamente a governança. Quanto à falta proposital de observação da etiqueta,[4] ela pode ser explicada por variados ângulos. Pode ser vista como uma tática de resistência contra os representantes régios, no momento em que se falava da alteração do sistema de arrecadação dos quintos, como também pode representar uma prova da força que tinha a Câmara de Vila Rica. "Para abater o Governo era necessário começar descompondo o Governador e fazendo-lhe a pública descortesia de falta ao obséquio costumado", deduziu Martinho de Mendonça (Proença, 1911:322). Enfim, era um ato de desrespeito contra os homens que constantemente traziam mudanças para sua rotina. De seu lado, o comissário procurou justificar a atitude do conde das Galvêas, apontando o caráter de tradição do costume que havia sido relaxado e a má qualidade dos homens que compunham as Câmaras mineiras, representadas como "oficinas de vassalos inquietos [e] declarados inimigos do serviço de Sua Majestade" (Proença, 1911:322).

> Nestas Minas, por costumes introduzidos na criação das Vilas, pelo Governador António de Albuquerque, que para isso teve especial comissão de V. Majestade, vão os oficiais novos da Câmara, no primeiro dia, depois de tomarem posse, dar parte ao maior Magistrado Régio que se acha na Vila (esta notícia me deu então Baltasar de Moraes, e me informarei melhor) *parecendo aquele prudente Governador necessário esta demonstração para que uns povos tão distantes do seu Soberano, não se deixassem cegar de ideias de República absoluta, e independente, como antes, e de seu Governador várias vezes intentaram*; este costume tão bem fundado praticam as Câmaras, não só com o Governa-

---

[4] Para Pedro Cardim (2001, v. 1, p. 97-125), as cerimônias públicas que envolviam autoridades e povos tinham um sentido de propaganda e também de diálogo. Os participantes se esforçavam por fazer com que seu discurso ritual chegasse aos espectadores. Nesse caso, os vereadores deixaram explícito para os transeuntes seu repúdio pela figura do governador.

dor, mas com os Ouvidores nas vilas aonde residem. Que se devia observar semelhante uso, ainda com pessoas súditas da mesma Câmara, como era o Alferes da Bandeira dela, se julgou repetidas vezes na cidade da Guarda onde nasci, e na Vila de Pinhel, Cabeça da Comarca, com voto em Cortes e que faziam ao Alferes injuria punível, deixando de ir em corpo de Câmara a sua casa, foi V. Majestade servido mandar que se não continuasse aquele uso na Vila do Pinhel; mas não bastou este exemplo para deixar de julgar que devia continuar na Guarda, enquanto V. Majestade não mandou o contrario [Proença, 1896:654-657; grifo nosso].

Em seu parecer, ele relata todos os detalhes do processo da eleição desses vereadores[5] e mostra que os eleitos eram adversários das ações de governo, inclusive já haviam se posicionado contra o sistema da capitação na Junta de 1734 (Proença, 1896:654-657). Chama a atenção para o que representava a visita do Corpo da Câmara ao governador, uma vez que esse ato deixava patente, ou até reforçava, o poder simbólico desse ministro régio, já que, na cerimônia, ele representava o rei, e os vereadores, os povos coloniais. Faltar a esse ritual podia ser interpretado tanto como uma afronta ao governador quanto como uma falta de cortesia com o rei, o que seria bem pior. Por esse evento fica clara a disputa que acontecia entre os "homens bons" e os funcionários do rei. Por seu lado, os vereadores tinham clara consciência de como poderiam atingir os governantes, porque conheciam bem o modelo de comportamento que era esperado de um bom vassalo: fidelidade, obediência e cumprimento de suas obrigações (cf. Cardim, 2001, v. 1, p. 97-125).

Na verdade, a indignação do conde das Galvêas e de Martinho de Mendonça, testemunha do ocorrido, pode ser explicada como um rompimento "grave" da tradição, já que esse costume era observado em quase todas as vilas do Reino ou de suas colônias (cf. Proença, 1896:654-657), exceto o Rio de Janeiro, como explicam os vereadores em sua representação ao rei:

---

[5] Os membros da Câmara eram eleitos para um mandato de três anos, sem direito a receber salários. A eleição, com a quebra dos pelouros, ocorria na véspera do Natal, e a posse se dava no primeiro dia do ano novo, quando acontecia uma missa solene e uma visita cerimonial ao governador ou ao maior representante real que estivesse na vila. A eleição se processava de forma indireta, ou seja, primeiramente, eram convocados todos os "homens bons" para uma reunião. Nela, votava-se abertamente em seis representantes sufragistas, os quais seriam responsáveis por eleger os futuros ocupantes da Câmara. O colégio eleitoral separava-se em três grupos de duas pessoas, que ficavam incomunicáveis, a fim de eleger, por voto secreto, os camaristas, cujos nomes eram colocados em bolas de cera denominadas pelouros, que só podiam ser quebradas no dia da eleição. Eram eleitos de três a sete membros: um ou dois juízes ordinários, dois ou três vereadores, um procurador e às vezes um juiz de órfãos. A esses senhores cabia a nomeação do secretário e do tesoureiro, os quais também poderiam ser indicados pela Coroa. Esses cargos não tinham direito a voto. Cf. Boxer (2002:286-287).

Faço saber a vós, Governador e Capitão General da Capitania das Minas que os Juízes ordinários que foram eleitos este ano para servirem em Vila Rica, Domingos de Abreu Lisboa, e Fernando da Motta em carta de dezessete [de] maio deste presente ano, cuja cópia com esta se vos envia, assinada pelo secretário do meu Conselho Ultramarino, me representaram que sendo por seus antecessores introduzido o uso de irem no dia da posse ou no seguinte em corpo de Câmara, visitar os Governadores, e por não poderem fazer este obséquio no mesmo dia, mas sim no seguinte e entenderem que não era preciso irem em corpo de Câmara, os mandara vosso antecessor prender, sem mais razão do que a sobredita, e por que por este motivo faltaram nos dias em que estiveram presos, a sua obrigação e Eu fora servido isentar do dito costume a Câmara do Rio de Janeiro, me pediam quisesse aliviar aquele senado da dita diligência por obrigação [d. João V, 20/1/1736, f. 1].

Importa lembrar que a sociedade colonial era regida pela ótica barroca, em que os rituais tinham grande importância e eram aguardados com ansiedade, pois explicitavam os lugares estabelecidos para cada indivíduo com base nas hierarquias sociais plenamente aceitas pela comunidade (cf. Kantor, 1995:112-121, 1998). Essa visita do Corpo da Câmara se revestia de muita pompa e se organizava como se fosse uma procissão, com todos os vereadores vestidos com seus melhores trajes e portando suas insígnias, tendo à frente seu estandarte, ou seja: "costumavam os oficiais dela, para todas as suas funções e as das igrejas, saírem da Casa da Câmara com as suas varas, de capa e volta e com o estandarte arvorado, e com esta compostura iam assistir as ditas funções" (Figueiredo, 1999, v. 1, p. 80). Esse préstito era seguido pelos diversos funcionários da Câmara e assistido pela população ao longo das ruas por onde passava. Nas festas do primeiro dia do ano, o cortejo formava-se na porta da igreja onde havia acontecido a missa solene e seguia direto até a residência do governador, que ficava à porta esperando pelos vereadores. Ao chegarem, trocavam cumprimentos e adentravam a casa. Em suma, a cerimônia trazia em si algo de reiteração dos votos de vassalagem e obediência. Nuno Monteiro (2005) chama-nos a atenção para a necessidade que essa sociedade tinha de demonstração de poder: era a teatralização da sociedade. Apesar de se aplicar a outro contexto, vale aqui citar suas palavras:

[...] a necessária visualização das hierarquias e dos poderes, a perene tendência para a sua teatralização, não consente qualquer ilusão de transparência. [...] A matriz corporativa e trinitária da ordem social e jurídica prevalecente definia uma ordem natural, *cuja configuração devia ser imediatamente apreendida, visualizada, ouvida* [Monteiro, 2005:8; grifo nosso].

Mesmo de forma indireta, a visita do Corpo da Câmara daria legitimidade ao governador e aos novos planos "socioeconômicos", de que era representante e executor. Assim, fica claro que, ao não cumprirem esse ritual, os vereadores de 1735 estavam cientes do impacto que iriam causar, tanto no governador e sua comitiva quanto na população em geral: o conde se sentiria profundamente desrespeitado, enquanto o povo, embora temeroso, ficaria satisfeito com a demonstração de força. Ficam patentes as lutas de classificação e afirmação de hierarquias apontadas por Nuno Monteiro (2005:16-17):

> Neste sentido, há que encarar essas lutas de classificação e os conflitos nos espaços de representação mais destacados — as recorrentes questões de precedências, por exemplo, que tanto podiam ter lugar na corte como numa procissão na mais remota das vilas da província ou das conquistas — como parte essencial da afirmação das hierarquias e dos poderes: os poderes que se viam eram os que existiam. Os conflitos pelos lugares visíveis eram em larga medida, os conflitos mais decisivos, por isso mesmo.

As consequências não se fizeram esperar: não tão violentas quanto as providências do conde de Assumar, em 1720, mas igualmente exemplares.[6] Até Martinho de Mendonça mostrou-se surpreso com a iniciativa do conde, ao ordenar a prisão dos dois vereadores que transgrediram o costume:

> Dava-me esta matéria grande cuidado pelas consequências que podiam resultar aos Serviços de V. Majestade e pelo gênio moderado e brando do Conde Governador; e assim na noite do primeiro de Janeiro, busquei o oficial da Sala que estava de semana naquele dia para me informar se tinha alcançado o que resolvia fazer o conde, disseme que sobre aquela matéria não tinha dito palavra alguma, e não me atrevendo a tocar-lhe em uma coisa que todos reputavam injúria feita à sua pessoa, deixei de ir no dia seguinte à sua sala para o acompanhar a missa, como sempre costumava, quando me chegou a notícia que estavam presos Domingos de Abreu e Fernando da Motta. Busquei logo o Conde e lhe disse publicamente, porque assim o entendia e entendo ainda, que depois do castigo dos sublevados de Vila Rica, em tempo do Conde de Assumar, senão tinha tomado resolução mais importante ao Serviço de V. Majestade [Proença, 1896:657].

---

[6] Em 1720, ocorreu uma grande revolta que envolveu os moradores de Vila Rica e Mariana. Em um primeiro momento, o governador, conde de Assumar, negociou com os revoltosos e depois se lançou a uma dura repressão, prendendo os cabeças e mandando supliciar Felipe dos Santos para servir de exemplo. Cf. Anastasia (1998).

A partir desse ponto, Martinho de Mendonça passou a defender as atitudes mais duras tomadas até então pelos diversos governadores. A época em que os conflitos entre os homens do rei e os poderes locais se tornaram mais constantes coincidiu com aquela em que a Coroa passou a aumentar o controle sobre a vida das vilas coloniais, como nos mostra João Fragoso (2005:143):

> [...] a metrópole vai, a partir do Rio, tentar colocar ordem na casa. Para começar, a Coroa procura aumentar seu controle sobre a vida da cidade. Com isto, a importância da Câmara, tradicional *locus* de poder da nobreza, seria reduzida, e a administração periférica do rei ganhava mais peso.

Esse conflito pode ser entendido ainda tanto como uma forma de afronta aos oficiais régios quanto uma estratégia para adquirir maior visibilidade perante os grupos de poder local. Lembra-nos João Fragoso (2005:166) que ser eleito fazia parte das práticas de legitimação social, tanto em suas relações horizontais — com os demais homens bons e os oficiais régios — quanto nas relações verticais — com seus empregados e escravos. Enfim, um ponto final foi colocado no incidente pelo rei, por meio de uma carta enviada a Gomes Freire de Andrada, em 20 de janeiro de 1736, declarando que os oficiais das Câmaras não deveriam ser obrigados a se apresentar em corpo para fazer as visitas ao governador, quando não houvesse ordem expressa sobre o assunto (d. João V, 20/1/1736, f. 1).

A descortesia dos moradores da vila de Ribeirão do Carmo para com d. frei João da Cruz

O segundo caso envolveu o bispo do Rio de Janeiro, o ouvidor-geral de Vila Rica e alguns homens bons de Ribeirão do Carmo.[7]

Depois de um longo período de permanência na vila do Ribeirão do Carmo, o bispo d. frei João da Cruz, da ordem dos Carmelitas Descalços,[8] preparou-se para

---

[7] O evento foi detalhadamente narrado por Mário Behring na revista *Kosmos* em 1907. As fontes referentes ao ocorrido são cartas, pareceres e ofícios arquivados no Arquivo Histórico Ultramarino, provenientes das penas do bispo, do juiz de fora de Ribeirão do Carmo, do ouvidor da comarca de Ouro Preto, dos ministros do Conselho Ultramarino e estão discriminadas nas referências.

[8] D. frei João da Cruz Salgado de Castilho, O. C. D. (Lisboa, 4/1/1695 — Miranda do Douro, 20/10/1756), foi um clérigo português, carmelita descalço, bispo do Rio de Janeiro e de Miranda do Douro. Pertencia à nobre e preclara família, tanto pelo lado do pai, Antônio Salgado de Araújo, como pelo lado da mãe, d. Ana Pastor de Castilho. Formado em filosofia e teologia, disciplinas que lecionou na Universidade de Coimbra, foi ainda prior de Santa Cruz do Buçaco. Em 4/3/1719, foi ordenado padre pelo primeiro

se retirar e seguir para o arraial dos Camargos, antes de adentrar Vila Rica. Era sua segunda visita a Minas Gerais e os dias haviam sido de constante tensão em razão dos confrontos com autoridades reinóis e representantes do poder local. Durante esse tempo, o bispo havia se dedicado a tentar colocar em ordem a vida dos moradores da importante vila mineradora: desde a avaliação do comportamento matrimonial até a verificação das contas das irmandades.

A partida iminente de frei João parecia trazer a rotina de volta à vida dos moradores de Ribeirão, não fosse um acontecimento inusitado: sumiram os badalos dos sinos das principais igrejas. A falta foi constatada no momento em que, formada a procissão que acompanharia o bispo até fora da vila, esperou-se inutilmente o soar dos sinos, sinal de saudação e deferência a tão honrosa personalidade (Paiva, 1993, 2001). O silêncio caiu sobre o colorido préstito, enquanto ao longe se ouviram tímidos sons de martelos sobre ferros: eram alguns moradores que tentavam substituir o imponente repicar dos enormes sinos da matriz. Inconformado com tal manifestação de quebra de protocolo e descortesia, o bispo resolveu permanecer em Ribeirão e abrir investigações para descobrir o autor ou autores da afronta (Cruz, 1743; Mendonça, 1744; Moura, 1744).

Abertas as devassas, chegou-se à conclusão de que várias pessoas ilustres estavam envolvidas com o fato: desde o padre Francisco Pinheiro da Fonseca e seus importantes fregueses até o ouvidor-geral de Vila Rica, Caetano Furtado de Mendonça. Após alguns dias e por meio de um bilhete anônimo lançado pela janela da casa do juiz ordinário, soube-se que os badalos haviam sido escondidos no leito do riacho próximo, onde realmente foram encontrados.

Era costume que as visitas episcopais se revestissem de rituais litúrgicos, "representados com gestos, posturas, ações e referências simbólicas [que] amplificavam e tornavam inteligível a dignidade episcopal". Essa ritualização tomara maiores proporções depois do Concílio de Trento, "quando as decisões conciliares haviam posto o bispo ao centro de uma obra de renovação das estruturas eclesiásticas, de controlo, de disciplina e de orientação da sociedade, reafirmando e fortalecendo a sua preeminência e autoridade" (Nestola, 2011:2). Na América portuguesa, as visitações foram reguladas em 1707 pelas Constituições Primeiras do Arcebispado da Bahia (Figueiredo, 2008:109-128). Assim, o papel dos bispos adquirira proeminência e autoridade, principalmente nas colônias lusitanas, onde a igreja e os administradores reinóis eram os dois braços alongados do rei.

---

patriarca de Lisboa, Tomás de Almeida, tendo sido designado bispo do Rio de Janeiro em 19/12/1740 e formalmente instalado em sua nova diocese no dia 5 de fevereiro seguinte. Resignou ao cargo em 4/12/1745, tendo regressado à metrópole, sendo então transferido para a diocese de Miranda do Douro em 19/1/1750, à frente da qual permaneceria até morrer, seis anos mais tarde. Cf. Alencar (1864).

O império português vai [se] beneficiar ainda, para sua implantação, da cooperação ativa de um outro poder, a Igreja. Trata-se, portanto, de um outro tipo de domínio distinto do domínio político formal, e provavelmente mais presente, mesmo onde o poder político oficial não tinha condições para se implantar [Hespanha e Santos, 1993:408].

Por essa estreita colaboração, as entradas e saídas das autoridades eclesiásticas alcançam o simbolismo das mesmas cerimônias encabeçadas pelos reis em suas viagens por seu território (Revel, 1989). Essa forma de ostentação pública traduzia a importância do prelado na hierarquia da Igreja, e todo um protocolo deveria ser seguido à risca nesses momentos de explícita honraria. Para Paola Nestola (2011:7), os momentos das entradas dos bispos também serviam para que os componentes das instâncias de poderes locais evidenciassem as hierarquias daquela sociedade:

> Embora fosse uma posse momentânea do símbolo sagrado da soberania, era um ato através do qual as autoridades manifestavam um papel de prestígio no interior da comunidade, participando ativamente no rito e comunicando um sinal submetido, de todas as formas, à descodificação e interpretação da coletividade no seu conjunto.

Paola Nestola (2011:7) também chama a atenção para o fato de que, ao participarem da procissão episcopal, os homens bons e as famílias ilustres reforçavam seu poder, pois, de certa forma, tutelavam o bispo, ao determinar o andamento do cortejo.

Os componentes do governo local acompanhavam a entrada segurando as varas do pálio do bispo, suportando de maneira equilibrada o precioso símbolo da sua autoridade, e prendendo o freio da sua cavalgadura. Desta forma comandavam e disciplinavam o próprio andamento do bispo que não procedia sem governo ou de maneira autônoma. Para quantos conseguiam ler e decifrar aquele gesto ritual, era clara a alusão ao importante papel que tinham na ação.

Sobre o simbolismo da pompa, Junia Furtado (2008:19) afirma: "Como espelho do reino, ainda que ondulado, a ideia de pompa presente nesta, como em todas as cerimônias públicas, visava salientar as hierarquias e a ordem pelas quais [...] a sociedade mineradora deveria se regrar".

Em razão de seu conhecido rigor, essa prolongada visita do bispo do Rio de Janeiro tinha provocado muito desassossego entre os moradores de Ribeirão do Carmo. Era público e notório que, entre a população das Minas, o concubinato se fazia costumeiro. As desculpas eram as mais variadas, começando pela falta de moças brancas solteiras com quem se firmassem alianças. A vida com "teúdas e manteúdas" "de portas adentro" ou "de portas afora" tornara-se a opção para a maioria dos homens solteiros. Desde sempre, esse costume se constituíra em grande preocupação dos governantes, a ponto de o rei promulgar, em 1732, uma lei proibindo a saída de mulheres brancas da colônia americana (d. João V, 14/4/1732). Por outro lado, tanto as autoridades da Igreja quanto os governantes também atribuíam o comportamento turbulento e nômade da parte masculina dos habitantes das Minas à ausência de casamentos.[9]

Recordemos que, a partir do Concílio de Trento, o matrimônio passara a ser um dos mais importantes sacramentos para os fiéis, rigorosamente exigido daqueles que professavam a fé católica romana. Além disso, "o casamento foi constantemente defendido como condição básica para a formação de uma família seguidora dos preceitos religiosos e o seio para a criação de filhos como forma de conter os excessos carnais da população, servindo aos interesses coloniais de regramento e fixação populacional" (Resende, Januário e Turchetti, 2011:351).

Fernando Torres-Londoño (2002:172) revela que, nas 11 cartas pastorais redigidas pelos bispos entre 1719 e 1800, dirigidas aos sacerdotes sob seu comando, sempre houve destaque para os "abusos de tipo moral, de comportamento e de costumes dos fregueses". Enfaticamente, "eles se referiram à vida de escândalo em que se mantinham os que viviam concubinados e aos relacionamentos públicos entre pessoas dos dois sexos, principalmente nas cerimônias religiosas". Ou seja, oriunda das visitas ocasionais feitas pelos prelados ou seus emissários, a observação constante da prática do pecado do concubinato se tornara grande preocupação para os senhores bispos.

Assim, durante a visitação de d. frei João da Cruz, foram abertas devassas para investigar os concubinatos e, quando comprovados, o bispo exigiu a regularização da situação com a retirada da mulher da casa e o juramento da não reincidência. Em geral, a alternativa da concretização do casamento estava fora de cogitação, uma vez que o concubinato se fazia com pessoas "sem qualidade" para desposar homens brancos: eram negras, mulatas ou carijós (índias).

Além do combate ao concubinato, a visita episcopal também abrangia o controle das contas das irmandades, com restrição aos gastos em suas festas (Aguiar, 1999; Kantor, 2001, v. 1, p. 175). Ou seja, dois pontos cruciais da vida cotidiana nas Minas: vida sexual e festividades.

---

[9] Vários autores já apontaram os problemas advindos da falta de mulheres brancas para a formação de famílias na América portuguesa, dentro dos padrões exigidos pela Igreja tridentina, como: Boxer (2000:191-192); Figueiredo (1993); Russell-Wood (2004, v. 2, p. 471-526); Figueiredo (2006:141-188).

A outra vertente do exercício do poder da Coroa portuguesa nas colônias se constituía nas figuras dos agentes reinóis, mormente os que exerciam cargos jurídicos, como os ouvidores.

Assim, percebe-se que o outro importante ator desse evento foi o ouvidor Caetano Furtado de Mendonça, que já se envolvera em várias querelas durante seu período de atuação nas Minas: havia queixas contra ele tanto por parte do governador Gomes Freire de Andrada quanto dos vereadores das Câmaras de Vila Rica e Ribeirão do Carmo (Boschi, 1999; Aguiar, 1999). Entretanto, ele conseguira se inserir em uma rede de homens bons que lhe davam apoio. Conforme Cláudia Atallah (2009:33-34), os ouvidores eram servidores reais de ampla atuação, "pelo espaço de poder concedido pelas leis do reino a estes homens no ultramar", além do que "representavam o poder real instituído na região". Em geral, seu desempenho colidia com os demais poderes localmente atuantes, como governadores, eclesiásticos e vereadores. Eram "constantes os choques de ideias, poderes, lucros financeiros que ameaçavam o frágil equilíbrio entre esses homens". Muitos ouvidores foram atacados e acusados de abuso do poder, a ponto de verem sua carreira desmoronar ou até voltarem como prisioneiros, para Lisboa.[10] Na primeira metade do século XVIII, isso ocorreu com Sebastião de Sousa Machado, ouvidor da comarca de Ouro Preto entre 1731 e 1734, que entrou em conflito aberto com o juiz de fora de Ribeirão do Carmo. Foi acusado de vários crimes, fugiu das Minas, mas foi preso no Rio de Janeiro e encarcerado na prisão do Limoeiro por muitos anos.[11]

Com Caetano Furtado de Mendonça não foi diferente. Em 1739, foi nomeado para assumir o ofício de ouvidor-geral das Minas de Ouro Preto. O ouvidor dessa comarca tinha a responsabilidade de fiscalizar e atuar juridicamente em uma vasta área geográfica que abrangia duas importantes vilas mineiras: Vila Rica e Ribeirão do Carmo. Ou seja, seus afazeres se desenrolavam no núcleo financeiro e administrativo da capitania, confrontando-se, assim, diretamente com o governador e com os principais e mais ricos homens das Minas. Logo ao chegar a Vila Rica, Mendonça defrontou-se com problemas relacionados com a atuação dos capitães do mato, que executavam tarefas judiciais a mando do governador, Gomes Freire de Andrada. A partir de então, vê-se na documentação uma série de cartas em que ambos mutuamente se acusam de mau desempenho dos respectivos cargos (Andrada, 2/7/1741). Em 1742, é a vez dos vereadores da Câmara de Vila Rica reclamarem do desempenho do ouvidor: por ocasião da prestação de contas anual, ele havia reprovado algumas

---

[10] Um dos famosos casos de ouvidores destituídos nas Minas é o de Costa Matoso, analisado por Luciano Figueiredo (1999, v. 1, p. 37-154).

[11] Há inúmeros documentos a respeito dos eventos envolvendo esse ouvidor no AHU-MG.

despesas que os vereadores tinham por legais, pois eram habituais. Enfim, são queixas sucessivas, inclusive em razão da intervenção do ouvidor no processo eleitoral na vila do Ribeirão do Carmo, em 1743 (Representação, 28/8/1743).

Ao mesmo tempo que entra em conflito com os principais da terra, Mendonça busca se aliar com outras lideranças, sejam homens da Igreja, sejam ocupantes de cargos da Coroa. Entretanto, como afirma Claudia Atallah (2009:35), "redes sociais estabelecidas a partir dos espaços de poder concedidos a estes homens ruíam-se ao menor abalo, já que cada um possuía uma dada posição no interior da hierarquia sociopolítica da região". Podemos perceber a queda da rede do ouvidor nesse evento ocorrido durante a visita do bispo do Rio de Janeiro, pois, junto às outras várias e anteriores queixas, essa ocorrência resultou em um longo processo no Conselho Ultramarino, que pode ser recomposto com base nas cartas do bispo e do ouvidor, além de nos textos das devassas. O ouvidor foi punido com o afastamento do cargo e posterior prisão (Mendonça, 31/5/1745). O padre Francisco Pinheiro da Fonseca também foi punido e perdeu sua prelazia, sendo transferido para uma paróquia obscura.

Como no caso anterior, a descortesia pública feita ao bispo deixa transparecer as formas de resistência utilizadas pelos povos quando queriam demonstrar sua insatisfação com as autoridades: a descortesia trazia embutido o ridículo a que eram lançadas as altas personalidades. E, para que o sucesso da ação fosse plenamente alcançado, fazia-se necessária a presença de uma plateia e de um palco: as ruas das vilas coloniais.

Conclusão

Esses eventos servem para mostrar a importância que esses rituais de deferência adquiriram na sociedade colonial, bem como revelam a incorporação e o pleno domínio que os colonos tinham das inúmeras estratégias de apropriação simbólica, conforme nos lembra Iris Kantor (2001, v. 1, p. 174).

Em ambas as ocorrências, o ridículo em que são colocadas as autoridades em razão da descortesia e da quebra de rituais se dá pela ausência: no primeiro caso, os vereadores se ausentaram da visita ao governador; no segundo, ocorre a ausência da saudação esperada em virtude da falta do repicar dos sinos. Assim, em vez de afrontarem diretamente, os desafetos preferem a omissão, que, provavelmente, causa maior impacto e constrangimento, pela quebra do ritual plenamente conhecido e aguardado por todos. Nesses casos, as omissões falaram mais alto que muitos discursos.

Referências

Fontes

ANDRADA, Gomes Freire de. Carta (1ª via) de Gomes Freire de Andrade, governador de Minas Gerais, a d. João V, dando conta das dissidências que o opõem a Caetano Furtado de Mendonça, ouvidor-geral de Vila Rica. Vila Rica, 2 jul. 1741. Anexa: uma carta (segunda via). AHU, Conselho Ultramarino, MG/Brasil, caixa 41, doc. 66.

CRUZ, D. João da. Carta do bispo do Rio de Janeiro a d. João V, expondo as suas queixas sobre a atuação de Caetano Furtado de Mendonça, ouvidor de Vila Rica, nomeadamente no caso do roubo dos badalos dos sinos da igreja matriz, quando de sua visita a Vila do Carmo. Rio de Janeiro, 15 set. 1743. Anexos: duas consultas; um auto; outros documentos. AHU, Conselho Ultramarino, MG/Brasil, caixa 43, doc. 87 [14 — 0037 — 001 — 193; 14 — 0037 — 002 — 201].

_____. Carta de d. João da Cruz, bispo do Rio de Janeiro, a d. João V, expressando a sua satisfação pela prisão de Caetano Furtado de Mendonça, ouvidor-geral de Vila Rica, e apresentando algumas sugestões referentes ao decorrer do processo. Sabará, 22 out. 1744. AHU, Conselho Ultramarino, MG/Brasil, caixa 44, doc. 110 [14 — 0037 — 001 — 193].

D. JOÃO V. Carta para André de Melo e Castro, conde das Galvêas, comunicando que, desde o dia 1 mar. 1732, as mulheres que se encontrassem na colônia estavam proibidas de se dirigirem para o Reino sem a permissão régia. Lisboa, 14 abr. 1732. APM-SIAAPM-Seção Colonial. APM, SC-35, fl. 224. Disponível em: <www.siaapm.cultura.mg.gov.br>. Acesso em: 13 jan. 2009.

_____. Ordem régia para Gomes Freire de Andrada, governador de Minas Gerais, declarando que os vereadores não são obrigados a visitar os governadores, em corpo, quando não haja ordem para tal. Lisboa, 20 jan. 1736. *RAPM*, Ouro Preto: Arquivo Público Mineiro, v. 16, n. 1, p. 404, 1911. Disponível em: <www.siaapm.cultura.mg.gov.br>. Acesso em: 18 mar. 2010.

_____. Ordem régia para Martinho de Mendonça de Pina e Proença, solicitando um parecer sobre a razão que houve para a prisão de Domingos de Abreu Lisboa e Fernando da Motta. À margem: parecer de Martinho de Mendonça (incompleto). AHU, Conselho Ultramarino, MG/Brasil, Projeto Resgate, caixa 31, doc. 58 [0026 — 003 — 0514-517, CD-ROM 10].

MENDONÇA, Caetano Furtado de. Carta de Caetano Furtado de Mendonça, ouvidor-geral de Vila Rica, a d. João V, informando que, não cumprindo os mandados que vêm de outras comarcas, por serem de diferentes jurisdições, o governador de Minas Gerais os manda executar pelos capitães do mato, apesar de não ter, para tal, autorização das justiças do território. Vila Rica, 31 maio 1741. Anexa: uma carta. AHU, Conselho Ultramarino, MG/Brasil, caixa 41, doc. 47.

_____. Carta de Caetano Furtado de Mendonça, ouvidor de Vila Rica, para destinatário não identificado, justificando a sua atuação no caso de uns presos da vila do Ribeirão do Carmo, em que estiveram envolvidos os clérigos da referida Vila. Vila Rica, 29 ago. 1743. AHU, Conselho Ultramarino, MG/Brasil, caixa 43, doc. 82.

_____. Carta de Caetano Furtado de Mendonça, ouvidor-geral de Vila Rica, a d. João V, dando conta das prepotências praticadas pelo bispo do Rio de Janeiro contra o juiz da Coroa, e denunciando a sua atuação quando da visita a Vila Rica. [Vila Rica], 7 jan. 1744. Anexas: três certidões. AHU, Conselho Ultramarino, MG/Brasil, caixa 44, doc. 2.

_____. Requerimento de Caetano Furtado de Mendonça, preso no Limoeiro devido a sua atuação como ouvidor de Ouro Preto, solicitando a sua libertação debaixo de fiéis carcereiros, para tratar das enfermidades de que padece. [Lisboa,] 31 maio 1745. Anexos: segunda via do mesmo requerimento; vários documentos. AHU, Conselho Ultramarino, MG/Brasil, caixa 45, doc. 55.

MOURA, José Pereira de. Carta de José Pereira de Moura, juiz de fora da Vila do Carmo, a d. João V, informando do desenrolar da devassa sobre o roubo dos badalos dos sinos da igreja matriz da referida Vila. Vila do Carmo, 13 out. 1744. Anexa: uma provisão. AHU, Conselho Ultramarino, MG/Brasil, caixa 44, doc. 99.

PROENÇA, Martinho de Mendonça de Pina e. Carta para d. João V, dando o seu parecer sobre a razão que houve para a prisão de Domingos de Abreu Lisboa e Fernando da Motta (incompleto). [Vila Rica, 20 jan. 1736]. À margem: uma provisão. AHU, Conselho Ultramarino, MG/Brasil, Projeto Resgate, rolo 26, caixa 31, doc. 58 [0026 — 003 — 0514-517, CD-ROM 10].

_____. Parecer para el rey d. João V, sobre os desentendimentos ocorridos entre os vereadores de Vila Rica e o governador conde das Galvêas. Vila Rica, 31 jul. 1736. *RAPM*, Belo Horizonte: Arquivo Público Mineiro, v. 1, n. 4, p. 654-657, out./dez. 1896.

_____. Carta para Gomes Freire de Andrada, governador de Minas Gerais e Rio de Janeiro, dando conta de assuntos vários. Vila Rica, 5 jun. 1736. *RAPM*, Belo Horizonte: Arquivo Público Mineiro, v. 16, n. 2, p. 321-322, 1911.

REPRESENTAÇÃO (cópia) dos oficiais da Câmara de Vila do Carmo, queixando-se da atuação de Caetano Furtado de Mendonça, ouvidor-geral e corregedor da comarca, no processo eleitoral para a referida Câmara. Vila do Carmo, 28 ago. 1743. AHU, Conselho Ultramarino, MG/Brasil, caixa 43, doc. 81.

REPRESENTAÇÃO de Domingos de Abreu Lisboa e de Fernando da Motta, sargentos-mores e juízes ordinários de Vila Rica, por eleição, pedindo isenção para aquele Senado da obrigação e costume introduzido pelos seus antecessores de irem em corpo de Câmara visitar o governador no dia da posse ou no seguinte, à semelhança da Câmara do Rio de

Janeiro. Anexas: cinco certidões. Vila Rica, 17 maio 1735. AHU, Conselho Ultramarino, MG/Brasil, caixa 29, doc. 65.

Bibliografia

AGUIAR, Marcos Magalhães de. Estado e Igreja na capitania de Minas Gerais: notas sobre mecanismos de controle da vida associativa. *Varia História*, Belo Horizonte: UFMG, n. 21, p. 42-57, 1999. Disponível em: <www.fafich.ufmg.br/varia/admin/pdfs/21p42.pdf>. Acesso em: 16 fev. 2012.

ANASTASIA, Carla. *Vassalos e rebeldes*: violência coletiva nas Minas na primeira metade do século XVIII. Belo Horizonte: C/Arte, 1998.

ATALLAH, Claudia Cristina Azeredo. Centro e periferias no Império português: uma discussão sobre as relações de poder nas minas coloniais. *Outros Tempos*, São Luís, v. 6, n. 8, dez. 2009. Dossiê Escravidão. Disponível em: <www.outrostempos.uema.br/vol.6.8.pdf/Claudia%20Cristina%20Atallah.pdf>. Acesso em: 24 jan. 2012.

BALANDIER, Georges. *Antropologia política*. São Paulo: Difel/USP, 1969.

_____. *O poder em cena*. Brasília: UnB, 1982.

BEHRING, Mário. Os sinos de Mariana. *Kósmos*: Revista Artística, Científica e Literária, Rio de Janeiro, v. 4, n. 5, maio 1907. Disponível em: <http://peregrinacultural.wordpress.com/tag/texto-integral/>. Acesso em: 11 jan. 2012.

BICALHO, M. Fernanda B. Centro e periferia: pacto e negociação política na administração do Brasil colonial. *Leituras*: Revista da Biblioteca Nacional de Lisboa, n. 6, abr./out. 2000.

_____. As câmaras ultramarinas e o governo do Império. In: FRAGOSO, João; BICALHO, Maria Fernanda; GOUVÊA, Maria de Fátima (Org.). *O Antigo Regime nos trópicos*: a dinâmica imperial portuguesa, séculos XVI-XVIII. Rio de Janeiro: Civilização Brasileira, 2001.

_____. *A cidade e o Império*: o Rio de Janeiro no século XVIII. Rio de Janeiro: Civilização Brasileira, 2003.

_____. Conquistas, mercês e poder local. *Almanack Braziliense*: Revista Eletrônica, IEB-USP, n. 2, p. 21-34, nov. 2005a. Disponível em: <www.almanack.usp.br>. Acesso em: 11 jan. 2012.

_____. Elites coloniais: a nobreza da terra e o governo das conquistas; história e historiografia. In: MONTEIRO, Nuno G.; CARDIM, Pedro; CUNHA, Mafalda S. da (Org.). *Optima pars*: elites ibero-americanas do Antigo Regime. Lisboa: ICS, 2005b. p. 73-97.

BOSCHI, Caio. Como os filhos de Israel no deserto? Ou a expulsão de eclesiásticos em Minas Gerais na 1ª metade do século XVIII. *Varia História*, Belo Horizonte: UFMG, n. 21, p. 119-141, 1999.

BOXER, Charles R. Vila Rica de Ouro Preto. In: *A idade de ouro do Brasil, 1695-1750*: dores de crescimento de uma sociedade colonial. Rio de Janeiro: Nova Fronteira, 2000. cap. 7, p. 191-192.

_____. Conselheiros municipais e irmãos de caridade. In: *O império marítimo português, 1415-1825*. São Paulo: Companhia das Letras, 2002. p. 286-308.

CARDIM, Pedro. Entradas solenes, rituais comunitários e festas políticas: Portugal e Brasil, séculos XVI e XVII. In: JANCSÓ, István; KANTOR, Íris (Org.). *Festa*: cultura e sociabilidade na América portuguesa. São Paulo: Hucitec/Edusp, 2001. v. 1, cap. 6, p. 97-125.

CAVALCANTI, Irenilda R. B. R. M. Vereadores contra governador: conflitos na governação de Vila Rica, 1735. *Diá-Logos*, Rio de Janeiro: Uerj, n. 3, p. 119-132, set. 2009.

D'ALENCAR, Carlos Augusto Peixoto. Roteiro dos bispados do Brasil e dos seos respectivos bispos, desde os primeiros tempos coloniais até o presente. [Fortaleza]: Typographia Cearense, 1864.

DIAS, Ângelo et al. *A linguagem dos sinos de São João Del Rei*. Belo Horizonte: PUC/FCA, 2007.

DIAS, Renato da Silva. Entre a cruz e a espada: a religião, política e controle social nas Minas do Ouro, 1693-1745. *Varia História*, Belo Horizonte, v. 26, n. 43, p. 155-175, jan./jun. 2010.

FIGUEIREDO, Luciano R. de A. *O avesso da memória*: cotidiano e trabalho da mulher em Minas Gerais no século XVIII. Rio de Janeiro: José Olympio, 1993.

_____. Rapsódia para um bacharel: estudo crítico. In: _____.; CAMPOS, M. Verônica (Org.). *Códice Costa Matoso*. Belo Horizonte: Fundação João Pinheiro, 1999. v. 1, p. 37-154.

_____. Mulheres nas Minas Gerais. In: PRIORE, Mary del; BASSANEZI, Carla B. (Org.). *História das mulheres no Brasil*. São Paulo: Contexto, 2006. cap. 5, p. 141-188.

_____. *Peccata mundi*: a "pequena inquisição" mineira e as devassas episcopais. In: RESENDE, M. Efigenia Lage de; VILALTA, Luiz Carlos. *História de Minas Gerais*: as minas setecentistas. Belo Horizonte: Autêntica, 2008. v. 2, cap. 4, p. 109-128.

FRAGOSO, João. Potentados coloniais e circuitos imperiais: notas sobre uma nobreza da terra, supracapitanias, no Setecentos. In: MONTEIRO, Nuno G.; CARDIM, Pedro; CUNHA, Mafalda S. da (Org.). *Optima pars*: elites ibero-americanas do Antigo Regime. Lisboa: ICS, 2005. p. 133-168.

FURTADO, Júnia Ferreira. Os sons e os silêncios nas Minas de Ouro. In: _____ (Org.). *Sons, formas, cores e movimentos na modernidade Atlântica*: Europa, Américas e África. São Paulo: Annablume, 2008. p. 21-56.

GOUVÊA, M. Fátima S. Dos poderes de Vila Rica do Ouro Preto: notas preliminares sobre a organização político-administrativa na primeira metade do século XVIII. *Varia História*, Belo Horizonte: UFMG, n. 31, p. 120-140, jan. 2004.

HAROCHE, Claudine. O comportamento de deferência: do cortesão à personalidade democrática. *Historia: Questões & Debates*, Curitiba: UFPR, n. 42, p. 115-139, 2005. Disponível em: <http://ojs.c3sl.ufpr.br/ojs-2.2.4/index.php/historia/article/ view/4652/3803>. Acesso em: 12 out. 2011.

HESPANHA, António Manuel. As redes clientelares. In: MATTOSO, José (Org.). *História de Portugal*: o Antigo Regime (1620-1807). Lisboa: Estampa, 1993. v. 4.

_____; SANTOS, M. Catarina. Os poderes num império oceânico. In: MATTOSO, José (Org.). *História de Portugal*. Lisboa: Estampa, 1993. v. 4, p. 351-366.

KANTOR, Íris. Tirania e fluidez da etiqueta nas Minas setecentistas. *LPH*: Revista de História, Ouro Preto: Ufop, n. 5, p. 112-121, 1995.

_____. Notas sobre aparência e visibilidade social nas cerimônias públicas em Minas setecentista. *Pós-história*, Assis (SP): Unesp, n. 6, p. 163-174, 1998.

_____. Entradas episcopais na capitania de Minas Gerais, 1743 e 1748. In: JANCSÓ, István; KANTOR, Íris (Org.). *Festa*: cultura e sociabilidade na América portuguesa. São Paulo: Hucitec/Edusp, 2001. v. 1, cap. 5, p. 169-180.

LARA, Silvia H. *Fragmentos setecentistas*: escravidão, cultura e poder na América portuguesa. São Paulo: Companhia das Letras, 2007.

MELLO, Evaldo Cabral de. *A fronda dos mazombos*: nobres contra mascates; Pernambuco. 1666-1715. São Paulo: Companhia das Letras, 1995.

MONTEIRO, Nuno Gonçalo. O "ethos" nobiliárquico no final do Antigo Regime. *Almanack Braziliense*: Revista Eletrônica, IEB-USP, n. 2, p. 4-20, nov. 2005. Disponível em: <www.almanack.usp.br>. Acesso em: 27 fev. 2012.

NESTOLA, Paola. Poder episcopal e saques rituais na periferia do Império: as solenes entradas dos bispos em Terra de Otranto, séculos XVI-XVIII. In: CONGRESSO INTERNACIONAL PEQUENA NOBREZA NOS IMPÉRIOS DE ANTIGO REGIME, Lisboa, 18-21 maio 2011. Lisboa: IICT, 2011. Disponível em: <www.iict.pt/pequenanobreza/arquivo/Doc/t7s1-03.pdf>. Acesso em: 11 out. 2011.

PAIVA, José Pedro. O cerimonial da entrada dos bispos nas suas dioceses: uma encenação de poder (1741-1757). *Revista de História das Ideias*, n. 15, p. 117-146, 1993.

_____. Etiqueta e cerimônias públicas na esfera da Igreja, séculos XVII-XVIII. In: JANCSÓ, István; KANTOR, Íris (Org.). *Festa*: cultura e sociabilidade na América portuguesa. São Paulo: Hucitec/Edusp, 2001. v. 1, cap. 5, p. 75-96.

PEREIRA, Magnus Roberto de Mello. Formas de controle do quotidiano da população urbana setecentista: o direito de almotaçaria. *Estudos Ibero-americanos*, PUC-RS, v. 27, n. 1, p. 75-102, jun. 2001.

RESENDE, Maria Leônia C. de; JANUÁRIO, Mayara A.; TURCHETTI, Natália G. De jure sacro: a Inquisição nas vilas d'El Rei. *Varia História*, Belo Horizonte, v. 27, n. 45, p. 339-359, jan./jun. 2011.

REVEL, Jacques. Conhecimento do território, produção do território: França, séculos XIII-XIX. In: *A invenção da sociedade*. Lisboa: Difel; Rio de Janeiro: Bertrand Brasil, 1989. p. 103-158.

RUSSEL-WOOD, A. J. R. O governo local na América portuguesa. *Revista de História*, São Paulo, v. 55, n. 28, p. 25-79, 1977.

_____. Centros e periferias no mundo luso-brasileiro, 1500-1808. *Revista Brasileira de História* [*on-line*]. São Paulo: v. 18, n. 36, 1998. Disponível em: <www.scielo.br/scielo.php>. Acesso em: 27 fev. 2012.

_____. O Brasil colonial: o ciclo do ouro, 1690-1750. In: BETHELL, Leslie (Org.). *História da América Latina*. São Paulo: Edusp, 2004. v. 2, p. 471-526.

SILVA, Maria Beatriz Nizza da. Os postos de prestígio nas ordenanças. In: *Ser nobre na colônia*. São Paulo: Unesp, 2005. p. 149-153.

SOUZA, Laura de Mello e. Nobreza de sangue e nobreza de costumes: ideias sobre a sociedade de Minas Gerais no século XVIII. In: *O sol e a sombra*: política e administração na América portuguesa do século XVIII. São Paulo: Companhia das Letras, 2006. p. 148-183.

TORRES-LONDOÑO, Fernando. Sob a autoridade do pastor e a sujeição da escrita: os bispos do Sudeste do Brasil do século XVIII na documentação pastoral. *História*: Questões & Debates, Curitiba, n. 36, p. 161-188, 2002.

Olhares sobre o trabalhador

5 Cidades como espaços atlânticos:
sobre biografias, diásporas, marinheiros e africanos*

Flávio Gomes

Os ESPAÇOS URBANOS TÊM SIDO TOMADOS — tanto nas dimensões teóricas quanto nas empíricas — como exclusivos das lógicas de poder, práticas discursivas e elementos normativos. Na Antiguidade Clássica, no mundo moderno ou nas esferas contemporâneas, a constituição das cidades — os desenhos urbanos, a cultura material envolvente — foi analisada na perspectiva do poder e de seu discurso. Ainda sabemos pouco sobre as formas de comunicação, linguagens e experiência das sociedades escravistas e suas dimensões atlânticas — com a movimentação permanente de mercadorias, o que nos permite dimensionar seres humanos e culturas. Com suas dimensões portuárias, muitas cidades escravistas (ou mesmo cidades com escravos) se transformaram em verdadeiros portais do Atlântico no sentido da gestação de cosmovisões, cooperação e identidades.

Para além da dimensão intelectual, as Áfricas foram inventadas também nas diásporas e em seus desdobramentos geopolíticos. Vários autores abordaram as múltiplas naturezas da escravidão africana atlântica na América Latina, nos Estados Unidos e no Caribe, não só na perspectiva econômica. Mais recentemente, estudos têm destacado as esferas ibero-americanas nas histórias africanas. Imagens sobre o *Atlântico* têm sido resgatadas de formas diversas, mas ainda necessitamos alargar suas margens para entender processos complexos (Bennett, 2000; Gilroy, 2000). Impactos diversos, de demográficos a linguísticos, produziram diferentes reconfigurações coloniais e pós-coloniais para personagens e significados culturais envolventes (Heywood, 1999; Lovejoy, 2000; Miller, 2004).

---
* Esta pesquisa conta com financiamento do CNPq e da Faperj.

Ainda conhecemos pouco das variadas microssociedades e o impacto da escravização no continente africano, bem como do trabalho compulsório no Atlântico. Com base na ideia de *Atlântico negro*, Gilroy abordou as formas geopolíticas para explicar a gestação de culturas, nas perspectivas transnacional e intercultural. Dissertou ainda sobre a necessidade analítica de rearticular solidariedade translocal como processos trans e interculturais e contatos heteroculturais para entender a constituição das culturas na diáspora: podiam estar em vários locais ao mesmo tempo, compartilhar e construir diferenças e semelhanças. Perspectivas de *nação*, raça e etnia — nunca como conceitos abstratos e/ou cristalizados — modificavam-se e redefiniam-se permanentemente com base em experiências em contextos históricos concretos (Gilroy, 2000).[1]

Neste texto, destacamos brevemente os caminhos teóricos e metodológicos da diáspora com base nos estudos de biografia histórica. Trajetórias de africanos e crioulos e de seus descendentes sugerem reflexões mais ampliadas sobre a formação de identidades, conexões linguísticas e constituição de cenários interculturais de dimensões atlânticas. Os percursos e as narrativas de personagens variados — muitos dos quais marinheiros africanos e à margem dos espaços urbanos — podem ser transformadas em chaves analíticas para pensar a circulação e as invenções de ideias no Atlântico.

Identidades transatlânticas

Estudos sobre a diáspora envolveram vários intelectuais no Caribe, Estados Unidos e América Latina. Desde o alvorecer do século XX, as obras de Nina Rodrigues e depois de Fernando Ortiz, entre outros, sugeriram metodologias originais. Posteriormente, os estudos de Herskovits, Arthur Ramos, Aguirre Beltran, Acosta Saignes, Bastide, Verger e outros ofereceram reflexões inovadoras. Alguns apontaram para as possibilidades de identificar permanências e transformações africanas nas Américas, atravessando a escravidão e a pós-emancipação. A ideia era encontrar — demonstrando empírica e analiticamente — os sentidos da diáspora, das reminiscências e dos traços "culturais" (Andrews, 2008a, 2008b; Vinson III, 2006; Yelvington, 2006). No Brasil, a historiografia tem abordado os temas das culturas e a gestação de identidades dentro dos mundos da escravidão (Reis, 1997; Slenes, 1991-1992, 1995-1996). A questão principal — entre debates e polêmicas — tem

---

[1] Especialmente o capítulo 1.

sido analisar as identidades e suas articulações com as várias sociedades africanas, com as lógicas do tráfico e principalmente com as experiências nas Américas (Mintz e Price, 1992, 2003; Price, 2003; Scott, 1991; Parés, 2005; Silveira, 2008).

As identidades — no sentido das reinvenções — podem ser abordadas numa perspectiva de redimensionar o Atlântico, possibilitando entender conexões. Estas poderiam estar tanto na cosmovisão de africanos reinventada na escravidão atlântica como na fala de agentes coloniais que tinham treinamento burocrático em vários espaços do vasto Império português (Russel-Wood, 2000a, 2000b). Os africanos — não só a participação de elites de mercadores, mas igualmente pontos de contato visíveis e invisíveis nas experiências atlânticas — também devem ser redimensionados. Falaríamos de comunidades atlânticas e seus agentes em encontros permanentes (Law, 1999; Oliveira, 1995-1996; Pantoja, 2001).

Com base em biografias, como eventos, experiências, estruturas e agência podem ser articulados? Mais recentemente, James Sweet destacou as mudanças metodológicas nos estudos sobre as identidades na diáspora baseando-se em abordagens das biografias de africanos que circularam no Atlântico. Assim, significados "étnicos" ou "nacionais" das identidades africanas podem aparecer em formatos diferentes em fontes de natureza diversa. Partindo dos debates e das controvérsias sobre a identidade de Eloudah Equiano, Sweet analisa a trajetória do africano Domingos Álvares, preso pela Inquisição em Lisboa, depois de ter sido escravo no Brasil, vindo da África Ocidental. Argumenta como as várias dimensões africanas que podem ter permanecido na diáspora não foram simplesmente sobrevivências, mas sim invenções — entre ocultamentos e recordações —, nas quais as histórias de vida podem ser reveladoras (Sweet, 2009; Lovejoy, 1997, 2006).

A abordagem de Sweet — para além da questão das identidades — chama a atenção para a viragem teórica da biografia histórica nos estudos sobre escravidão nas Américas. No Brasil, nas últimas décadas vários historiadores apresentaram reflexões sobre a vida cotidiana e a religiosidade na escravidão tendo como roteiro estudos biográficos de escravos e libertos, homens, mulheres, africanos e crioulos. Obra pioneira no gênero da biografia de escravos e ex-escravos, Luiz Mott analisou a vida de Rosa Egypciaca, africana da Costa da Mina que teria chegado ao Brasil — desembarcado no Rio de Janeiro e transportada para Minas Gerais — em 1725 aos seis anos de idade. Há indicações de que seria uma africana de "nação Courana", originária da região em torno do reino de Benim. Seria escrava numa região aurífera, tendo sido transformada em prostituta. Mais tarde, em 1750, começaria a ter visões místicas, tornando-se beata e perseguida pelas autoridades eclesiásticas e submetida a exorcismos. Mott releva o cotidiano da repressão e da construção de culturas religiosas de origem africana no mundo colonial do século XVIII. Perseguida pela Inquisição e presa nas ruas do Rio de Janeiro, a africana Rosa foi enviada para julgamento em Lisboa. O ineditismo da trajetória de Rosa Egypciaca foi sua transformação em santa, venerada por todos em plena sociedade escravista colonial, num ambiente religioso efervescente (Mott, 1993).

A vida religiosa foi o fio condutor para as histórias biográficas de vários africanos e crioulos no Brasil. Regina Xavier reconstituiu a vida do africano Tito Camargo Andrade — conhecido como mestre Tito — na primeira metade do século XIX na região de Campinas, sudeste escravista de São Paulo. Ali na antiga vila de São Carlos viveu esse africano nascido em 1818 na África Central e que com 11 anos já trabalhava como escravo numa fazenda com engenho de açúcar. Conviveu especialmente com um período intenso de rumores e denúncias de revoltas escravas na região, entre 1830 e 1832. O africano Tito obteve a alforria em 1865 — aos 47 anos de idade — e teria se tornado importante liderança religiosa já a partir dos anos 1850, tanto em termos de práticas de cura como no pertencimento à irmandade religiosa de São Benedito. Sua vida conecta possíveis experiências africanas reinventadas em torno da religiosidade, da Igreja e da medicina popular (Xavier, 2008). Abordagem semelhante oferece Gabriela Sampaio ao acompanhar a vida de José Sebastião da Rosa, conhecido como Juca Rosa — "Pai Quibombo" —, na Corte imperial. Filho de mãe africana, Juca Rosa nasceu em 1832, não se sabendo se foi escravo ou, caso tenha sido, quando se libertou. A figura de Juca Rosa e as acusações de feitiçaria feitas a ele dominaram os jornais da Corte do Rio de Janeiro em 1870. Chegou a ser processado, sendo o julgamento acompanhado com grande interesse pela imprensa da época, num episódio em que um africano ou filho de africano ganharia prestígio e poder entre as contradições de uma sociedade escravista e autoritária (Sampaio, 2009).

Depois da vida religiosa, a temática das relações de gênero domina os estudos biográficos de escravos e ex-escravos. Junia Furtado ofereceu uma análise da vida real de Chica da Silva, a escrava mais conhecida do Brasil, por meio de lendas e romances. Recuperou, assim, a trajetória de uma ex-escrava — nascida entre 1731 e 1736 em Minas Gerais — que foi alforriada em 1753. Francisca da Silva era mulata e filha da africana Maria da Costa. Não só obteve alforria de João Fernandes de Oliveira, contratador de Diamantes — homem rico da época —, como com ele se casou e teve 13 filhos de 1755 a 1770. Junia Furtado mergulha no cotidiano de mulheres forras no século XVIII, entre expectativas de mobilidade social, sendo sua principal crítica a imagem de sedução e sensualidade das mulheres negras forras no Brasil colonial. Em contraponto a isso, reconstituiu um cenário de conflitos e enfrentamentos sociais de homens e mulheres para alcançar a alforria e lutar contra o estigma da cor (Furtado, 2003).

Keila Grinberg analisou os debates jurídicos e as noções de propriedade, cativeiro e ilegitimidade nas *ações de liberdade* (processos judiciais) na Corte de Apelação nas primeiras décadas do século XIX. Acompanhou a trajetória da escrava mulata Liberata — nascida talvez em 1780, na vila de Paranaguá, no Sul do Brasil —, que denunciaria o crime de sevícias de seu proprietário, José Veira Rebello, gerando um extenso processo jurídico. A escrava Liberata solicita e ganha a liberdade, possibilitando a Grinberg o intercruzamento de história social com história do direito, partindo do registro biográfico (Grinberg, 2008). Em uma das raras biografias que abordam uma área da *plantation* — o coração da economia mundial cafeeira —, Sandra Graham investigou os percursos de uma jovem escrava, Caetana, crioula, numa fazenda no Vale do Paraíba. Forçada por seu senhor a casar-se com outro escravo, Caetana se vê contrariada e não aceita, solicitando anulação do casamento. Emerge uma narrativa que cruza relações de gênero, laços familiares e cultura escrava (Graham, 2005).

Horizontes urbanos também são analisados em biografias. Eduardo Silva abordou a vida de Cândido da Fonseca Galvão, filho de africano forro, nascido em Lençóis, na província da Bahia. Como *homem de cor*, acabaria se alistando no Exército, sendo promovido a oficial durante a Guerra do Paraguai. Personagem conhecido da crônica jornalística e da esfera política urbana, o príncipe Obá — como era conhecido Cândido Galvão — se transformaria numa espécie de porta-voz da comunidade negra e pobre da cidade do Rio de Janeiro até 1890, no alvorecer da República, quando morreu. Trajando fraque, cartola e luvas, e sempre acompanhado de bengala e guarda-chuvas, era ao mesmo tempo uma figura respeitada pela comunidade negra e satirizada por setores da elite branca (Silva, 1997).

Biografia importante é a do africano Mahomamah Baquaqua, o mais destacado personagem transatlântico e dos estudos sobre identidades e história atlântica mais recentes (Law e Lovejoy, 2000). Baquaqua foi escravizado numa região da África Ocidental em meados da década de 1840. Veio de Djougou e depois de Uidá, e foi transportado para Pernambuco em 1845, mais tarde, para o Rio de Janeiro como escravo, e ainda viajou algumas vezes para os portos do Rio Grande do Sul. Foi vendido, saiu do Brasil e, em 1847, alcançou a liberdade em Nova York. Em 1854, publicaria sua biografia com a ajuda de abolicionistas internacionais (Lovejoy, 2002). As descrições de sua passagem pelo Brasil são fantásticas (Lara, 1988). Como poucos, ele revela o cotidiano da viagem nos negreiros e sua chegada a distantes terras. Durante sua existência, Baquaqua — que se transforma já na África em muçulmano — desenvolveu várias identidades. Lovejoy sugeriu a ideia de identidades como um "chapéu" que podia ser tirado ou colocado conforme a ocasião. Também publicada em inglês, Zephyr Frank utiliza o roteiro da biografia do africano Congo Antônio Domingos Dutra para analisar os padrões de mobilidade e acesso à mão de obra na sociedade escravista urbana do Rio de Janeiro no século XIX (Frank, 2004). Em 2006, o historiador Vinicius Pereira de Oliveira publicou uma indicativa análise da escravidão no Brasil meridional, província do Rio Grande do Sul, partindo da biografia do africano Manoel Congo (Oliveira, 2005). Também surgiriam artigos analisando as trajetórias de africanos ocidentais no período colonial acompanhando irmandades (Soares, 2005, 2006), bem como de africanos capturados na década de 1830 a propósito da legislação de combate ao tráfico atlântico, das expectativas da política imperial e dos projetos de "nação" na formação do Estado imperial do Brasil (Mamigonian, 2010).

Em 2008 e 2010, João José Reis publicou duas biografias de ex-escravos (Reis, 2008; Reis, Gomes e Carvalho, 2010). Na primeira, analisou a vida religiosa do liberto africano Domingos Sodré, na Bahia do século XIX, reconstituindo os cenários religiosos dos africanos em Salvador e suas redes sociais. Na outra biografia — escrita em conjunto com os historiadores Marcus de Carvalho e Flávio Gomes —, acompanhou a vida do liberto africano Rufino José Maria em quatro cidades brasileiras (Salvador, Porto Alegre, Rio de Janeiro e Recife), além de suas várias viagens no navio negreiro como cozinheiro, indo parar em Serra Leoa e outros portos africanos.

Esses vários estudos biográficos se somam aos outros esforços da historiografia brasileira de reconstituir vida, cotidiano e mentalidades de escravos, africanos e crioulos numa perspectiva microscópica, articulando narrativas individuais, formação de identidades e sentidos religiosos, bem como contextos mais amplos, da escravidão e da pós-emancipação.

Travessias e trajetórias

Nas experiências atlânticas, alguns personagens se destacaram, especialmente marinheiros ou gente do mar; milhares de africanos que se ocuparam em embarcações nas mais diversas atividades de marinha, como cozinheiros e sangradores. O próprio alufá Rufino, após obter a alforria em 1835, em Porto Alegre, optou por seguir a carreira marítima, transformando-se em cozinheiro de navios negreiros. Dessa forma, faria viagens para Salvador, Recife e também portos africanos, inclusive Serra Leoa, como já dito.

Em várias cidades escravistas e portuárias — espaços atlânticos primordiais —, os anúncios de escravos fugidos e mesmo a oferta de ocupações para navios que zarpavam eram fontes abundantes sobre os perfis e as trajetórias de marinheiros africanos e crioulos.

Anúncios de escravos fugidos envolvendo marinheiros na Corte do Rio de Janeiro, século XIX

Anos	Anúncios
1834	58
1835	31
1836	57
1837	71
1838	65
1839	44
1840	63
1834-1840	389

Fonte: *Diário do Rio de Janeiro*, 1834-1840.

Publicados nos periódicos da época, muitos anúncios revelam destinos e expectativas atlânticas de africanos marinheiros. Em meados de janeiro de 1837, publicava-se a fuga do africano "preto de nação" Manoel, que tinha escapado em novembro de 1836. Além de "alto, bem retinto e feio de corpo", era "muito pernóstico" e mudava seu nome para João quando fugia, sendo "muito desembaraçado, fala[ndo] bem o português, e também o inglês". Denunciava-se que tinha "andado embarcado para Lisboa, e Pernambuco, e há notícias de que anda à procura de lugar a bordo das embarcações". Em dezembro de 1838, falava-se da escapada do africano Joaquim, que "já fez duas viagens para Angola e por isso roga-se aos srs. capitães e mestres de navios não lhe deem lugar". Quem tinha viajado mais era o pardo Francisco, de 22 anos, de "fala muito perfeita", do qual se desconfiava que tentasse "sair de barra fora em algum barco por já ter feito e andou fugido pela Europa".[2] Nos jornais da Corte do Rio de Janeiro, por exemplo, eram comuns em anúncios de fugitivos comentários sobre alguns escravos que "sabiam" falar inglês, francês e procuravam se alistar em navios. O historiador Líbano Soares se referiu à ideia de "fugas atlânticas", argumentando como vários escravos e mesmo desertores militares viajavam clandestinamente para outros portos da Europa. Cita o caso do escravo fugido Bento, preso nas ruas de Londres (Soares, 2001).[3]

Na vasta documentação da *Comissão Mista* (Brasil-Inglaterra) de combate ao tráfico ilegal do Ministério das Relações Exteriores, abundam depoimentos de

---

[2] *Diário do Rio de Janeiro*. Anúncios publicados em 13/1/1837, 4/12/1838 e 10/7/1840.

[3] Especialmente p. 268-277.

marinheiros africanos — como de outros das tripulações negreiras —, sempre solicitados a relatar os trajetos e destinos de viagens. Vislumbra-se uma divisão social do trabalho no tráfico, cabendo a muitos africanos (escravos e libertos) tanto o papel de intérpretes de línguas como de responsáveis por contratar — agenciar — marinheiros e tripulantes e estabelecer negociações em praias africanas (Ferreira, 2007). Era um serviço especializado, no qual marinheiros e cozinheiros podiam ter mais prestígio e mobilidade ou se manter apenas nos conveses, sequer desembarcando em portos africanos (Rodrigues, 2005; Rediker, 2007). Africanos — marinheiros e tripulantes —, em seus depoimentos, falavam menos da viagem e mais de si mesmos: regiões de origem, trajetórias e percepções. Indicativas narrativas podem ser encontradas. Vejamos o episódio envolvendo a embarcação *Dona Bárbara*,[4] uma escuna brasileira de 163 toneladas de propriedade de Wenceslau Miguel d'Almeida, que foi capturada em fevereiro de 1839 repleta de escravos. Havia saído de Salvador em março do ano anterior com destino a Cabinda — pelo menos era o que alegava em sua defesa —, tendo sido apreendida na costa ocidental africana — na baía de Serra Leoa — pelo navio de guerra inglês *Sybille*, sob o comando do tenente Edward Lyne Harvey. Com uma bandeira do Império brasileiro e com uma tripulação de 22 pessoas, ia voltar para Salvador com 357 escravos — "que tinham sido embarcados em Lagos" —, 124 mulheres, 66 negrinhos, 81 homens, 78 moleques, sendo doentes seis homens e dois moleques. Nos depoimentos para a Comissão Mista, quem primeiro se manifestou — mas pouco revelou — foi seu comandante, o mestre Thomaz Luiz, "natural de Portugal, morador na Bahia, onde tem residido 11 anos". Considerava-se "súdito do imperador do Brasil", embora tivesse sido súdito da "Coroa de Portugal antes da Independência do Brasil". Querendo provar que os africanos que trazia não eram da costa ocidental, garantia que "Cabinda foi o único porto ou lugar onde tinha fundeado ou tocado", e que levava poucas armas, apenas "para defender a embarcação de algum levante de escravos". Também pouco falou o piloto Honório Machado. Português, natural do Porto, mas residente na Bahia, admitia que conhecera seu comandante apenas na viagem e que levava a bordo pólvora, aguardente, tabaco e fazendas. O cozinheiro da embarcação, o português João Gonçalves, falou menos ainda. Mas não foi isso o que aconteceu com alguns africanos interrogados com a ajuda de intérpretes. Talvez forçados ou quiçá instigados a revelar suas origens e como tinham ido parar naquela embarcação, não perderam a oportunidade. O primeiro — na ordem mesmo do processo da Comissão Mista — foi o africano de Ochar. Disse que "o país d'onde é natural se denomina Eabboo" e que "são

---

[4] Arquivo Histórico do Itamarati (doravante AHI), lata 3, maço 5, pasta 1.

precisos oito dias para vir a pé do seu país à Costa do Mar". Denominava "Akó" a "Costa do Mar", e revelou ter permanecido "três meses na Costa do Mar antes que o transportasse[m] para bordo do navio", no caso, a escuna *Dona Bárbara*. Não sabemos os critérios e o porquê da escolha de determinados africanos para ser interrogados. Como as autoridades e os intérpretes da Comissão Mista faziam tais escolhas? Ou será que ocorria que, em determinados apresamentos de escravos em embarcações, algumas lideranças — quem sabe aqueles mais ladinos — se apresentavam? Quem também foi convocada e falou foi uma africana de nome Dadah. Disse que "o nome do país d'onde veio se chama Oivoo" e que levara "três meses da sua terra até a Costa do Mar", que ela também chamava de "Akó". Teria ficado na feitoria africana no litoral "de um a dois meses antes de ser transportada para bordo". Outro a ser interrogado foi um africano escravizado muçulmano. Seu depoimento teve como intérprete James Sayer, de quem não se sabe quase nada. Também um africano? Um funcionário da Comissão Mista? Um marinheiro? Traduziu que o africano islamizado chamava-se Ogobee e que o "país d'onde veio se chama Hausá", levando-se "o espaço de três luas para vir a pé do dito país a bordo d'água". Confirmou a denominação "Akó" para "Costa do Mar" e revelou ter ficado a "ferros três meses na dita Costa" antes de ser embarcado. Ao levarmos em conta esses interrogatórios de africanos a bordo do *Dona Bárbara*, percebemos que essa embarcação trazia um mosaico de africanos ocidentais de várias origens. É o que sugere o depoimento de Jack Wednesday, um *africano livre*, de início residente em Serra Leoa por conta de outro apresamento e depois marinheiro na Marinha inglesa. Ao depor no caso do *Dona Bárbara* — talvez mesmo servindo inicialmente de intérprete —, fez mais revelações. Quanto à sua origem, disse ser "natural do país por nome Egbah" e que agora estava como "aprendiz de coser velas a bordo do navio *Primorde*", ao que parece um navio de guerra inglês. Ou seja, um *africano livre* que parecia estar convocado a atuar numa embarcação inglesa. Com suas próprias palavras, esclareceu sua trajetória, uma vez que "veio primeiro para esta colônia [Serra Leoa] em navio d'escravos há 10 meses". Quanto ao carregamento humano do *Dona Bárbara*, garantiu que "viu quatro homens e duas mulheres a bordo daquela escuna, os quais ele antes conhecia no seu país", mas "que só sabia o nome de um, que é Ochar". Também dizia que o "país d'onde estas seis pessoas são naturais se chama Egbah" e "que é perto de seis anos que ele viu estes indivíduos no seu país". Disse ainda "que nenhum parentesco há entre estas pessoas, e ele, e o indivíduo Ochar morou com ele na mesma casa". Temos aqui divergências entre Ochar (ou Ochor, como algumas vezes aparece assinalado) e Jack Wednesday, um *africano livre* vivendo em Serra Leoa, na denominação dos locais de origem. O primeiro dizia ser de "Eabboo", e o segundo, de "Egbah", tendo o último afirmado que ambos eram da mesma origem africana e que haviam morado juntos. Talvez fosse o caso de tradução truncada da fala de Ochar. O mais importante é a revelação de um encontro inusitado: africanos de mesma origem e parentesco que tinham sido escravizados em épocas diferentes, tinham entrado na rede do tráfico e eram considerados livres, indo parar em Serra Leoa. Eram interrogados para reconhecer/traduzir a identidade — e, portanto, a ilegalidade do comércio negreiro — um do outro. Essas "temporalidades" e traduções de escravização nos sertões e reinos africanos, de translado para as feitorias e depois de embarque talvez não fossem tão raras e podem ter mantido unidos grupos de parentesco de africanos na diáspora, além de terem sido uma face na criação de línguas africanas francas marítimas. Desse modo, as levas de escravização, de embarque e de comércio negreiro, quase como "camadas" de gerações de africanos, chegavam a muitos pontos da América nos séculos XVIII e XIX.

Outro depoimento mais surpreendente teve também como intérprete Jack Sayer. Trata-se do africano de nome Lafarsee, que disse "que o país onde nasceu é Logboreé" e que levava três dias de "seu país" até o local de embarque, no caso, Akó. Revelaria caminhos e descaminhos que um africano podia fazer. Muitos — de diferentes povos e origens — podiam tanto ficar amontoados nas praias e barracões, a esperar a lógica de um mercado varejista, como ser inicialmente transportados em navios e depois permutados e levados para outras embarcações. Segundo Lafarsee,

> que não foi em primeiro lugar embarcado a bordo da Escuna que aqui o trouxe, e sim n'outro navio (que não tinha outros escravos a bordo mais do que ele) no país de Akó, e que quatro dias depois, o fornecerão com uma camisa, calças, e chapéu, dados pelo capitão do navio em que aqui chegou, estando ambos os navios ao tempo da transferência no mesmo lugar onde ele foi primeiramente embarcado.[5]

Passageiro especial — do qual nada sabemos — era esse Lafarsee. Embarcado sozinho num navio? Recebendo roupas e depois transferido para outra embarcação? Muito estranho. Mas o capitão Thomaz Luiz, em seu segundo depoimento, deu algumas indicações. Primeiramente, insistia que só tinha embarcado escravos em Cabinda, no Norte da África Central, mas nunca em Lagos ou Onim, áreas da África Ocidental, argumentos que facilmente desmoronavam diante dos depoimentos traduzidos de africanos que eram também da costa ocidental africana, como Ochar e Dadah. Sobre Lafarsee, o capitão garantia que "ele o obteve

---

[5] AHI, lata 3, maço 5, pasta 2.

em Cabinda d'um capitão francês (de quem era criado) com intenção de o levar para a Bahia, e a fim de o instruir para depois ser mandado a seu amo na França". Talvez fantasiosa, não podemos desprezar de todo essa versão. Tantos navios negreiros passavam por Cabinda e alcançavam depois a costa ocidental que não era incomum que negócios e transações amiúde fossem feitas por capitães de navios e tripulantes, passando pelo embarque de alguns passageiros, encomendas entregues ou demandas feitas. Não era inclusive raro que reis ou sobas africanos enviassem — sob os cuidados de capitães de navios — filhos e parentes e mesmo buscassem na diáspora educação dos brancos para eles. Isso também esconde — posto não revelar e do que temos poucas evidências — um comércio invisível feito entre africanos libertos, que podiam demandar a outros africanos libertos que atuavam como marinheiros pequenas encomendas, inclusive escravos. O encontro que o *africano livre* Jack Wednesday teve em Serra Leoa com o africano Ochar, velho conhecido da África, quase parente, é também indício das experiências atlânticas — encontros, reencontros e expectativas — envolvendo africanos marinheiros e os vitimados pelo comércio negreiro. As várias fases do tráfico — que envolvia meses de travessias no interior africano até longas temporadas em barracões à espera de compra e embarque — aproximavam a vida de gente africana de regiões distantes. O papel da circulação de culturas atlânticas pelas primeiras gerações de africanos e também, especialmente, por marinheiros africanos deve ser considerado (Berlin, 1996).

Considerações finais

Em espaços urbanos, devemos refletir sobre a existência de personagens e cenários transatlânticos que, em situações pontuais, podem ter articulado complexas experiências e visões da liberdade e da escravidão negra, juntando Europas, Américas e Áfricas entre os séculos XVI e XIX. Linebaugh e Rediker (2008) sugeriram que marinheiros e escravos desenvolveram no Atlântico uma linguagem *pidgin* para se comunicarem. Além disso, as cidades envolvidas no comércio atlântico, que podiam alcançar até à Ásia, produziam "comunidades atlânticas" por meio de seus próprios personagens, com linguagens e interesses próprios (Berlin, 1996). Assim, é importante refletir sobre os marinheiros — muitos dos quais ex-escravos e africanos — como personagens transatlânticos.

Escravos e africanos podiam estar inseridos nessas redes de conexões. Para refletir sobre tal mobilidade, Julius Scott — pensando nas repercussões da revolta escrava de São Domingos no final do século XVIII — destaca as relações entre as culturas orais caribenhas e suas conexões com marinheiros e navios que cruzavam os mundos atlânticos. Além da cultura oral, livros, jornais e cartas (de naturezas oficial e particular) se espalhavam. Em 1817, foram os marinheiros negros em navios espanhóis que levaram para vários portos exemplares do jornal haitiano *Le Telegraph*. Já Demmark Vesey, que liderou uma conspiração escrava norte-americana em 1822, tinha navegado pelo Caribe e absorvido as experiências de "liberdade" do Haiti, local também a que escolheu ir Baquaqua, preterindo a Inglaterra, na condição de marinheiro (Linebaugh, 1988; Scott, 1986; Jordan, 1992; Hunt, 1988).

Africanos e seus descendentes — durante a escravidão no Brasil e em outras partes da América — não viviam isolados dos mundos das ideias políticas, além daquelas próprias formuladas por eles. Em vários contextos, deram prova de conhecer, avaliar e saber tirar proveito da conjuntura à sua volta. Foram personagens e protagonistas de complexas cenas históricas e montaram seus próprios cenários. É possível rastrear pistas e seguir indícios que podem revelar a circulação de ideias, os contatos pontuais e as percepções próprias do que acontecia no cenário internacional — fossem na África ou na América, ou conflitos e motins em cidades europeias, bem como rebeliões escravas no Caribe —, atravessando constantemente o Atlântico nos dois sentidos.

Referências

ANDREWS, George Reid. Afro-Latin America: five questions. *Latin American and Caribbean Ethnic Studies*, v. 4, n. 2, p. 191-210, 2008a.

_____. Diaspora crossings: recent research on Afro-Latin America. *Latin American Research Review*, v. 48, n. 3, p. 209-224, 2008b.

BENNETT, Herman L. The subject in the plot: national boundaries and the "history" of the black Atlantic. *African Studies Review*, v. 43, n. 1, p. 101-124, 2000.

BERLIN, Ira. From creole to African: Atlantic creoles and the origins of African-American Society in Mainland North America. *The William and Mary Quarterly*, v. 52, n. 3, p. 251-288, 1996.

FERREIRA, Roquinaldo. Atlantic microhistories: slaving, mobility, and personal ties in the black Atlantic world (Angola and Brazil). In: NARO, Nancy; SANSI, Roger; TREECE, David (Ed.). *Cultures of the lusophone black Atlantic*. Nova York: Palgrave Macmillan, 2007. p. 99-128.

FRANK, Zephyr L. *Dutra's world*: wealth and family in nineteenth-century Rio de Janeiro. Albuquerque: University of New Mexico Press, 2004.

FURTADO, Junia Ferreira. *Chica da Silva e o contratador dos diamantes*: o outro lado do mito. São Paulo: Companhia das Letras, 2003.

GILROY, Paul. *Atlântico negro*: modernidade e dupla consciência. Rio de Janeiro: Universidade Candido Mendes, 2000.

GRAHAM, Sandra Lauderdale. *Caetana diz não*: histórias de mulheres da sociedade escravista. São Paulo: Companhia das Letras, 2005.

GRINBERG, Keila. *Liberata*: a lei da ambiguidade. As ações de liberdade da Corte de Apelação do Rio de Janeiro no século XIX. Rio de Janeiro: Centro Edelstein de Pesquisas Sociais, 2008. (Biblioteca Virtual de Ciências Humanas).

HEYWOOD, Linda M. The Angolan-Afro-Brazilian cultural connections. In: FREY, Sylvia R.; WOOD, Betty (Org.). *From slavery to emancipation in the Atlantic world*. Londres/Portland: Frank Cass, 1999, p. 9-23.

HUNT, Alfred N. *Haiti's influence on Antebellum America*: slumbering volcano in the Caribbean. EUA: Louisiana State University Press, 1988.

JORDAN, Winthrop D. *Tumult and silence at second creek*: an inquiry into a civil war slave conspiracy. EUA: Louisiana State University Press, 1992.

LARA, Sílvia. Apresentação à "Biografia de Mahommah G. Baquaqua". *Revista Brasileira de História*, São Paulo, v. 8, n. 16, 1988.

LAW, Robin. West Africa in the Atlantic community: the case of the slave coast. *William and Mary Quarterly*, v. 55, n. 2, p. 307-334, 1999.

_____; LOVEJOY, Paul. *The biography of Muhammad Gardo Baquaqua*. Princeton, 2000.

LINEBAUGH, Peter. Todas as montanhas atlânticas estremeceram. *Revista Brasileira de História*, São Paulo, v. 3, n. 6, p. 43, 1983.

_____. Biografia de Mahommah G. Baquaqua. *Revista Brasileira de História*, São Paulo, v. 8, n. 16, p. 279-281, 1988.

_____; REDIKER, Marcus. *A hidra de muitas cabeças*: marinheiros, escravos, plebeus e a história oculta do Atlântico revolucionário. São Paulo: Companhia das Letras, 2008.

LOVEJOY, Paul E. Biography as source material: towards a biographical archive of enslaved africans. In: LAW, Robin (Org.). *Source material for studying the slave trade and the African diaspora*. Stirling: Centre of Commonwealth Studies, 1997. p. 119-140.

_____. Identifying enslaved africans in the African diaspora. In: *Identity in the shadow of slavery*. Londres/Nova York: Continuum, 2000. p. 1-29.

_____. Identidade e a miragem da etnicidade: a jornada de Mahommah Gardo Baquaqua para as Américas. *Afro-Ásia*, Salvador: UFBA/Ceao, n. 27, p. 9-39, 2002.

_____. Autobiography and memory: Gustavus Vassa, alias Olaudah Equiano, the African. *Slavery and Abolition*, v. 3, n. 27, p. 317-347, 2006.

MAMIGONIAN, Beatriz. José Majojo e Francisco Moçambique, marinheiros das rotas atlânticas: notas sobre a reconstituição de trajetórias da era da abolição. *Topoi*, Rio de Janeiro, v. 11, p. 75-91, 2010.

MANN, Kristin. Shifting paradigms in the study of the African diaspora and Atlantic history and culture. *Slavery & Abolition*, v. 22, n. 1, p. 3-21, 2001.

MILLER, Joseph C. Retention, Reinvention, and remembering identities through enslavement in Africa and under slavery in Brazil. In: CURTO, José C.; LOVEJOY, Paul E. *Enslaving connections*: changing cultures of Africa and Brazil during the era of slavery. Nova York: Humanity Books, 2004. p. 81-124.

MINTZ, Sidney; PRICE, Richard. *The birth of African-American culture*: an anthropological perspective. Boston: Beacon Press, 1992.

_____; _____. *O nascimento da cultura afro-americana*: uma perspectiva antropológica: Rio de Janeiro: Pallas/Universidade Candido Mendes, 2003.

MOTT, Luiz. *Rosa Egypciaca*: uma santa africana no Brasil. Rio de Janeiro: Bertrand Brasil, 1993.

OLIVEIRA, Maria Inês Côrtes de. Viver e morrer no meio dos seus: nações e comunidades africanas na Bahia do século XIX. *Revista USP*, São Paulo, n. 28, p. 174-193, 1995-1996.

OLIVEIRA, Vinícius Pereira de. *De Manoel Congo a Manoel de Paula*: a trajetória de um africano ladino em terras meridionais (meados do século XIX). Dissertação (mestrado em história) — Unisinos, 2005.

PANTOJA, Selma. A dimensão atlântica das quitandeiras. In: FURTADO, Junia Ferreira. *Diálogos oceânicos*: Minas Gerais e as novas abordagens para uma história do Império ultramarino português. Belo Horizonte: UFMG, 2001. p. 45-68.

PARÉS, Luís Nicolau. O processo de crioulização no recôncavo baiano (1750-1800). *Afro-Ásia*, Salvador: UFBA/Ceao, n. 33, p. 87-132, 2005.

PRICE, Richard. O milagre da crioulização: retrospectiva. *Estudos Afro-Asiáticos*, v. 25, n. 3, p. 383-420, 2003.

REDIKER, Marcus. *The slave ship*: a human history. Londres: Penguin Books, 2007.

REIS, João José. Identidade e diversidade étnica nas irmandades negras no tempo da escravidão. *Tempo*: Revista de Pós-graduação da UFF, v. 2, n. 3, p. 7-33, 1997.

_____. *Domingos Sodré, um sacerdote africano*: escravidão, liberdade e candomblé na Bahia do século XIX. São Paulo: Companhia das Letras, 2008.

_____; GOMES, Flávio dos Santos; CARVALHO, Marcus J. M. de. O alufá Rufino: tráfico, escravidão e liberdade no Atlântico negro (c. 1823-c. 1853). São Paulo: Companhia das Letras, 2010.

RODRIGUES, Jaime. *De costa a costa*: escravos, marinheiros e intermediários do tráfico negreiro de Angola ao Rio de Janeiro (1780-1860). São Paulo: Companhia das Letras, 2005.

RUSSEL-WOOD, A. J. R. "Acts of grace": portuguese monarchs and their subjects of African descend in eighteenth-century Brazil. *Journal Latin American Studies*, v. 32, parte 2, p. 307-332, 2000a.

_____. Ambivalent authorities: the African and Afro-Brazilian contribution to local governance in colonial Brazil. *The Americas*, v. 1, n. 57, p. 13-36, 2000b.

SAMPAIO, Gabriela dos Reis. *Juca Rosa*: um pai-de-santo na Corte imperial. Rio de Janeiro: Arquivo Nacional, 2009.

SCOTT, David. That event, this memory: notes on the anthropology of African diasporas in the New World. *Diaspora*, v. 1, n. 3, p. 261-284, 1991.

SCOTT, Julius S. *The common wind*: currents of afro-american comunication in the era of the haitian revolution. PHD Diss., Duke University, 1986.

SILVA, Eduardo. *Dom Obá II, o príncipe do povo*: vida, tempo e pensamento de um homem livre de cor. São Paulo: Companhia das Letras, 1997.

SILVEIRA, Renato da. Nação africana no Brasil escravista: problemas teóricos e metodológicos. *Revista Afro-Ásia*, Salvador: UFBA/Ceao, v. 38, p. 245-301, 2008.

SLENES, Robert W. "Malungu, Ngoma vem!": África coberta e descoberta no Brasil. *Revista USP*, n. 12, 1991-1992.

_____. As provações de um Abrão africano: a nascente nação brasileira na viagem alegórica de Johann Moritz Rugendas. *Revista de História da Arte e Arqueologia*, Campinas: Unicamp/IFCH, n. 2, p. 271-536, 1995-1996.

SOARES, Carlos Eugênio Líbano. *A capoeira escrava e outras tradições rebeldes no Rio de Janeiro (1808-1850)*. Campinas: Unicamp/Cecult, 2001.

SOARES, Mariza. Histórias cruzadas: os mahi setecentistas no Brasil e no Daomé. In: FLORENTINO, Manolo (Org.). *Tráfico, cativeiro e liberdade (Rio de Janeiro, séculos XVII-XIX)*. Rio de Janeiro: Civilização Brasileira, 2005. p. 127-167.

_____. A biografia de Ignacio Monte, o escravo que virou rei. In: VAINFAS, Ronaldo; SANTOS, Georgina Silva dos; NEVES, Guilherme Pereira das (Org.). *Retratos do Império*: trajetórias individuais no mundo português nos séculos XVI a XIX. Niterói: EdUFF, 2006. p. 47-68.

SWEET, James. Mistaken identities? Olaudah Equiano, Domingos Álvares, and the methodological challenges of studying the African diaspora. *AHR*, v. 114, n. 2, p. 279-306, 2009.

VINSON III, Ben. Introduction: African (black) diaspora history, Latin American history. *The Americas*, v. 63, n. 1, p. 1-18, 2006.

XAVIER, Regina Célia Lima. *Religiosidade e escravidão, século XIX*: mestre Tito. Porto Alegre: UFRGS, 2008.

YELVINGTON, Kevin A. The invention of Africa in Latin America and the Caribbean: political discourse and anthropraxis, 1920-1940. In: _____ (Ed.). *Afro-Atlantic dialogues*: anthropology in the diaspora, Santa Fé: School of American Research Press, 2006. p. 35-82.

6
Novos olhares sobre os trabalhadores livres:
uma associação de artífices de cor no Recife oitocentista

Marcelo Mac Cord

PRELIMINARMENTE, FAREI DUAS IMPORTANTES considerações sobre o texto que agora entrego aos leitores. A primeira delas é que, em 2011, participei da *I Jornada do Laboratório de Estudos sobre Sociedade e Cultura,* evento que foi organizado pelo Programa de Pós-graduação em História Social da Universidade Severino Sombra. Um dos principais objetivos do encontro acadêmico era permitir que os alunos de mestrado da instituição travassem contato com algumas experiências investigativas e com as mais diversas abordagens teóricas e metodológicas. Naquela oportunidade, entendi que seria bastante produtivo tanto apresentar aos mestrandos meu objeto de estudo na tese de doutorado (uma associação de trabalhadores artesanais especializados, que eram homens livres e de cor que viveram no Recife oitocentista) quanto discutir as contribuições de minhas análises para as novas abordagens da história social brasileira do trabalho (Mac Cord, 2009a).[1] A segunda consideração é que, neste capítulo, procurei ser o mais fiel possível ao que expus no seminário que ocorreu em Vassouras, procurando registrar principalmente os itinerários de minha pesquisa empírica sobre a mutualista pernambucana e os debates historiográficos que precisei enfrentar.

De forma geral, acredito que uma das maiores virtudes de minha tese de doutorado tenha sido abordar problemáticas socioculturais ainda pouco ou

---

[1] Em 2009, a tese conquistou o quinto lugar no Prêmio Arquivo Nacional. Em 2011, o primeiro lugar no Concurso Várias Histórias do Cecult-IFCH-Unicamp e o Prêmio Capes 2010 na área de história. Em breve, o texto será lançado pela Editora da Unicamp, sob o título *Artífices da cidadania: mutualismo, educação e trabalho no Recife oitocentista.*

mal exploradas pela historiografia brasileira. Entre elas, procurei relativizar os limites que demarcariam, com precisão, as fronteiras entre os mundos do trabalho livre e escravo. Tradicionalmente, os intelectuais que discutiram o tema tendem a tomar o ano 1888 como um marco divisor entre ambas as formas de trabalho, pois escolheram somente o aspecto jurídico das relações de produção como seu principal fator de análise. Como desdobramento dessa perspectiva, o trabalho livre que vigorou durante a vigência do escravismo foi entendido como algo estruturalmente anômalo, pois as economias colonial e imperial eram dominadas pelo relacionamento senhor/escravo. Já os estudiosos que esmiuçaram o trabalho livre após a assinatura da Lei Áurea tenderam a valorizá-lo somente quando foi organizado por uma classe operária "consciente" — reunida em sindicatos e em partidos políticos de esquerda, por exemplo. Faremos referências a esse debate mais adiante. Por ora, creio que seja mais importante comentar outro problema mais conceitual que precisei enfrentar em minha tese de doutorado.

O problema da desvalorização do trabalho artesanal durante a vigência do escravismo

No aforismo II do livro I do *Novo organum*, o filósofo Francis Bacon rompia com a tradição platônica de que o trabalho manual estava dissociado do pensamento racional. Empirista, o pensador inglês entendia que o conhecimento caminhava por meio do consórcio entre experiência e reflexão.[2] Apesar de esse debate ganhar maior fôlego nas primeiras décadas dos Seiscentos, nesse período ainda era muito forte a perspectiva de que as atividades manuais eram "inferiores" e, por isso, apropriadas apenas para as classes baixas. Em Portugal, no início do século XVIII, por exemplo, o *Vocabulário portuguez & latino* do padre Raphael Bluteau foi bastante enfático ao consagrar a separação entre artes mecânicas e liberais. O verbete "mecânico" é categórico quando remete o consulente à "indignidade" dos "homens mecânicos", considerados "baixos" e "humildes". Por contraste, o dicionarista também afirmou que "as artes mecânicas, ou servis, são opostas às artes liberais". Estas exercitariam "o engenho sem ocupar as mãos", sendo "próprias de

---

[2] "Nem a mão nua nem o intelecto, deixados a si mesmos, logram muito. Todos os feitos se cumprem com instrumentos e recursos auxiliares, de que dependem, em igual medida, tanto o intelecto quanto as mãos. Assim como os instrumentos mecânicos regulam e ampliam o movimento das mãos, os da mente aguçam o intelecto e o precavêm [sic]" (Bacon, 1973:19).

homens nobres e livres não só da escravidão alheia, mas também da escravidão de suas próprias paixões". Entre outras formas de artes liberais estavam a pintura, a música, a gramática e a arquitetura (Bluteau, 1712:109, 379-380).

No bojo do debate que marcou as mundividências do religioso e dicionarista Raphael Bluteau, o "defeito mecânico" foi um importante elemento sociocultural que ajudou a construir a "inferioridade social" dos artesãos nas sociedades europeias de Antigo Regime. Entendamos rápida e panoramicamente a genealogia da categoria "defeito mecânico", para que tenhamos maior compreensão de seus significados no tempo do *Vocabulário portuguez & latino*. Na Grécia, ao hierarquizar e classificar as especializações profissionais, o filósofo Aristóteles definiuas artes mecânicas como "menores" porque eram tidas como mercenárias e pouco intelectualizadas. Nessa perspectiva, elas eram desvalorizadas socialmente porque objetivavam, principalmente, a especulação financeira e a desonestidade. Esses seriam, portanto, na Antiguidade, os elementos que constituiriam a "essência" do "defeito mecânico". Na Idade Média, por sua vez, o "defeito mecânico" se associou ao "tabu da impureza" cristão, que desprezava as vivências do/no mundo do trabalho. Nesse sentido, os trabalhadores artesanais e os demais profissionais que executavam esforços físicos ainda acumularam sobre suas costas, além da "pouca inteligência", a pena do "pecado original" (Rios, 2000:15-19).

Tecidas tais considerações, a escravização dos africanos e o uso intensivo de sua mão de obra na América portuguesa tornaram ainda mais complexos os sentidos da vilania dos afazeres manuais (fossem eles mais ou menos especializados), especialmente em cidades da importância do Recife, Rio de Janeiro e Salvador. Do ponto de vista da exegese católica, quando as *gentes* que desconheciam a fé cristã labutavam de maneira compulsória ou sobreviviam com o suor do próprio rosto, cumpriam uma pena que continha um profundo teor pedagógico. Na ótica de Roma, a escravidão seria uma das formas mais convenientes de os "negros" purgarem o pecado original. Nesse sentido, como o trabalho físico estava associado à escravidão e a questões morais, as artes mecânicas ficaram ainda mais estigmatizadas, especialmente nas regiões em que abundava a mão de obra cativa. Para reforçar a ideologia senhorial de que havia uma relação direta entre punição e trabalho, o ócio era um dos principais valores culturais que distanciavam o homem livre do cativo (Benci, 1977; Araújo, 1993).

Ao descrever um evento cotidiano ocorrido em terras brasileiras, o viajante John Luccock ilustrou muito bem as complexas relações entre o trabalho escravo, a desvalorização do exercício das artes mecânicas e a importância do ócio como ingrediente de distinção social. De passagem pelo Rio de Janeiro em princípios dos Oitocentos, o viajante inglês havia perdido as chaves de um dos aposentos de sua residência. Preocupado com o fato, procurou os serviços de um artífice especializado para resolver o problema. O mestre carpinteiro contratado destacou um de seus oficiais para executar a tarefa solicitada, que por sinal era tecnicamente bastante simples. Em suas anotações, John Luccock registrou o espanto que experimentou ao perceber que o assistente do perito daquela "arte útil" apresentou-se vestido com toda pompa e circunstância. O estranhamento ganhou maiores proporções quando observou que um lacaio carregava as ferramentas do trabalhador, que se recusava a portá-las, temendo ser confundido com um indivíduo qualquer. E chegou ao auge ao constatar que, não conseguindo abrir a porta, simplesmente quebrou sua fechadura (Luccock, 1975:73).

Redimensionando o problema com base em um estudo de caso

Na primeira metade dos Oitocentos, o trabalho mecânico ainda continuava a ser desvalorizado em termos gerais, mas é preciso lembrar que, nesse período, muitas transformações sociais e políticas haviam ocorrido. Além disso, não se pode esquecer que essa desvalorização nem sempre era compartilhada por toda a sociedade. Na cidade do Recife, por exemplo, existiam artífices especializados no ramo das edificações que eram livres, mas não eram brancos, e acreditavam no trabalho como fator de distinção social. Forjados nos costumes corporativos, compartilhavam valores como orgulho, dignidade, precisão e inteligência, que moldavam suas vidas familiar, profissional, social e política (Mac Cord, 2009a, 2009b). Por mais que o filósofo Francis Bacon possa ter sido um nome estranho para esses mestres de ofício de pele escura, havia entre eles a convicção de que o trabalho mecânico deveria ser conduzido por um intelecto cada vez mais "aperfeiçoado" pelo conhecimento sistematizado teoricamente. Para além do "progresso" da prática de suas profissões artesanais, eles consideravam que esse saber socialmente legitimado também poderia ser o passaporte para o reconhecimento de seus talentos e virtudes — ou seja, de conquista de sua cidadania.

Desde 1824, a Constituição havia determinado o fim das corporações de ofício no Brasil. Com ela, os mestres artesãos perderam oficialmente o privilégio de monopolizar o ensino de suas artes e controlar seus respectivos mercados (Martins, 2008:112 e segs.). Dialogando com princípios liberais e experiências europeias, o governo central pretendia criar processos escolarizantes de instrução das artes mecânicas e assumir o lugar das velhas formas do ensino artesanal, fundamentadas no tirocínio das oficinas. A inserção do Recife nesses debates foi muito interessante. Ainda na primeira metade dos Oitocentos, setores das elites letradas e proprietárias pernambucanas preconizaram a "proletarização" dos antigos mestres (Marson, 1987:279-280). Contudo, o cercamento do tirocínio artesanal não foi acompanhado por uma contundente iniciativa oficial para substituir os tradicionais processos de aprendizagem das ditas "artes mecânicas". Ou seja, a necessidade de combater o "atraso" corporativo e de implantar medidas em favor do "progresso" da mão de obra e dos ofícios permaneceu somente no campo das ideias. Nesse vácuo, um grupo de mestres carpinas e pedreiros, todos pretos e pardos, mas livres, soube compreender as conjunturas e criar alternativas para reelaborar seu legado e adaptá-lo aos "novos tempos".

Matriculados na irmandade de São José do Ribamar e contando com idade avançada, esses mestres carpinas usufruíam de todas as mercês das extintas corporações de ofício. Desde finais do século XVIII, a confraria havia sido embandeirada e congregava pedreiros, carpinteiros, marceneiros e tanoeiros. Segundo o Compromisso da Irmandade devotada ao Santo Patriarca, somente os mestres desses quatro ofícios poderiam se revezar nos postos de comando da Mesa Regedora. O cargo mais importante era o de juiz. Além da prerrogativa de controlar a vida administrativa do grupo leigo, seu ocupante também expedia cartas de examinação — documentos que habilitavam os oficiais à mestrança e tinham a chancela da municipalidade. Ninguém poderia exercer aquelas quatro profissões sem passar pelas hierarquias da confraria devotada àquele orago. Por mais que a Constituição de 1824 tenha desmontado o aparato legal que privilegiava as corporações de ofício, todos os seus costumes e práticas culturais ainda estavam vivos nos corações e mentes daqueles mestres carpinas e pedreiros que se mantinham vinculados àquela irmandade. Eles valorizavam o trabalho com a inteligência, a perícia, o respeito às hierarquias, a distinção social e usavam a irmandade como uma instituição agregadora dos praticantes daqueles ofícios (Mac Cord, 2009a, 2010a, 2011a).

Procurando reconstruir os privilégios perdidos e afirmar seus talentos e virtudes, os mestres carpinas e pedreiros também releram alguns valores caros às elites letradas e proprietárias e fundaram uma associação mais laica, em 1841: a Sociedade das Artes Mecânicas. Preocupados com o "progresso" e a "civilização" do trabalhador nacional, os sócios-fundadores, liderados pelo mestre carpina José Vicente Ferreira Barros, homem preto, estabeleceram dois objetivos centrais para o grupo. O primeiro deles foi o "aperfeiçoamento" mais amplo de seus associados. Para tanto, o grupo inicialmente implementou duas aulas noturnas, de caráter "teórico". O outro objetivo foi incrementar as práticas de auxílio mútuo, por meio da concessão de pecúlios e da captação de serviços.[3] Como os governos central e pernambucano mantiveram certo desinteresse em criar escolas de artes e ofícios no Recife, os sócios acreditavam que sua iniciativa pioneira poderia angariar simpatias e proteção. Se no passado haviam dominado o ensino da "prática" artesanal, agora poderiam reinventar o monopólio de seus ofícios por meio de aulas "teóricas" — de cunho escolarizante. O discurso de morigeração, esforço intelectual e mérito realmente sensibilizou os políticos locais. Em 1844, uma ajuda financeira anual foi votada em favor da nova agremiação. Ela foi justificada pela falta de estabelecimentos escolares, por seu baixo custo aos cofres públicos e pelo bom exemplo que a sociedade poderia suscitar (Mac Cord, 2011b).

Na década de 1850, o fim do tráfico de africanos escravizados e a Exposição Universal de Londres foram fundamentais para o fortalecimento da associação. Ela era uma das poucas referências locais para os legisladores pernambucanos pensarem em políticas de controle da mão de obra livre. Não por acaso, a lei provincial que previa a montagem de uma escola industrial acabou dialogando com a experiência dos sócios. Por mais que esse estabelecimento tenha ficado somente no papel, o grupo de artistas mecânicos pertencente à sociedade conseguiu conquistar a função de mantenedor do empreendimento. Ao comemorar seu 10º aniversário, a associação mudou de nome e reformou seu estatuto. De Sociedade das Artes Mecânicas, foi rebatizada e passou a ser reconhecida como Sociedade das Artes Mecânicas e Liberais. Nesse momento, os artífices construíram ligações mais efetivas com membros das elites letradas e proprietárias, abriram suas matrículas para toda a "classe artística" e reafirmaram com mais ênfase o uso da inteligência nas artes mecânicas. Por todas essas razões, conseguimos encontrar muitos de seus mestres pardos e pretos trabalhando em diversas obras públicas e frequentando escolas primárias e secundárias do Recife.

---

[3] A partir de inícios dos Oitocentos, observamos um fenômeno muito comum: a abertura de sociedades de auxílio mútuo — ou de socorro mútuo, ou mutuais. Entre outros fins, elas eram "formadas voluntariamente com o objetivo de promover auxílio financeiro a seus membros em caso de necessidade" (Van Der Linden, 1996:13-14). Comparativamente, países europeus vivenciaram experiências semelhantes às do Recife. Algumas sociedades operárias de socorro mútuo francesas foram tributárias das antigas irmandades que foram corporações de ofício (Gueslin, 1998:146). Na Espanha, encontramos quadro similar, pois muitas sociedades de auxílio mútuo herdaram práticas das irmandades (Ralle, 1999:20, 25 e 36). Na mesma época em que era fundada a associação pernambucana, outras também surgiam no país. Na Bahia, em 1832, foi instalada a Sociedade dos Artífices, que promovia auxílio mútuo e aperfeiçoamento profissional para seus membros (Silva, 1998:35). Destaco também a Sociedade Auxiliadora das Artes e Ofícios e Beneficente dos Sócios e suas Famílias. Instalada na Corte em 1835, seus objetivos se aproximaram da congênere baiana. Contudo, além de artistas mecânicos, ela também matriculava artistas liberais (*Estatutos da Sociedade Auxiliadora das Artes e Ofícios e Beneficente dos Sócios e Suas Famílias sancionados em 9 de agosto de 1835*, 1835:3-5). Rio de Janeiro: Fundação Biblioteca Nacional, Setor de Obras Raras.

O crescimento do prestígio da associação criou muitas tensões com a irmandade de São José do Ribamar, o que levou a uma ruptura entre elas. Até meados da década de 1860, as duas agremiações estiveram sediadas na igreja de propriedade da confraria. A insistência da associação pernambucana em ocupar mais espaços físicos e simbólicos no templo devotado ao Santo Patriarca criou grandes atritos entre facções de irmãos e sócios — antes e depois do rompimento institucional, já que muitos confrades permaneceram sócios, e vice-versa. Expulsa da igreja de São José do Ribamar por causa desses conflitos, a então Sociedade dos Artistas Mecânicos e Liberais passou por momentos institucionais bastante críticos (Mac Cord, 2009a, 2010b). Desalojado e com seus pertences guardados em depósito público, o grupo de artífices teve sua existência ameaçada pelas contingências. Contudo, as redes de clientela da associação permitiram que os artífices se reorganizassem em um novo endereço, mesmo que as aulas noturnas tivessem sofrido fortes abalos. Foi nesse período que diversos políticos e empreiteiros passaram a integrar seus quadros, como sócios honorários e beneméritos, enquanto o mercado de edificações públicas recrudescia algumas práticas mais liberalizantes.

A presença das elites letradas e proprietárias no Livro de Matrículas da Sociedade aumentou ainda mais em princípios da década de 1870. Não é coincidência o fato de a sociedade ter conquistado, nesse período, o privilégio de administrar o futuro Liceu de Artes e Ofícios e ostentar o título de "Imperial". A entidade artística fundada por José Vicente Ferreira Barros entrava definitivamente para o *establishment* pernambucano, pois assumiu a missão de participar das políticas nacionais de "instrução popular". Muitos artífices que ficaram alijados das benesses advindas do consórcio entre sociedade e liceu ficaram descontentes e romperam com o grupo. Contudo, um pequeno número de artistas mecânicos de pele escura conseguiu capitalizar muitas vantagens e escapar da crescente "proletarização" que se espalhava pelos canteiros de obras da cidade do Recife. Apesar da presença marcante da "boa sociedade" nas vivências da Imperial Sociedade dos Artistas Mecânicos e Liberais, os artífices de pele escura continuaram a ser os protagonistas desse espaço institucional, profissional e de sociabilidades.

Itinerários da pesquisa

Conhecidos o tema e os problemas de minha tese, podemos tratar agora dos debates com a historiografia social do trabalho que os resultados de minha pesquisa implicam. O primeiro deles foi relativizar certa tendência em afirmar que o fim das corporações de ofício exigiu que os trabalhadores especializados *substituíssem* as irmandades embandeiradas por associações laicas — uma clara perspectiva teleológica.[4] No Recife oitocentista, como enunciei, a entidade artística fundada por José Vicente Ferreira Barros, mestre carpina da cor preta, e a irmandade de São José do Ribamar foram instâncias cooperativas até meados da década de 1860. Por mais que as corporações de ofício tenham sido extintas 40 anos antes, parece evidente que a confraria devotada ao Santo Patriarca ainda respondia a algumas demandas de certas classes de artífices. Os profundos imbricamentos entre as duas agremiações oferecem, portanto, um caminho alternativo às leituras clássicas de que o liberalismo tenha necessariamente forçado os artífices especializados a *trocarem* suas "arcaicas" confrarias pelas "modernas" associações.

Outro debate provocado por minha tese remete à perigosa ideia de *transição*. Em estudo clássico, *Sindicato e desenvolvimento no Brasil*, José Albertino Rodrigues procurou rastrear a "evolução da consciência" da classe trabalhadora nacional. Preocupado em construir uma história do movimento operário, o intelectual enquadrou as associações de trabalhadores livres criadas antes de 1888 no "período mutualista", que seria a "primeira fase do movimento sindical brasileiro". Conceitualmente, tal etapa corresponderia "a um período que ainda não é rigorosamente sindical, mas, pelo fato de organizar o trabalho livre, contém seus elementos embrionários e prepara sua gestação" (Rodrigues, 1968:6). Apesar de Rodrigues conferir importância às antigas associações de auxílio mútuo, pensava, assim como seus contemporâneos, que a plena capacidade de luta dos subalternos estava vinculada ao amadurecimento do capitalismo e ao consequente acirramento da luta de classes — organizada em sindicatos e partidos políticos. Entretanto, atento às especificidades históricas que forjaram a história da associação pernambucana que estudei e às experiências particulares dos artesãos que a compuseram, as análises que desenvolvi só podem se vincular à corrente historiográfica que problematiza tal perspectiva: os trabalhadores organizados em grupos de socorros mútuos não podem ser encapsulados em alguma "pré-história" do proletariado brasileiro (Lara, 1998:25-38; Batalha, 2003:145-158).

As problemáticas desenvolvidas em minha pesquisa também vão de encontro às interpretações mais generalizantes que afirmam a impossibilidade de qualquer mobilidade social ascendente para os descendentes de escravos, como sugeriu,

---

[4] Sobre o problema da substituição, consultar Batalha (1999:51). Mesmo que alguns autores não partam do princípio da "substituição", ficamos com a impressão de que houve uma passagem "natural" das irmandades embandeiradas para as mutualistas. Por exemplo, Arthur Renda afirma que "a Constituição de 1824 vai proibir a existência das corporações de ofícios. A partir disto, os operários livres começam a formar associações de socorros mútuos" (2004:170).

por exemplo, Florestan Fernandes.[5] Bem ao contrário, os peritos de pele escura da associação por mim estudada conseguiram conquistar prestigiosos espaços sociais desde os primeiros anos de funcionamento do grupo. As articulações dos mestres de ofícios com as elites letradas e proprietárias ainda permitiram que os sócios de cor continuassem acumulando prestígio nas últimas décadas dos Oitocentos, apesar do fortalecimento das teorias racistas nos meios intelectuais recifenses (Mac Cord, 2009a, 2010c). Especialmente neste último período, os obstáculos ideológicos a serem vencidos pelos sócios efetivos foram enormes. Silvia Lara, ao comentar a historiografia do trabalho, indica que aquela corrente científica influenciou muitas análises sociológicas feitas no século XX, que imputavam aos (ex-)cativos e seus descendentes a pecha de "indolentes e apáticos [...] ou de anômicos e desajustados à modernidade do capitalismo, despreparados para o trabalho livre devido à experiência da escravidão" (Lara, 1998:38).

É importante frisar que tomo os debates aqui arrolados de forma dialógica. Na medida em que critico as correntes historiográficas que defenderam a "transição do trabalho escravo para o trabalho livre", entendo que os cativos e seus descendentes construíram importantes práticas étnico-profissionais nos Oitocentos. Ao centrar meu estudo em um grupo de artífices especializados, de pele escura, livres e com alto de grau de "coesão de classe" (Hobsbawm, 2000:39), pretendi contribuir com a historiografia que procura revelar a importância das experiências laborativas dos não brancos na formação da(s) identidade(s) do(s) trabalhador(es) no Brasil imperial. Especificamente sobre as mutualistas que foram criadas antes da Abolição, os estudos disponíveis discutem o fenômeno associativo em si, sem adensar análises sobre casos particulares mais pontuais — falta encontrar substanciais conjuntos documentais produzidos pelas próprias associações. Entretanto, eles são importantes ferramentas para uma compreensão mais ampla das práticas de socorro mútuo, pois fazem comparações entre estatutos, debatem a legislação de 1860 (conhecida como "Lei dos Entraves", que regulamentou o "espírito de empresa") e esmiúçam as conjunturas que permitiram sua "popularização".[6]

No tocante ao trabalho com as fontes, é preciso fazer um importante destaque. Ao dividir as "fases" do movimento sindical brasileiro, José Albertino Rodrigues havia utilizado a Imperial Sociedade dos Artistas Mecânicos e Liberais, entidade que estudei em minha tese, como modelo para sua análise do "período mutualista", vigente antes do advento ocorrido no dia 13 de maio de 1888. Ao ana-

---

[5] Especialmente em Fernandes (1965). Direta ou indiretamente, outros autores também relativizam as afirmações do sociólogo. Entre eles, consultar Guedes (2008) e Frank (2004).
[6] Entre outros, consultar Jesus (2006); Silva Junior (2004); e Lacerda (2011).

lisar o Estatuto de 1882 dessa associação pernambucana, Rodrigues afirmou que o grupo fora formado em 1836, mas que a efetiva instalação da instituição havia ocorrido em 21 de dezembro de 1841. Segundo o intelectual, como o escopo da mutualista recifense era instruir e socorrer seus membros, estaríamos "diante de uma típica organização gremial, de bases artesanais e de finalidades mutualistas". Contudo, Rodrigues declarava que "não temos, infelizmente, outra notícia dessa instituição, senão a que nos é dada pelos Estatutos, e nada garante que tenha funcionado". Para ele, "o grande espaçamento entre as datas, desde a fundação até a aprovação dos estatutos, indica as dificuldades que certamente terá enfrentado a Sociedade no sentido de sua legalização" (Rodrigues, 1968:7).

Metaforicamente, apesar das indicações de José Albertino Rodrigues, levantei uma casa no terreno baldio formado pelo "grande espaçamento" entre os anos 1836 e 1882. Durante as pesquisas que realizei para meu primeiro livro, *O rosário de d. Antonio* (Mac Cord, 2005), havia travado o primeiro contato com as fontes produzidas pela associação pernambucana, guardadas pela Universidade Católica de Pernambuco. Ali podem ser encontrados livros de atas, contas-correntes, matrículas de sócios e de alunos. Por si só, essa documentação já indica que o grupo de artífices estava autorizado a funcionar legalmente desde seus primórdios. Ao perceber a ligação da mutualista com a irmandade de São José do Ribamar, recorri a algumas notas que havia feito quando compulsei os mais diversos registros dessa confraria, guardados pela Superintendência do Instituto do Patrimônio Histórico e Artístico Nacional em Pernambuco, quando estudava a irmandade de Nossa Senhora do Rosário dos Homens Pretos. Foi com base nesse *corpus* documental que projetei os marcos iniciais da pesquisa que gerou minha tese, que visava analisar a montagem da entidade artística. Quanto ao marco final, optei por fixá-lo em 1880, data da inauguração do palacete do Liceu de Artes e Ofícios, que ficou sob a responsabilidade da mutualista recifense. Teve grande influência nessa escolha uma foto do festejo que chegou a minhas mãos por meio de Claudio Batalha: nela, homens de pele escura posavam às portas da nova escola, vestidos com extremo rigor.

Foi com esses elementos que cimentei os alicerces de minhas pesquisas e interpretações. Para levantar os muros da tese, concentrei minha atenção nos dois principais objetivos da associação pernambucana: auxílio mútuo e instrução. Para além da análise das fontes produzidas pelos próprios sócios, recorri ainda a documentos produzidos pelas elites letradas e proprietárias de Pernambuco, pois muitos dos objetivos do grupo de artífices se aproximavam das propostas expressas por políticos e jornalistas do período. Assim, entre outras fontes depositadas no Arquivo Público Estadual Jordão Emerenciano, no Recife, consultei todos os códices referentes às obras públicas, gerais e militares. Nessas séries, encontrei os mestres carpinas e pedreiros que eram sócios em diversas empreitadas governamentais, o que permitia que empregassem seus consócios. Nos livros referentes à instrução pública, foi possível observar que alguns artífices também conseguiram aprofundar seus estudos em escolas provinciais. Assim, aos poucos, associando-me à historiografia que indica terem existido tênues limites entre os espaços público e privado nos Oitocentos brasileiro, tive a certeza de que a associação contava com uma sólida economia do favor.

Feitos os alicerces e levantados os muros da tese, era chegado o momento de fazer seu entelhamento. Nas fontes produzidas pela Câmara Municipal, Presidência da Província e Assembleia Legislativa, foi possível perceber como a mutualista recifense foi protegida pelos mais diversos níveis e poderes do Estado. Era interessante para os governantes pernambucanos incensar uma organização modelar, que poderia ser utilizada como exemplo de morigeração, disciplina e ordem para uma crescente mão de obra livre e pobre que se amontoava pelos cortiços e mocambos da capital da província. Por sua vez, nas fontes produzidas pelo grupo de artífices, a "boa sociedade" aumentava os quadros de sócios honorários e benfeitores. Ao receber as elites letradas e proprietárias em sua sede, a entidade de artífices pretendia monopolizar o ensino das artes mecânicas e reinventar o controle do mercado de edificações por meio de seus diplomas. O Liceu de Artes e Ofícios seria o ponto alto desse projeto. Por fim, foi preciso tratar do acabamento da construção. Para cercar melhor o objeto que estudei, utilizei jornais, relatórios governamentais, folhetos oitocentistas e inventários. No Rio de Janeiro, complementei a pesquisa com fontes do Arquivo Nacional, da Biblioteca Nacional e do Instituto Histórico e Geográfico Brasileiro.

Considerações finais

Tendo em vista o que foi discutido até aqui, artífices como José Vicente Ferreira Barros conseguiram driblar importantes limites sociais que foram impostos a seus "irmãos de cor". O mais interessante é que ele e outros artesãos especializados fizeram isso sem necessariamente negar os valores que ajudavam a restringir as oportunidades sociais e econômicas para os homens e mulheres egressos da escravidão. Os membros de pele escura da associação pernambucana queriam ver reconhecidos seus méritos, inteligência, iniciativa e disciplina. Tais valores nunca foram por eles questionados, ao contrário. Por isso mesmo, puderam acreditar no "progresso" e na "civilização" — essas não eram noções que foram simplesmente "impostas", vindas "de cima". Os valores que mobilizavam os mais destacados mestres de ofício daquela mutualista sediada na cidade do Recife constituíam um legado de experiências ético-profissionais densas e dinâmicas.

Para alcançarem conquistas sociais na segunda metade dos Oitocentos, homens como José Vicente Ferreira Barros reelaboraram antigos costumes. Eles redefiniram a noção de "trabalho disciplinado" que a "boa sociedade" pensava impor. Não devemos pensar que eram seres "atípicos". O que seria "típico"? Não há como engessar múltiplas experiências em modelos ideais.[7] Os sócios de pele escura, que eram mais especializados em seus ofícios, sentiam-se diferentes e desiguais do restante das classes subalternas porque haviam conseguido realizar um projeto que visava alçá-los a um lugar social que achavam merecer. Nesse sentido, esse grupo de artífices criou seu próprio sentido de "progresso" e alcançou privilégios que foram construídos a partir de suas próprias experiências e expectativas. Por mais que parecessem responder a meras exigências "modernizadoras" de seus patronos, foram eles que fizeram suas próprias histórias.

Por fim, vinculo minha pesquisa de doutorado aos esforços de renovação da história social brasileira, que, nos últimos 20 anos, segue abrindo caminhos alternativos para (re)construir a vida dos trabalhadores que viveram no país. Ao centrar minhas análises em um grupo pernambucano de artífices especializados, que existiu durante a vigência do escravismo e foi hegemonicamente composto por homens livres de cor, todos preocupados com sua escolarização e com a conquista de sua cidadania, tive a oportunidade de relativizar uma série de cânones sobre a organização da classe trabalhadora nacional. É impossível investigar a construção de identidades sociais desses sujeitos históricos sem considerar as racializadas tensões do Império do Brasil. *Andaimes, casacas, tijolos e livros: uma associação de artífices no Recife, 1836-1880*, minha tese, defendida em 2009, portanto, além de discutir a formação da classe trabalhadora brasileira, também mantém profundos diálogos com os problemas enfrentados pela historiografia da escravidão e pela historiografia social da cultura.

---

[7] Para aprofundar a questão sobre "tipicidade" e "legitimidade" identitária da classe trabalhadora, ver Batalha (set. 1991/ago. 1992). E. P. Thompson desconstruiu alguns determinismos sobre a formação de identidades sociais dos trabalhadores. Relativizando o conceito de "classe" como categoria modelar e autoexplicativa, o autor inglês ofereceu aos pesquisadores em história social a possibilidade de entender a formação da classe operária como algo processual. Em sua ótica, devemos estar atentos às ações dos trabalhadores em suas próprias conjunturas históricas e sociais. Com esses cuidados, as conexões entre "passado", "presente" e "futuro" seriam fruto de escolhas e combates políticos travados entre os sujeitos históricos. A formação da classe operária nada teria a ver com causalidades teleológicas, sendo entendida com base em fluxos e refluxos do processo de construção de identidades coletivas (Thompson, 1997).

Referências

ARAÚJO, Emanuel. *Teatro dos vícios*. Rio de Janeiro: José Olympio, 1993.

BACON, Francis. *Novo organum*. São Paulo: Abril Cultural, 1973.

BATALHA, Claudio H. M. Identidade da classe operária no Brasil (1880-1920): atipicidade ou legitimidade?. *Revista Brasileira de História*, v. 12, n. 23-24, set. 1991/ago. 1992.

_____. Sociedades de trabalhadores no Rio de Janeiro do século XIX: algumas reflexões em torno da formação da classe operária. *Cadernos AEL*: Sociedades Operárias e Mutualismo, v. 6, n. 10-11, 1999.

_____. A historiografia da classe operária no Brasil: trajetórias e tendências. In: FREITAS, Marcos C. (Org.). *Historiografia brasileira em perspectiva*. São Paulo: Contexto, 2003.

BENCI, Jorge. *Economia cristã dos senhores no governo dos escravos*. São Paulo: Grijalbo, 1977.

BLUTEAU, Raphael. *Vocabulário portuguez & latino*: aulico, anatomico, architectonico... Coimbra: Colégio das Artes da Companhia de Jesus, 1712.

ESTATUTOS da Sociedade Auxiliadora das Artes e Officios e Beneficente dos Sócios e Suas Famílias sancionados em 9 de agosto de 1835. Rio de Janeiro: Typographia Fluminense de Brito & Companhia, 1835.

FERNANDES, Florestan. *A integração do negro na sociedade de classes*. São Paulo: Dominus/Edusp, 1965. 2 v.

FRANK, Zephyr L. *Dutra's world*: wealth and family in Nineteenth-Century Rio de Janeiro. Albuquerque: University of New Mexico Press, 2004.

GUEDES, Roberto. *Egressos do cativeiro*: trabalho, família, aliança e mobilidade social. Rio de Janeiro: Mauad, 2008.

GUESLIN, André. *L'invention de l'économie sociale*: idées, pratiques et imaginaires coopératifs et mutualistes dans la France du XIXe siècle. 2. ed. rev. e aum. Paris: Economica, 1998. p. 146.

HOBSBAWM, Eric J. *Mundos do trabalho*: novos estudos sobre a história operária. 3. ed. rev. São Paulo: Paz e Terra, 2000.

JESUS, Ronaldo P. de. História e historiografia do fenômeno associativo no Brasil monárquico (1860-1887). In: CARVALHO, Carla M.; OLIVEIRA, Mônica R. (Org.). *Nomes e números*: alternativas metodológicas para a história econômica e social. Minas Gerais: UFJF, 2006.

LACERDA, David P. *Solidariedades entre ofícios*: a experiência mutualista no Rio de Janeiro imperial (1860-1882). Dissertação (mestrado) — IFCH, Unicamp, Campinas, 2011.

LARA, Silvia H. Escravidão, cidadania e história do trabalho no Brasil. *Projeto História*, n. 16, 1998.

LUCCOCK, John. *Notas sobre o Rio de Janeiro e parte meridional do Brasil*. São Paulo: Edusp; Belo Horizonte: Itatiaia, 1975.

MAC CORD, Marcelo. *O rosário de d. Antonio*: irmandades negras, alianças e conflitos na história social do Recife, 1848-1872. Recife: Fapesp/UFPE, 2005.

_____. *Andaimes, casacas, tijolos e livros*: uma associação de artífices no Recife, 1836-1880. Tese (doutorado) — IFCH, Unicamp, Campinas, 2009a.

_____. Nos canteiros de obras do Recife oitocentista: sobrevivências corporativas, experiências associativas e coesão de classe. *ArtCultura*, v. 11, 2009b.

_____. As redes de proteção dos mestres de obras recifenses durante a estada de Vauthier em Pernambuco. In: PONCIONE, Claudia; PONTUAL, Virginia (Org.). *Un ingénieur du progès Louis-Léger Vauthier, entre la France et le Brésil*. Paris: Michel Houdiard, 2010a.

_____. Na igreja de São José do Ribamar, os artífices nem sempre oravam. Recife, século XIX. In: AGUIAR, Sylvana Maria Brandão et al. (Org.). *História das religiões no Brasil*. Recife: Bagaço/UFPE, 2010b. v. 5.

_____. Uma família de artífices "de cor": os Ferreira Barros e a sua mobilidade social no Recife oitocentista. *Luso-Brazilian Review*, v. 47, n. 2, 2010c.

_____. A irmandade de São José do Ribamar e o fim das corporações de ofício: Recife, primeiras décadas do Oitocentos. *Portuguese Studies Review*, v. 18, 2011a.

_____. Artífices de cor do Recife: dos privilégios corporativos à tentativa de controle da escolarização dos ofícios décadas de 1840 e 1850. *Clio*, UFPE, v. 28, 2011b. Série História do Nordeste.

MARSON, Izabel A. *O império do progresso*: a Revolução Praieira em Pernambuco (1842-1855). São Paulo: Brasiliense, 1987.

MARTINS, Mônica de S. N. *Entre a cruz e o capital*:as corporações de ofício no Rio de Janeiro após a chegada da Família Real, 1808-1824. Rio de Janeiro: Garamond, 2008.

RALLE, Michel. A função da proteção mutualista na construção de uma identidade operária na Espanha. *Cadernos AEL*: sociedades operárias e mutualismo, v. 6, n. 10-11, 1999.

RENDA, Arthur J. V. Os sonhos dos tipógrafos na Corte imperial brasileira. In: BATALHA, Cláudio H. M. et al. (Org.). *Culturas de classe*: identidade e diversidade no operariado. Campinas: Unicamp, 2004.

RIOS, Wilson de Oliveira. *A lei e o estilo*: a inserção dos ofícios mecânicos na sociedade colonial brasileira (Salvador e Vila Rica, 1690-1750). Tese (doutorado) — ICHF, UFF, Niterói, 2000.

RODRIGUES, José Albertino. *Sindicato e desenvolvimento no Brasil*. São Paulo: Difusão Europeia do Livro, 1968.

SILVA, Maria C. B. da C. *Sociedade Monte-Pio dos Artistas na Bahia*: elo dos trabalhadores em Salvador. Salvador: Secretaria da Cultura e Turismo da Bahia, 1998.

SILVA JUNIOR, Adhemar L. *As sociedades de socorros mútuos*: estratégias privadas e públicas (estudo centrado no Rio Grande do Sul — Brasil, 1854-1940). Tese (doutorado) — PUC-RS, Porto Alegre, 2004.

THOMPSON, E. P. *A formação da classe operária inglesa*: a árvore da liberdade. 3. ed. Rio de Janeiro: Paz e Terra, 1997. v. 1.

VAN DER LINDEN, Marcel (Ed.). *Social security mutualism*: the comparative history of mutual benefit societies. Bern: Lang, 1996.

7

Antigos serviços, novas categorias:

a utilização do trabalho prisional na urbanização do Rio de Janeiro, 1808-1821

Carlos Eduardo Moreira de Araújo

Tomando S. A. R. o Príncipe Regente Nosso Senhor, na sua Alta Consideração as circunstâncias da Europa determinou largar a sua Capital e dirigir-se ao Rio de Janeiro: o que participo a V. M.$^{cês.}$ para que tenham lugar todas as demonstrações dos sentimentos, que são próprios nos seus fiéis Vassalos por esta ocasião.[1]

Esse trecho foi retirado da carta circular enviada pelo então vice-rei conde dos Arcos a todas as Câmaras Municipais dando conta de algo surpreendente: o príncipe regente e toda a família real estavam a caminho do Rio de Janeiro. As tais circunstâncias levantadas na carta seriam:

> [...] [Napoleão], este flagelo da humanidade, este hipócrita manhoso, cobrindo com pele de mansa ovelha as entranhas do mais esfaimado e ferino lobo, concebeu logo a fanática ideia de se fazer senhor do Mundo, e com esta proferiu a execranda sentença de extinguir a Dinastia dos Bourbons. Para conseguir estes fins, não houve Lei por mais sagrada, que não transgredisse, direito por mais forte, que não calasse tratado por mais solene, que não rompesse; aliança mais firme, que não espezinhasse; crimes e maldades, por mais atrozes, que não cometesse [Soares, 1808:11].

Como receber toda a burocracia do então vasto Império português? Mesmo a cidade sendo o centro administrativo e econômico do Atlântico Sul, não possuía a estrutura necessária para receber o príncipe regente e grande parte da nobreza

---

[1] ANRJ. Secretaria de Estado do Brasil. Códice 70. *Registro da correspondência do vice-rei com diversas autoridades*, v. 29, fl. 17, 6/2/1808.

lusitana que o acompanhava. A partir de então, o Brasil, e especialmente o Rio de Janeiro, nunca mais seria o mesmo.

A historiografia tem inúmeros trabalhos que dão conta desse fato em todos os aspectos. Seja política, social ou economicamente, a vinda da família real para o Brasil em 1808 é um dos temas de nossa história que contam com vasto arsenal interpretativo.[2] Porém, lançaremos outro olhar sobre esse importante evento histórico.

A implantação de novas estruturas de poder no Rio de Janeiro demandou grande investimento. O séquito e a burocracia que acompanharam d. João só trouxeram sua nobreza. As despesas teriam de correr por conta dos ricos vassalos coloniais, que, no afã de se notabilizar, "colocaram a bolsa à disposição do rei". Terminado "o tempo dos vice-reis", foi montada uma nova estrutura administrativa. As prisões, assim como outras inúmeras atribuições, ficaram a cargo da Intendência-Geral de Polícia da Corte. Essa instituição foi responsável pela manutenção da ordem e pela implementação das obras públicas necessárias à transformação do Rio de Janeiro. Mesmo não estando em seus áureos tempos, erguer em uma cidade colonial a capital de um império europeu não foi uma tarefa fácil. Entretanto os escravos prisioneiros, subjugados ao duplo cativeiro, deram sua fundamental contribuição.

A criação da Intendência de Polícia no Rio de Janeiro — nos moldes da existente em Portugal desde 1760 — veio coroar o processo de estabelecimento de estruturas de poder representantes do Estado português na cidade. Podemos dizer que esse processo teve início com a transferência da capital do Vice-reino de Salvador para a cidade em 1763.

A Intendência era o braço estatal mais fortemente sentido pela população do Rio de Janeiro. O cargo de intendente de polícia tinha atribuições que iam muito além do que o nome sugere. No decreto de 10 de maio de 1808, d. João criou o cargo de intendente-geral da polícia da Corte e do Estado do Brasil, entregue ao antigo desembargador da relação e ouvidor do crime do Vice-Reinado, Paulo Fernandes Viana.

Na burocracia lusa, os cargos mais importantes eram ocupados por pessoas que contavam com uma vasta experiência no governo das colônias portuguesas. Paulo Viana cuidava da segurança do Rio como ouvidor do crime desde 1800. Era profundo conhecedor dos becos, vielas e ruas da cidade, do trato com os escravos — agora mais abundantes — e principalmente do trato com os *homens bons*, ocu-

---

[2] Malerba (2000); Alencastro (1997); Armitage (1972); Fausto (1996); Linhares (1990); Proença (1987); Silva (1986); entre outras publicações.

pantes do Senado da Câmara. Viana se mostrou a pessoa mais qualificada para tão ambiciosa missão de transformação da urbe.

Duas grandes frentes de trabalho foram tocadas por Paulo Fernandes Viana nos primeiros meses da Intendência de Polícia. Não por coincidência, esses dois trabalhos estão diretamente ligados ao duplo cativeiro.[3] O primeiro deles foi a transformação da urbe colonial em um local digno de ser a moradia de tão nobres cabeças. O segundo, e não menos importante, foi o controle da criminalidade nas ruas da cidade. O Rio de Janeiro é, nesse início do século XIX, uma das maiores cidades escravistas do mundo atlântico.

Organizando a urbe

A organização da urbe era de fundamental importância para o estabelecimento do poder lusitano no Rio de Janeiro. Não estamos dizendo, com isso, que ele não estivesse presente em épocas anteriores. O que queremos salientar é que o poder nunca esteve tão próximo dos moradores como a partir de 1808. Para coibir um ato muito comum dos moradores da cidade, Paulo Viana determinou que "toda a pessoa que for encontrada a deitar águas sujas, lixo e qualquer outra imundície nas ruas e travessas será presa, e não sairá da cadeia sem pagar dois mil réis para o cofre das despesas da Polícia".[4] Editais como esse eram afixados em lugares públicos para que a população tivesse acesso às determinações da Intendência. Não encontramos ninguém que tenha sido preso por "deitar águas sujas" nas ruas. Como era uma prática disseminada entre os habitantes, não haveria cadeias que chegassem para prender tantas pessoas.

Ao longo do período de 1808-1821 em que esteve à frente da Intendência, Paulo Fernandes Viana lançou inúmeros editais determinando a conformação da cidade em Corte de um império. Esses documentos mostram a ação do poder público influenciando diretamente a vida dos moradores do Rio de Janeiro.

O aterramento dos inúmeros pântanos se tornou cada vez mais importante para a salubridade das ruas. O aumento populacional ocorrido no rastro da transmigração real para a cidade tornou essas obras de extrema urgência. Vários desses

---

[3] Identificamos a existência do duplo cativeiro entre os escravos urbanos do Rio de Janeiro no início do século XIX. No primeiro cativeiro — privado —, os escravos estavam submetidos a seus senhores. No segundo cativeiro — público —, esses mesmos escravos estavam submetidos ao poder estatal, que utilizava seus serviços, muitas vezes de forma gratuita, nas obras públicas implementadas na Corte.

[4] ANRJ. Polícia da Corte. Códice 318. *Registro de avisos e portarias da polícia da Corte*, fl. 3, edital de 20/4/1808.

aterros foram realizados nas ruas dos Inválidos, Lavradio, nos Arcos da Lapa e no campo de Santana.[5]

A preocupação com a saúde também era uma das atribuições da Intendência de Polícia. Viana procurou intensificar um processo ainda do tempo dos vice-reis: o controle do desembarque de escravos no Valongo. Assolada constantemente por epidemias, a cidade precisava manter um rígido controle das doenças altamente transmissíveis, como as "bexigas" que contaminavam os escravos ao longo da travessia atlântica. Segundo a determinação do intendente, os escravos deveriam ser inspecionados pelo provedor da saúde antes de desembarcarem no trapiche do Valongo. Os contaminados deveriam ser remetidos para a ilha das Enxadas, próxima à zona portuária, onde seriam tratados e devolvidos aos comerciantes. Como o tráfico se torna mais intenso nesse primeiro período de mudanças na cidade, podemos imaginar a carga de trabalho dos inspetores de saúde.[6]

Outra questão que também preocupava a Intendência de Polícia era o controle da entrada dos escravos africanos na cidade, principalmente os minas.[7] Em ofício ao juiz do crime de Santa Rita, José da Silva Loureiro Borges, o intendente pediu ao magistrado que fizesse listas nas quais constassem o número de desembarcados, a quem se destinavam, se provinham do porto da Costa da Mina ou de outro porto e se houve "algum desvio de direitos".[8] Viana informou que esses dados serviriam de base para uma futura deliberação sua.[9] Já estava esboçado, assim, o controle mais rígido que seria empreendido pelo intendente nos anos que se seguiram. Com o aumento de escravos circulando pelas ruas, era extremamente útil saber o número de potenciais desordeiros.

O livre deslocamento dos escravos pela cidade há muito tempo fazia parte das preocupações dos representantes do poder público no Rio de Janeiro. A partir de 1808, essa preocupação crescia, à medida que o número de escravos que desembarcavam na cidade era maior. A segurança precisava ser reforçada. O principal artifício usado no controle dos escravos urbanos foi o toque de re-

---

[5] Id., fl. 4v-5, 25/4/1808.

[6] Id., fl. 17v-18. Ofício expedido pelo intendente ao juiz de fora em 27/5/1808.

[7] Essa preocupação do intendente se justifica se analisarmos a atuação dos escravos africanos na Bahia, principalmente os minas, nos diversos levantes ocorridos nessa capitania no início do século XIX. Para mais detalhes sobre a repressão na Bahia, ver Reis (1996:332-372).

[8] Para ajudar no controle dos delitos, em junho de 1808 a cidade foi dividida em dois distritos judiciais, que ficavam sob a responsabilidade de dois juízes do crime. Subordinados ao intendente, esses magistrados exercem as funções judicial e policial, que Paulo Fernandes Viana desempenhava na cidade como um todo. Para mais detalhes, ver Holloway (1997:46).

[9] ANRJ. Polícia da Corte. Códice 318. *Registro de avisos e portarias da polícia da Corte*, fl. 132v., 10/12/1808.

colher. No período colonial, essa prática foi amplamente utilizada na tentativa de controlar os cativos. Sua eficácia era restrita, uma vez que tal medida foi diversas vezes editada.

Tirando-se os salteadores, que perambulavam pelas ruas "ganhando" alguns trocados dos mais distraídos, ou um ou outro escravo que estivesse a serviço de seu senhor, as pessoas que circulavam pela cidade tinham um pouso certo: as tavernas, vendas ou mesmo zungus. Esses locais eram o ponto de encontro para diversão com jogos regados a muitas bebidas e companhias, digamos, carinhosas. Profundo conhecedor do Rio de Janeiro, Paulo Fernandes Viana, antes mesmo de estar regulamentada a Intendência de Polícia, lançou um edital proibindo o funcionamento dessas casas após as 22 horas. Caso a determinação não fosse cumprida, a pena seria uma soma muito pesada para os donos, caixeiros ou frequentadores: multa de 1.200 réis e cadeia. Era difícil para escravos e livres pobres encontrarem um local para seus divertimentos. A partir de agora o controle estava mais intenso e um descuido poderia levar qualquer um à prisão.

Para facilitar a ligação entre a nova Corte e os distritos mais distantes, a Intendência empreendeu diversas reformas nas estradas. Nesse momento, vemos mais claramente como o poder público solucionava os problemas financeiros para a execução das obras — utilizava-se do poder privado. Podemos considerar que os *homens bons* da cidade e seus arredores estavam dispostos a ajudar d. João nessa empreitada, pelo menos num primeiro momento. Paulo Viana não se fez de rogado e utilizou muito sua pena em ordens a seus subordinados para que dessem início o mais rápido possível a obras de suma importância.

A comunicação com a fazenda de Santa Cruz, pertencente à Coroa, necessitava de reparos urgentes. A partir da cancela existente em São Cristóvão, cada morador do trajeto deveria fazer sua parte na obra. Os mais abastados deveriam deslocar alguns de seus escravos para o serviço. Os mais pobres, principalmente os libertos, deveriam dar sua contribuição. Quem se opusesse seria preso e remetido para a Intendência para uma conversa com Paulo Viana.

Mesmo com a pressão sobre os libertos e a convocação dos senhores locais, a estrada não teve suas obras finalizadas. O encarregado da intervenção, o capitão João da Silva de Almada, informou ao intendente que, apesar dos esforços, não conseguiu o número necessário de voluntários para a execução do serviço. Cinco meses após o primeiro edital, Viana decidiu pagar o aluguel de "meia dúzia" de escravos das redondezas. Os senhores desses escravos deveriam se dirigir à Intendência no fim de cada semana para receber o jornal, pois se pensava que, desse modo, o encarregado da obra acharia a mão de obra necessária "sem dúvida nem vexame algum".

A utilização de escravos particulares nas obras públicas não foi "privilégio" dos moradores dos distritos mais afastados da cidade. Os senhores urbanos também deram sua contribuição para a urbanização levada a cabo pela Intendência. A euforia inicial em razão da instalação da Corte e também a necessidade de melhorar o saneamento a fim de evitar as epidemias que grassavam na cidade fizeram com que os proprietários de escravos urbanos não se furtassem a ajudar o intendente a aterrar os pântanos. Num longo ofício expedido ao juiz de fora Agostinho Petra de Bittencourt, Viana explica como se deveria proceder dali por diante na questão das obras e cita como exemplo a intervenção que deveria ser iniciada o quanto antes nas ruas dos Inválidos e do Lavradio.[10]

Primeiramente, os proprietários de terrenos não edificados deveriam ser avisados para que fizessem o aterro de suas propriedades num curto espaço de tempo. Caso não realizassem a intervenção, teriam como pena a venda forçada de sua propriedade a outra pessoa que realizasse o serviço, "por não dever o bem público esperar pelas suas comodidades ou sofrer os seus desmandos". O entulho utilizado para tal empreitada deveria ser retirado do morro localizado ao fundo da rua do Rezende. Além de próximo, iria ao mesmo tempo abrindo essa rua para a Mata Cavalo (atual Frei Caneca). As carroças e os carros de aluguel deveriam ser convocados para o serviço. Estes seriam controlados pelos almotacés[11] para o posterior pagamento do serviço pelo Senado da Câmara.[12] Os únicos transportes que não seriam utilizados nesse serviço eram os que faziam ponto no campo dos Ciganos (atual praça Tiradentes).

Paulo Fernandes Viana também queria que os moradores se empenhassem nessas obras, pois para ele não havia "razão alguma para que os moradores não concorr[essem] para este trabalho". A ajuda viria por meio dos braços escravos. Cada morador deveria ter um escravo retirando o entulho do morro, e "outros" a carregá-lo, e "outros" a espalhá-lo pelo trecho de rua em frente a suas casas. Esse serviço seria acompanhado por um homem capaz de feitorizar e imprimir um ritmo maior ao trabalho. Como vimos, os senhores deveriam dispor de, pelo menos, cinco escravos para a realização de um serviço de aterro público.

---

[10] Id., fl. 44-45. Ofício de 19/7/1808.

[11] Esse cargo foi criado ainda no século XVI e era subordinado ao Senado da Câmara. Entre suas atribuições, destacam-se: fiscalizar o abastecimento de víveres e as obras, dividir a carne dos açougues entre os moradores da cidade, cuidar para que os profissionais de ofício guardassem as determinações da Câmara e zelar pela limpeza da cidade. Para mais detalhes, ver Salgado (1985:134-135).

[12] Quer dizer, talvez fossem pagos, pois o Senado da Câmara não era adepto de quitar os compromissos com seus próprios funcionários, o que fará com escravos ao ganho ou mesmos libertos que se dedicavam a esse tipo de atividade.

Muito provavelmente esse serviço foi levado a cabo, mas não deve ter agradado aos moradores das ruas do Lavradio e dos Inválidos e muito menos aos senhores que tinham seus escravos ao ganho nas carroças e carros de aluguel pela cidade. Mas não eram somente os aterros que contavam com um apoio mais direto do poder privado. O simples ato de se desfazer dos excrementos, hábito diário que mobilizava os escravos conhecidos como tigres a partir de 1808, contou com a normatização da Intendência. O campo de Santana e as praias da cidade eram os locais mais utilizados para esse tipo de serviço, porém Viana, ao andar pela cidade, percebeu que alguns locais deveriam ser limpos e controlados.

As ruas do Rosário, Sabão, São Pedro e das Violas estavam repletas de "ciscos e imundícies" que tornavam a marinhadesses locais "intransitável, mal sadia a ponto de já não poder disfarçar".[13] Só havia uma solução para esse caso: usar os escravos dos moradores "mais vizinhos" dessas localidades. Um serviço que não contava muito com a atenção dos senhores — a eliminação dos excrementos — passou a ser caso de polícia. A partir daquele momento, os senhores deveriam dispor de seus escravos para realizar a limpeza daquela região sob o comando de oficiais de justiça. Eles acompanhariam o trabalho dos escravos, que deveriam "deitar tudo ao mar" sob os olhares dos oficiais e cabos das patrulhas.

De pás e enxadas em punho, os cativos deveriam realizar um serviço que antes de 1808 seria inimaginável: limpar as ruas da cidade. Paulo Viana tinha certeza de que somente essa medida não resolveria o problema. Por isso, por intermédio do juiz de fora, ordenou que alguns homens das rondas policiais, ao principiar a noite, deveriam montar guarda naquela localidade e "insinuarem aos pretos que devem fazer os despejos na água e não na terra".[14] Esses foram alguns exemplos, entre tantos que encontramos nas fontes, para mostrar como foram esses primeiros momentos da Intendência de Polícia em seu trabalho de normatização da cidade.

A generosidade dos moradores da cidade não ia ser suficiente para dar conta do volume de obras de que a nova Corte necessitava. Paulo Fernandes Viana precisava contar com um número maior e regular de braços para tocar o projeto de transformação do Rio de Janeiro numa Lisboa tropical. Como resolver esse impasse? Na época do vice-reinado, quando vários delitos tinham como pena os trabalhos forçados ou as galés, os detentos eram utilizados nos mais diversos

---

[13] As ruas do Sabão e S. Pedro não existem mais. Eram perpendiculares à atual rua Primeiro de Março. Com as obras realizadas na década de 1940, foram incorporadas à atual avenida Presidente Vargas. A rua das Violas é a atual rua Teófilo Ottoni (Cavalcanti, 1998:73-90).

[14] ANRJ. Polícia da Corte. Códice 318. *Registro de avisos e portarias da polícia da Corte*, fl. 94v. Ofício de 22/10/1808.

serviços. Essa prática chegou ao século XIX, contudo deveria ser intensificada. A maior parte das obras públicas realizadas durante os primeiros anos da Intendência de Polícia contaram com a presença maciça dos escravos prisioneiros. Vejamos agora como o duplo cativeiro se tornou mais visível aos olhos dos senhores urbanos e principalmente dos escravos.

As obras públicas e o duplo cativeiro: primeiros trabalhos

> Faço saber aos que [...] andarem nos carros pelas ruas e estradas dos subúrbios da Corte sem levarem os candeeiros diante e as carroças sem os pretos conduzirem as bestas pela arriata, mas atrás ou sentados no leito delas se terem seguido grandes males ao que passam pelas ruas e se tolhe o curso livre das seges, quando tudo se pode evitar indo os condutores diante em seus respectivos lugares. Serão desta data punidos os carreiros e pretos de carroças que assim se encontrem com a pena os que forem escravos de 50 açoites no Calabouço e *os livres com 15 dias de trabalhos em obras públicas* e uns e outros por si, seus amos e senhores pagarão além disso mil réis ao cofre da Polícia.[15]

Esse foi um dos primeiros editais lançados por Paulo Fernandes Viana tratando da questão do uso de infratores nas obras públicas. Sabemos que o serviço de transporte nesse período era realizado por escravos e libertos, por isso o edital faz questão de frisar que eles seriam os primeiros alvos do intendente.

Viana poupou, a princípio, os senhores dos escravos carreteiros desse tipo de infração, pois eles eram constantemente convocados para dar apoio logístico às obras, como vimos no caso do aterro das ruas dos Inválidos e do Lavradio. Os libertos — em razão de sua condição — conseguiam muitas vezes escapar dos trabalhos forçados nas obras públicas. Também não eram enviados ao Calabouço para serem açoitados. Como estamos tratando de um período no qual as práticas absolutistas ainda estavam imperando, quem iria controlar o prazo de 15 dias estabelecido pelo edital? Geralmente, esses "crimes" dos quais tratavam os editais não rendiam processos.

O juiz do crime, ao receber das mãos das patrulhas os "criminosos", encaminhava-os de acordo com as determinações emanadas da Intendência de Polícia. Logo, o uso desses libertos poderia exceder o prazo de 15 dias nas obras públicas.

---

[15] Id., fl. 27, Edital de 12/6/1808; grifo nosso.

Escapar do cativeiro senhorial pela alforria não significava que os libertos conseguiriam escapar do cativeiro público.

A questão da mão de obra era muito importante para o projeto de Paulo Viana, mas não era o único problema enfrentado pela Intendência. Os materiais e principalmente as ferramentas necessárias para a execução das obras também precisavam estar disponíveis. A solução encontrada foi utilizar as ferramentas da Casa do Trem.[16] Os editais e a maneira como Viana vinha conduzindo a intervenção na cidade não contavam com o apoio unânime de outros representantes do poder público. Mesmo que não tenhamos encontrado nenhum manifesto contra a política do intendente nesse primeiro período, julgamos que as atitudes de alguns membros do governo deixavam isso claro. O intendente da Casa do Trem não havia atendido às inúmeras solicitações de ferramentas feitas por Viana. Para solucionar o problema, o intendente de polícia pediu a intervenção de d. Fernando José, ministro de Estado dos Negócios do Brasil, para que a Casa do Trem emprestasse algumas ferramentas para a construção da estrada que ligaria o campo de Santana à Gamboa, pois se tratava de obra "pública e do serviço do Estado". Na lista de ferramentas apresentada constava 18 enxadas, seis carrinhos, seis "alabancas" [sic], 12 picaretas e 40 cestos. Todo esse material deveria ser fornecido aos escravos que realizavam o serviço.[17]

Essa obra ligando o campo de Santana à Gamboa provocou grandes preocupações ao intendente de polícia. Os moradores da localidade não estavam colaborando. Numa atitude um tanto extremada, Viana recomendou ao juiz do crime da freguesia de Santa Rita José da Silva Lourenço Borges, responsável pela obra, que obrigasse os vizinhos da estrada a ajudar, usando para isso penas "que julga[sse] conveniente cominar". Ao contrário do que ocorreu com a estrada entre São Cristóvão e Santa Cruz, essa obra não iria contar com o jornal pago aos escravos. A única despesa que a Intendência cobriria seria a da pólvora utilizada na pedreira.[18]

A freguesia de Santa Rita nesse período contava com uma grande movimentação, pois nesse local ficava a praia do Valongo, ponto de desembarque e

---

[16] "Em 1762, o então Vice-rei Conde de Bobadela manda erigir a Casa do Trem, ao lado do Forte de Santiago, destinado à guarda dos armamentos (trens de artilharias) das novas tropas enviadas por Portugal para reforçar a defesa da cidade, ameaçada por corsários em busca do ouro vindo das Minas Gerais. Com a elevação do Rio de Janeiro à condição de capital do Estado do Brasil, foi construído, em 1764, junto à Casa do Trem, o Arsenal de Guerra destinado ao reparo de armas e fabricação de munições" (Disponível em: <www.museuhistoriconacional.com.br>. Acesso em: 9 abr. 2012).

[17] ANRJ. Polícia da Corte. Códice 318. *Registro de avisos e portarias da polícia da Corte*, fl. 92. Ofício de 20/10/1808.

[18] Id., fl. 107v. Ofício de 15/11/1808.

negociação dos escravos africanos na cidade. Era uma área carente de obras, principalmente porque ali morava um dos homens fortes do Império luso, d. Rodrigo Coutinho, ministro de Estado dos Negócios da Guerra. Os moradores do largo de São Joaquim e das ruas do Sabão e de São Pedro deveriam construir muros em seus terrenos não edificados para evitar que fosse despejado lixo e, além disso, aterrar o "meio da rua com cascalhos das pedreiras". A recomendação ao juiz do crime era a mesma do ofício anterior: a Intendência não arcaria com nenhuma despesa, e por isso o magistrado estava autorizado a tomar as medidas que lhe parecessem "mais convenientes e cômodas" para tais melhoramentos.[19]

As atitudes de Paulo Viana à frente das obras públicas eram pragmáticas. Se a Intendência não tinha condições de arcar com os custos, que o ônus recaísse sobre os moradores. Mesmo contrariados, os senhores locais tinham de fornecer seus escravos para os desmandos do intendente, ou então arcar com as consequências. Definitivamente, Viana era o braço do absolutismo português mais pesado nos ombros dos moradores e escravos da cidade do Rio de Janeiro a partir de 1808.

Ferramentas, escravos, material — esses elementos não eram suficientes para dar conta das obras públicas. Seriam necessários profissionais qualificados para gerenciar essas intervenções. Mesmo que alguns presos e escravos de aluguel tivessem um ofício, não eram suficientes para o volume das intervenções urbanísticas levadas a cabo pela Intendência de Polícia. No início de 1809, essa carência de braços especializados já se fazia sentir. O inspetor da Brigada, Rodrigo Pinto Guedes, responsável pelas obras que conduziriam a água do rio Maracanã para a cidade, relatou a Paulo Fernandes Viana os transtornos que alguns carpinteiros estavam trazendo ao serviço:

> [...] Joaquim José de Matos trabalhou cinco dias na semana passada e não voltou; Ignácio da Silva retirou-se quinta-feira da mesma semana e me afirma que não retornará; Fabiano do Couto diz o Magistrado que não apareceu jamais no Bicame, e nem tem trabalhado nele. Disto se colhe que não existem e não posso remetê-los.

O intendente havia solicitado alguns carpinteiros para a realização de reparos nos encanamentos que conduziam água do rio Carioca para os chafarizes da cidade. O verão de 1808-1809 foi marcado por uma grave seca. O inspetor fez um apelo a Viana:

---

[19] Id., fl. 114v-115. Ofício de 20/11/1808.

[...] estimarei muito que mande pessoas que os conheçam procurá-los e apreendê-los porque desde já convenho nisto, *e desejo dar mais prova de que não patrocino tal deserção, nem fomento a insubordinação*, devendo saber que no aperto em que me tenho visto de falta de trabalhadores tendo dado ordens aos Magistrados para aceitar os que se fossem oferecer, ainda sem serem mandados por mim, o que todavia nunca se entendeu que fosse com conhecimento de causa *serem desertores do Arsenal Real da Marinha, pois que ao Inspetor do Arsenal já mandei restituir dois* [...].[20]

Esse trecho final é esclarecedor. Ao mesmo tempo que ser pego para os trabalhos nas obras públicas conduzidas pela Intendência poderia ser o pior dos castigos, poderia significar também a redenção de imposições muito piores, segundo a visão de alguns homens. O alistamento forçado representava, para os homens livres, o mesmo que a pena de trabalhos forçados nas obras públicas representava para os escravos e libertos. Enquanto os escravos e demais apenados contavam com vigilância de soldados, os livres que se ofereciam para os trabalhos não precisavam ser acorrentados nem vigiados, afinal estavam ali por livre e espontânea vontade.

Alguns militares "forçados" viam nas obras públicas uma grande oportunidade de fugir do rigor dos quartéis e principalmente do rigor do Arsenal de Marinha. Rodrigo Pinto Guedes queria aproveitar a força de que dispunha Paulo Fernandes Viana como intendente de polícia para tentar conter as inúmeras deserções, muito frequentes nesse período. Para o intendente, essa união entre os militares e a polícia nas obras públicas era extremamente importante. Algumas tropas de linha eram responsáveis pela vigilância dos escravos prisioneiros nas obras. Mas d. Rodrigo Coutinho, o poderoso ministro de d. João, pretendia mudar isso. Entra em cena a tropa dos Pretos Henriques.

Pretos Henriques: uma vigilância solidária

Assim como o intendente de polícia sofria para conseguir escravos para a realização das obras públicas, os oficiais militares também sofriam para montar seus destacamentos. Muitos homens eram forçados a se alistar. Como vimos, vários acabavam desertando pelo mais variados motivos. Na tentativa de suprir as necessidades na composição dos batalhões da cidade e de controlar o número de

---

[20] Id., fl. 194, 9/3/1809; grifos nossos.

libertos, foi criado, no século XVIII, o Batalhão dos Pretos Henriques.[21] Uma das atribuições desse batalhão à época era vigiar os escravos condenados a galés e os libambos. Os escravos eram retirados todos os dias pela manhã do Calabouço na Fortaleza de Santiago em magotes de quatro a seis atados por correntes e acompanhados pelos Henriques para a realização dos trabalhos. No final do dia, eram conduzidos para a prisão para o "merecido descanso", pois no dia seguinte tudo se repetiria novamente.

Os Henriques foram tirados desse serviço ainda no governo do marquês do Lavradio (1769-1779), segundo Paulo Viana, em razão das constantes fugas ocorridas, muitas delas facilitadas pelos próprios vigilantes. As tropas de linha substituíram os Henriques. Com o tempo, as fugas recomeçaram, só que dessa vez com maior frequência. Para evitar transtornos, o marechal de campo e os chefes dos regimentos de linha solicitaram ao ministro d. Rodrigo de Sousa Coutinho que os Pretos Henriques fossem reconduzidos ao serviço de vigilância dos escravos condenados a galés. Como a administração das obras estava a cargo da Intendência de Polícia, Paulo Fernandes Viana recebeu os ofícios e emitiu um parecer nada favorável ao regresso dos Henriques a esse serviço. "Negros neste país não devem guardar outros negros e até eu quisera que eles ignorassem o manejo das armas, e muito menos os das peças de artilharia em que com muita mágoa minha os vi adestrar de poucos anos a esta parte."[22]

As constantes fugas dos apenados fez com que o marquês do Lavradio entregasse a vigilância às tropas regulares, pois temia que a solidariedade da cor continuasse a libertar diversos condenados. Chegando ao século XIX, a situação não melhorou em nada, ao contrário. Com o intenso ritmo de trabalho impresso por Viana nas obras públicas após 1808, os escravos passaram a contar com a conivência dos militares para algumas fugas. Viana atentou para o detalhe de que não somente a cor da pele podia ser um fator de aliança entre os homens. O que guardas militares e escravos apenados teriam em comum? O fato de não quererem estar ali. Recrutamento forçado e a pena de galés foram os responsáveis pelas constantes fugas nas obras públicas.

Os oficiais militares não estavam gostando dessa aliança. Queriam tirar os soldados desse trabalho e deslocá-los para outras funções consideradas mais importantes. Para Paulo Fernandes Viana, isso significava

---

[21] Os regimentos de libertos das capitanias da Bahia e do Rio de Janeiro receberam o nome de Henriques em homenagem a Henrique Dias, negro livre que organizara a resistência contra os holandeses no século XVII (Mattoso, 1992:227).

[22] ANRJ. Polícia da Corte. Códice 318. *Registro de avisos e portarias da polícia da Corte*, fl. 15v-17, 23/5/1808. Essas e todas as inserções que se seguem foram tiradas do mesmo ofício. Agradeço a indicação do documento a Marcos Luiz Bretas.

um pretexto para se livrarem deste trabalho e da responsabilidade da má guarda que por abuso estão fazendo de pouco tempo a esta parte. Se esta indecência consiste em serem como dizem negros, e mulatos os presos ainda serão eles pior guardados pelos Henriques que são pretos sem educação nem moral alguma mais facilmente propensos a favorecer outros seus semelhantes, sem disciplina, forçados ao serviço que vão prestar, que precisamente há de cair em maior frouxidão e dela hão de vir males maiores ao Estado já em faltarem estes serventes já em se espalharem mais malvados pela cidade que cometeram delitos e atacaram a segurança pública.[23]

Para o intendente de polícia, os Henriques deveriam ignorar o manejo das armas e de peças de artilharia, coisas que viu com muita "mágoa" serem passadas a essa tropa. Ele também não conseguia entender como os militares não conseguiam acabar com a "indecência" das fugas, enquanto as tropas regulares vigiavam os trabalhos nas ruas se naquele momento o número de soldados e o cuidado no recrutamento eram maiores.

Esse longo ofício escrito por Viana ainda traz outros detalhes importantes. As preocupações com a situação fora da cidade do Rio de Janeiro e até com os inimigos de d. João foram lembradas. Outra questão igualmente importante foi a esperança gerada na população escrava de que a vinda da Corte representaria a liberdade, o fim do cativeiro:

> Arrede V. Ex.^{cia.} esta desgraça deste país, e recorde-se de casos tão recentes das Ilhas de S. Domingos e da Bahia. Quem pode assegurar que estes guardas ou peitados por outros seus semelhantes, ou mesmo do seu mau natural [sic] prometendo a fuga ou a liberdade a estes outros negros que guardam não suscitem motins nos diferentes bairros a que vão trabalhar que engrossem por outros negros e mulatos da cidade e pelo menos não haja mais de passar pelo desgosto e trabalho de os acomodar e processar. E que pena não traria isto a corações fiéis logo nos primeiros dias de residência de SAR no país e que desairoso caso não seria este nesta época, ao menos para dar assunto aos nossos bem conhecidos inimigos. *Todos sabem que os muitos milhares de escravos que existem no Brasil têm estado esperançados que a vinda de VAR aqui os vinha libertar de seus cativeiros. Já não conhecendo, e já se lhe tem feito conhecer que não é assim, e por isso mesmo devemos contar com o seu desgosto só por esta parte.*[24]

---

[23] Ibid.

[24] Ibid.; grifo nosso.

No clima conturbado por que estava passando a cidade do Rio de Janeiro ao receber a Corte, as notícias que vinham do Caribe e da Bahia sobre levantes de escravos deixavam as autoridades policiais aterradas. Como conter um levante escravo numa cidade onde havia um grupo de negros autorizados a portar armas e a guardar presos? Paulo Viana sabia que não tinha força para controlar uma situação dessas. E deixa isso claro a d. Rodrigo Coutinho:

> Os Henriques são homens forros mas são mais amigos de outros negros seus parceiros, e de quem descendem, e dos mulatos com quem mais convivem do que dos brancos. Tenhamos isto por verdades infalíveis e não lhe vamos mesmo a meter nas mãos influência, representação que eles não tem, e permita-me V. Ex.$^{cia.}$ dize-lo assim, temamos sempre mudar o pelourinho, que é ainda muito cedo para inovações desta natureza que as mais das vezes *de pequenas faíscas se levantam grandes incêndios*.[25]

O intendente tinha argumentos muito poderosos para mudar a intenção do ministro de pôr os Henriques na vigilância das obras. O fator financeiro e os brios que esses libertos possuíam não foram esquecidos:

> Além disso e por outro lado eles não podem mesmo ir gostosos a este serviço. Hão de perceber que os chamam mesmo por ser *serviço que a tropa julga indecente e abjeto* e o que está o primeiro desgosto. Todos os soldados Henriques são oficiais de seus ofícios em que ganham mais cada dia do que os sessenta réis que se lhes quer dar, daqui vem outro desgosto e mal a sociedade que a priva de seus braços no mister de seus ofícios. O país não tem abundância de oficiais mecânicos e estes homens tirados todos os dias de seu trabalho hão de fazer falta ao público nos seus ofícios. O pagamento pelo cofre do Calabouço só pode ser lembrado por quem não sabe que além dele pagar as despesas do Passeio Público e da iluminação de todas as noites ao redor do Paço estando hoje constituindo a renda da polícia nem para a centésima parte que há a fazer por ela [*sic*].[26]

Cuidadoso com os cofres da Intendência, Viana não queria investir num serviço que para ele era ineficiente e perigoso. O soldo oferecido aos Henriques não compensaria, posto que esses homens tinham ofícios mecânicos importantes não só para a sociedade como também para a obras públicas. Obrigá-los a "perder dinheiro" significaria abrir uma brecha para não desempenharem direito suas funções, o que acarretaria um aumento das fugas.

---

[25] Ibid.; grifo nosso.
[26] Ibid.; grifo nosso.

Já que o assunto lhe foi trazido, o intendente não perdeu a chance de lembrar ao ministro que havia um plano para a criação da Guarda Real de Polícia da Corte e que até aquela data nada tinha sido feito a respeito. Entre outras funções, essa guarda, composta de "soldados brancos, e dos de melhor nota", ficaria responsável pela vigilância dos condenados às obras públicas.[27]

Paulo Fernandes Viana tinha todo o cuidado de não se envolver nas questões militares, procurando respeitar as decisões dos comandantes, mas o parecer dado por estes quanto ao uso dos Henriques deixou-o à vontade para se intrometer, mesmo que levemente, nas atribuições militares:

> Cuide-se no recrutamento dos regimentos continuamente como eu vou fazendo por ordem de V. Ex.$^{cia.}$ já de muitos dias e não se move nada deste respeito mas se for possível não se saibam destas razões e fiquem as coisas no mesmo pé com a única alteração de se castigar rigorosamente o soldado que deixar fugir o preso [...].[28]

Os apelos do intendente de polícia não foram suficientes. D. Rodrigo Coutinho autorizou a mudança na vigilância das obras públicas, atendendo ao pedido dos militares, mas Viana não se deu por vencido. Qualquer deslize praticado pelos Henriques era motivo para ofícios ao general das tropas, João Batista de Azevedo Coutinho de Monteaury. Em dezembro de 1808, Viana reclamou de que os Henriques não estavam conduzindo os presos que se encontravam no Calabouço para as obras públicas e para o serviço dos libambos.[29]

Parece que esse ofício de Viana deu algum resultado, mas não por muito tempo. Três meses depois, já estava novamente o intendente reclamando dos serviços prestados pelos Henriques:

> *Os pretos Henriques* que andam de guarda dos presos que do Calabouço saem para diversas obras públicas *falham muitas vezes*, e quando não falham vão tão tarde que se faz de todo inútil este serviço, como não seriam se fossem cedo, e se fossem tantos quantos são necessários para regular a corrente [...] e como toca a V. Ex.$^{cia.}$ remediar

---

[27] Somente em maio de 1809 a Guarda Real de Polícia da Corte foi criada. Para mais detalhes, ver Holloway (1997:47-55).

[28] ANRJ. Polícia da Corte. Códice 318. *Registro de avisos e portarias da polícia da Corte*, fl. 15v-17, 23/5/1808.

[29] ANRJ. Polícia da Corte. Códice 318. *Registro de avisos e portarias da polícia da Corte*, fl. 130v. Ofício de 9/12/1808.

tudo isso, vou representar a V. Ex.^(cia.) para se evitar que *esteja S. A. pagando o sustento e vestiário a estes presos sem eles prestarem o serviço que podem e devem prestar*.[30]

As "falhas" às quais Viana se refere eram as fugas que constantemente ocorriam nas obras públicas e que, segundo seu entendimento, eram facilitadas em razão da solidariedade entre os Henriques e os condenados, em sua grande maioria negros e pardos. O curioso nesse ofício é o trecho final. O intendente só se refere aos custos que d. João tem com a manutenção dos presos, mas esquece de mencionar o prejuízo que os senhores desses escravos estavam tendo pelo uso da mão de obra nas obras públicas.

Lentamente, Paulo Fernandes Viana vai montando a estrutura da Intendência de Polícia e, a partir de maio de 1809, a Guarda Real de Polícia passa a tomar conta dos condenados que estão a seu serviço. Por alguns meses, o intendente teve de conviver com a solidariedade existente entre vigilantes e vigiados.

Referências

ALENCASTRO, Luís Felipe de (Org.). *Império*: a Corte e a modernidade. São Paulo: Companhia das Letras, 1997.

ARMITAGE, João. *História do Brasil*: desde a chegada da família de Bragança, 1808, até a abdicação de d. Pedro I, em 1831,... São Paulo: Martins Fontes, 1972.

CAVALCANTI, Nireu. *Rio de Janeiro, centro histórico*: marcos da colônia, 1808-1998. São Paulo: Hamburg/Dresdner Bank Brasil, 1998.

FAUSTO, Boris. *História do Brasil*. 4. ed. São Paulo: Edusp, 1996.

HOLLOWAY, Thomas. *Polícia no Rio de Janeiro*: repressão e resistência numa cidade do século XIX. Rio de Janeiro: FGV, 1997.

LINHARES, Maria Yedda (Org.). *História geral do Brasil*. Rio de Janeiro: Campus, 1990.

MALERBA, Jurandir. *A Corte no exílio*: civilização e poder no Brasil às vésperas da Independência, 1808-1821. São Paulo: Companhia das Letras, 2000.

MATTOSO, Katia M. de Queirós. *Bahia, século XIX*: uma província no Império. Rio de Janeiro: Nova Fronteira, 1992.

PROENÇA, Maria Cândida. *A Independência do Brasil*: relações externas brasileiras (1808-1825). Lisboa: Horizonte, 1987.

---

[30] Id., fl. 179v. Ofício enviado ao general das tropas, João Batista de Azevedo Coutinho de Monteaury. 17/2/1809; grifos nossos.

REIS, J. J. Escravos e coiteiros no quilombo do Oitizeiro. Bahia, 1806. In: _____; GOMES, F. S. *Liberdade por um fio*: história dos quilombos no Brasil. São Paulo: Companhia das Letras, 1996.

SALGADO, Graça (Coord.). *Fiscais e meirinhos*: a administração no Brasil colonial. Rio de Janeiro: Nova Fronteira, 1985. p. 134-135.

SILVA, Maria B. N. da (Coord.). *O Império luso-brasileiro (1790-1822)*. Lisboa: Stampa, 1986.

SOARES, Joaquim. *Compendio histórico dos acontecimentos mais célebres motivados pela revolução de França, e principalmente desde a entrada dos franceses em Portugal até a 2ª restauração desta, gloriosa aclamação do príncipe regente o seleníssimo sr. d. João. Oferecido ao... sr. Antonio S. José Castro*. Coimbra: Imprensa da Universidade, 1808.

8

Transformações rumo ao capitalismo no Vale do Paraíba fluminense

e o papel determinante da questão cultural para explicar o novo lugar do liberto da escravidão*

José Jorge Siqueira

O TEMA DESTE CAPÍTULO É o da liberdade; ao menos, a "liberdade cidadã", como diriam as lideranças do movimento abolicionista. Ao que acrescentaríamos: a liberdade nos termos liberal-burgueses triunfantes no Brasil de fins do século XIX e princípios do século XX — mas que nada mais podem aqui.

Como já consagrado pela historiografia, o 13 de maio de 1888 tem por significado profundo representar a conclusão de uma transformação mais ampla na sociedade brasileira, transformação de cunho estrutural, em termos econômicos, políticos ou de formas de consciência social. Se fôssemos usar a expressão no sentido de Fernand Braudel, diríamos que a data consagra o fim de um período de longa duração — no caso da sociedade brasileira, de mais de 350 anos. Com isso, estamos também tentando dizer que a história, como disciplina é passível de compreensão ou explicação por meio do emprego de conceitos teóricos, como quaisquer outras ciências. Tem, por isso, um objeto específico a ser estudado, com existência em si e, portanto, com uma lógica de reprodução até certo ponto independente do sujeito (o historiador) que busca conhecê-la: a sociedade humana no tempo. Esse objeto é relacionado com os fatos já ocorridos, posto que por excelência a história estuda o passado — daí trabalhar a "leitura" prospectiva em face da época em si mesma.

Malgrado a complexidade, o caráter muitas vezes aleatório e de grande imprevisibilidade, a dinâmica histórica pode possuir regularidades disponíveis à com-

---

* Originalmente publicado na revista *Sankofa*: Revista de História da África e de Estudos da Diáspora Africana, São Paulo: NEACP, Departamento de História, FFLCH-USP, n. 9, 2012.

preensão. Tal perspectiva epistemológica relativiza posições em teoria que estão a impossibilitar qualquer objetividade ao conhecimento produzido em história. Da mesma forma, estamos relativizando posições teóricas diante do que seria uma incongruência original dessa disciplina, pois haveria uma impossibilidade lógica entre o passado (tido como um "ausente") e a contingência de seu conhecimento — não se conheceria algo que não existe mais. Nesse sentido, a historiografia estaria fadada a ser uma "ciência do espírito", pura e simplesmente da "interpretação", descolada da realidade, por definição intangível. Tal proposta pode levar ao subjetivismo radical dos historiadores — no limite, ao niilismo. Os historiadores, por assim dizer, se tornariam infensos, deduz-se, à pertinência lógica das provas e contraprovas e às consequências epistemológicas de suas escolhas.

Consideramos, ao contrário, que o passado pode ser acessível à observação direta por meio de suas marcas registradas nos monumentos e na memória; assim como partilhamos a ideia de que o relato sobre o passado não se transforma necessariamente numa forma de falseá-lo. Nesse sentido, a narração retrospectiva pode transformar-se com legitimidade num refinamento e extensão de um ponto de vista que está embutido na própria ação anteriormente efetuada. Retrospectiva e antecipação na vida real podem se realizar no relato *ex post* (Siqueira, 1998:105).

Por inferência, partimos de perspectiva contrastante em termos de como conceber a possibilidade teórica do conhecimento em história. Procura-se, dessa forma, trabalhar o real por meio de conceitos e categorias de análise — aqueles parciais, restritos a determinados aspectos do real, mas também os gerais, referentes a questões universais — capazes de dar conta, em síntese, da multidão de fatos particulares, "únicos", "singulares", os quais, reiterados, possibilitam a análise qualitativa. Consideramos que não se deve abdicar da possibilidade de lidar com a exegese de paradigmas científicos que buscam dar conta dessa dimensão dos conceitos teóricos, a exemplo do que ocorre nos fundamentos paradigmáticos implícitos no materialismo histórico (Marx, 1973, 1973; Engels, 1963, 1976), de imensa influência à direita e à esquerda, mas também nas pesadas e contundentes reavaliações desses mesmos paradigmas a partir de meados do século XX, especialmente em Eric Hobsbawm (1998) e E. P. Thompson (1981, 2001). Igualmente se dá — em termos de teoria do conhecimento ou epistemologia em face da importância dos conceitos gerais — com a linguística (Saussure, 2004), a psicanálise (Freud, 1973), o estruturalismo antropológico (Lévi-Strauss, 1970), em certa dimensão em *Annales* (Bloch, 2002; Fèbvre, 1989; Braudel, 1992). Ter, enfim, a humildade resultante da constatação das insuficiências de todo e qualquer modelo explicativo — um *non sequitur*?

Por tudo isso, enfatizamos a ideia inicial de perceber a Abolição da escravidão como representativa de uma mudança estrutural, característica da dinâmica de existência da sociedade brasileira no tempo: consagravam-se ali mudanças qualitativas universais nas relações sociais de trabalho, naquelas outras legitimadoras de poderes diversos; alteravam-se sobremaneira as formas de consciência social e visões de mundo das classes sociais. Mas nossa questão aqui é o meio social dos descendentes de africanos. Essa gente foi referência central nas tentativas de explicação da sociedade escravista recém-terminada: como é possível que, obedecendo à nova normatização ideológica triunfante, se possa reduzi-la ao "silêncio da cor"? Como pensar as grandes questões da sociedade brasileira (a terra, o poder, a exploração do homem pelo homem, a cultura) abstraindo-se dessa presença simplesmente fundamental?

Para além da relativa obviedade com que hoje se percebe a mudança na estrutura da produção econômica, em razão fundamentalmente de a nova tipologia e as tendências das relações sociais de trabalho se generalizarem, em maior ou menor grau, pelas diversas regiões, especialmente na indústria, no comércio e serviços, mas sobretudo em razão da percepção a que se chegou dos efeitos em geral desastrosos, antidemocráticos profundamente excludentes daquelas transformações para a maioria populacional dos descendentes de africanos no Brasil, cabe uma reflexão sobre o que nos aparece, pela abrangência, decisivo para explicar tal situação ainda hoje constrangedora: a dimensão cultural da questão.

Dissemos "relativa obviedade" com que hoje se percebe a questão cultural tendo em vista que, até fins dos anos 1940, nos círculos acadêmicos, no meio culto em geral, não se tinha tanta clareza do fenômeno. Ao contrário, predominava até ali versão explicativa de que com a Abolição cessara o "problema" dos descendentes de africanos na sociedade brasileira. Complacente etnicamente, a sociedade brasileira fora incapaz do "ódio racial" (imagine se tivesse sido), já como uma característica da fase escravista. Na visão clássica de Gilberto Freyre, aqui se praticara um escravismo o mais plástico, o mais democrático, o mais flexível, capaz de impossibilitar um problema sério nesses termos no momento histórico subsequente (Freyre, 1992:XLVII). Nos anos 1940, uma espécie de paradigma predominaria nas soluções explicativas para aquilo que se convencionou chamar de "democracia racial brasileira": a tese de Donald Pierson. Extraída de seus estudos antropológicos feitos na cidade do Salvador naquela década, Pierson concluiria pela existência de uma sociedade "multirracial de classes", sendo este último critério (o de classes) decisivo. Daí que as desigualdades devam ser explicadas tendo como determinantes a estrutura e a hierarquia daquelas (no melhor sentido marxista, em sua expressão), pois não haveria nenhum obstáculo formal que fixasse rigidamente o preto e o mulato em quaisquer segmentos sociais. Para ele, uma prova contundente disso seria a ausência de preocupação de conflito ou acomodação étnicos, e mesmo pelo fato — segundo ele — de a maioria dos pretos e mulatos já não se identificar com a tradição africana (Pierson, 1977:268-269).

Tese sedutora, dada a sutileza do racismo à brasileira, essa ideia faria sucesso à direita e à esquerda, calando fundo no meio social. Para nós, fundamentalmente, a solução explicativa de Pierson perde de vista uma questão essencial: a configuração histórico-sociológica da própria formação e reprodução das classes sociais no Brasil republicano, permeada por grave densidade cultural-ideológica de cunho preconceituoso, discriminatório e etnocêntrico, que tantas vantagens e desvantagens lhe traria. A começar pelo próprio ideário que envolvera a substituição das relações escravistas, ciosamente deturpador do significado histórico representativo da presença dos descendentes de africanos na sociedade — justamente num momento crucial, em que a nação concebia sua "modernidade", "civilização", "progresso".

Como se sabe, os imigrantes viriam compor o ideal do novo trabalhador no campo e nas cidades, mas não só como trabalhadores viveriam esses cerca de 2 milhões de pessoas recém-chegadas ao país. A porosidade cultural-ideológica então em formação lhes facilitaria em muitos casos a ascensão na sociedade extremamente competitiva que se inaugurava — de oportunidades "abertas", como se diria em sociologia. Do outro lado, essa armadura ideológica alienada das essências do povo formador da nação desqualificava e barrava com artifícios morais, econômicos, políticos, estéticos, religiosos e mesmo cientificistas o meio social de descendentes de africanos. Para se ter uma singela dimensão, já Machado de Assis, nascido no morro da Providência, ali pertinho do que fora o sinistro cais do Valongo, quando adolescente, tinha pavor de ser confundido como um liberto. Seu pai fora um mulato, filho de ex-escravos, pintor de paredes e dourador; o velho Francisco José de Assis, viúvo de portuguesa dos Açores, casa em segundas núpcias com uma mulata, tornando-a madrasta do jovem Joaquim Maria. Daí a proximidade com a fantasmagoria resultante da distinção tênue que a sociedade fazia questão de manter para (des)qualificar esses indivíduos, açulando-a nas oportunidades as mais propícias.

As gerações de imigrantes tiveram por futuro, aproveitando ou não, a estrada aberta da competição liberal burguesa, inclusive em termos educacionais e científicos. As massas sociais preta e parda (as exceções individuais existiram desde sempre, sob certas condições especiais), nem isso: restaram-lhes, em geral, o emparedamento e a adversidade culturais, de aviltantes e duradouras consequências a serem debitadas na autoestima e limitações de horizontes sociais os mais diversos, estigmatizando-lhes gerações e gerações, como ainda hoje se faz sentir. Ao fim e ao cabo, só mesmo com muito samba de roda, muito chorinho, muito tambor de crioula, muito jongo, maracatus e orixás — adiante ofertados generosamente ao patrimônio cultural da nação — para aguentar o tranco.

Por sua vez, também as antigas classes sociais originadas nas elites tradicionais do período escravista que se encerrara reelaboram artifícios culturais e ideológicos de opressão étnica, agora cumprindo funções novas, determinadas pelas diferentes dinâmicas sociais, econômicas e políticas. Tratava-se, então, de opor o trabalhador liberto à questão fundiária, à questão da propriedade dos meios de produção em geral; tratava-se ainda do poder político, dos projetos de condução da sociedade emergente. Veja-se bem: não se trata de anacronismos, de perpetuar velha fantasmogoria de preceitos, como um dia se chegou a pensar, a exemplo de Florestan Fernandes (1965). Tratava-se, isso sim, de dar função nova a antigas formas de opressão cultural, desqualificando, no caso, a massa trabalhadora negra, já de saída negando-lhe a civilização, por atavismo africano; mas também tentando apagar suas tradições as mais caras como artífices, inscritas de forma indelével (o tempo um dia o resgataria) na obra já histórica de construção da sociedade pretérita. Esses trabalhadores e artistas seriam responsáveis, por exemplo, pelas pinturas e esculturas das igrejas do barroco pernambucano, mineiro, baiano e fluminense, pelos trabalhos nas minas ou em funções de especialização até mesmo na indústria urbana. Não se trata de mitificar o trabalhador descendente de africanos, mas de reconhecer que a sociedade era escravista e que essa era a imensa maioria dos trabalhadores. Todavia, restará de tudo aquilo o mau cidadão.

Com efeito, no início de 1950, duas eméritas lideranças negras argumentaram de forma ousada e sábia ser um dos principais problemas da questão do negro no Brasil o que havia sido escrito sobre ele. De fato, Guerreiro Ramos logo debateria com ardor, de forma pioneira e polêmica, em *Introdução crítica à sociologia brasileira*, o problema crucial do mimetismo científico à brasileira, especialmente nas ciências sociais. E a questão do negro transformara-se em modelo exemplar disso, dada a importação dos ideais racistas produzidos alhures (especialmente nos Estados Unidos), a serviço de interesses escusos, mas que eram consumidos por aqui sem a devida depuração em confronto com nossa realidade histórico-sociológica. Conhecida a partir de si mesma, essa realidade poderia ter nos levado a outros caminhos explicativos — que acabaram por ter de vir, mas já tendo pagado um preço altíssimo tanto em termos científicos quanto em termos sociais. Também Abdias Nascimento, que, juntamente com Guerreiro Ramos, organizara na Associação Brasileira de Imprensa (ABI) o I Congresso do Negro Brasileiro de 1950, afirmava ser a intenção do Congresso retirar o negro da condição de puro e simples "objeto de estudo". Para ele, era preciso superar a tônica que destacava o lado "vistoso" e "ornamental" da vida negra; e, com base nisso, ao lado das análises, propor também medidas práticas e objetivas que atendessem aos diagnósticos mais prementes (Ramos, 1995; Nascimento, 1968).

A rigor, pode-se afirmar com boa margem de segurança que, de fato, a Primeira República legou ao futuro do país um caldo de cultura conservador e inapropriado para se pensar (e, sobretudo, superar) o caráter discriminatório e racista da sociedade brasileira. Fosse por tributária do estuário racial-biológico *stricto sensu*, fosse pelos evolucionismos, darwinismos sociais e culturalismos etnocêntricos absolutamente predominantes à época (Siqueira, 2006), mesmo a literatura e a poesia quase nunca escaparam desses modelos. O próprio Machado de Assis escolheria como posto de observação da sociedade da época aquele das elites brancas (certamente o mais adequado a dar forma e sentido à atividade literária em face das circunstâncias de seu tempo, mas que não era necessariamente o único), trazendo a lume o original de suas mais recônditas expressões morais e existenciais, pintando a cena daquele teatro de sombras do jogo político e dos negócios, como uma alma hamletizada.

Com tudo isso, dada sua abrangência a impregnar as demais instâncias do real, queremos realçar o peso, a importância decisiva, da dimensão cultural na configuração sempre dinâmica da chamada "questão do negro" na moderna sociedade brasileira.

Acompanhemos mais de perto a ordenação desse problema para o caso do Vale do Paraíba fluminense, de fins do século XIX às primeiras décadas do século XX.

Liberdade cidadã e capitalismo

Em 1872, muito próximo da Abolição da escravatura, portanto, nosso primeiro censo demográfico geral registrava para o Rio de Janeiro uma população de 38,8%, tida como branca, e 61,2% de negros e pardos — essa relação seria ainda expressiva, para o lado de negros e pardos, se considerarmos Pernambuco, a Bahia ou Minas Gerais, para ficarmos por aí, pois, em Vassouras, segundo o mesmo censo, três quartos da população eram não brancos. O peso desse segmento social é de tal maneira expressivo que certamente está a explicar as grandes variações demográficas do período, a exemplo de uma queda populacional no município, entre 1872 e 1890 — passava de 10.664 para 9.666 habitantes —, obviamente debitada à primeira reação da massa de recém-libertos: abandonar aquela cena de horror, rejubilar-se com a liberdade.

No século XIX, ainda em pleno período escravista, tamanha proporção era vista com aguda preocupação por parte das elites identificadas como brancas: estava percebido ali um potencial socialmente explosivo, de certa forma "dentro de casa". A expressão "dentro de casa" deve ser relativizada, pois até mesmo os escravos domésticos podiam, por exemplo, ser proibidos de alcançar o interior das residências pelas portas, acessando-as por alçapões que as ligavam aos porões — eis a lógica da convivência. O barão do Paty do Alferes, em sua *Memória sobre a fundação e custeo de uma fazenda*, ressalta o detalhamento com que se devia enfrentar o problema, aconselhando a necessidade urgente de mais homens livres nas fazendas, sua proporção, armamentos e alianças. Desde a revolução haitiana de 1804, quando negros quilombolas haviam liderado o processo de independência (a segunda das Américas, seguida pelos Estados Unidos) e o fim da escravidão na ex-colônia francesa, inclusive derrotando tropas de elite e planos de combate organizados pelo próprio Napoleão Bonaparte, o espectro da rebelião escrava passou a rondar mais intensamente a paz nas casas-grandes, não só na região do Vale do Paraíba, mas em todo o país.

Não nos cabe aqui resgatar a sociabilidade das relações sociais escravistas; a mediocridade existencial que, em geral, protagonizaram seus personagens mais comuns, tanto os da elite quanto os da plebe. Com um adendo: o senhor não pode viver sem o escravo, mas o inverso não é verdadeiro. Daí a razão de provérbio contido na canção popular quando diz ser o negro "a raiz da liberdade". Além do mais, a chamada "questão do negro" se ergue justamente por conta da Abolição, quando a sociedade se colocava diante da emergência do trabalho livre e da igualdade perante a lei. Haveria entre aquele gesto e essa intenção muitas pedras no caminho a emparedar uma raça. "Esperar, esperar, esperar!", bradaria a poesia simbolista do catarinense filho de libertos João Cruz e Sousa.

De um lado, no meio rural — e a sociedade era predominantemente rural —, a permanência de toda uma rotina de trabalho durante muito tempo ainda bastante próxima daquela identificada com as recém-eliminadas relações sociais de produção escravistas. Ou seja, nem tanto na fase de beneficiamento dos produtos agrícolas — em que as inovações tecnológicas foram mais rápidas e transformadoras —, mas sobretudo na faina agrícola do plantio à colheita, o patamar tecnológico rústico (sequer o arado se generaliza como instrumento de trabalho, em que continua a prevalecer a enxada e a foice) esteve a induzir a permanência de relações de trabalho arcaicas, ainda que não mais propriamente escravistas. No limite, a baixa relação terra (em grandes quantidades, ainda que monopolizadas)/trabalho (em menor proporção relativa) conformou o caráter extremamente opressivo das relações de trabalho emergentes com o fim da escravidão. Segurar a mão de obra no trabalho esteve a exigir mecanismos extraeconômicos, políticos e/ou de persuasão ideológica, a fim de garantir sua permanência e regularidade. Daí se engendrarem à época projetos de dominação de classes com base nas tradições culturais pertencentes ao período escravista, mas que agora funcionariam em âmbito inteiramente novo: eis que se erguem as ideologias do vagabundo, do bêbado, do desordeiro, do "primitivo" e inferior a estigmatizar de forma genérica o meio social afrodescendente. Aquilo que teria sido a solução para o funcionamento econômico-social por mais de 300 anos, identificado na mão de obra vinda pelo tráfico atlântico de escravos — e que as classes dominantes até a última hora tentaram perpetuar —, torna-se uma espécie de estorvo ao "progresso", à "modernidade", à "civilização", pois o meio social negro/mulato teria sido "estragado" pela escravidão.

Ora, se o trabalhador era corrompido, antissocial, degenerado por costumes incivilizados, tratava-se de corrigi-lo, trazê-lo à ordem, em nome da moral burguesa então em evidência. Nada escaparia ao zelo normativo: a família negra desorganizada, o jovem negro cobiçado como aprendiz ao se educar, os costumes e tradições culturais como praticados pelos negros, tidos como antros de arruaças, bebedeiras, orgias, incivilidade, a religião de base africana jamais entendida como tal, transformando-se em objeto da perseguição policial etc.

Mas, contraditoriamente, era preciso ordenar o trabalho da massa social negra e mulata. Ainda que com todo o cuidado para não parecer a retomada da escravidão — até porque intolerável pelo homem negro —, eram visíveis os traços extremamente opressivos dessas iniciativas. Consideravam os fazendeiros que o liberto devia continuar o trabalho em termos ou grupos, dirigidos por fiscais ou vigilantes. Dificultava-se ao máximo a autonomia desse trabalhador, atribuindo-lhe a peja do "despreparo", da "irresponsabilidade", da "preguiça" etc. O trabalho do liberto deveria restringir-se ao salário. No limite, o imigrante europeu encarnaria o protótipo do novo trabalhador ideal, ainda quando — como foi o caso na maioria das vezes — estivesse nas mesmas condições do trabalhador nacional. As ideias e os projetos dos fazendeiros para o trabalho por empreitada do colono somente em último lugar aceitavam o lavrador preto ou pardo — e assim mesmo em casos nos quais não seria possível contar com o trabalho imigrante. E mais: sobretudo nos primeiros anos do pós-Abolição, encorajava-se abertamente o direito da "sociedade" de penalizar quem não trabalhasse. Em outras palavras, o estigma ideológico foi então sistematicamente usado como instrumento de controle e exploração dos trabalhadores, aproximando-se seriamente de um regime de *apartheid*.

De acordo com Petruccelli (1993:140) e segundo o Censo de 1872 para o município de Vassouras, nove entre 10 pessoas negras ainda eram escravas naquele ano, num total de 6.100 pessoas. Já no Censo de 1890, obviamente já com todas elas livres, a contagem não passava de 3.400 pessoas negras! Concluindo-se por significativo êxodo. Todavia, contrariamente ao que chegou a passar na cabeça da elite pensante dos escravocratas, à Abolição não se seguiram atos de vingança de maiores proporções sociais. De certa forma, o projeto político do ex-escravo esgotou-se com a liberdade conquistada. Eis a razão da frase de Décio Saes (1975:284) quando afirma ter sido o escravo, por suas ações, a força principal do processo de liquidação final da escravidão, mas a classe média urbana — coparticipante no processo abolicionista — foi a força dirigente, na medida em que apresentou o projeto político mais viável subsequente à Abolição, limitando, nesse caso, o abolicionismo ao ideário da "cidadania livre".

De fato, quem se contou entre os abolicionistas mais conhecidos, entre negros e brancos, senão engenheiros, jornalistas, estudantes universitários, professores, advogados, poetas etc.? A exemplo de José do Patrocínio, André Rebouças, Joaquim Nabuco, Carlos de Lacerda, Antônio Bento, Aristides Lobo, Rui Barbosa, Coelho Neto, Raul Pompeia, Cruz e Souza, os estudantes da Faculdade de Direito de São Paulo, do Recife etc.

Ora, limitar os projetos abolicionistas ao ideário da "cidadania livre" significou objetivamente facilitar a subordinação do abolicionismo às utopias de classe do verdadeiro vencedor no momento seguinte à libertação dos escravos: os grandes proprietários, já não mais de escravos, mas de terras. Abortaram-se, por exemplo, iniciativas ainda que tímidas de reforma agrária. Enfraquecido pelos etnocentrismos e preconceitos, o abolicionismo de classe média perdeu-se em avaliações de uma pretensa inferioridade racial e/ou cultural do negro e mestiços, em plena época de Machado de Assis, Evaristo da Veiga, Lima Barreto, André Rebouças, Juliano Moreira etc. Numa demonstração da seriedade da coisa, por que razões um engenheiro brilhante como o negro André Rebouças se suicidaria, autoexilado na África, justamente no imediato pós-Abolição?

Na realidade, um círculo de ferro vinha se consolidando na cultura brasileira desde fins do século XIX, quando a própria ciência de época, alienada da condição histórico-sociológica do país, incorpora o viés racial como preconizado pela sociologia e pela antropologia difundida nos Estados Unidos e na Europa. Praticamente todos os centros produtores de saber nacionais (faculdades de medicina, de direito, museus etnográficos, institutos históricos e geográficos etc.) basearam seus estudos no que consideravam inferioridade e superioridade das "raças" (assim, no plural) humanas. O melhor da intelectualidade brasileira raramente escaparia desse círculo vicioso, que ainda adentraria o século XX afora, como de quase inextrincável solução. Numa exceção à regra, o poeta negro catarinense, filho de libertos que se tornaria um dos mais importantes do simbolismo mundial, ao lado de Mallarmé e Stepan George, se perguntaria no poema-prosa *O emparedado*: "Qual é a cor da minha forma, do meu sentir? Qual é a cor da tempestade de dilacerações que me abala? Qual a dos meus sonhos e gritos? Qual a dos meus desejos e febre?" (Souza, s.d.).

Em Vassouras, alguns dados frios, mas de alto valor simbólico, estão a objetivar o drama: numa estrutura ocupacional do município, entre 1889 e 1893, construída com base na profissão dos pais de recém-nascidos (um dos raros tipos de fontes em que ainda se detectam profissão e cor, pois emergira com a Abolição o silêncio da cor), tem-se que não há um único funcionário público, um único comerciante, um único capitalista ou industrial negro. Com a exceção de um pardo, a garantir a regra, a mesma proporção aconteceria com os membros do Judiciário (magistrados, juízes, advogados). Três quartos da população negra eram então classificados como trabalhadores e jornaleiros, demonstrando, assim, sequer relação importante com a propriedade da terra (Petruccelli, 1993:141). Ressalte-se ainda uma vez a própria dificuldade de situar sociologicamente o meio social negro/pardo, pois curiosamente ele passa a ser tratado sem essa distinção tão referente no regime anterior. Agora, como diria um articulista do jornal *O Vassourense* em outubro de 1891: "Lembrai-vos de que negros acabaram e que em vez deles ficaram apenas indivíduos de cor preta, amantes da família, da religião e da Pátria". Concluindo de forma retumbante: "Avante! Pois, cidadãos!".

Considere-se o relativo decréscimo da atividade cafeicultora em Vassouras no pós-Abolição, de resto uma característica dessa lavoura no Rio de Janeiro. A produção cafeeira no estado, em 1892, representava 30,3% do total produzido no país, ao passo que, em 1895, apenas 14,9% daquele total. Tais números se dão em meio à queda dos preços internacionais do produto, em boa medida determinada pela entrada de concorrentes no mercado, a exemplo da Colômbia, da Venezuela, da Costa Rica, dos países africanos, explicando por que as aproximadamente 100 mil toneladas produzidas no Rio de Janeiro em 1891-1892 tenham passado para 60 mil em 1895-1896. A não absorção do liberto de forma generalizada em relações mais estáveis e promissoras com a terra (o colono, o arrendatário, o pequeno e o médio proprietário), juntamente com o decréscimo da atividade na grande lavoura, explica certa tendência do meio social negro/mulato em ser deslocado para as periferias dos centros urbanos da região — o que se agrava com a posterior transformação em pastos e pecuária das atividades da grande fazenda, exigindo, assim, menos mão de obra.

Todavia, o Médio Vale do Paraíba fluminense é região privilegiada por sua localização, situada entre as duas maiores cidades do país e, consequentemente, seus respectivos mercados. É de se notar a importância desde cedo — posto que um legado da cafeicultura — dos meios de transporte a viabilizar o intercâmbio entre essas regiões — o que incluiria Minas Gerais e as transações no próprio Médio Vale do Paraíba, fosse pelas condições de navegabilidade do Paraíba no século XIX, a cruzar a região e desembocar no mar, fosse pelo complexo ferroviário local, um dos mais importantes do país, ligando o vale entre si e a Minas Gerais, São Paulo e à capital federal.

Em 1908, dos espólios da fazenda dos Correas e Castro, o frigorífico Anglo adquire suas terras e as transforma em pastos para a criação, processo que ocorreria com várias outras grandes propriedades. Em 1914, funda-se na cidade de Vassouras a fábrica de tecidos São Luiz, acompanhando tendência industrial da época no país.

Esse empreendimento foi resultante da fusão de capitais originados de fazendeiros e comerciantes — como aconteceria na época em outras regiões do país —, o que de certa maneira explica as dificuldades gerenciais iniciais, dada a falta de tradição nesse tipo de negócio. Ou seja, nem patrões nem empregados possuíam competência industrial. Já o próprio projeto de construção da fábrica São Luiz fora entregue ao engenheiro inglês Thomas Henry Small, em 1913. A fragilidade do empreendimento, típica de uma economia e sociedade como a brasileira à época (por exemplo, entre outros motivos, dada a existência de mercado consumidor extremamente acanhado), era notada ainda na ausência de cursos de preparação de trabalhadores especializados — a experiência era passada de um para outro —, nas dificuldades de adquirir maquinaria em razão da Primeira Guerra Mundial, também para o reparo dessa mesma maquinaria, e nos altos custos relativos da fabricação.

Todavia, a fábrica funcionaria até 1972, produzindo brins, zefires, morins, tecidos crus, primando pelo bom acabamento e tendo como seu principal mercado consumidor a cidade do Rio de Janeiro. Não há notícias de greves em todo o período de seu funcionamento. Muitos trabalhadores permaneceram na fábrica até a aposentadoria. Para o tema que mais nos interessa aqui — demonstrando que ele não é algo isolado ou pitoresco, mas, ao contrário, pertencente às questões estruturais de constituição da sociedade —, é de impressionar na iconografia da fábrica, exemplificada em fotografias de princípio do século, a ausência de trabalhadores negros e mesmo mulatos (numa concessão aos padrões racistas). Em depoimentos colhidos junto a velhos operários aposentados, Maria Fernanda Ricci (2000), já em fins dos anos 1990, encontra relatos declarando a existência do preconceito em aceitar negros na fábrica como colegas de trabalho — os próprios operários muitas vezes indicavam os candidatos às vagas, fato que se estendia aos bailes promovidos pelo bloco carnavalesco da empresa.

O avanço das relações capitalistas no município de Vassouras e na região do Médio Vale no imediato pós-Abolição é também atestado na criação de fábricas de cal de pedra e de bebidas. Em Paulo de Frontin, fábrica de guarda-chuvas e chapéus, de fogos de artifícios, uma grande olaria. Em Demétrio Ribeiro, fábrica de pasta de papel e de papelão comprimido, indústrias de moagens diversas, fábrica de macarrão, oficinas de beneficiamento de café. Em Paracambi, fábrica de banha de animal, além da indústria têxtil, existente desde meados do século XIX, fundada ali por ingleses. Em Mendes, a fábrica de papel Itacolomy, a fábrica de fósforos Bandeirinhas, ambas de 1889, a fábrica de cerveja Brahma, o frigorífico Anglo, já citado. As fábricas de Pau Grande, nos limites entre Vassouras e Iguaçu. Em Valença, a Empresa Industrial de Valença, a Companhia Progresso de Valença, a Companhiade Tiras, Bordados e Rendas Valencianas, a Fiação Santa Rosa — esta última funcionava com energia produzida por uma usina de força própria de 1.000 hp em 1929, fornecendo energia a outras fábricas congêneres.

Próxima aos algodoais de São Paulo, a indústria têxtil de Valença gozou de isenção de impostos e de mão de obra barata. Produzia, então, milhões de metros em têxteis, empregando cerca de 800 operários. No início do século XX, a energia provinha da já inaugurada Light and Power Company Limited, criada no município de Piraí em 1904. Também nesse município, por meio de empréstimos conseguidos pelo capitalista Guilherme Guinle junto à Herm Stoltz & Cia. e ao Banco Brasileiro-Alemão, em 1927, funda-se a Companhia Industrial Pirahy, sociedade anônima com sede na cidade do Rio de Janeiro, consolidando um capital de 1 milhão e 800 mil contos de réis. Fabricar-se-iam no empreendimento cerâmica e papel com o que havia de mais moderno em termos de tecnologia: casa de força com capacidade para 700 kVA, motores elétricos, dínamos, geradores de corrente contínua, fornos Hoffman, diversos edifícios e pavilhões, escritórios, depósitos, oficinas etc.

É necessário estar atento às transformações capitalistas nas propriedades agrícolas, especialmente nas grandes, seja pela modernização tecnológica da produção — sobretudo na fase de beneficiamento dos produtos, ao contrário da fase de plantio e colheita —, seja pelos métodos administrativos. Numa região ainda eminentemente agrícola, essa dimensão não deve estar ausente das análises. Assim, nos 900 inventários *post-mortem* de entre 1888 e 1930 por nós pesquisados, com base nos arquivos municipais de Piraí e Vassouras (portanto, com abrangência de Barra do Piraí, Mendes, Paty do Alferes, Sacra Família do Tinguá, Mendes, Paracambi, Governador Portela, Paulo de Frontin), é visível a incorporação pelas unidades agrícolas de meios de trabalho industriais, a exemplo da energia elétrica, moinhos, fornos, ventiladores, descaroçadores, balanças, enfim instrumentos de trabalho já produzidos por "indústria" ou oficinas urbanas.

Barra do Piraí, em 1921, possuía fábrica de alimentos (massas) totalmente movida a energia elétrica. No final dos anos 1930, em Barra Mansa, a Metalúrgica Barbará e a Siderúrgica Barra Mansa atendiam à demanda de pequenas oficinas mecânicas dos municípios limítrofes, servidos pelo entroncamento ferroviário da região. Essa atividade local a dotaria de tradição nesse ramo industrial, servindo de base ao futuro complexo siderúrgico da cidade, já nos anos 1940, quando se funda ali a maior siderúrgica do país à época, tão bem localizada às margens do rio Paraíba do Sul, entre São Paulo e o Rio de Janeiro, próxima da produção ferrífera de Minas Gerais. Em 1940, 34,8% da população do Vale do Paraíba fluminense já habitava as áreas urbanas. Em 1960, essa percentagem atingiu 61% dos 503.430 habitantes da região.

Todavia, esse processo de formação do capitalismo foi capaz de aprofundar as desigualdades étnicas, mantendo em compasso de espera sucessivas gerações de brasileiros negros, apenas perifericamente usufruindo das modernas posições. Assim, numa região onde a imigração europeia não fora tão significativa, os benefícios alcançados pelo imigrante em minoria logo se transformaram em expressivos ganhos, quando comparados ao marca-passo do meio social afrodescendente. Certamente, valores culturais foram decisivos para a contracorrente opressiva e discriminatória.

Sabe-se que os imigrantes italianos que vieram para o Brasil possuíam em sua maioria níveis econômicos e culturais os mais baixos — muitas vezes, por exemplo, analfabetos em sua própria língua. Entretanto, recebidos com a auréola dos estereótipos positivos, em face dos novos ideais do trabalho livre, da modernidade e da civilização, lograram com muito mais chances que o afrodescendente a ascensão social ou padrões mais seguros ou promissores da sobrevivência. Foram mais bem aceitos como colonos e arrendatários nos latifúndios — em geral, ao liberto, apenas a jornada assalariada — e como tais passaram a produzir alimentos para si e não raro para a venda, além do que recebiam pelo trato do cafezal e pela colheita, sendo-lhes possibilitado com parcimônia e moderação o acúmulo de pecúlio. Recebiam moradia, como era comum, contavam com incentivos dos fazendeiros, a lhes dar segurança no trabalho. Eram pagos por tarefas extraordinárias. Não raro, com muito esforço coletivo, familiar, tais relações possibilitaram a criação de excedentes, vendidos aos próprios fazendeiros ou no mercado. Também possibilitariam a formação de capitais para a compra de terras, geralmente a prazo, agregando propriedades aos poucos — os casamentos entre si podia ser uma estratégia de acumulação —, mesmo quando as terras fossem de menor valor ou improdutivas nos latifúndios. Possuíram, em geral, maior credibilidade para empréstimos, hipotecas, comumente entre eles próprios. Não raro transformaram-se em comerciantes (padarias, vendas a retalho etc.) ou pequenos "industriais". Desenvolveram verdadeira paixão pela terra e pelos negócios em família, certamente a significar a liberdade de ação e, com isso, as estratégias de parcimônia na alimentação, no vestuário, na poupança enfim, das primeiras gerações.

Tudo isso seria o inverso do que se destinara ao afrodescendente. Proveniente de quadro familiar dilacerado pela escravidão, tornar-se-ia extremamente difícil a recomposição desses laços, dadas as adversidades montadas pelos novos tempos. Os jornais da região, por exemplo, apontam a onda de casamentos entre afro-brasileiros logo após a Abolição, como a apressar a busca da dignidade social — malgrado as reclamações dos relativos altos custos desse procedimento civil. Nos registros do Livro de Casamento de Pessoas Livres da Matriz de Nossa Senhora da Conceição de Vassouras, entre junho e dezembro de 1888, foram anotados 96 casamentos, sendo 18 de libertos (18,75%). Entretanto, entre os 36 nubentes negros e pardos, 31 deles eram filhos naturais (sem pais reconhecidos legalmente) e 26 identificados apenas pelo primeiro nome, sem sobrenome — imaginem-se então as dificuldades para outros procedimentos legais de mercado.

Casaram-se, assim, Benedito e Maria Cândida das Dores, libertos da fazenda do dr. Francisco Alvez de Azevedo Macedo. Eles eram ex-escravos, já com filhos, e solicitaram ao fazendeiro o casamento oficial, em nome da moral e da religião. Assim também Policarpo, 30 anos, filho natural de Geralda, e Batista, 19 anos, filha natural de Anna. Ou o Cesário Rodrigues de Campos, 40 anos, natural da Costa da África e batizado na freguesia de Vassouras, e Maria da Conceição, liberta. Até então em concubinato, casaram-se Tobias Teixeira Leite (certamente o sobrenome dos poderosos patrões, do qual saíram o barão de Vassouras e Eufrásia Teixeira Leite, grande benemérita da cidade em seu milionário espólio), filho natural de Ângela, e Edwiges, liberta, filha natural de Serafim. Também Felipe, assim, sem sobrenome, liberto, 28 anos, filho natural de Cordeiro Maria do Espírito Santo, com Osama, liberta, 22 anos, filha natural de Perciliana, também liberta, batizados e moradores da freguesia. Procedendo-se aos cálculos dos dados do Censo de 1890, para o sexo masculino, tem-se que, em Piraí, no universo de 3.370 pretos e pardos, 42,2% já se encontravam casados, em face de 43,2% de 2.323 brancos, enquanto em Vassouras 63% dos pretos e pardos estavam casados, num universo de 7.388 pessoas, em face dos 38,35% brancos, que contavam 4.993 pessoas. Já em Barra do Piraí, no universo de 4.574 pretos e pardos, 27,51% eram já casados, em face dos 32,7% entre os 2.581 brancos.

Por sua vez, abundam na imprensa da época análises maledicentes da nova condição social daqueles que eram a maioria da população e corresponsáveis por tudo o que se construíra até então. Luis Alvez Monteiro diz, num artigo publicado no influente *O Vassourense*, em outubro de 1891:

> Aos libertos a generosidade do coração brasileiro lhes entregou a liberdade. Todavia são insociáveis no que se aprazem, sem princípios, nem educação para o trabalho, sem a menor ou tênue centelha que lhes ilumine a razão. Sem estímulos, ou responsabilidade, da presente geração de libertos não se pode esperar que a instrução lhes desanuvie o cérebro. O labor o homem civilizado aceita como um dever, fonte de felicidade. Os libertos estão desviados das leis sociais, por ativismo; em cada município, um terço, a metade, e às vezes mais, compõem [sic] a desproporção entre a classe ociosa e inimiga declarada de todo regime de trabalho (causa da escassez e do abandono dos campos). Tratava-se, pois, de abraçar a imigração estrangeira, evitar o livre-arbítrio das turbas, combater a tolerância das classes superiores.

As Atas da Câmara Municipal de Vassouras volta e meia reprisam o tema, como no aconselhamento de 5 de fevereiro de 1893: "Desinfestada as ruas de grandes maltas de vadios que se exercitam em capoeiragem e depravação em costumes imorais. Quão útil não seria a instrução escolar aconselhar a ocupação das coisas úteis". Por sua vez, ao comentar sobre o asilo Furquim, Lindorf Albert Brandão, no Vassourense de 27 de agosto de 1893, constata a superlotação por libertos, "entregues à embriaguez, pouco trabalhando, completamente alheios à mais elementar noção do dever; ainda que conservando a fé religiosa". Anota o grande número de meninos e meninas sem proteção do governo, "criados do servir (sem pagamentos), malvestidos e privados de escola, ou entregue a seus pais, cujo exemplo é o da vadiagem e vícios; quando adultos, como compreenderão dos deveres de bons cidadãos?", pergunta-se.

Para quem se iludiu com o desfecho oferecido pela Abolição — em verdade, o país perdeu ali a primeira grande oportunidade de transformar-se numa democracia equilibrada e culturalmente plural —, certamente causaria perplexidade constatar o que se encontra em inúmeros processos judiciais ditos de "soldada", espalhados pela região do vale no imediato pós-Abolição. Por eles, crianças negras e pardas, filhos de libertos, geralmente de pais naturais, eram entregues legalmente a uma família de "reputação ilibada" para "criá-las", "educando-as", ao mesmo tempo que exploravam seu trabalho. Esse tipo de contrato era lavrado em cartório e supunha o pagamento de uma "soldada", ou seja, uma quantia mensal, trimestral ou semestral, depositada na Caixa Econômica, em forma de caderneta, para uso após o fim do acordo. Obrigava-se o tutor a alimentá-las, vesti-las, tratá-las nas enfermidades, dar-lhes "educação", como se dizia, "compatível com sua educação". Em troca, essas crianças prestariam serviços, também como se dizia nos autos, "conforme suas forças".

Assim, geralmente com uma linguagem que de saída menosprezava a família negra, fazendeiros, comendadores, barões, gentes de classe média (militares, professores, administradores de fazenda etc.) justificavam perante a justiça a legitimidade do ato. São comuns nos contratos referências aos pais tidos como fulana "que não tem bons costumes"; ou que juntamente com seu amásio, idem; os filhos seriam "ilegítimos", de gente "com conduta péssima". Às vezes, a própria mãe da criança propunha o contrato de soldada "por sua baixa condição" e "incapacidade de criar a criança"; o pai que estaria "em constante estado de embriaguez"; a mãe sem idoneidade para educar e tratar a filha, pois "de costumes desregrados e vivendo amasiada" etc.

Há casos de fugas de menores, a exemplo de João, 15 anos, filho natural da liberta Maria Thereza, a qual, "sem bons costumes", entregou por meio da soldada seus três filhos a um fazendeiro de Vassouras. Constatada a fuga, o fazendeiro solicitou ao juiz municipal um mandado de apreensão do menor e propôs a criação de oficiais *ad hoc* para empreender uma verdadeira caça ao menino. Esse contrato, por sinal, se complicaria ainda mais, pois Maria Thereza e seu "amásio" requereram de volta outro filho, uma menina, entregue ao fazendeiro. Este, ao relutar em desfazer o acordo, provocou cenas de desagravo a terminar nas portas da delegacia.

Há o caso de Cesário, 12 anos, filho natural de Antonina, que, dois anos após ser colocado sob regime de tutela à soldada, já se encontrava preso por crime de assassinato. Isso ensejava do tutor pedido de fim do contrato, mas até o fim da prisão! Há casos em que o tutor, já de saída, em juízo, se desobrigava do encargo da educação escolar primária, alegando a distância da escola pública. Percebe-se também nos contratos a variação dos valores da soldada, para mais, de acordo com a idade do menor — e, consequentemente, sua capacidade de trabalhar.

Há o caso rumoroso — dada a repercussão na imprensa — de Corina, 12 anos, analfabeta, filha natural da liberta Felicidade, a qual moveu o que acabaria num longo e tortuoso processo judicial por conta dos castigos e das sevícias sofridos pela menina e praticados pela baronesa de Avelar. Iniciado em 1893, cheio de idas e vindas, o processo se encontraria ainda em aberto em 1974! Ainda nesse ano, em edital, o Tribunal de Justiça do Rio de Janeiro convocou os interessados para, "no prazo de 30 dias", manifestarem seu interesse pelo andamento do feito.

Em junho de 1888, um fazendeiro de Vassouras somente, da fazenda de São Roque, requereu a custódia, por contrato de soldada, de 25 menores, entre sete e 16 anos: Izidoro, Orsina, Faustina, Ozório, Coleta, Vital, Gertrudes, Eunácio, Creuza, Celeste, Cora, Horácio, Lília, Tibério, Severino, Corina, Amaro, Balbina, Cândida, Gaspar, Leonel, Napoleão, César, Miguel e Gonçalo.

Ainda uma vez, cabem reparos em soluções explicativas de entendimento da condição social dos libertos da escravidão. Agora para versões mais recentes.

Stanley Stein, no já clássico livro sobre a economia e a sociedade de Vassouras entre 1850 e 1900, dispõe sobre uma conclusão controversa, quando afirma que os negros trabalhadores do campo e escravos da casa não foram integrados à sociedade brasileira, posto que, "despreparados" para a liberdade, foram deixados à própria "sorte" após a Abolição. Essa ideia de "despreparados" é uma tese também prevista em *A integração do negro na sociedade de classes*, de Florestan Fernandes, no caso atribuindo a uma "anomia", a uma "patologia social" do ambiente negro para lidar com a "liberdade". Chega-se à patética conclusão de que a Abolição foi um fardo para o liberto! (Fernandes, 1965:15-30). Por sua vez, terá sido uma questão de "sorte" depender daquele ambiente histórico soturno característico do *dayafter* abolicionista? Não caberia perguntar — à feição de Nietzsche — quem estava preparado para a Liberdade?

No referencial livro de Carlos Hasenbalg sobre discriminação e as desigualdades raciais no Brasil há igualmente uma conclusão no mínimo insólita: "Nenhuma ideologia racista elaborada ou formas de organização brancas para lidar com uma 'ameaça negra' são — na sociedade brasileira — distinguíveis" (Hasenbalg, 1979:224). Ora, e o que dizer do verdadeiro calvário de iniquidades racistas — é bem verdade, quase sempre dissimulado — ferozmente praticado?

Existe ainda a possibilidade de ver a questão sob a ótica das relações sociais de produção. Nesse caso, como em *O cativeiro da terra*, de José de Souza Martins, nas novas relações de sociais não haveria lugar para o trabalhador que considerasse a liberdade uma negação do trabalho — que supõe ser o caso do escravo negro ou do liberto. Ao contrário, o tempo era do trabalhador que considerasse o trabalho uma virtude da liberdade — atributo, no caso, exclusivo do imigrante europeu (Martins, 1986:17).

Ora, no Rio de Janeiro, mesmo antes da Abolição — como se sabe, esta, quando chegou, pegou a maioria dos negros já na condição de livres, mesmo no Sudeste, última grande área escravista do país —, as listas profissionais dos arquivos apontavam o liberto como artesão, trabalhador doméstico, trabalhador de rua, trabalhador de comércio, trabalhador marítimo, alfaiate, acendedor, bombeiro, caieiro, calceteiro, calafate, canteiro, carpinteiro, cavouqueiro, domador, encanador, ferreiro, encardenador, funileiro, marceneiro, padeiro, pedreiro, pintor, sapateiro, servente, servente de pedreiro, torrador de café, trabalhador no telégrafo. E ainda, comumente, copeiro, costureira, cozinheiro, engomadeiro, jardineiro, lavadeira, lavador de garrafas, barbeiro volante, carregador de água, carregador de café, carreiro, cocheiro, doceiro, ganhador, mascate, pombeiro, quintandeiro, vendedor de almoços, vendedor de tremoços.

Todavia, veja-se a lista dos motivos mais comuns da prisão dessas pessoas, entre 1860 e 1900, os quais poderiam ser sacados por qualquer um, a qualquer momento, confundindo o escravo e o liberto, aparentados pela cor, como — já dizia o poeta — a emparedar uma raça: algazarra, andar ao ganho sem licença, não assinar termo de bem-viver, batuque, averiguação de sua condição, capoeira, desordem, embriaguez, vagabundagem, feitiçaria, fora de horas, infração de posturas, ofensas de ser escravo fugido, não ter ocupação certa, encontrado em orgias, desrespeitar a autoridade (Gomes, 2005:244).

Em termos de "teoria do desenvolvimento", Celso Furtado foi pioneiro: "não adianta crescer, se o desenvolvimento é tão desigual" (Furtado, 2003). Ora, a sociedade brasileira do século XX, em termos de produto interno bruto (PIB), multiplicou-se cerca de 100 vezes (IBGE, 2003). Entretanto, permaneceu intocado o problema da profunda injustiça social: as mazelas da concentração fundiária, o extraordinário êxodo rural, o inchaço das cidades, o subemprego, uma das maiores concentrações de renda do planeta, o alto padrão de consumo das elites, somente comparável ao dos países ricos, deformando as prioridades econômico-financeiras de uma sociedade realmente independente etc. Diante da tenacidade aparentemente inquebrantável desse quadro degradante, Furtado inclina-se a sugerir um fator não econômico, considerado por ele decisivo, posto justo no âmago da mesquinha dinâmica: o fator cultural.

Estivemos todo o tempo aqui a defender a dimensão cultural como determinante para explicar a "questão do negro" no Brasil moderno, leia-se a questão das grandes massas populacionais do país. Defendemos, pois, a ideia de não ser essa questão um tema pontual; numa sociedade como a brasileira, uma controvérsia de "minorias". Ao contrário, amadurecemos a convicção de seu pertencimento ao quadro das transformações estruturais do país (Siqueira, 2006). Tínhamos um grande aliado e não sabíamos!

Referências

Fontes

ARQUIVO MUNICIPAL DE VASSOURAS. *O Município*, 1902-1917.

_____. *O Vassourense*, 1888-1896.

ARQUIVO MUNICIPAL DE PIRAÍ. *Livro de lançamentos comerciais e de impostos de indústrias e profissões da Prefeitura Municipal*, 1885-1930.

_____. *Inventários post-mortem*, 1888-1916.

BRASIL. Diretoria-geral de Estatística. *Recenseamento da população do Império do Brasil a que se procedeu no 1º de agosto de 1872*. Rio de Janeiro: Oficina Estatística.

_____. Diretoria-geral de Estatística. *Recenseamento da população da República dos Estados Unidos do Brasil, em 31 de dezembro de 1890*. Rio de Janeiro: Oficina Estatística.

BOLETINS da Sociedade Central de Imigração. Rio de Janeiro: Typ. Universal Laemmert, 1883-1884.

IBGE. Centro de Documentação e Disseminação de Informações. *Estatísticas do século XX*. Rio de Janeiro: 2003.

UNIVERSIDADE SEVERINO SOMBRA. Centro de Documentação Histórica. *Processos de soldada*, 1888-1890.

_____. Centro de Documentação Histórica. *Livro de casamento de pessoas livres. Matriz de N. Sra. da Conceição de Vassouras*, 1888-1895.

_____. Centro de Documentação Histórica. *Livro de assento de óbitos de pessoas livres*, 1888-1908.

_____. Centro de Documentação Histórica. *Inventários post-mortem*, 1888-1930.

Bibliografia

BLOCH, Marc. *Apologia da história*. Rio de Janeiro: Zahar, 2002.

BRAUDEL, Fernand. *Escritos sobre a história*. São Paulo: Perspectiva, 1992.

DEAN, Warren. *A ferro e fogo*: a história e a devastação da mata atlântica brasileira. São Paulo: Companhia das Letras, 2004.

ENGELS, Friedrich. *Ludwig Feuerbach e o fim da filosofia clássica alemã*: obras escolhidas. Rio de Janeiro: Vitória, 1963. v. 3.

_____. *Anti-Duhring*. Rio de Janeiro: Paz e Terra, 1976.

FÈBVRE, Lucien. *Combates pela história*. 3. ed. Lisboa: Presença, 1989.

FERNANDES, Florestan. *A integração do negro na sociedade de classes*. 2. ed. São Paulo: Dominus/Edusp, 1965. 2 v.

FREYRE, Gilberto. *Casa-grande & senzala*. 28. ed. Rio de Janeiro: Record, 1992.

FREUD, Sigmund. *Introducción al psicoanálisis*. Madri: Alianza, 1973.

FURTADO, Celso. Entrevista. In: IBGE. Centro de Informações e Disseminação de Informações. *Estatísticas do século XX*. Rio de Janeiro, 2003.

GOMES, Flávio dos Santos; FARIAS, Juliana Barreto; SOARES, Carlos Eugênio Líbano. *No labirinto das nações*: africanos e identidades no Rio de Janeiro, século XIX. Rio de Janeiro: Arquivo Nacional, 2005.

HASENBALG, Carlos. *Discriminação e desigualdades raciais no Brasil*. Rio de Janeiro: Graal, 1979.

HOBSBAWM, Eric. *Sobre história*: ensaios. São Paulo: Unesp, 1998.

LÉVI-STRAUSS, Claude. *A antropologia estrutural*. 2. ed. Rio de Janeiro: Tempo Brasileiro, 1970.

MARTINS, José de Souza. *O cativeiro da terra*. 3. ed. São Paulo: Hucitec, 1986.

MARX, Karl. *El método de la economía política*: elementos fundamentales para la crítica de la economía política (borrador), 1857-1858. Buenos Aires: Siglo Ventiuno, 1973.

_____. Prefácio. In: *Para a crítica da economia política*. 2. ed. São Paulo: Abril, 1978. (Col. Os Pensadores).

MOURA, Clóvis. *Os quilombos e a rebeldia negra*. São Paulo: Brasiliense, 1981.

NASCIMENTO, Abdias. *O negro revoltado*. Rio de Janeiro: GDR, 1968.

PETRUCCELLI, José Luís. *Brésil, reproduction de la population, structure sociale et migrations, 1889-1929*: mobilité sociale et métissage dans deux "municípios" de l'état de Rio de Janeiro. Tese (doutorado) — Paris, EHESS, 1993.

PIERSON, Donald. *Brancos e negros na Bahia (estudo de contato racial)*. 2. ed. São Paulo: Nacional, 1977.

RAMOS, Alberto Guerreiro. *Introdução crítica à sociologia brasileira*. Rio de Janeiro: EdUFRJ, 1995.

RICCI, Maria Fernanda. *A tessitura de uma comunidade fabril*: a experiência da cia. têxtil São Luís, 1930-1936. Dissertação (mestrado em história) — Universidade Severino Sombra, Vassouras, 2000.

SAES, Décio. *Classe média e política na Primeira República brasileira, 1889-1930*. Petrópolis: Vozes, 1975.

SAUSSURE, Ferdinand de. *Curso de linguística geral*. São Paulo: Cultrix, 2004.

SIQUEIRA, José Jorge. Ciro Flamarion e Keith Jenkis: a propósito da concepção pós-moderna em história. *Revista do Mestrado de História*, Vassouras: Universidade Severino Sombra, Programa de Mestrado em História Social, n. 9, 1998.

_____. *Entre Orfeu e Xangô*: a emergência de uma nova consciência sobre a questão do negro no Brasil, 1944/1968. Rio de Janeiro: Pallas, 2006.

SOUZA, João Cruz e. *Obra completa*. Rio de Janeiro: Anuários do Brasil, [s.d.].

STEIN, J. Stanley. *Vassouras*: um município brasileiro do café, 1850-1900. Rio de Janeiro: Nova Fronteira, 1990.

THOMPSON, Paul Edward. *A miséria da teoria*. Rio de Janeiro: Zahar, 1981.

_____. *As peculiaridades dos ingleses e outros artigos*. Campinas: Unicamp, 2001.

9

Moradas, ocupação e territórios urbanos:
crioulos e africanos no Rio de Janeiro, 1870-1910

Lucimar Felisberto dos Santos

POR SOFRER PRESSÃO EM SUA liberdade, submissa e respeitosamente, impetrou o nacional José Martins junto ao Egrégio Conselho Supremo da Corte de Apelação uma petição de *habeas corpus* em seu favor. Não obstante a falta de documentação, a autuação se deu em 12 de julho de 1895, na então capital federal. Segundo a versão produzida por seu advogado, ilegalmente, o suplicante havia sido "conduzido preso" e remetido à Casa de Detenção ao passar, na tarde do dia 24 de maio, pela praça da República.[1] Naquele tempo, aquele lugar era um dos principais espaços sociais atingido pela onda de transformações urbanísticas por que passava a cidade do Rio de Janeiro. Pelo que se pode perceber desse episódio, em meio às novas determinações históricas, a preservação da liberdade despontava como um contínuo processo. Era o que tinha a fazer muitos dos que teimavam em morar, trabalhar ou simplesmente andar "livremente" por suas ruas centrais. Numa ação limite, indivíduos do naipe de José Martins — percebido socialmente como um perigoso capoeira — podiam sofrer intervenções autoritárias dos poderes públicos e passar dias ou meses na Casa de Detenção local. Todavia, podiam também surpreender aqueles mesmos poderes, até por se utilizar de mecanismos legais.

A cidade do Rio de Janeiro da virada do século XIX para o XX, sobretudo seus espaços urbanos de maior dinamismo, era uma arena de significativas transformações e disputas. Estava em vigência um processo de diferenciação socioespacial. Alteravam-se funções de seus espaços sociais urbanos, algumas delas já consideradas tradicionais. O próprio tecido urbano sofria expansão. Pelo que fica

---

[1] ANRJ, Corte de Apelação, Processo nº 29, maço 1, gal. F, fl. 2.

claro nos registros históricos daquela época, do ponto de vista da classe dirigente, a localidade necessitava de um "remodelamento" (Abreu, 1988; Benchimol, 1992). Os novos contornos, entretanto, alcançariam também o campo dos sentidos. Há indicativos de que na mira dos poderes públicos estiveram os modos de grupos populares significarem aquelas regiões. De que, no limite, produzia-se uma imagem social ideal para aquela que continuaria a ser a capital política, econômica e, intencionavam as elites dirigentes, cultural do país.

Isso significa dizer que os indícios sugerem que as transformações e disputas ocorreram notadamente porque o grupo social (e racial) cujos valores e costumes ditaram os termos da territorialidade imaginada fora definido a partir de cima, e a cidade estava povoada por muitos dos considerados fora dos padrões definidos. Em se tratando de um processo que ocorreu naquela que foi uma das principais cidades escravistas das Américas, não é de se estranhar que a lógica observada quando se analisa a reconfiguração das políticas de dominação com relação às classes trabalhadoras seja aquela que visava atingir o âmago simbólico dos espaços significados culturalmente por homens e mulheres que tiveram a experiência do cativeiro (Soares, 2007). O processo de reterritorialização étnica, espacial e cultural, portanto, submeteria diversos territórios.

Ao longo do século XIX, a cidade do Rio de Janeiro conheceu períodos de diferenciação étnica em sua constituição social. Havia vivido uma fase africana, depois uma luso-africana e, lá pelos idos de 1890, vivia a sua fase luso-brasileira. Em verdade, passava por um franco processo de nacionalização (Alencastro, 1988:44),[2] que decerto pode também ter sua explicação em causa geracional. Ou seja, descendentes das duas principais nacionalidades constituidoras das fases anteriores — filhos de africanos e de portugueses nascidos no Brasil — engrossavam as fileiras dos chamados "nacionais".[3] A julgar pelo sentido tomado pelas transformações que estiveram em curso naquele período, entretanto, um dos grupos não teve a oportunidade de fazer daqueles territórios urbanos os mesmos usos de seus antepassados. Muito pelo contrário, em vários momentos tiveram mesmo de entrar em confronto com a lógica territorial imposta. Reagiram inclusive instituindo novos territórios com basenas heranças culturais herdadas. A disputa pelo uso, simbólico e real, do espaço urbano fluminense é o tema deste capítulo.

---

[2] Observando as oscilações sociais no mercado de trabalho urbano do Rio de Janeiro no decurso do século XIX, Luiz Felipe de Alencastro chamou a atenção para três fases bem distintas: "uma primeira fase, africana, estende-se até 1850; uma fase luso-africana que vai até 1870 e, por fim, uma fase luso-brasileira".

[3] No caso em particular dos que tinham Portugal por procedência, a "grande naturalização" empreendida pela Constituição do Império do Brasil já havia tornado brasileiros todos os nacionais portugueses que mantiveram sua residência no país após a Independência, em 1822.

Como se sabe, os planos de melhorias pensados para a cidade do Rio de Janeiro ainda nas décadas finais do século XIX tiveram como principal finalidade sanear e ordenar a malha de circulação viária, fazendo da cidade-capital um modelo de modernidade perante a Europa. Os esforços dos poderes públicos foram no sentido de imprimir nos espaços urbanos o que consideravam uma marca moderna e civilizada. Construções prediais modernas e outras obras públicas informariam as circunstâncias da reconfiguração espacial. Como já sugerido, certamente figurou entre os objetivos daqueles idealizadores apagar as recentes memórias da escravidão. Mudar os traçados urbanos, portanto, significava também atacar reminiscências históricas da busca de liberdade, parte das histórias de lutas de cativos e libertos (Chalhoub, 1990:186). Efetivamente, permaneceram na mira dos reformadores ou aquelas áreas de grande circulação, ou as de passagens de bonde, ou ainda as consideradas de importância comercial, ou seja, espaços de crescente valorização. Assim podia ser classificado o local de prisão de José Martins, um dos principais alvos dos agentes públicos daqueles tempos. O que ficou evidente pela atuação do poder público na localidade nos anos anteriores é que tanto a atual praça da República[4] quanto seus espaços contínuos passaram por um período de reforma entre os anos 1873 e 1880.[5] Na ocasião, foi até mesmo destruído um antigo chafariz ali construído em 1818.

Notadamente em função da existência de um chafariz com 22 bicas, conhecido como "chafariz das lavadeiras", não é difícil imaginar a concentração e a circulação de mulheres no entorno daquela praça — profissão, lembramos, durante longo tempo predominantemente exercida por mulheres negras escravizadas. Durante os mais de 50 anos em que foi possível se reunirem ali para o trabalho de lavagem pode ter tornado possível imprimir no espaço importantes significados, próprios de uma cultura específica: a negra e escrava. Ademais, não é difícil imaginar as maltas de capoeiras constituídas por pretos e pardos, ou mesmo aquelas de portugueses, aterrorizando os transeuntes e frequentadores dos quiosques construídos em torno da praça por ocasião da reforma. Provavelmente, davam trabalho à polícia da Corte e, mais tarde, do Distrito Federal. Mas pode ser verdade que, naquele contexto, essas mesmas imagens tenham servido aos poderes públicos como pretexto para exercer domínio sobre os populares indesejáveis

---

[4] A praça determinava o limite urbano da cidade no período imperial (sendo a outra extremidade limitada pela rua da Vala, hoje Uruguaiana). Naqueles tempos, chamava-se campo de São Domingos e foi depósito de lixo e esgoto. Mais tarde, passou a chamar-se campo de Santana. A partir de 1822, por ordem de d. Pedro I, passou a ser o campo da Aclamação. Em 1831, possuía três nomes: era, para alguns, o campo de Honra; para outros, o campo da Regeneração; e, ainda, o campo da Liberdade. Em 1889, com a Proclamação da República, passou a ser finalmente a praça da República.

[5] Foi seguido o projeto do paisagista francês Auguste François Marie Glaziou, sendo, à época, demolido um antigo chafariz de 1818 e casas humildes de trabalhadores.

que teimavam em frequentar aquele público. Afinal, o tempo era outro, e a classe dirigente havia decidido transformar aquela região em território de outro grupo.

Por certo, essa reconfiguração do tecido urbano — que alcançaria uma área mais ampla — resultou em diversas alterações sociais, com destaque para a grande valorização do solo na área central, com prejuízo social para a população de baixa renda, de maioria constituída pelos africanos e seus descendentes. Sabemos que a lógica da produção de espaços que acompanhou o plano de melhorias para o Rio de Janeiro teve o intuito de oferecer resposta a diferentes problemas enfrentados pela cidade (Abreu, 1988). Estudos sobre o que sua execução representou, em termos de transformações urbanas, entretanto, são sempre abordados com base no ponto de vista das alterações ocorridas no tecido da cidade, da arquitetura. E as dimensões cotidianas e simbólicas da vida social? E as expectativas aos novos usos do solo?

Com essas questões em mente — com especial interesse nas trajetórias dos trabalhadores escravizados e dos libertos nesse período de emancipações e no pós-Abolição —, escolhemos abordar os deslocamentos espaciais e as circunstâncias dos arranjos de moradias feitos no Rio de Janeiro, nos anos 1890, pelas populações urbanas no sentido de reorganizarem suas vidas, e destacar a resistência necessária diante das intervenções do poder público nos territórios criados por elas. Interessamos em localizar aqueles trabalhadores transformando espaços específicos e formando novos territórios. Defendemos que esse movimento envolvia um duplo esforço: inventavam-se novos significados culturais enquanto se lutava para preservar domínios e influências já conquistados. Ao recuperarmos parte de suas histórias, procuraremos demonstrar que foram eles ativos em suas experiências concretas ao formular lógicas próprias de enfrentamento. Era, provavelmente, o que fazia com aquela petição o nacional José Martins. Mas não trataremos somente daquele caso. Não vamos aqui noticiar uma batalha particular.

Reconfiguração da ocupação social dos bairros do Rio de Janeiro

O município Rio de Janeiro, sabemos, em meados dos Oitocentos, por sua concentração urbana de escravos, foi reconhecido como a maior cidade escravista das Américas.[6] Recebeu a alcunha de "cidade negra". Isso não apenas por causa do

---

[6] O número total dos habitantes da cidade do Rio de Janeiro em 1849 era de 266.466 indivíduos; 110.602 indivíduos eram escravizados. Entre estes, 66 mil eram africanos (aproximadamente 60%). Somavam-se ainda os 10.732 libertos e os "africanos livres" que residiam na cidade. Ou seja, pelo menos 45,5% (121.334) dos populares podiam ser denominados "negros".

percentual de habitantes ditos "de cor" em seus limites urbanos, mas por terem eles imprimido naqueles espaços sociais uma lógica cultural que pôde assim ser denominada.[7] Ademais, a cidade negra foi também um território negro.[8]

Quadro 1. População do município do Rio de Janeiro em relação à cor e ao sexo

Cor	Sexo	Ano	
		1872	1890
Branca	Mulheres	55.544	127.740
	Homens	96.425	200.049
Acablocada	Mulheres	258	8.615
	Homens	555	8.830
Parda/morena	Mulheres	40.350	57.631
	Homens	42.313	55.248
Preta	Mulheres	20.054	35.008
	Homens	19.473	29.530
Total		274.972	522.651

Quadro 2. População do município do Rio de Janeiro em relação à cor

Cor	Ano			
	1872		1890	
Brancos	151.799	55,20%	327.789	62,25%
Não brancos	123.173	45,80%	194.862	38,75%

Fonte: *Recenseamento geral do Império do Brasil de 1872*: sexo, raça e estado civil, nacionalidade, filiação, culto e analfabetismo da população recenseada em 31 de dezembro de 1880. Rio de Janeiro: Diretoria-Geral de Estatísticas, 1898. p. 30-31 apud Soares, 2007, Anexos.

Algo do que viriam a ser as diferenciações socioespaciais que hoje observamos quando olhamos atentamente o sentido da ocupação social dos bairros do Rio de

---

[7] Essa categoria, cunhada por Sidney Chalhoub, refere-se sobremaneira às marcas introduzidas pelas experiências de africanos e crioulos nas lógicas sociais da cidade do Rio de Janeiro.

[8] Africano também. Como demonstrado, em 1849, eles somavam 66 mil somente entre os escravizados (aproximadamente 60%). Em 1872, o número de africanos residentes na cidade do Rio de Janeiro havia sofrido sensível redução; era na ordem de 18.065 indivíduos: 10.973 entre os 48.939 escravizados e 7.092 entre os livres.

Janeiro, por forças de novas determinações, já se desenhava naqueles anos finais do século XIX. Por exemplo, em direção à zona Sul já seguiam as elites. No sentido de São Cristóvão e adjacências, para áreas denominadas "proletárias", os trabalhadores com algum tipo de especialização. Os populares, com poucas opções, fundamentalmente reagindo às citadas intervenções dos poderes públicos em seu cotidiano, tiveram como alternativa a "periferização". Inicialmente, esse foi um processo com sentido puramente geográfico. Ocuparam regiões no entorno da cidade — notadamente as ladeiras e os morros. Mais tarde, com sentido geopolítico: migraram para as regiões suburbanas — ou mesmo as mais afastadas do centro urbano —, desatendidas pelas políticas públicas, algumas das quais passariam a ser ligadas às áreas centrais por meio das linhas férreas e rodoviárias (Damázio, 1996).

Ao fim e ao cabo, vêm desse período os registros históricos que recuperam o sentido dos deslocamentos que constam das ocupações de morros situados no centro da cidade, a exemplo do da Providência e do de Santo Antônio — regiões até então pouco habitadas. Absolveriam parcelas consideráveis do contingente das classes trabalhadoras que antes residiam nas áreas centrais da cidade. Pode-se, aqui, dialogar com as apreciações de Lilian Fessler Vaz, que analisou o processo de urbanização da cidade do Rio de Janeiro na perspectiva de divisão/especialização do espaço. Suas averiguações se afinam com o argumentado no parágrafo anterior. De acordo com alguns dos resultados de suas análises, as classes trabalhadoras que residiam no perímetro urbano se deslocaram ou na direção das áreas periféricas, ou dos subúrbios distantes, ou mesmo para aqueles morros que ganhavam espaço como alternativas de local de moradia, sobretudo por não sofrer o mesmo tipo de interferência que as áreas centrais (Vaz, 1994:587).

Os dados referentes aos registros de detenções realizadas nas ruas centrais da cidade naqueles tempos representam um tipo de documentação cujo exame muito contribuiu para produzirmos uma explicação preliminar de uma das dimensões do movimento migratório feito pelos populares. A despeito dos problemas que se possam argumentar relativos à utilização de registros de matrículas de presos e detentos — não democráticos, porque nem todos são delituosos ou criminosos; duvidosos pela ação dos recalcitrantes etc. —, importantes análises sociais têm deles se valido em resposta a problemas históricos, legitimando esse tipo de registro histórico.[9] Aqui faz todo o sentido sua utilização. Afinal, estamos interessados justamente nessa "arraia-miúda". Para efeito de adentrarmos as dimensões cotidianas e identificarmos algumas das expectativas aos novos usos do solo, com base na identificação das escolhas de locais de moradias feitas pelos membros das classes

---

[9] Destaque para as produzidas por Flávio dos Santos Gomes, Carlos Eugênio Líbano Soares e Érica Arantes.

trabalhadoras, valer-nos-emos tão somente dos substanciais dados referentes aos registros de entradas de detentos homens que deram entrada na Casa de Detenção da Corte do Rio de Janeiro nos meses de março e abril de 1890. Tais matrículas foram assentadas no livro cuja notação tem o número 63.[10]

Seguem alguns dados mais gerais da amostragem em questão: dos 746 indivíduos matriculados naquele livro, os com ascendência africana — fulas, morenos, pardos e pretos — somavam 50% (em época em que representavam cerca de 38% do conjunto da população fluminense — *vide* quadro 2). Nesse grupo, avaliando somente os nacionais, chegamos ao percentual de 78,5% de não brancos. Considerando toda a população de detentos, eram nacionais 429 (57,5%), dos quais somente 117 (15,7%) eram naturais do Rio de Janeiro. Em outras províncias e na vizinha homônima, nasceram 313 (42%) dos que foram detidos nas ruas centrais da cidade e registrados no livro de número 63. A estrutura ocupacional do grupo era bem variada. Estavam distribuídos nos mais diversos tipos de ocupação. A título de demonstração, fizemos algumas generalizações: 53 detentos (7,1%) declararam executar tarefas ligadas às atividades domésticas, 177 (23,7%) ocupavam-se nos setores de serviços, 38 (5%) com as lavouras, 249 (33,5%) eram profissionais semiqualificados e 165 (22,1%) foram matriculados como detentores de algum tipo de especialização.

Quadro 3. Detentos em relação à cor e à ocupação

Ocupação / Cor	Doméstico	Serviço	Lavoura	Semiespecializado	Especializado	Outros	Não consta	Total
Acablocada	1	1	1	1	1	1	—	6 (0,8%)
Branca	14	123	8	91	99	17	15	367 (49,2%)
Fula	3	1	3	16	4	2	1	30 (4,0%)
Morena	3	14	12	28	14	3	1	75 (10,1%)
Parda	15	26	9	55	28	10	5	148 (19,8%)
Preta	17	12	5	58	19	7	2	120 (16,1%)
Total	53 (7,1%)	177 (23,7%)	38 (5%)	249 (33,5%)	165 (22,1%)	40 (5,4%)	24 (3,2%)	746 (100%)

Fonte: Aperj. Casa de Detenção. *Livro de registro de entradas*, notação 63.

---

[10] Aperj. Casa de Detenção. *Livro de registro de entradas*.

Uma análise rápida dessas duas variáveis — naturalidade e ocupação — ofereceu um primeiro perfil geral dos principais detidos na cidade: eram principalmente os brasileiros não brancos, não naturais da cidade do Rio de Janeiro, os empregados em ocupações que não exigiam qualificação e nos setores de serviço. Entre os brancos, os estrangeiros eram os mais detidos. Os empregados em atividades domésticas e em lavouras eram os que menos visitavam as celas da Casa de Detenção. Incluímos na análise a variável "motivo de prisão", só para ir um pouco mais além e orientar as informações numéricas em função de fazê-las funcionar estritamente com sentido de sustentar pelo menos um dos argumentos defendidos neste texto, qual seja: que àquela época as autoridades policiais intervinham no cotidiano das classes trabalhadoras de modo a constranger sua opção por morar em determinados territórios urbanos (Santos, 2011).

Identificamos que cerca de 60% das detenções feitas no período (446) foram por subjetivas razões de ordem pública, no que se destacou a do negociante Ângelo Fernandes, exatamente por ter sido assim assentada no livro por ocasião de sua matrícula, ou seja, "por motivo de ordem pública", era ele preso em 12 de março de 1890. O fluminense tinha 45 anos e declarou morar no beco da Carioca, número 10. Chegou conduzido pelo carro da casa. O filho de Antônio Fernandes e Ângela da Conceição foi registrado como moreno — ele tinha o cabelo crespo, não carapinho, como a maioria dos pretos e pardos dos registros. Se o motivo da prisão de Ângelo o transforma em um caso peculiar, ressaltamos que, ainda que não fosse assim registrada, é assim que pode ser interpretada a maioria das ocorrências.

Na amostra em questão, destacam-se os casos de vadiagem (171) e de desordem (142).[11] Mas também por turbulência (24), por embriaguez (43) ou por dormir ao relento (4) muitos foram apresentados aos corredores da Casa de Detenção. Incluem-se ainda aqueles que foram detidos por conta da assinatura do "termo de bem-viver" (62). Este último, um instrumento que representou um compromisso entre o indivíduo e o Estado, obrigava o primeiro a tomar uma ocupação dentro de um prazo estipulado pelo segundo. Levando em conta sua infração, a detenção podia ocorrer tanto para sua assinatura como pelo não cumprimento do acordo.

Retornemos à variável naturalidade. Como destacado, na amostragem em questão para o ano 1890, o contingente de populares formados por detentos ne-

---

[11] A repressão à vadiagem constava do Código Criminal de 1830. O art. 295 rezava o seguinte: "Não tomar qualquer pessoa uma ocupação honesta, e útil de que possa subsistir, depois de advertido pelo Juiz de Paz, não tendo renda suficiente. Pena de prisão com trabalho por oito a vinte e quatro dias". Já o art. 399 do Código Penal de 1890 determinava que deveriam ser punidos com prisão de 15 dias os vadios e capoeiras que "deixar[em] de exercitar profissão, ofício, ou qualquer mister em que ganhe[m] a vida, não possuindo meios de subsistência e domicílio certo em que habite[m]; prover[em] a subsistência por meio de ocupação proibida por lei, ou manifestamente ofensiva da moral e dos bons costumes".

gros que haviam escolhido viver na cidade do Rio de Janeiro — aqui nascido ou vindo de outras regiões do país — era significativo. Representava 50% dos que haviam declarado residir no Distrito Federal. Consideramos ser essa uma considerável amostra dos que resistiram aos limites e determinações até ali impostos ao uso de sua mobilidade espacial. Ponderando sobre as circunstâncias históricas dessa capital tornada recentemente republicana, apesar de atingida pelas ferramentas reais e simbólicas dos reformadores, muitos dos que para ali se deslocavam provavelmente percebiam haver nela melhores possibilidades de potencializar os recursos da precária liberdade ultimamente usufruída.

Quadro 4. Detentos em relação à naturalidade e à cor

Cor / Naturalidade	Acaboclados	Brancos	Fulas	Morenos	Pardos	Pretos	Total
Distrito Federal	—	44	4	10	37	22	117 (15,7%)
Província do Rio de Janeiro	1	13	4	7	25	33	83 (11,1%)
Outras províncias	3	40	20	44	72	50	229 (30,7%)
De outras nacionalidades	1	244	2	13	13	14	287 (38,5%)
Não identificada	1	26	—	—	1	2	30 (4%)
Total	6	367	30	74	148	121	746 (100%)

Fonte: Aperj. Casa de Detenção. *Livro de registro de entradas*, notação 63.

Quanto à distribuição espacial das moradias dos detentos, podemos demonstrar o seguinte: a maioria deles, 34,8%, declarou morar nos limites do centro, nas mediações das freguesias de Santa Luzia e do Sacramento, sobretudo em ruas tais quais a da Misericórdia (28), de Santa Luzia (17) e Buenos Aires (13). Também as ruas da Alfândega, Frei Caneca, e General Caldwell foram reiteradamente declaradas como locais de moradias dos detentos nos distritos centrais (11 vezes cada uma delas). Enquanto isso, na região constituída principalmente pelo bairro chamado de Cidade Nova — antiga área de passagem entre o Centro e os bairros de São Cristóvão e da Tijuca, nas proximidades do Estácio — e por algumas outras áreas contíguas ao centro comercial — que convencionamos denominar área de expansão urbana —, residiam 18,5% do total dos detentos que declararam possuir um local de moradia fixo na cidade do Rio de Janeiro. Referentes a essa região — situada em grande parte nas freguesias de Santana, de Santa Rita e de Nossa

Senhora da Candelária — as principais ruas citadas foram: a do General Pedra e a Sacadura Cabral (18); a antiga do Aterrado, atual Senador Eusébio (15); a do Barão de São Félix (12); e o Largo da Prainha (9). Distribuídas por outros diversos pontos da cidade estavam moradias de 24% dos detentos; 10,5% residiam fora da província do Rio de Janeiro. Em 12,2% dos registros não foi possível a identificação espacial, ou por não constar o endereço na documentação, ou por ser ele desconhecido, ou pela elegibilidade do registro. Onze indivíduos brancos e seis não brancos declararam morar a bordo de embarcações.

Pensando a ocupação em termos étnico-raciais, cruzamos as variáveis ocupação e cor. Observamos que eram principalmente os detentos percebidos socialmente como brancos que declaravam morar nas áreas de maior dinamismo econômico e de grande circulação — as que foram primeiramente atingidas pelos já mencionados planos de melhoramentos urbanos, nos limites do Centro da cidade. Embora tenha sido a região onde se verificou o maior número de ocorrências (34,8%), nessas localidades — em nosso quadro 5 denominadas Cidade Velha —, ruas como a de Santa Luzia, da Carioca e General Câmara predominaram nas declarações de endereços das moradias de detentos brancos, com destaque para a primeira: somente registro de detentos brancos, 17 moradias. Quanto aos não brancos que também afirmaram morar nas áreas comerciais da cidade, afora os 17 registros dos assim socialmente percebidos, moradores da rua da Misericórdia, estavam todos dispersos por residirem nos mais diferentes logradores. Por causa do número de ocorrências, suspeitamos que naquela rua pudesse, naquela época, existir um território negro remanescente, ainda que também tenhamos o registro de 11 moradias de detentos não negros.

Quadro 5. Detentos em relação à cor e ao local de moradia

Localidade / Cor	Cidade Velha	Áreas de expansão urbana	Outros pontos da cidade	Outros estados	Não identificados	Total
Brancos	156	69	99	12	14	350
Não brancos	98	66	74	65	76	379
Total	254 (34,8%)	135 (18,5%)	173 (24%)	77 (10,5%)	90 (12,2%)	729 (100%)

Fonte: Aperj. Casa de Detenção. *Livro de registro de entradas*, notação 63.

A desproporção numérica entre as moradias de brancos e de não brancos, entretanto, quase desaparece quando identificamo-la na região que chamamos de "área de expansão urbana": 69 e 64, respectivamente. Nesta, também provável área de dispersão, a região do Mangue (na freguesia de Santana) despontou como a de maior atração. Tudo parece indicar ser essa, naquela conjuntura, a nova alternativa de moradia dos trabalhadores pobres. Para as ruas Senador Euzébio e Nova de São Diogo, atual General Pedra, parecem ter seguido muitos dos que não intencionavam ver desfeitos os laços que tinham com a parte velha da cidade. Vale a pena anotar que, a julgar pelo que se pode interpretar dessa amostragem, também nos limites dessa nova área de habitação houve uma tendência de ocupação de acordo com as identidades étnicas. Identificamos que os não brancos predominaram em rua tal qual a General Pedra (12 moradias contra seis de detentos brancos), e os brancos, na rua Senador Euzébio (13 moradias contra duas de detentos não brancos). Essa diferenciação certamente não foi aleatória.

Num plano mais geral, é verdade que muitos dos residentes do Rio de Janeiro participavam de algo que podemos chamar de um processo de reterritorialização: em contraponto às intervenções dos poderes públicos na cidade, o conjunto da população, tendo em vista as novas funções estabelecidas para seus espaços sociais, precisava ocupar e significar novos territórios, bem como ressignificar os antigos. Contudo, em muitos dos casos, as novas alternativas de construção de territórios estavam articuladas a antigas noções que interferiam no estabelecimento de novos padrões sociais, culturais e raciais de ocupações. Certamente, distinções e hierarquias já consolidadas podiam sofrer com o impacto das novas demandas sociais, mas não sem disputas acirradíssimas.

E, tomado o ano 1890 como um marco desse conflito, podemos sugerir que a disposição desses locais declarados como de moradia de brancos e não brancos responde pelo resultado dessa disputa em termos raciais, ou, dito de outro modo: que, muito embora os projetos de modernização e melhoramento da cidade, mais intensos desde pelo menos o início dos anos 1870, tenham atingido a população do Rio de Janeiro como um todo, seu impacto sobre a população pode ser racialmente diferenciado. Generalizada a amostra utilizada, vimos que era uma maioria de brancos que residia nas áreas do Centro da cidade, que, tornadas prioritariamente comerciais, ofereciam melhores possibilidades de arregimentação e acesso aos recursos econômicos, entre outros.

Em meios às contradições, um pequeno contingente formado por negros conseguia continuar residindo na cidade. Outro conseguia permanecer em suas proximidades, provavelmente tentando conservar muitas de suas tradições outrora forjadas naquele espaço. Não se defende, no entanto, que, por sua contiguidade, esse seria um processo não problemático. Mover significados culturais é sempre uma difícil tarefa, sobretudo quando era exatamente contra eles que combatiam as autoridades públicas. Contasse ainda uma provável população flutuante em busca de possibilidade de trabalho e quiçá de novas raízes. Nesses casos estava uma significativa maioria de não brancos.

Mesmo presos nas ruas centrais da cidade, 10,5% dos detentos declararam morar em outras províncias. Além disso, 12,2% declararam morar em diversos logradouros não identificados como espaços públicos da cidade do Rio de Janeiro, provavelmente, tentando a vida nesses espaços urbanos vindos de áreas suburbanas do Distrito Federal ou da província do Rio de Janeiro. Esses, juntos, correspondem a 22,7% de maioria não branca. Todos sofreriam a intervenção cotidiana dos poderes públicos, alguns mais que outros, como anotamos.

As medidas policiais de localização e seus descaminhos

Considera-se que ainda há muito a ser dito sobre a memória dos espaços urbanos do Rio de Janeiro como cidade entre as décadas finais do século XIX e o alvorecer do século XX, especialmente sobre as dimensões culturais construídas e ressignificadas por diferentes personagens — entre outras perspectivas analíticas — no que concerne a identidade, ocupação, classe e gênero. Nesse sentido, contribuição generosa foi dada por Cristiana Schettini quando de sua análise do episódio das expulsões das prostitutas que "ganhavam a vida" em zonas de meretrício localizadas nas áreas centrais exatamente nesse período (Schettini, 2006). O que foi demonstrado pela historiadora evidencia que há, de fato, uma complexa negociação nas maneiras de ocupar e significar os espaços urbanos. Confirma também que o poder público se vale do poder da polícia no encontro de soluções para suas questões sociais.[12] E era o que acontecia no Rio de Janeiro dos tempos trabalhados neste texto, de acordo com a citada análise. Aprendemos com sua apreciação que havia uma tendência policial a restringir e a controlar a circulação dos trabalhadores que residiam ou trabalhavam em certas áreas da cidade. Também que, não somente nos casos específicos envolvendo mulheres, o policiamento podia variar conforme o sentido da ação moralizadora contida na lógica de produção de espaço levada a cabo pelos agentes públicos. Podia, do mesmo modo, servir a objetivos não éticos.

---

[12] Tal evento constitui parte do primeiro capítulo da tese de doutorado da citada autora. Neste, de acordo com o narrado na página 31 da obra, "a discussão parte do episódio do *habeas corpus* impetrado em favor de mulheres expulsas de suas casas do centro da cidade pelo delegado da 4ª circunscrição urbana" (freguesia do Sacramento).

Tais explicações históricas nos foram oferecidas pela citada historiadora na exposição de uma pesquisa de sua autoria que acompanhou o sentido da mudança da localização de uma zona de prostituição na cidade do Rio de Janeiro nos anos finais do século XIX. De acordo com o exposto, na ocasião expulsões e rearranjos atingiram sobremaneira alguns distritos centrais que no passado tiveram tendência de ocupação de acordo com a identidade étnica dos que lá foram habitar. Schettini cita os exemplos das ruas de São Jorge e do Senhor dos Passos. Ambas "foram ocupadas principalmente por prostitutas negras, muitas das quais vindas dos Açores". Com a chegada dos bondes da Companhia de São Cristóvão, demonstra que essas mulheres tiveram novamente sua rotina alterada pelas medidas policiais. De acordo com a análise, os mesmo tipos de interferência em seu cotidiano sofreram anos antes outras mulheres, quando "ganhavam a vida" nos idos de 1870 nas imediações da rua da Constituição (Schettini, 2006:33).

Aproximados os fatos, relacionando com ações policiais e o sentido do remodelamento da cidade, tudo parece indicar que as medidas de intervenção, estipulando possível localização e restringindo outras, seguiam o crescente movimento de valorização imobiliária de certos territórios. Alargava-se o perímetro do que era percebido como o centro comercial da cidade. Acirravam as ações com sentido de dispersar os populares que ocupavam os cortiços, as casas de cômodos ou qualquer outro tipo de moradia coletiva nessas regiões (Mattos, 2008). E as prostitutas ainda tinham por costume as janelas. Daí o motivo, notadamente naquelas circunstâncias, de as ordens de expulsão acompanharem as medidas saneadoras do delegado responsável pela 4ª Circunscrição policial. A zona de prostituição estudada por Cristiana Schettini em 1896 localizava-se em áreas já citadas — nas ruas da freguesia do Sacramento. Mas, foi-nos ensinado, a localização teve seus descaminhos. No curso dos acontecimentos, ruas tais como a da Carioca e a Sete de Setembro também tiveram acirradas suas práticas de policiamento. Seguindo em direção à freguesia de Santana, ainda que persistissem as prisões rotineiras e temporárias, um pouco mais de tolerância foi observada em relação às ruas General Câmara, Conceição, do Núncio, São Jorge e outras transversais nas proximidades do campo de mesmo nome (Schettini, 2006:67).

Quiçá a percepção de certa função social do meretrício justificasse o arrefecimento das práticas policiais em específicas regiões próximas aos centros comerciais. O mesmo não pode ser dito a de outra prática urbana estigmatizada: a capoeira.[13] Supostamente, foi esse o real motivo da detenção do já apresentado

---

[13] Esse foi o motivo de prisão de 60 detentos da amostragem analisada neste texto, 10 deles por suspeita.

nacional José Martins. Nesse caso em particular, testemunhas arroladas para a acusação — todos homens da lei — observaram quando passavam pela praça da República que o acusado, juntamente com um grupo, "exercitava-se na capoeiragem" em cujos exercícios "agredia" as pessoas que passavam. Nosso personagem, um brasileiro, solteiro, vendedor de jornais, residente à rua dos Arcos no número 10 — à época, uma importante via urbana na região da Lapa —, sabendo ler e escrever, tinha 18 anos quando foi preso. Declarou o seguinte:

> Hoje cerca de meio dia [estava] na Praça da República, junto ao quiosque ali existente jogando. Trouxe para vender o seu jornal. Acontece que estava a brincar com os demais acusados quando foram presos como acusados de estarem jogando capoeira, que a faca que consigo trazia a havia achado não era sua. [Disse] que é trabalhador e nunca jogou capoeira.[14]

Não obstante serem frágeis seus argumentos, José Martins foi atendido em sua petição. O *habeas corpus*, entretanto, baseou-se na ilegalidade da prisão e na incompetência da autoridade que a efetuou. Seu relato da intervenção policial em seu cotidiano, todavia, pouco diferiu do conteúdo das narrativas dos companheiros com ele presos na ocasião. Foi um total de oito o número de indivíduos caídos na malha policial.[15] Apenas o nacional confessou a ligação entre eles. Podemos, assim, resumir o que foi dito pelos demais: estavam eles ou passando pela praça, ou conversando com amigos, ou simplesmente tomando um café quando foram surpreendidos pela ação dos praças que os detiveram. Todos se declararam trabalhadores honestos e negaram ser praticantes de capoeira.

Encontramos algumas regularidades entre esse episódio e outro ocorrido alguns anos depois, envolvendo outro trabalhador — o brasileiro João Silvano da Silva, com 19 anos de idade em 1899. Esse marceneiro, também solteiro, morador no beco do Cardozo número 10, utilizaria do mesmo recurso legal empregado por José Martins para evitar que fosse coagido em sua liberdade. Nesse caso, alegou o impetrante que, no dia 1º de outubro do citado ano, "ao passar pela Rua Marquês

---

[14] ANRJ. Corte de Apelação. Processo nº 29, maço 1; gal. F, auto de perguntas.

[15] Os supostos companheiros de José Martins eram: Arthur Cordeiro, italiano, 12 anos, servente de pedreiro, analfabeto, morador à rua do General Pedra 63; Agostinho Rocha, 13 anos, solteiro, pedreiro, analfabeto, residente à rua do Senador Pompeu 151; Jacomo Martins, italiano, 9 anos, vendedor de bilhete, morador à rua do Senador Eusébio 72; Henrique dos Santos, 21 anos, solteiro, marceneiro, residente à rua do General Pedra 89; Manoel Rodrigues de Souza, 12 anos, brasileiro, carpinteiro, analfabeto, morador à rua do General Pedra 163; Antonio Ignácio de Oliveira, 18 anos, solteiro, brasileiro, analfabeto, trabalhador, residente à rua do Senador Eusébio 52; Antonio de Souza, 18 anos, copeiro, analfabeto, morador no Engenho de Dentro.

de Pombal foi intimado por dois praças de polícia a fim de comparecer na delegacia da 9ª Circunscrição Urbana, no intuito de dar algumas explicações ao sargento comandante da praça ali existente".[16] Recusado o convite — o abordado alegou razões familiares: sua mãe estava acamada —, os eventos se sucederam: fuga, perseguição, bordoadas e, com a ajuda de "algumas pessoas do povo", a prisão. Da rua Frei Caneca, onde foi preso, foi conduzido à presença do citado sargento-comandante, lotado na delegacia de Santana. De acordo com o relatado pelo preso, disse-lhe tal autoridade policial "que o tinha chamado para dar explicações, mas, como havia se evadido, ia arranjar-lhe uma 'cadeia boa'". E foi o que se procedeu. Acusado de achar-se no exercício de capoeiragem em frente à delegacia e de resistência tenaz à prisão, foi preso em flagrante delito. O delegado responsável pelo distrito policial foi conivente com o sargento e lavrou o auto de prisão expondo nele as razões já mencionadas.

Como no caso anterior, a ordem de *habeas corpus* foi expedida. Também nesse episódio foram argumentadas tanto a ilegalidade da prisão como a incompetência da autoridade policial. Quiçá o sucesso da medida legal pode ser reputado à habilidade dos acusados e de seus advogados em produzir um discurso suficientemente convincente. Mas vale a pena anotar, no entanto, que foram algumas das falhas deixadas por aquelas autoridades no processo de produção de culpa desses personagens — como deixar de formalizar a culpa[17] — que tanto serviram para que, naquelas circunstâncias, suas petições fossem atendidas pelas autoridades competentes quanto servem aqui para demonstrar algumas das facetas do processo de reconfiguração dos espaços sociais no tecido urbano do Rio de Janeiro. Fundamentalmente, por fornecerem tais registros elementos que ajudam a confirmar a hipótese de que certos seguimentos das autoridades policiais intervinham no cotidiano das classes trabalhadoras urbanas no sentido constrangê-las a abandonar certos territórios que pretendiam apropriarem-se.

A progressiva diferenciação étnica na composição social da população urbana, com prejuízo para a população negra, é facilmente observada na verificação dos dados apresentados no quadro que reproduz a constituição racial da cidade (*vide* quadro 2). "Negra" em meados do século, o Rio de Janeiro já se constituía em uma maioria branca em 1872 e, em 1890, negros eram apenas cerca de 37% dos residentes na cidade. Ainda que não ocorressem claras discriminações raciais, as recorrentes sanções às práticas de trabalho, às formas de lazer e aos deslocamen-

---

[16] Arquivo Nacional. Processo nº 1.278, Supremo Tribunal, BV, fl. 2.
[17] A autoridade policial, até os dias de hoje, é obrigada a entregar ao preso, mediante recibo, um documento chamado "nota de culpa", na hipótese de flagrante, informando-o do que se alega contra ele. À época, de acordo com o exposto no processo, o prazo de entrega desse documento era de oito dias.

tos funcionavam como medidas de segregação espacial. Por vezes, as autoridades públicas eram bem precisas com respeito ao território que pretendiam ocupar. Por exemplo, a postura aprovada ainda em 1876 pelo governo imperial trazia o seguinte em seu art. 1º:

> Não serão mais permitidas no perímetro da cidade, entre as Praças de D. Pedro II e Onze de Junho e inclusivelmente todo o espaço da cidade entre as ruas do Riachuelo e do Livramento, as construções de cortiços, quer tenham a denominação de casinha, quer outra equivalente [*Jornal do Commercio*, 2/1/1884].

De acordo com o publicado na coluna a pedido do *Jornal do Commercio* no dia 2 de janeiro de 1884, no art. 3º da dita postura ainda se podia ler: "Os infratores serão multados em 30$ e obrigados à demolição da Obra".

Outro exemplo: sendo a ocupação da via pública regulada por lei municipal, as posturas municipais também dispunham sobre os lugares em que vendedores ambulantes podiam mercadejar. Daí ser criado "o imposto de localização de volantes para as praças e largos desta capital (a juízo do prefeito), variada a licença cobrada, além da de volante, entre as quantias de 30$000 a 50$000".[18] Incluir a localização na imposição tributária tinha objetivos claros que vão ao encontro do argumento aqui desenvolvido.

Uma inacabada história de mudança de localização

Do que foi até aqui tratado, há evidências concretas dos sentidos da distribuição e das mudanças na concentração demográfica na cidade do Rio de Janeiro, entre os anos 1872 e 1890. Pode-se com tranquilidade afirmar que o destino de moradias de muitos daqueles negros que antes adensavam as áreas centrais da cidade foram as regiões suburbanas e aquelas mais afastadas do centro urbano, as que apresentaram maiores crescimento demográfico no período — não sem prejuízo a suas expectativas, pois acreditamos que sua escolha inicial tenha sido utilizar o recurso da liberdade para encontrar melhores possibilidades de arranjos de vida nas freguesias centrais (*vide* quadro 6). Foi, sobretudo, isso que procuramos demonstrar com esta pesquisa preliminar. Aproximamo-nos das dimensões cotidianas e simbólicas das transformações urbanas, notando que essa história

---

[18] Conforme referência que pode ser lida no *Livro de infração de posturas*. AGCRJ, notação 9.3.14, p. 54.

do deslocamento espacial da população negra fluminense foi acompanhada de uma reconfiguração das políticas de dominação. Lembramos também que esse processo foi marcado não só pelo fim do regime escravista, mas, num duplo movimento, pelo advento do regime republicano (Carvalho, 1996). Nesse sentido, nos termos da lei republicana, foram encontradas novas justificativas para estabelecer formas mais sofisticadas de controle social do comportamento e da mobilidade geográfica de muitos grupos de trabalhadores que estão no horizonte desta pesquisa, embora não tratados em detalhes.

Quadro 6. Crescimento populacional em relação ao sentido migratório (1872-1890)

Freguesias	Censo 1872	Censo 1890	Crescimento %
Centrais: Santana, Sacramento, Santa Rita, Candelária, São José	131.102	196.075	49,56
Urbanas não centrais: Santo Antônio, Espírito Santo, Glória, Lagoa, Engenho Velho, São Cristóvão, Gávea, Engenho Novo	97.641	233.670	139,32
Rurais: Campo Grande, Jacarepaguá, Guaratiba, Inhaúma, Irajá, Santa Cruz, Paquetá, Ilha do Governador	46.229	92.906	100,97
População total da cidade	272.372	522.451	90,24

Fonte: Mattos (2008).

Por exemplo, ocupar e dotar de novos significados os espaços sociais da capital brasileira esteve entre os dois projetos republicanos identificados por Cristiana Schettini: um cujo traço principal seria a isonomia, garantidor de direitos básicos a todos os cidadãos da República, e outro, de concepção autoritária, que se justificava pela defesa do "interesse geral e coletivo da nação". Não obstante a vitória do segundo modelo, na prática os interesses defendidos não eram nem tão gerais nem tão coletivos, argumentamos. Aqueles que se viam constrangidos pela lógica de produção de espaços levada a cabo pelo modelo vencedor tinham de reavaliar suas estratégias de luta. Era o que fazia o nacional José Martins, naquele mês de julho de 1895, com a petição de *habeas corpus* em seu favor. Dentro da legalidade, ele encontrou espaço legítimo para expressar suas expectativas e lutar pelo que considerava justo.

Referências

ABREU, Maurício de. *Evolução urbana do Rio de Janeiro*. 2. ed. Rio de Janeiro: IplanRio/Jorge Zahar, 1988.

ALENCASTRO, Luiz Felipe de. Proletários e escravos: imigrantes portugueses e cativos africanos no Rio de Janeiro, 1850-1872. *Novos Estudos, Cebrap*, São Paulo, n. 21, jul. 1988.

BENCHIMOL, Jaime Larry. *Pereira Passos*: um Haussmann tropical. Rio de Janeiro: Secretaria Municipal da Cultura, Tecnologia e Esporte/Departamento Geral de Documentação Informação Cultural/Divisão de Editoração, 1992.

CARVALHO, José Murilo de. *A construção da ordem/teatro de sombras*. 2. ed. Rio de Janeiro: Relume-Dumará, 1996.

CHALHOUB, Sidney. *Visões da liberdade*: uma história das últimas décadas da escravidão na corte. São Paulo: Companhia das Letras, 1990. p. 186.

CUNHA, Maria Clementina da Cunha. Acontece que eu sou baiano: identidades em Santana — Rio de Janeiro, no início do século XX. In: CHALHOUB, Sidney; CUNHA, Maria Clementina Pereira; CANO, Jefferson; AZEVEDO, Elciene (Org.). *Trabalhadores na cidade*. Campinas: Unicamp, 2009. p. 315-355.

DAMÁZIO, Sylvia F. *Retrato social do Rio de Janeiro na virada do século*. Rio de Janeiro: UFRJ, 1996.

MATTOS, Marcelo Badaró, *Escravizados e livres*: experiências comuns na formação da classe operária trabalhadora carioca. Rio de Janeiro: Bom Texto, 2008.

SANTOS, Lucimar Felisberto. Africanos e crioulos, nacionais e estrangeiros: os mundos do trabalho no Rio de Janeiro nas décadas finais dos Oitocentos. In: CARVALHO, Mariza Soares de; BEZERRA, Nielson Rosa (Org.). *Escravidão africana no Recôncavo da Guanabara séc. XVII-XIX*. Niterói: UFF, 2011. p. 101-129.

SCHETTINI, Cristiana. *"Que tenhas teu corpo"*: uma história social da prostituição no Rio de Janeiro das primeiras décadas republicanas. Rio de Janeiro: Arquivo Nacional, 2006.

SOARES, Luiz Carlos. *O povo de Cam na capital do Brasil*: a escravidão urbana no Rio de Janeiro do século XIX. Rio de Janeiro: Faperj/7Letras, 2007.

VAZ, Lilian Fessler. Dos cortiços às favelas e aos edifícios de apartamentos: a modernização da moradia no Rio de Janeiro. *Análise Social*, v. XXXIX, n. 127, 1994.

Tecendo o urbano:
cultura e sociedade

10 A Paris dos trópicos
e a Pequena África na época do Haussmann tropical*

Lúcia Silva

A REFORMA URBANA DO PREFEITO Francisco Pereira Passos (1902-1906) é um momento paradigmático na história do urbanismo na cidade do Rio de Janeiro. O governo municipal de Pereira Passos foi estudado principalmente por suas obras, e sua bibliografia é fartamente conhecida. Sua gestão à frente da municipalidade transformou-se naquilo que Foucault (1990) denominou positividade, dada a genealogia construída em torno de seu governo no âmbito da história do urbanismo carioca.

Em princípio, não há nada de novo neste texto, na medida em que a ligação entre a gestão Passos, já na República, e o plano de melhoramentos de 1876 foi esquadrinhada por muitos pesquisadores.[1] A novidade talvez esteja em apresentar uma análise que relacione o espaço conhecido como Pequena África com as ações do comandante da "orgia da picareta" (Chalhoub, 2001) para perscrutar o pensamento urbanístico da época; esse será o exercício deste texto.

Para dar conta dessa tarefa, o texto será dividido em três partes. A primeira tem o objetivo de, com base na bibliografia conhecida e no levantamento de notícias do periódico *O Paiz*, apresentar o significado da Paris dos trópicos para a cidade e as classes que a desejavam. A segunda analisa, por meio dos dados recolhidos na pesquisa, a representação do que foi a Pequena África e a comunidade de Tia Ciata para a cidade. Já na terceira parte é feita uma possível articulação, afinal a

---

* Este trabalho é fruto da pesquisa intitulada "De Cidade Nova à Pequena África: processo histórico de constituição de um território étnico na cidade do Rio de Janeiro, 1870/1945", que conta com recursos do CNPq.

[1] Benchimol (1992); Andreatta (2006); Rocha (1995).

Paris dos trópicos insere-se em um processo que remonta à década de 1870, e, ainda que não se possa fazer uma correlação direta entre a promulgação da Lei do Ventre Livre em 1871, a emergência da Escola Politécnica em 1874, o plano de melhoramento em 1876, o plano da Junta de Higiene em 1878 e a reforma na administração do "minotauro imperial" (Uricoechea, 1978) ao longo da década 1870, esses eventos demarcam uma mudança na forma de condução e na leitura que se tinha dos problemas da urbe.

A ideia que permeia este texto gira em torno da existência de um projeto de modernização encetado pela Reforma Passos, cuja representação pode ser apreendida por meio daquilo que Rolnik (1992) denominaria mais tarde urbanismo excludente. Isso significa dizer que, embora possa ser lida a gestão do Haussmann tropical como parte de um processo que remonta à década de 1870, em que estavam em embate muitos projetos de modernização, o bota-abaixo teve como contrapartida a construção de novas práticas da população, de modo a conviver, ainda que a duras penas, com a "orgia da picareta". A ideia é apresentar o bota-abaixo e a Pequena África não como oposição, mas como facetas do mesmo processo de modernização da materialidade da cidade.

O Rio de Janeiro como Paris dos trópicos

Pereira Passos era filho do barão de Mangaratiba, fazendeiro de café do Vale do Paraíba. Formou-se em matemática na Escola Militar da Corte em 1856, portanto antes da transformação da Escola Militar em Central do Exército (1858). Teve a mesma formação que Beaurepaire Rohan, com a diferença de que este último formou-se como engenheiro militar, enquanto Passos só fez o básico, não se especializando em nenhuma das engenharias disponíveis e oferecidas na escola (pontes e calçadas, militar, matemática e construção naval). Foi para a França em 1858 e fez *pont et chaussé*e, retornando ao Brasil em 1862, já anunciando no almanaque *Laemmert* que era engenheiro civil. A especialidade de engenharia civil existia na "escola de engenharia" desde 1831, mas de fato só começou a ser obrigatória dentro do Estado depois da reforma administrativa de 1860, quando o funcionário da administração pública optava pela função que ocuparia, com exceção de casos como o de Pereira Passos, que só poderia ser a civil, posto que havia feito apenas o básico, a matemática.

A formação não determinava tanto a vida profissional quanto os contatos sociais, daí ver gerações de engenheiros transitando em diversos espaços institucionais, e no caso de Pereira Passos isso foi evidente. Grande parte de sua carreira foi construída em torno das ferrovias, pois, logo que voltou da França, foi diretor da Central do Brasil (1862-1865), transformando-se em engenheiro-presidente em 1869-1871 e em mais duas ocasiões, 1876-1880 e 1897-1899. Trabalhou nas estradas de ferro Bahia e São Francisco (1867-1869), São Paulo-Jundiaí (1871-1873), Paraná (1881-1885), Corcovado (1885-1887) e Sapucaí (1893-1896). Nos intervalos entre essas ferrovias, foi empregado no estaleiro de barão de Mauá (1873-1874) e proprietário de uma serralheria/serraria entre 1887-1893. Somente em duas ocasiões debruçou-se sobre problemas da cidade: no momento da confecção do Plano de Melhoramentos (1874-1875) e à frente da Prefeitura (1902-1906).

Essa pequena biografia foi feita para ressaltar que, embora ele tenha trabalhado grande parte de sua vida com estradas de ferro, importante equipamento de escoamento da produção e de transporte da população na cidade, Passos estava distante das discussões urbanísticas, tendo sido chamado para fazer o primeiro plano urbanístico da cidade e, depois de 25 anos, para implementá-lo. No Brasil, as estradas de ferro exigiam captação de recursos, principalmente de capitais ingleses, e sua construção passava por saber gerenciar, contrair empréstimos e tudo o mais que envolvia o ramo financeiro. Ligado à área mais dinâmica da engenharia, mas que não passou pelas discussões voltadas à higiene e ao saneamento, próprias das questões urbanísticas da época, e, ainda que as tenha utilizado no plano como um dos argumentos legitimadores das propostas de reforma urbana, ele não as debatia.

O Plano de Melhoramento de 1876[2] se concentrou em um conjunto de obras para a Cidade Nova com o objetivo de expandir a malha urbana nessa área com base no argumento de que seria menos dispendioso intervir nessa região do que no *core* urbano densamente ocupado (Andreatta, 2006:152). Alvo de críticas, os autores não buscaram no discurso higienista seu principal repertório de defesa. A proposta de melhoramentos em 1902, apresentada por Alfredo Rangel, também fazia pouca menção ao higienismo (apenas os três primeiros parágrafos), já que era um cronograma de obras.

Passos era um homem com muitas relações no Império, ligado ao setor mais dinâmico da economia, era um gestor. Não tinha trajetória na área, como dito, mas foi um dos autores do plano, e décadas depois isso o credenciou para comandar a reforma. O plano apresentado pelo chefe da carta cadastral, tal como seu título sugere, é um conjunto de melhoramentos projetados pelo prefeito. No pla-

---

[2] A Comissão do Plano era composta por Pereira Passos, o engenheiro militar Jardim e o engenheiro civil Marcelino da Silva Ramos.

no de 1876, a capital francesa de Haussmann certamente poderia ser a inspiração para os autores, mas em 1903 essa relação precisa ser pesquisada, pois o texto, de 44 parágrafos, não permite essa articulação direta, e a abertura da grande avenida não foi uma obra sob sua alçada, e sim do governo federal. Utilizando o documento apresentado por Rangel, pode-se ver que os melhoramentos projetados pelo prefeito se assentam na ideia do saneamento como reforma do físico, e não como higiene, tal como aponta a citação a seguir:

> Certamente não basta obtermos água em abundância e esgotos regulares para gozarmos de uma perfeita higiene urbana. É necessário melhorar a higiene domiciliária, transformar a nossa edificação, fomentar a construção de prédios modernos, e este *desideratum* somente pode ser alcançado rasgando-se na cidade algumas avenidas, marcadas de forma *a satisfazer as necessidades do tráfego urbano e a determinar a demolição da edificação atual onde ela mais atrasada e repugnante se apresenta*.[3]

A abertura de amplas vias, segundo o documento, daria conta da circulação de mercadorias (força de trabalho e seu produto) e da valorização de áreas urbanizadas, inclusive com dispositivos legais: o regulamento de construções. A versão tropical de Paris constituiu-se numa novidade em relação à atuação da municipalidade, à medida que Passos sustentou de forma explícita o discurso das desapropriações, inaugurando uma atuação intensa e direta do Estado no *locus* urbano. Só o município desapropriou 13 km em 1.040 prédios, sem contar o governo federal, que ficou com o porto e a avenida Central, as duas maiores obras, tendo sido estas realizadas por meio de concessões, levando à expulsão, segundo Lamarão (1991), de mais de 20 mil moradores do Centro.

É importante ressaltar que Passos assumiu em 30 de dezembro de 1902, momento em que o Conselho Municipal estava suspenso, portanto sem Legislativo. As eleições só ocorreriam em junho de 1903, e nesses seis meses a Prefeitura organizou-se de modo a explicitar/viabilizar o que seria a sua Paris e para quem seria essa Paris.

Acompanhando o jornal *O Paiz*[4] de entre 2 de janeiro e 30 de junho de 1903, é possível construir um percurso que conjugou a reforma na materialidade e na própria organização administrativa da Prefeitura, o que garantiu agilidade nas ações do prefeito. O primeiro ato de Passos foi conhecer o contingente de funcio-

---

[3] Plano extraído de Andreatta (2006, p. 27, anexo; grifo nosso).
[4] O jornal foi escolhido por ser notoriamente republicano. Periódico republicano que tinha críticas aos governos republicanos.

nários com que contava a Prefeitura. O jornal, em tom de ironia, informava, com o título "O começo do terror, o novo prefeito, certos aposentados, a revisão do quadro", que Passos estava reorganizando os quadros da municipalidade, inclusive revendo as aposentadorias e aumentando o expediente de trabalho.[5]

Ao mesmo tempo que organizava internamente a máquina burocrática, a Prefeitura começaria um projeto, aparentemente desarticulado, pelo menos era esse o tom dado pelo jornal, de disciplinar as várias atividades urbanas. No dia 5 de janeiro, o prefeito entrou em contato com o chefe da polícia, solicitando rigor na fiscalização das casas de diversão (?), pedindo para fechar as que não tivessem licença de funcionamento (em função da repressão, o jornal concluiu que todas as casas teriam rapidamente a licença), e no dia seguinte informou a proibição dos leiteiros de carregar suas vacas e tirar o leite na frente do cliente, situação nova que provocou protestos dos consumidores, já que, engarrafado, o produto vinha adulterado com água. No dia 7 de janeiro, foi a vez da proibição da venda de miúdos por ambulantes, o que gerou o protesto dos "tripeiros".[6]

Em uma semana de governo, Passos agia na disciplinarização dos usos dos espaços urbanos, por meio do licenciamento e da proibição de atividades consideradas anacrônicas à cidade moderna. Pelas notícias do jornal, o governo agia de forma difusa e em todas as direções, mas o sentido era um só: modernizar o funcionamento da urbe. Ao lado dessas ações, não se pode esquecer que o jornal apoiava a modernização, e o noticiário político informava a preparação das eleições para a Câmara Municipal, que se realizariam em junho. O jornal era favorável a todas as medidas encetadas pelo governo federal e ridicularizava a oposição, daí o tom de piadas ou de deboche com que informava a resistência da população às medidas da Prefeitura.

Os Barulhos de Hontem
Boatos
A Ordem Restabelecida

As coisas hontem estiveram pretas em alguns pontos centraes da cidade, com a altitude de resistência dos conductôres de carrinhos de mão. Houve muitas portas fechadas e algumas cabeças abertas, muitos vivas e morras, muitos sustos e muito boatos.

Boatos, sim, senhores. Meia hora depois das primeiras arruaças já se dizia, muito em segredo o entro dois arrepios, que a historia não passava do mais uma tentativa de

---

[5] *O Paiz*, 3/1/1903.
[6] *O Paiz*, de 5, 6 e 7/1/1903.

restauração monarchica. Os carrinhos de mão estavam prestes, dizia-se, a fazer descarrilar o carro do Estado.

Os homens, unidos e aggressivos, faziam estremecer meio mundo. Pareciam dispostos a tudo. Gritavam, a boca cheia, que o prefeito lhes queria arrancar o pão da boca, e accrescentavam:

— Ah! Elle é isso? O prefeito assim o quer! Pois saímos mesmo fóra dos trilhos hoje!

Houve *meeting* — como noticiou a imprensa vespertina [*O Paiz*, 8/1/1903].

O jornal defendia a modernização de dois modos: informando de maneira jocosa as resistências às determinações da Prefeitura e a articulação dos grupos que apoiavam a reforma, ao mesmo tempo que acompanhava o jogo político da oposição. A resistência era apresentada como atraso, daí o periódico invocar a monarquia, como no caso dos carregadores de carrinho de mão, que se sentiram desafiados quando a Prefeitura proibiu que utilizassem os trilhos dos bondes para passar. A política da oposição estava concentrada nas eleições municipais, o que o jornal divulgava nas colunas "bastidores" e "lorota", enquanto os atos da Prefeitura vinham juntos com os do governo federal, indicando o apoio irrestrito da Presidência ao governo municipal.

Ao longo dos seis meses analisados, pode-se perceber que o jornal, mesmo apoiando as ações modernizantes das duas esferas de governo, via aqueles governos como desvios dos ideais da República, pelo qual tanto lutara. O periódico utilizava-se da figura de Floriano como ícone de uma república ilibada para indicar os vícios dos governos republicanos. Para o jornal, Rodrigues Alves e Pereira Passos tinham posturas ditatoriais, principalmente por continuarem a política iniciada no final de mandato de Campos Sales, a de fechamento do Conselho Municipal. O ideal republicano se assentava no equilíbrio dos três poderes, e isso deveria começar pela capital, vista como vitrine do país.

Os editoriais do jornal dividiam-se entre o caso de anexação do Acre e as vicissitudes das políticas nacional e municipal. Os artigos assinados eram mais virulentos na oposição ao novo governo municipal:

O governo de Prudente de Moraes se assignalara pela mais severa probidade governamental. A advocacia administrativa debalde tentara assaltar o erário mesmo depauperado o exhausto. Umas vezes que mão pouco escrupulosa imaginou traduzir em decreto negociatas veladas embora nos mais apparentes fundamentos da Justiça e de instante necessidade publica, duas vezes foi energicamente repellida. A rubrica presidencial se mais de uma vez firmou medidas odiosas de iniquidade politica, jamais maculou a dignidade nacional. É arrastada todavia a Nação ao ultimo extremo de penúria, preferiu-se a moratória humilhante a desonra com as apparencias de fartura publica.

Foi nestas tristes emergências que se iniciou o terceiro periodo presidencial. Restituindo o pais a ordem, desafogado o Thesouro por tres annos da preoecupação immediata de acumular meios para corresponder semestralmente á satisfação dos nossos compromissos no exterior, ainda restavam recursos que embora de morosa liquidação, subiam a mais de duzentos mil contos. E tal foi o ruido com que o Dr. Campos Salles comunicou que o Brazil só precisava de governo e que viria ser esse governo de regeneração política e administrativo da republica, que a Nação inteira exultou ao vê-lo assumir o poder.

A desilusão, porem, não tardava a ser fulminante. Ao descalabro da fortuna publica juntava-se breve a ruína completa da fortuna particular. Procurou-se enriquecer o erário a custa do empobrecimento geral da população. O tributo, só tributo tornou-se a arma fecunda da salvação publica. O flagelo mais uma vez simulou o milagre. A Nação sangrou, porque ainda tinha vida. E só não expirou porque tinha vida demais. O que foi todavia essa voragem que assolou os campos, que estrangulou de todo as forças productoras do paiz, que esmagou o commercio e as industrias, que retraiu ainda mais o capital e paralyzou quasi inteiramente o trabalho, levando a consciência da miséria iminente desde o lar sumptuoso do rico a lareira humilde do operário, ahi ficou assignalado para sempre nesses escândalos indecorosos, que serviram de remato ao anno político que acabou de findar, atraves de novas esperancas que, embora muito enfraquecidas diante dos desenganos passados, acabam de bruxulear na alma nacional com o advento do 4 periodo presidencial da republica.

Que nos sirvam, porem, desde já ensinamento estas três grandes syntheses dos quadriênios extintos: 1894 — a revolução; 189(?) — a bancarrota; 1902 — a primeira falência moral de um governo na historia politica do Brazil.

E, com effeito, depois disto, que mais poderemos esperar senão que os próprios instintos conservadores da Nação reajam sobre si mesmos, rasgando-nos mais largos horizontes e livrando afinal a Pátria de rolar de ruina em ruína até a dissolução ou o protectorado? Dunshee de Abranches [*O Paiz*, 5/1/1903].

O texto representa a ambiguidade do jornal em relação ao novo Estado, pois, ao mesmo tempo que apoiava a República, fazia oposição aos governos republicanos. Assim, era por meio de temas que o periódico se posicionava. Era defensor da modernização da cidade, ao mesmo tempo que discordava da ausência do Legislativo municipal e das articulações do presidente para mantê-lo fechado, ou na tentativa de reduzir o campo de ação da Câmara em detrimento do prefeito.

Fazer retrospecto politico financeiro do Districto Federal, neste momento em que o Paiz, por um desses sucesso jornalístico [sic] que raramente se alcançam tão brilhantemente, acaba de agitar toda a nossa vida urbana com a divulgação do grandioso projecto da Avenida, que como uma das bases do plano geral da suniliação (?) e embellezamento da cidade, deverá em breve cortar-lhe o coração de mar a mar, seria obra da mais palpitante actualidade se a pudessem comportar em todas as suas minúcias os estreitos limites desta chronica.

E, com effeito, o município neutro jamais honrara a Corte nas criações do império, destruídas pelo levante de 15 de novembro, foi uma das poucas que não legou saudade e jamais servira de padrão de gloria aos nossos maiores. O Rio de Janeiro até então, a um só instante, deixará de reflectir a existência patriarcal e burgueza do segundo reinado.

A Republica encontrara assim a municipalidade alcançada apesar dos homens superiores, que mais de uma vez teve a sua frentee do zelo com que prezavam quase todos a sua probidade publica na certeza de que o Imperador era um seu constante e severo fiscal [...].

E, foi sob o fundamento alevantado e nobre de reabilital-o material politica e moralmente que se instituiu a pressente *dictadura municipal*. E é em nome ainda dos próprios créditos da Republica, que se procura agora saneal-o, engrandecel-o e aformoseal-o de vez, porque, para felicidade nossa, o poder publico acabou por convencer-se patrioticamente do que vinha proclamando a imprensa, e era que, *para o inundo civilizado, o Brazil ainda é o ainda será por muito tempo o Rio do Janeiro*. Dunshee de Abranches [*O Paiz*, 31/5/1903; grifo nosso].

Para o jornal, a Prefeitura se valia do projeto de modernização para constituir-se em uma ditadura sob os auspícios do governo federal. Nesse mesmo artigo, o autor analisava a gestão do prefeito Felix da Cunha como exemplo de governante que, mantendo as instituições republicanas em funcionamento, saneou física e financeiramente a cidade, deixando claro que não era necessário abrir mão da Câmara Municipal para a realização das grandes obras.

Se a necessidade de modernização da estrutura urbana era inconteste, a forma de condução não tinha a mesma unanimidade, e muito menos seu condutor. O jornal valorizava as ações do governo federal em detrimento do governo municipal, justamente pela questão política que envolvia a ausência do Legislativo e do que isso significava para a cidade, sem oposição.

O parlamento já não é assim mais para nos uma escola de estadistas: E uma sucursal das secretarias de Estado. O talento, os serviços, o tirocínio administrativo já não constituem titulos de recomendação aos postos de governo ou a representação nacional. O imprevisto passou a ser o supremo regulador da marcha dos negócios nacionaes. Fabricam-se homens de estado, como se inventam quinquilharias. E a política deixou em geral de ser um sacerdócio para se tornar simplesmente uma industria. [...]

Tal a physiononia politica deste momento histórico. E o Congresso, que ahi esta nel-a reproduz fielmente.

É, com effeito, assembléa electiva por excellencia, antes mesmo de constituir-se agora de todo, o seu primeiro acto foi desmoralizar-se a si própria, desmoralizando as vantagens do sufrágio popular e mostrando a inutilidade dos corpos legislativos para colaborarem na publica administração, como o projeto em que se propoz a prorrogar os poderes ditatoriais do prefeito do Districto Federal. [...]

Não poderia ainda mais o presente Congresso renegar as suas tradições de simples dependência do poder executivo, creatura da política dos governadores, a qual apenas as representações de dois estados resistem nobremente através do quadriênio extinto, procuram a esta hora os seus próceres a todo o transe fazer partilhar das suas responsabilidades o chefe do estado, tentando arrastal-o aos mesmos erros e aos mesmos desvarios do seu antecessor. E, infelizmente, diante do preconceito já tão arraigado na opinião, quer queira ou não queira, a sua individualidade ha de transparecer sempre como se afigurando intervir nos actosmais simples das Câmaras, porque o incondicionalismo continua a ser na actualidade a unica formula capaz de amoldar os viciados da politica ás instituições viciosas, que depreciaram a Republica desde os seus primeiros dias e que acabaram afinal por aleijar a Nação [*O Paiz*, 7/6/1903].

Os seis meses sem Legislativo permitiram que a Prefeitura organizasse suas bases legais para governar sem o conselho, mesmo quando já eleito, daí o segundo semestre de 1903 ser caracterizado por extensas disputas entre o Legislativo e o Executivo. O arrocho fiscal e a centralização burocrática descritos por Benchimol (1992) foram possíveis em função da reorganização administrativa na Prefeitura iniciados nos primeiros seis meses e pela superposição de atuação dos governos municipal e federal (que apoiava o Executivo em detrimento do Legislativo).

O primeiro ato de mudança no sentido da construção de uma nova cultura administrativa foi dado com o Decreto nº 391, de 10 de fevereiro de 1903, que regulamentava as construções na cidade. O Executivo agia na esfera do Legislativo, que até então editava os códigos de posturas, visto pelo jornal como letra morta, já que eram facilmente burlados. *O Paiz* informou a promulgação do decreto da seguinte forma, explicitando que avaliava a importância do decreto para a vida da cidade:

> Em hora que não nos era possível providenciar no sentido de ampliar o espaço da nossa edição de hoje, recebemos hontem o importante decreto da Prefeitura regulando a construção, reconstrução, accrescimos e concertos de prédios no Districto Federal.

O que estava estabelecido até agora era uma série de medidas que facilmente eram burladas pelos incompetentes, que, por isso mesmo, sufocaram os architetos e não deixaram medrar a engenheiros.

O decreto alludido, que publicaremos amanhã na integra, trata não só das condições dos terrenos em que se deve edificar, como tambem das que devem satisfazer todos os prédios a construir ou reconstruir, estabelecendo regras hygienícas, estéticas e de segurança, tudo isso de modo preciso, seguro o minucioso, de modo a não deixar escapatórias aos especuladores.

O serviço prestado, com esse regulamento, pelo digno prefeito, Sr. Dr. Passos, é relevadissimo, e os seus effeitos serão apreciados dentro do pouco tempo [*O Paiz*, 12/2/1903].

Com elogios feitos no dia anterior, o jornal transcreveria na íntegra o decreto, apontando uma lacuna na legislação, que fixou todas as penalidades às infrações existentes, menos aquela que tratava da falta de cerca nos terrenos não edificados. Isso seria rapidamente corrigido pelo conselho, embora com propósito diferente daquele instituído pela Prefeitura.

Com a Prefeitura
Escrevem-nos:
No decreto municipal n. 391 de 10 do corrente, hontem publicado, nota-se a seguinte lacuna, que convém corrigir enquanto é tempo:
Diz o art. 13: A infracção do art. 7 e seus parágrafos e dos art. 8 e 9 será punida com multa de 100$000 etc.
E o §2 do mesmo art. 13, determina que a infracção do art. 12, terá a pena de 200$000.
Segue-se, pois, que nao ha penalidade estabelecida para as infracções do §2 do citado art. 12, que assim se inscreve:
Os terrenos não edificados serão também fechados nas condições do presente artigo [*O Paiz*, 13/2/1903].

Benchimol (1992), ao analisar o regulamento de construções de 1903, apontou as estratégias da Câmara Municipal para minimizar a atuação da Prefeitura no favorecimento da especulação imobiliária que representava os terrenos vazios nas áreas valorizadas. Os terrenos também representavam fonte de renda para a municipalidade, já que passaram a pagar imposto, e a elevação dos impostos, segundo o conselho, obrigaria os proprietários a edificar, diminuindo a pressão do mercado nas regiões mais valorizadas. A suspensão do conjunto de exigências contido no regulamento para as freguesias de Irajá e Inhaúma também ocorreu com o mesmo objetivo: o de facilitar a edificação no subúrbio.

O aumento dos impostos favoreceu a Prefeitura, seja por meio do proprietário, que, mantendo o terreno como reserva de mercado, pagaria um valor mais alto por isso, seja edificando na forma prevista pelo regulamento. O gestor, para garantir a execução/fiscalização do regulamento, reorganizou a administração, descentralizando a Diretoria Obra e Viação (DOV) e aumentando sua autonomia. Em 27 de junho, um dia depois da inauguração de sua primeira obra e um dia antes das eleições municipais, a administração pública municipal encontrava-se organizada para levar a cabo o conjunto de obras planejado pelo prefeito, apresentado em abril por Rangel.

O problema da estrutura administrativa estava na diretoria de inspeção sanitária pertencente ao município, pois esta tinha de estar em sintonia com a do Ministério do Interior, comandada por Oswaldo Cruz. Enquanto a primeira repartição agia sobre as edificações, inclusive cobrando taxa sanitária e aplicando multa, a segunda atuava como polícia, sobre os corpos. Passos, desde abril, buscara passar para a União a higiene municipal, com o discurso de que a dualidade de poderes estava gerando anarquia, atrapalhando a reforma da cidade. O jornal, ao mesmo tempo que informava todos os encontros do prefeito com o ministro do Interior e com Oswaldo Cruz, indicava que essa medida poderia significar falta de autonomia do município, com a qual não concordava. A dubiedade do jornal se apresentava no apoio à modernização da cidade ao mesmo tempo que criticava o apoio do governo de Rodrigues Alves ao prefeito e as ações do governo municipal.

As obras noticiadas inicialmente pelo jornal foram as do governo federal. Desde abril a retificação do cais aparecia em notícias esparsas no periódico e, a partir de maio, passou a ser quase diária, juntando-se aos textos de Morales de Los Rios sobre a abertura da grande avenida, inclusive ocupando a primeira página. As diversas obras da municipalidade eram "apagadas" pelo novo porto e pela grande avenida.

A racionalidade da municipalidade na forma cirúrgica com que aplicou a desapropriação e passou a picareta ficou subsumida às grandes luzes das obras do cais e da avenida. O jornal dava conta do desenvolvimento das obras, inclusive com as visitas do presidente, mas não da grande reforma que de fato estava ocorrendo na cidade. O segundo semestre de 1903 foi de ataques frontais ao prefeito, mas, com a Prefeitura organizada, os melhoramentos projetados puderam continuar, apesar das muitas críticas não às obras em si, mas ao que as vinha acompanhando: os impostos e a nova legislação.

> Já se acha em mãos do Sr. Presidente da Republica a representação que, em nome dos contribuinte do Districto Federal lhe foi endereçada por uma comissão de membros de

diversas classes sociaes contra os actos do prefeito e a novíssima legislação municipal, atentatório á Constituição federal e aos princípios cardeaes do direito civil, seguido por todas as noções civilizadas. [...]

A verdade, porém, é que, de todas as extorsões fiscaes que tem sido feitas contra os contribuintes do Districto nenhuma se pode comparar aos attentados de que se tem sido attingido o direito de propriedade [*O Paiz*, 1/12/1903].

A Paris dos trópicos se fez à custa da saída da população das áreas atingidas, seja pela própria derrubada das muitas edificações, seja pela valorização do solo das áreas afetadas, inviabilizando sua permanência. Para o que cabe aqui, é bom lembrar que o presidente Rodrigues Alves, ex-monarquista, colocou à frente da Prefeitura um homem do Império, que representava um grupo que, naquele momento, estava investindo parte do antigo dinheiro do café no mercado imobiliário. Isso nos ajuda a entender o plano apresentado por Rangel. Também não se deve esquecer que o próprio prefeito conhecia todos os mecanismos de transferência do dinheiro público para as empresas privadas, pois, quando fora proprietário da serraria/serralheria, fizera inúmeras obras para o Estado.

Era de se esperar que ele fizesse inúmeras concessões às empresas particulares para a realização da reforma urbana que estava sob sua responsabilidade, mas o que se viu foi a própria Prefeitura tomando a frente das obras, por meio de seu gerenciamento. A primeira grande obra inaugurada foi a atual avenida Pereira Passos, em um momento em que vários serviços tinham voltado à municipalidade, como os da conservação e calçamento das ruas, e existia um conjunto de leis (às expensas do Legislativo) que cobrava tributos e taxava as mais diversas atividades e usos que se faziam dos espaços da cidade.

Ainda que cobrasse pesadas multas das habitações insalubres (por meio da taxa sanitária), a Prefeitura só utilizou a desapropriação nos locais atingidos pelas obras. As maiores mudanças nas edificações foram feitas pelos proprietários, que se viram impelidos a realizar novas reconstruções, seja para evitar as multas,seja para valorizar os imóveis. O grande volume de desapropriação foi feito para as obras do governo federal. A base legal utilizada por este para as desapropriações vinha da Prefeitura, e por isso a grande celeuma com o prefeito. As eleições municipais para o Legislativo foram utilizadas pelos diversos grupos políticos para explicitar os apoios ou oposições ao governo.

O voto de um eleitorado selecto e consciente, se bem que privado em muitos colégios de se manifestar, pela ausência das mesas apuradora dos suffragios parciaes, aqui e ali dados, lavrou-lhes a mais fulminante das condenações. Se outra fosse a época que atravessássemos, se o nível dos nossos costumes públicos não tivesse descido tanto em matéria política, certo o Districto federal, a esta hora, já teria novo administrador, uma vez que a vontade popular lhe havia assim retirado a sua confiança, patenteando-lhe por uma maioria esmagadora os seus desgostos e recriminações.

Effetivamente, ninguém pôde contestar a alta significação moral do pleito, hontem travado. Reduzido a obstruir o funcionamento do Conselho de intendentes, por não dispor nele de um apoio capaz de lhe apadrinhar todos os seus planos de arroxo contra a propriedade e os direitos adquiridos dos contribuintes do municipio, é sabido que o Sr. Dr. Passos atirara-se abertamente á cabala eleitoral para fazer vingar a candidatura de um seu adepto. [...]

A eleição, pois, do candidato infenso à Prefeitura é a primeira victoria contra o regimen dictatorial, que outorgaram ao Districto Federal, sacrificando-lhe a autonomia, ferindo-se de morte o alicerce fundamental das instituições e rasgando-se a própria Carta de 24 de fevereiro, tudo isso em Holocausto á sanificação (?) e aformoseamento da capital da Republica [*O Paiz*, 7/12/1903].

Com os holofotes sobre as grandes obras e a aparente hegemonia das classes dominantes, tem-se a impressão de que não havia vozes dissonantes ao projeto de modernização e que os grupos oponentes ao governo discordavam apenas da forma de condução. Por meio do jornal é possível perceber que a eleição para a Câmara foi utilizada para explicitar quem de fato apoiava a Paris dos trópicos, tal qual estava sendo implementada. É bom que se diga que havia outros projetos de modernização.

Ao lado das picaretas de Passos, por exemplo, o engenheiro Backheuser discutia a construção de habitações higiênicas como forma de propiciar ao povo as luzes da civilização. Este último engenheiro tinha uma proposta diferente de modernização, pois queria incluir a todos. A modernização excludente representada pelos melhoramentos propostos pelo prefeito passava apenas pela resolução dos problemas viários do momento, além de novas construções (mais higiênicas nas áreas arrasadas). Outras propostas discutidas passavam pela incorporação da habitação popular como tema urbanístico, não visando à destruição dos cortiços, mas à construção de moradias higiênicas.

De maneira geral, pode-se dizer que a construção das amplas avenidas para os padrões da época foi acompanhada de um elenco de normas e proibições de usos. Com a anuência do Estado, houve um processo de expropriação ou segregação de alguns grupos sociais do Centro da cidade em detrimento de outros. Antigas fábricas tiveram de sair para abrigar outros tipos de empresas. Da região saiu, por exemplo, a fábrica Bhering de chocolate, para dar lugar à sede do *Jornal do Brasil*, uma nova racionalidade, que dissociava lugar de trabalho de moradia, estava sendo instaurada, e esta não passava somente pela expulsão dos pobres do *core* urbano, mas por sua requalificação.

A abertura de ruas amplas representou a demolição de muitas habitações, o que gerou dois processos, sendo o primeiro o adensamento das áreas não atingidas pelas picaretas, dentro do *core* ou em regiões adjacentes, porque o problema de habitação era um dos mais graves na cidade, principalmente em razão dos muitos imigrantes que chegaram no período. O segundo processo estava relacionado com o novo cenário construído, que foi atrelado ao imaginário da modernização e a determinada modernidade.

A modernização preconizada pelos engenheiros e materializada pela Reforma Passos apontava para vitória de um modelo que começou a ser construído de forma visível na década de 1870. Enquanto a região da Cidade Nova e dos Trapiches recebia os judeus, os portugueses, os ciganos, os italianos e os "baianos", a estrutura urbana herdeira do "sistema colonial de gestão" entrava em colapso, embora fosse utilizada cotidianamente por uma parcela da população como instrumento de sobrevivência.

A Reforma Passos representou um tipo de solução para a questão que surgia como problema na década de 1870. Esta girava em torno de enquadramento dos imigrantes e da população local às novas regras do mercado, principalmente porque era necessária a internalização da ideia de que o trabalho era um bem, índice de civilidade e essencial à construção de um novo pacto social. Em torno da construção desse imaginário, que não passava somente pela disciplinarização do trabalho, mas pelo ordenamento do cotidiano do trabalhador (sendo isso relacionado com a moradia, o lazer e o corpo), os engenheiros, médicos e o Estado, inicialmente imperial e depois republicano, buscaram fazer da cidade o *locus* do progresso.

A era das demolições efetivou um processo que se agudizaria nas décadas seguintes, pois dotaria determinada região de maquinarias do conforto e a transformaria em vitrine do progresso, mas para isso teria de manter grande parte da população fora do processo, principalmente porque não foi pensando idealmente para todos. Se em 1876 o plano tinha como objetivo melhorar a cidade como um todo, atingir o ótimo, nas palavras de seu autor, o discurso de 1902 era uma revisão dessa meta, pois, na avaliação do próprio prefeito, "foi pensando no ótimo que não se atingiu o bom". Em nome do bom se varreu parte do Centro da cidade.

Essa aparente hegemonia escondia as divisões internas e o que de fato foi feito em nível municipal, já que a estrutura urbana era sempre tomada pelo todo.

Os melhoramentos projetados pelo prefeito estavam em sintonia com o governo federal, ainda que as duas esferas agissem em regiões diferentes da cidade. Se a grande avenida envolveu mais desapropriações, Passos foi cirúrgico na abertura de suas avenidas: para o sul, a Beira Mar, saindo do final da grande avenida e indo até a enseada de Botafogo; nas proximidades do Centro, as ruas Mem de Sá e Salvador de Sá e, no *core*, um trecho da avenida Pereira Passos. O restante foi alargamento das vias existentes, optando-se pela desapropriação de um lado da rua. A preocupação do gestor com a abertura de vias estava contida no plano apresentado por Rangel:

> Entretanto se todos têm estado de acordo em que o saneamento da cidade deve iniciar-se pela abertura de avenidas, ninguém até hoje logrou realizar os planos imaginados ou explorar as muitas concessões decretadas, nem a administração pública pode fazer mais do que algumas ligeiras modificações de alinhamento.
>
> É que a solução do problema não é tão simples como se poderia supor. Estes trabalhos de abertura de ruas acarretando *grandes desapropriações são assaz dispendiosas* [sic] *e é necessária muita cautela em planejá-lo*.[7]

Se, no conjunto, ao fim e ao cabo, a cidade de fato passou por uma grande renovação material e a nova estrutura urbana podia fazer referência ao ícone de civilização (Paris), isso não significou um processo unívoco e coeso. As obras comandadas pela municipalidade voltavam-se claramente para aquilo que extrapolava o cenário de vitrine e dizia respeito à dinâmica da cidade, daí o jornal não aceitar que o conselho estivesse de fora. Se a modernização e a disciplinarização de parte da população eram o que uniam as classes dominantes, todo o restante significava conflito entre os vários grupos que apoiavam a reforma.

A ideia da Paris dos trópicos significava materialmente, para os grupos dominantes da cidade, o afastamento dos pobres do Centro e a melhoria da circulação (do trabalho e do capital). O plano de 1876 contemplava essas demandas, principalmente por ter eleito a região da Cidade Nova como principal alvo das intervenções. Já as melhorias do prefeito em 1902 tornaram-se exequíveis por não tocarem na região onde se concentrava a maioria dos cortiços. Ao ver por onde a picareta passou é possível entender porque o modo de vida representado pela comunidade de Tia Ciata foi a outra faceta do bota-abaixo.

---

[7] Plano extraído de Andretta (2006, p. 28, anexo; grifo nosso).

O Rio de Janeiro da Pequena África

No Centro, viviam muitas comunidades, mas uma especificamente tinha organizado seu cotidiano com base na desconfiança da atuação do Estado, afinal carregava as muitas visões de liberdades (Chalhoub, 2003) construídas ao longo do século XIX. A memória do cativeiro ainda era acionada e organizava seu modo de vida. Para o que cabe aqui, a comunidade se fixava nas áreas mais degradadas do *core* urbano, sua localização correspondendo às freguesias de Santo Antônio, Espírito Santo, Santa Rita e, principalmente, Santana. A população dessa área não era somente de negros baianos, aliás, a comunidade não era formada apenas de negros e muito menos de baianos (Silva, 2012), mas, ainda que heterogênea, acionava o porto, a Bahia e uma África mítica como parte de seu repertório cultural, destoando do modelo que buscava Paris como exemplo de civilidade.

Habitações coletivas

Habitações coletivas	1868	1890	1906	1920
Sacramento	31	74	182	454
Candelária		—	5	25
São José	44	74	240	236
Santa Rita	50	66	178	210
Santo Antônio	69	115	355	307
Espírito Santo	65	158	192	193
Santana	154	329	522	346
População total do município	274.972	522.651	805.335	1.147.599

Fonte: Dados obtidos do Censo de 1920 e de Carvalho (1995).

Por esses dados, pode-se perceber que, ao término da gestão de Passos, nas freguesias (agora distritos) por onde a picareta passou houve diminuição do número de habitações coletivas, mas, nas áreas próximas, houve aumento significativo destas, mantendo a população mais pobre no *core* urbano, mesmo depois da reforma. O que ocorreu foi um adensamento do entorno não atingido. O próprio Censo de 1906 informava que as ruas General Pedra (Santana) e Barão de São Felix (agora distrito de Gamboa) concentravam grande número de habitantes, a primeira com 405 moradias, contabilizando 4.650 moradores, e a segunda com 269 e 4.051 moradores. Essas ruas só perdiam para as de grande extensão, como Conde de Bonfim e Mem de Sá.

Ruas estreitas e com uma população heterogênea, a região da Cidade Nova e do porto abrigava a maioria dos cortiços. Nessas habitações, que não desapareceram com a reforma, viviam habitantes que construíram seu modo de vida com base na inexistência/deficiência de funcionamento dos equipamentos urbanos. Os vendedores ambulantes e os carregadores, os mesmos que se queixaram de Passos no jornal, ou mesmo as lavadeiras e as mulheres que viviam de pequenos expedientes, encarnavam os limites da modernização preconizada pelas classes dominantes e colocada em prática pela municipalidade.

O bota-abaixo, que na materialidade teve como consequência a redução de habitações populares, problema crônico na cidade, representou grandes mudanças na vida da população mais pobre que vivia no Centro, todas para dar conta dos hábitos instaurados pela nova estrutura urbana. A começar pelos trapiches, transformados em porto, reduziu o número de trabalhadores, não só pela introdução de novos maquinários, potencializada pela retificação da orla, mas porque esse maquinário representou o fim de algumas ocupações, como a de catraieiro, por exemplo.

A mudança da estrutura material significou o desaparecimento de hábitos arraigados, como a da compra de leite ou miúdos na porta, atividades desenvolvidas pelos habitantes da Cidade Nova, ou de novos comportamentos, como a proibição de andar descalço na grande avenida, bem como o fim dos quiosques nas principais ruas. Se a diminuição da oferta de habitações coletivas não foi significativa, ainda que se mantivesse deficiente, a reforma não significou melhoria para essa população.

A desconfiança acerca do Estado era fruto da memória dessa população, que lutara nos labirintos da cidade-esconderijo e conquistara sua liberdade. Com visões de liberdade diferentes das da classe dominante, não confiava na atuação do Estado. Na freguesia de Santana (incluindo a Gamboa), dos 16 centenários encontrados (cinco homens e 11 mulheres) no Censo de 1906, 13 eram africanos; na freguesia do Espírito Santo, foram 21 centenários recenseados (10 homens e 11 mulheres), 16 sendo africanos; e, em Santa Rita, foram encontrados um homem e uma mulher com mais de 100 anos, ela africana. Em Santo Antônio, todas as quatro encontradas eram brasileiras.

Assim, havia naquela região uma população que trazia na pele a memória do cativeiro e, convivendo com o restante de seus habitantes cotidianamente, atualizava o repertório de desconfiança, afinal, presença como a das pessoas Henriqueta e Jorge andando pelas ruas da cidade não deixavam a comunidade esquecer as marcas que as classes dominantes tentavam apagar, por meio do Estado, com a reforma da estrutura urbana:

Henriqueta Costa, com 100 annos de edade, viúva, africana, analphabeta, recenseada à rua Visconde de Sapucahy n. 17. Esteve amasiada com o seu primeiro patrão de nacionalidade portugueza, do qual teve 3 filhos, todos fallecidos. Mais tarde casou-se com um seu patrício, fallecido há 5 annos. Tem vivos 1 filha, 4 netos e 1 bisneto. Actualmente occupa-se em vender quitandas preparadas por ella (rosários etc.) e costuma fazer ponto ora em corredores da rua marechal Floriano e da rua Primeiro de Março, ora na entrada da praça do Mercado. É bastante forte, ouve, vê e anda bem [...]

Jorge Galdino Pimentel, com 108 annos de edade, casado, africano, analphabeto, pedreiro, recenseado à rua Gonçalves Dias n. 26. Veio para o Brazil em 1825. Casou-se com Paulina Maria da Conceição, fallecida em 25 de novembro de 1906 com 96 anos sem descendência. È forte, vê, ouve e anda perfeitamente [*Recenseamento do Distrito Federal...*, p. 229 e segs.].

Em 1906, ainda que se desconfie dos dados do recenseamento e se descartem as informações relacionadas com a idade ignorada, a urbe convivia com um grupo que não deixava esquecer a escravidão e o funcionamento da antiga gestão colonial da cidade. É necessário ressaltar que muitos dos centenários brasileiros eram negros, aumentando, portanto, a população que portava as lembranças que deveriam ser apagadas com a eliminação do suporte material da cidade-labirinto.

Africanos da Cidade Nova

1906	População total	Africanos	Africanos com mais de 50 anos
Freguesia de Santana (incluindo a Gamboa)	79.315	114	101
Freguesia de Santa Rita	45.929	27	22
Freguesia de Santo Antônio	38.996	14	6
Freguesia do Espírito Santo	57.682	87	83
Cidade	811.443	702	618

Fonte: Recenseamento do Distrito Federal de 1906.

Tia Ciata tinha nesse período aproximadamente 52 anos e já estava no Rio de Janeiro desde a década de 1870, quando fora confeccionado o plano de melhoramentos. A receptividade do plano ficou restrita ao corpo técnico e às repartições públicas voltadas para os problemas da cidade, mas, observando-se a *Revista Illustrada* da década de 1880, principalmente as imagens, é possível perceber que os temas voltados às mazelas urbanas frequentavam as páginas do periódico.

Em muitas charges, Ângelo Agostini retratava as agruras pelas quais passavam a população que vivia no *core* urbano. A falta d'água nas caricaturas era associada às epidemias e à ineficiência da higiene pública. Os médicos eram retratados como algozes, que, empunhando seringas, investiam contra os domicílios. Na década de 1880, o principal problema urbano para essa população era a falta de água, e os médicos estavam sempre associados à polícia.

Não era a ausência do Estado na região da Cidade Nova que fazia com que a população desconfiasse de suas ações, mas as bases em que se estabeleceram sua presença. A polícia e o departamento de higiene, este último retratado nas caricaturas como inoperante, eram as repartições que atuavam frequentemente na região, não para resolver o principal problema da população, a falta d'água, mas para exercitar algum tipo de repressão. A presença do Estado estava atrelada à coerção, à imposição.

Com base nos periódicos, pode-se perceber que, em 1906, já estava consolidada a visão de um Estado repressor, que atuava no interesse de outros grupos, e não nos da comunidade. Dessa forma, a população organizava-se longe do aparato do Estado, e como seus interesses não eram contemplados, mantinha-se longe das discussões urbanísticas e da política formal. Não havia razão para confiar nos governos, e a passagem do Império para a República não modificara suas táticas e usos da cidade.

Isso não quer dizer que essa população não se posicionasse politicamente diante dos problemas, principalmente os urbanos, que a atingiam mais duramente em seu cotidiano. As muitas revoltas populares são exemplos de como os habitantes da cidade, de uma maneira geral e mais especificamente os da Cidade Nova, explicitavam sua insatisfação.

Pequenas rebeliões e greves ocorriam na cidade ao longo das décadas de 1880 e 1890, gerando tumultos cotidianamente noticiados, tendo sido uma delas a Revolta do Vintém (1880). O estopim para elas podia ser um acidente de bonde ou uma pequena manifestação, como a dos carroceiros.[8] A mudança de regime e a crise econômica provocada pelo encilhamento aprofundaram a opção dessa população pelas táticas conhecidas de sobrevivência, vistas como resquícios de tradições arcaicas (coloniais). As Revoltas da Carne Verde (1902) e da Vacina (1904) ou mesmo a greve geral de 1903 ratificam uma forma de ação inaugurada pelos habitantes desde o final da década de 1870.

Se, por um lado, chegava à cidade um grande contingente de imigrantes tendo de se adaptar à nova vida, por outro havia uma população que conhecia a antiga

---

[8] *Revista Illustrada*, n. 608, 1890.

estrutura urbana e sabia utilizar-se dela para sobreviver, além de buscar resolver seus problemas longe dos olhos do Estado. Essa população posicionava-se politicamente, por meio das revoltas e dos protestos, em face das questões que estavam presentes na dinâmica urbana.

A modernidade que o plano de melhoramentos de 1876 preconizava, com ruas mais amplas para a introdução de novos equipamentos, passava pela mudança da estrutura urbana da Cidade Nova. Trinta anos depois, o sucesso da reforma promovida por Pereira Passos deu-se justamente por deixar quase intocada aquela região. A capacidade de revoltas e ações aparentemente dispersas, como a ocupação do morro da Providência depois do fim do Cabeça de Porco, foi levada em consideração por Passos, no momento das intervenções.

Haussmann tropical e a Pequena África

A opção pelo bota-abaixo reafirmou a desconfiança da comunidade de Tia Ciata no estado, ratificando seus mecanismos de sobrevivência, que passavam pela negação dessa modernidade. Aquele modo de vida só seria desarticulado com Vargas e a construção de sua grande avenida. Passos, sem colocar uma linha em seu plano sobre o que fazer com os deserdados da urbe, levou a comunidade de Tia Ciata a acolhê-los, apontando os limites dessa modernização na materialidade. Com a ordem criada, a desordem estava posta. A Primeira República tinha sua "vitrine de progresso" ao mesmo tempo que criava o espaço da barbárie, ou seja, lugar onde concentraria uma população que estava excluída da cidade europeia, ratificando a opção das classes dominantes por um "urbanismo excludente".

A produção discursiva que se fazia sobre a cidade naquele momento, seja por parte dos engenheiros, dos periódicos ou dos políticos, transformou aquela região onde viviam os baianos em cidadela, uma das muitas repúblicas formadas por desordeiros. Como no repertório utilizado nos discursos só cabiam ordem e desordem, os nexos entre o mundo popular e as instituições políticas tornaram-se mais frágeis, fortalecendo os mecanismos informais existentes. Por conta disso, aquela população não acionava o Estado para a resolução de seus problemas. Criando mecanismos próprios de sobrevivência, ela encarnava os limites do Estado republicano e da Paris tropical.

Ainda faltam pesquisas sobre o tema para dar conta de muitas questões que ficaram em aberto. A primeira delas gira em torno das razões que possibilitaram a escolha de Passos, e não de Frontin, por exemplo, no comando da Prefeitura, já que Frontin era republicano, com as mesmas características de Passos. Levando-se em consideração que Frontin ficou à frente das maiores obras, aquelas que fariam da cidade a Paris tropical, mostrando que politicamente afinava-se com o governo, ainda assim foi Passos o escolhido, tardiamente, para ocupar o maior cargo da municipalidade.

Mesmo depois da posse de Rodrigues Alves, os jornais cogitavam muitos nomes para ocupar a Prefeitura do Distrito Federal. A Revolta da Carne Verde (Santucci, 2008) deve ter influenciado o novo presidente na escolha do prefeito e da manutenção do fechamento do Conselho Municipal. Essa perspectiva necessita ser pesquisada para melhor entendimento da posse de Passos.

Se, na estética da nova cidade, Frontin se aproximava de Haussmann com a grande avenida, Passos, no comando da municipalidade, com um conjunto de regras e obras menos espetaculares (embora muito mais importante para a dinâmica da urbe), garantiu a emergência de uma nova modernidade, mas esta se fez à custa da manutenção de cidadelas, como aquela construída pela comunidade de Tia Ciata.

Outra questão que merece ser estudada é o mapeamento das outras propostas de modernização existentes desde a década de 1870. Backheuser, por exemplo, tinha um discurso de incorporação de todos à cidade. Modernidade, para ele, passava pela inclusão tutelada da maioria da população, totalmente diferente da atuação de Passos, que buscou o progresso de fachada (Carvalho, 1994), não só com amplas avenidas, mas com a exclusão pela despreocupação com a maioria dos deserdados da urbe, visto que não eram proprietários.

A reforma urbana iniciada em 1903 não se esgotou com o fim da gestão em 1906, permitindo que não só aumentasse o fluxo para os subúrbios, já que parte da população seguiu a linha do trem, inclusive ocupando a Baixada Fluminense nos anos seguintes, como se concentrassem os habitantes mais pobres nas áreas não atingidas pelas picaretas.

A gestão Pereira Passos materializou a vitória de um modelo que se ratificaria nas décadas seguintes, mantendo-se como permanência na forma de leitura dos problemas da cidade e de sua resolução. A ideia de espetacularização, as excepcionalidades (da minimização do Legislativo e da despreocupação com os atingidos) e a legitimação buscando construir um discurso progressista tornaram seu governo paradigmático, no sentido de modelo de intervenção.

Parte do sucesso de sua gestão implicou não tocar na região que, no plano de 1876, era objeto central de intervenção. Nesse ano, o ótimo passava por intervir na área da Pequena África. Contudo, o que estava se conformando, em 1902, como uma nova visão política urbanística garantia que, em nome do bom, a mesma Pequena África permanecesse longe das ações do comandante da "orgia da picareta". O pensamento urbanístico da época estava começando a incorporar as demandas da política mais ampla, ainda que as escamoteasse sob o discurso da neutralidade técnica.

Essa nova forma de ler os problemas urbanos está intimamente articulada à vitória de um modelo de modernidade com a incorporação das classes dominantes em detrimento dos outros grupos sociais. Esse pensamento urbanístico transformou a Pequena África (aliás, não era a única África, era apenas uma das muitas Áfricas possíveis na cidade) em obstáculo à modernização, ainda que não pregasse sua eliminação. Por muito tempo, a existência de um espaço como a Paris dos trópicos passaria pela manutenção de territórios como o da Pequena África. Seria preciso surgir o urbanismo, como um "cogumelo depois das chuvas", para exigir sua completa destruição da materialidade urbana.

Referências

ABREU, Mauricio de. *Evolução urbana do Rio de Janeiro*. Rio de Janeiro: Iplan, 1988.

ANDREATTA, Verena. *Cidades quadradas; paraísos circulares*: planos urbanísticos do Rio de Janeiro no século XIX. Rio de Janeiro: MauadX, 2006.

BACKHEUSER, Everardo. *Habitações populares*. Rio de Janeiro: Imprensa Nacional, 1906.

BENCHIMOL, Jaime Larry. *Pereira Passos*: um Haussmann tropical. Transformações urbanas na cidade do Rio de Janeiro no século XX. Rio de Janeiro: SMCTE/DGDIC, 1992. (Biblioteca Carioca, 11).

CARVALHO, Lia Aquino. *Habitações populares*. 2. ed. Rio de Janeiro: SMCTE, 1995. (Biblioteca Carioca, 1).

CARVALHO, Maria Alice R de. *Quatro vezes cidades*. Rio de Janeiro: 7Letras, 1994.

CHALHOUB, Sidney. *Trabalho, lar e botequim*: o cotidiano dos trabalhadores no Rio de Janeiro da *belle époque*. 2. ed. Campinas: Unicamp, 2001.

_____. *Visões da liberdade*: uma história das últimas décadas da escravidão na Corte. 5. reimp. São Paulo: Companhia das Letras, 2003.

FOUCAULT, Michel. *Microfísica do poder*. Trad. Roberto Machado. 9. ed. Rio de Janeiro: Graal, 1990.

LAMARÃO, Sérgio Tadeu de N. *Dos trapiches ao porto*: um estudo sobre a área portuária do Rio de Janeiro: SMCTE/DGDIC, 1991. (Biblioteca Carioca, 17).

ROCHA, Oswaldo Porto. *A era das demolições*. 2. ed. Rio de Janeiro: SMCTE, 1995. (Biblioteca Carioca, 1).

ROLNIK, Raquel. História urbana, história na cidade. In: FERNANDES, Ana; GOMES, Marco Aurélio (Org.). *Cidade e história*: modernização das cidades brasileiras nos séculos XIX e XX. Salvador: Faculdade de Arquitetura da UFBA/Anpur, 1992.

SANTUCCI, Jane. *Cidade rebelde*: as revoltas populares no Rio de Janeiro no início do século XX. Rio de Janeiro: Casa da Palavra, 2008.

SILVA, Lúcia. Samba, suor e cerveja: a comunidade de Tia Ciata e a constituição de um território étnico no Rio de Janeiro 1870/1945. *Revista do IHGRJ*, v. 19, n. 19, 2012.

URICOECHEA, Fernando. *O minotauro imperial*: a burocratização do Estado patrimonial brasileiro no século XIX. São Paulo: Difel, 1978.

11 A sociedade civil e a construção de hospitais
na cidade do Rio de Janeiro da Primeira República

Gisele Sanglard

ESTE CAPÍTULO, FRUTO DE PESQUISA desenvolvida com apoio da Faperj (Edital Humanidades 2012), tem como objetivo refletir sobre as transformações ocorridas na cidade do Rio de Janeiro, levando em consideração a abertura de hospitais ao longo da Primeira República pela sociedade civil. Das diversas instituições surgidas naquele momento, deter-me-ei primordialmente na abertura dos hospitais infantis.[1] Como cenário, são fatores importantes para o entendimento do problema as transformações pelas quais a cidade, a sociedade e a medicina passaram nesse período. Estarei, assim, interessada em analisar a cultura daquela época, com base na ação filantrópica, e por cultura entendo o conjunto de valores e hábitos de uma sociedade.

Antes de iniciarmos a discussão propriamente dita, chamo a atenção para uma característica da organização da sociedade brasileira, tanto no Império quanto na Primeira República: a adoção de uma política liberal mesmo adaptada às peculiaridades da sociedade nacional. Refiro-me notadamente à manutenção de uma política liberal convivendo em uma sociedade mercantil-escravista no Império e às necessidades de controle da economia cafeeira no período republicano, solicitada pelos próprios fazendeiros. Dois pontos que por si sós poriam em xeque o *liberalismo* brasileiro.

Contudo, se, no que tange às questões político-econômicas, as práticas liberais eram adaptadas à realidade local, por outro lado, nos assuntos atinentes à

---

[1] São eles: Instituto de Proteção e Assistência à Infância (Ipai, 1899); Policlínica de Botafogo (1899); Policlínica das Crianças (1909); Hospital São Zaccharias (1914); e Hospital-Abrigo Arthur Bernardes (1924).

assistência, o liberalismo foi aplicado, em sua essência,[2] ao longo de todo esse período (1822-1930). Para que começasse uma ação mais presente do Estado, seria preciso aguardar o governo Vargas, e mais intensamente a partir de 1934. No período aqui abordado, a relação público-privada na assistência dominava o discurso de médicos, filantropos e políticos. Apenas na década de 1920 é que o Estado passou a intervir, ainda timidamente, na assistência à saúde no Distrito Federal. Nesse período, era a sociedade civil que devia se organizar para atender às necessidades da assistência, significando uma miríade de ações às quais se dava um caráter público (doença, velhice, loucura, maternidade, crianças abandonadas, órfãos etc.) e que eram realizadas por instituições públicas e privadas, laicas ou religiosas. Ao Estado cabia intervir apenas em caso de calamidade (epidemias) e no controle sanitário dos portos.

Essa organização nos leva a outro ponto: a presença da irmandade da Misericórdia na constituição da assistência no país — herança da colonização portuguesa na América — e de diversas outras irmandades, ordens terceiras e instituições de auxílio mútuo que organizavam a assistência aos irmãos e aos indigentes — esta prerrogativa *per se* das misericórdias.

De forma resumida, podemos dizer que a assistência no Brasil se singularizou, desde o início da colonização, por uma dependência das ações da irmandade da Misericórdia. As irmandades de Nossa Senhora, Madre de Deus, Virgem Maria da Misericórdia, ou simplesmente Misericórdia, foram criadas em Portugal no final do século XV sob os auspícios da rainha d. Leonor, o que lhes garantiu prestígio e proteção régia, diferenciando-as das outras confrarias criadas na mesma época. Suas obras (hospital, Casa da Roda, Recolhimento das Órfãs) eram sustentadas por esmolas, doações pias dos fiéis, legados testamentais e dotações dos governos, fosse a seu tempo a Coroa portuguesa, o governo imperial ou o republicano.

A concentração da assistência na Misericórdia, desde o início do século XVI, fez parte de um conjunto de ações postas em prática pela Coroa portuguesa que "lançaram os alicerces de um sistema de apoio social, relativamente uniformizado, assente numa explícita lógica de divisão de funções, que ambicionava abranger os presos, as crianças desprotegidas, os pobres e os doentes" (Abreu, 2004:13).

Foi essa mesma *uniformização* do sistema que se expandiu por todo o Império ultramarino português, onde muitas vezes as misericórdias representavam o

---

[2] Karl Polayni (2000) chama a atenção em seu livro *A grande transformação* para o fato de que a Revolução Industrial descobriu a sociedade, e o fenômeno do pauperismo se transformou em um grande problema para as nações europeias. O tema do controle dos pobres tem sido objeto de análise de diversos historiadores ao longo do tempo. Cf. Sanglard (2008a).

poder colonial, misturando-se, em suas ações, constantemente, o público e o privado. Vale ressaltar que a percepção de *público* e *privado* era bastante distinta daquela que conhecemos hoje em dia. Apesar de estarem aparentemente atuando em campos opostos, as ações dos diferentes agentes envolvidos com a assistência eram, muitas vezes, complementares. A instituição podia ser de caráter privado, mas sua *ação* era pública. Ou, dito de outra forma:

> Distintas foram, sim, as formas de gestão das variadíssimas instituições assistenciais; as tutelas que sobre elas se exerceram; as denominações — ou os significados de denominações semelhantes —; os tempos de intervenção dos poderes institucionais. Comum foi também, muitas vezes, a interatividade, quando não a complementaridade, entre os diferentes organismos envolvidos na assistência, mesmo quando posicionados em campos opostos [Abreu, 2004:11].

Essa lógica pode ser mais bem compreendida pelo exemplo da ação do governo imperial após a eclosão da primeira epidemia de febre amarela na Corte no verão de 1849-1850. Entre as medidas sanitárias levadas a cabo naquele momento, o governo abriu uma licitação para a construção de um novo cemitério, no Caju. O vencedor do certame deveria construir três enfermarias em bairros predeterminados pelo governo no prazo máximo de seis anos. A vencedora foi a irmandade da Misericórdia, que, para explorar o serviço fúnebre do novo cemitério, se viu obrigada a abrir a Enfermaria de São João Batista da Lagoa (Botafogo, 1852), de Nossa Senhora da Saúde (Gamboa, 1853) e de Nossa Senhora do Socorro (Caju, 1853), das quais as duas últimas ainda funcionam como hospitais da irmandade. A Misericórdia era uma instituição privada, laica (mas de devoção) e exercia uma função pública.

A relação do Estado com a Misericórdia carioca perdurou durante todo o tempo abordado neste capítulo — era o único espaço, público ou privado, voltado à assistência à saúde dos indigentes. E, durante a Primeira República, outras instituições também passaram a exercer funções públicas, como as policlínicas (Geral, 1881, e de Botafogo, 1899), o Instituto de Proteção e Assistência à Infância (Ipai, 1899), entre outras, que recebiam subsídios do governo para a realização de suas obras de benemerência.

Com esse quadro, procurei ressaltar que a presença da sociedade civil na organização da assistência não é fato isolado ou singularidade do período aqui estudado, ao contrário, é uma característica da sociedade brasileira e uma herança da colonização portuguesa. Apenas foi até agora muito pouco explorada pela historiografia nacional.

As transformações na cidade do Rio de Janeiro

São conhecidas as análises das transformações ocorridas na cidade do Rio de Janeiro durante o governo Rodrigues Alves, notadamente a reforma urbana, levada a cabo pelo prefeito Pereira Passos, e a sanitária, a cargo do médico Oswaldo Cruz à frente da Diretoria Geral de Saúde Pública (DGSP). Os estudos apontam para o controle de doenças contagiosas (febre amarela, varíola e peste bubônica) e para o impacto urbano (estético e habitacional) do bota-abaixo (Benchimol, 1992; Chalhoub, 1996; Sevecenko, 1998a, 1998b; Freyre, 2000).

O sociólogo pernambucano Gilberto Freyre tentou resumir em seu livro *Ordem e progresso* as transformações da sociedade brasileira no final do Império e início da República. Enumera essas mudanças ao longo de três páginas (Freyre, 2000:157-160). Para ele, são dignos de nota a expansão dos enterramentos em cemitérios na zona rural, como já ocorria nos grandes centros; a separação entre Estado e Igreja; a valorização do mestiço e de estrangeiros não ibéricos; o revigoramento da Igreja Católica; a difusão do protestantismo e do espiritismo; e o desenvolvimento de especialidades técnicas, como a engenharia sanitária. Também ressalta o que ele chama de *voga* dos produtos da Amazônia, seguindo o processo de conquista efetiva daquela região; das águas minerais de mesa nacionais e estrangeiras; os navios a vapor; os meios de comunicação; e o período de glorificação de três personagens sínteses da brasilidade: Santos Dumont, como gênio inventivo da brasilidade; Rui Barbosa, por sua eloquência, inteligência e conhecimento da cultura nacional; e Oswaldo Cruz, como "sanitarista messiânico".

Já para Nicolau Sevecenko, o desenvolvimento dos meios de comunicação (telegrafia sem fio, telefone, uso do petróleo como combustível de transporte, aviação, imprensa ilustrada, disco, rádio e cinema) terá papel importante na configuração da metrópole-modelo, que naquele período cabia ao Rio de Janeiro, capital federal. Para esse autor, a cidade se tornou

> eixo de irradiação e caixa de ressonância das grandes transformações em marcha pelo mundo, assim como no palco de sua visibilidade e atuação no território brasileiro. O Rio passa a ditar não só as novas modas e comportamentos, mas acima de tudo os sistemas de valores, o modo de vida, a sensibilidade, o estado de espírito e as disposições pulsionais que articulam a modernidade como uma experiência existencial e íntima [Sevecenko, 1998a:522].

Mas essa cidade e essa nação em construção tinham problemas sérios que a elite da época, em seu afã modernizador, tentava reverter em sua missão civilizadora — que incluía a adesão ao "urbanismo científico, [à] opinião pública esclarecida e participativa [e à] crença resignada na infabilidade do progresso" (Sevecenko, 1998b:27), bem como à solução, mesmo que parcial, da questão social brasileira.[3] A questão social pode ser interpretada pela campanha contra as habitações populares (cortiços e casas de cômodos), que, desde as décadas de 1850-1860, povoavam a cidade do Rio de Janeiro primeiramente como moradia de portugueses e imigrantes e, a partir da Abolição, de negros que haviam abandonado as fazendas e ido buscar trabalho na capital. Sidney Chalhoub (1996) chama a atenção para um ponto importante: a construção da ideologia que unificou "classe pobre" e "classe perigosa" — tanto no que tange à desordem, quanto à transmissão de doenças.[4] Para esse autor, a transformação da higiene em ideologia viria "saturar" o ambiente intelectual da virada do século XIX para o XX e abriria espaço para a ação "saneadora" de médicos e engenheiros, notadamente no início do século XX. O saneamento da cidade, e dos costumes, era uma das condições para que o país atingisse o almejado grau de civilização. Ou, nas palavras do cronista, a transformação da "cidade-pocilga em Éden maravilhoso, fonte de suave beleza e saúde" (Edmundo, 1957:24). Para Chalhoub, a ideologização da higiene abriu espaço para a ação da administração pública — não à toa Gilberto Freyre ressaltou a glorificação de Oswaldo Cruz e de seu sanitarismo messiânico, redentor e fundador, como visto.

Se, como Chalhoub propôs, a massificação da ideologia higienista foi responsável pela ação pública, dirigida por médicos e engenheiros, por outro lado, esse mesmo processo fez com que essas noções fossem absorvidas pela sociedade civil e transformadas no apoio e na manutenção de diversas instituições de assistência na cidade. Esse é um dos componentes pelos quais podemos entender a filantropia na cidade do Rio de Janeiro da Primeira República, notadamente aquela que investia seu capital social e financeiro na abertura de hospitais voltados ao atendimento da população indigente.

Filantropia e sociedade: questões e conceitos

Considero que uma das principais características da filantropia é seu caráter urbano, tendo como principal foco de atuação a cidade e suas mazelas. A filantropia

---

[3] Nicolau Sevecenko considera a herança colonial e a escravidão como duas questões-chave para atuação dessa elite.

[4] A transformação do "pobre de Deus" em perigo social já estava em curso na Europa desde ao menos o século XVI. É certo que a pobreza na cidade exige uma organização da assistência diferente daquela que ocorria nas cidades do interior, onde todos se conheciam. Cf. Sanglard (2008).

é um neologismo surgido na França das Luzes, pois no período de grande laicização era preciso encontrar um termo que distinguisse a nova virtude, laica, daquela impregnada pelos ideais cristãos — a caridade (Sanglard, 2008).

Dessa forma, essa nova virtude — a filantropia ou benemerência — difere da caridade por propor estar desvinculada de qualquer vestígio de piedade e ter subjacente a ideia da utilidade social. Enquanto a caridade reflete o temor a Deus e uma atitude de resignação ante a pobreza, ou, dito de outra forma, sempre se pautou por minimizar o sofrimento alheio, a filantropia, uma virtude laicizada, é uma ação continuada, refletida e não mais isolada. Outra diferença que podemos notar é que na caridade o anonimato é um valor importante, pois o gesto é de abnegação, e, para a realização de suas obras, recorre-se à intermediação da Igreja (esmolas) ou das irmandades — instituições laicas, mas de devoção —, que realizam as obras: distribuição do pão, da sopa, de agasalhos, manutenção de hospitais, asilos, orfanatos, entre outras ações. Já a filantropia, para pôr em prática suas obras de utilidade social, necessita da reunião de pessoas com interesses comuns e de identidade com o doador. As obras sociais têm, nesse caso, o papel de situá-los em determinado espaço social, de inscrevê-los no seio de um grupo de relações (Duprat, 1996).

O conceito de filantropia proposto pela historiadora francesa Catherine Duprat, com o qual coaduno, significa a passagem de um sistema de afirmação de princípios humanistas para proposições sociais voltadas para a suavização da pobreza ou da doença, nesse caso compreendidaa mendicância, a assistência, a saúde pública e a seguridade, que surge no século XIX como uma grande preocupação na Europa. Essas proposições são, contudo, não somente paliativas, mas também preventivas. Nesse sentido, a filantropia passa a ser entendida como um discurso moral, social e patriótico, cujas referências são a natureza, a sociabilidade, a razão e a justiça (Duprat, 1993).

Outra característica dessa virtude social surgida na França das Luzes é com relação à sua distribuição na cidade. Nos bairros ricos, localizam-se as sedes das associações, e, nos pobres, realizam-se as ações: construção/manutenção de escolas (ensino mútuo, salas em instituições asilares, instrução técnica); patronato (cursos de aprendizes, prisioneiros, libertos, doentes etc.); previdência (individual ou societária; ignorância, indigência ou delinquência). Tal divisão também será percebida na cidade do Rio de Janeiro: os salões da elite são o local onde são debatidos e angariados os fundos para as instituições, instaladas onde a população pobre residia.[5]

---

[5] Claudio Batalha chama a atenção para essa divisão no que tange às organizações operárias. Era no Centro da cidade que se localizavam as sedes, e, quanto mais próximo da avenida Central estivesse instalada a associação, mais prestígio ela tinha, enquanto as obras assistenciais eram localizadas nos bairros portuários (Saúde e Gamboa) e nas cercanias das praças Tiradentes, da República e Onze (Batalha, 2009).

No caso brasileiro, até o século XIX, como visto, a maior parte das ações elencadas pela autora era exercida pela irmandade da Misericórdia por meio de suas diversas obras de caridade.

Gilberto Freyre ressalta a criação do que ele chamou de "caixas de caridade" na virada do século XIX para o XX, mas ainda vinculadas às confrarias religiosas, notadamente àquelas voltadas ao culto da Virgem Maria. O exemplo proposto pelo sociólogo pernambucano versa sobre a Devoção de Nossa Senhora da Piedade (1855), criada na igreja da Santa Cruz dos Militares do Rio de Janeiro e que tinha como patrona a baronesa de Taquari. Essa irmandade, criada no bojo da eclosão da epidemia de cólera na cidade (1854-1855), tinha como objetivo principal a arrecadação de esmolas destinadas aos acometidos pela doença. Com o passar do tempo e o arrefecimento da epidemia, a confraria passou a se dedicar à preservação da moral de moças solteiras, viúvas ou mesmo casadas — cujos maridos houvessem caído na pobreza envergonhada, pondo em risco o moral de suas esposas.

Esse autor também ressalta a mística que envolvia os donativos e legados feitos às irmandades, notadamente à Misericórdia, a ponto de essas práticas se tornarem uma das marcas da vida religiosa do Brasil na virada do século XIX para o XX (Freyre, 2000). Isso não só por seu caráter religioso e caridoso como também pelo prestígio social a elas agregado desde os tempos coloniais, uma vez que a hierarquia das irmandades refletia a hierarquia social existente.

Outros dois pontos salientados por Freyre e ainda vinculados à devoção que singulariza o brasileiro é, de um lado, a veneração de determinados sacerdotes, que eram conhecidos não só por sua devoção a Deus, mas também pelo serviço prestado a pobres e doentes da cidade, como a irmã Paula, cujas obras de caridade no Rio de Janeiro eram amplamente atendidas pela elite da época — como Guilhermina Guinle e seu filho Guilherme (Sanglard, 2010a). De outro lado, a vinculação da sujeira a Satã, afirmando Gilberto Freyre que, "de acordo com uma das místicas progressivas da época, a da Higiene, pregada sobretudo por Oswaldo Cruz, [...] o diabo amava a imundice" (Freyre, 2000:712).

O quadro que se descortina nesse momento é o da filantropia como utilidade social, convivendo lado a lado com a devoção religiosa, que se apropriava dos e traduzia os preceitos da higiene segundo sua doutrina. Vale ressaltar, como C. Duprat nos lembra, que o conceito de filantropia admite dupla significação: genericamente, traduz as obras de ação social (caritativa ou humanitária), sejam ou não de inspiração confessional, e, especificamente, se opõe às obras de caráter religioso, desvinculando-se de qualquer caráter espiritual ou missionário (Duprat, 1996:V). Com isso, afirmo que as ações aqui estudadas podem ser entendidas como filantrópicas, mesmo que haja uma iniciativa caritativa.

Outro ponto que será salientado ao longo deste capítulo é a localização escolhida para a instalação dos hospitais pelos filantropos cariocas da Primeira República, o que permite perceber o movimento de expansão da cidade, ou seja, do Centro para seus arrabaldes e subúrbios, buscando a proximidade com seu público-alvo, os necessitados que viviam nas regiões dos subúrbios da cidade: da Central, da Leopoldina ou do Jardim Botânico e Gávea.

Cultura, sociedade e filantropia no Rio de Janeiro

A elite carioca da *belle époque* tinha características próprias e seu ponto alto eram os salões e os lugares de sociabilidade típicos do período, entre os quais os clubes de sociabilidade, muito deles egressos do Império e com forte influência da experiência inglesa, que têm lugar de destaque por traduzirem a hierarquia social existente naquela época. Ao lado dos tradicionais Cassino Fluminense (1845) e Jockey Clube do Rio de Janeiro (1868), outros foram surgindo, ligados aos esportes, marcando uma nova fase desses clubes: o Fluminense Futebol Clube (1902), o Iate Clube do Rio de Janeiro (1920) e o Automóvel Clube do Brasil (1903), entre outros.

Pertencer a esses espaços reforçava o lugar social do indivíduo, da mesma maneira pertencer às misericórdias — uma das formas de solidariedade horizontal da elite imperial. Foi sobretudo com o processo de consolidação do Estado imperial, durante o Segundo Reinado, que essas formas de solidariedade ganharam mais peso, enquanto surgiam redes de outra natureza, como aquelas formadas em torno do Instituto Histórico e Geográfico Brasileiro (IHGB), das academias, dos clubes etc. Assim, o papel da classe senhorial era confirmado e reafirmado por meio de laços familiares e de dependência, da participação em irmandades, lojas maçônicas etc.; do mesmo modo, a nova elite buscava esses locais de sociabilidade para reforçar o lugar social a que pertenciam.

Os salões da sociedade eram espaços cruciais desse período, pois funcionavam como lugares de seleção. Jeffrey Needell afirma que esses espaços tinham "função simbólica e instrumental — tanto para adquirir e mostrar o prestígio associado com a cultura europeia quanto para servir de cenário propício a contatos discretos e conversas importantes" (Needell, 1993:110-111). Eram, sobretudo, espaços de identificação com o poder. Poder que estava vinculado à própria capitalidade da cidade em transformação e expansão, "um *ethos* sociocultural materializado tanto no esplendor dos 'salões' das residências de políticos e intelectuais como na luminosidade das 'ruas', plenas de vida boêmia" (Gomes, 1999:27). Para Ângela de

Castro Gomes, o Rio de Janeiro da Primeira República pode ser traduzido como lugar dos salões, da boemia e da catolicidade.[6] Eixos por meio dos quais se articulava a intelectualidade carioca e, por que não, seus filantropos (Gomes, 1999).

Ao analisar a elite carioca da *belle époque*, o historiador norte-americano Jeffrey Needell afirma que o sucesso de Ataulfo de Paiva na Primeira República é crucial para o entendimento dessa elite, na medida em que a personagem "foi presidente da Academia [Brasileira de Letras] 'sem jamais ter escrito um livro' e assumiu a mais alta posição no Judiciário mesmo sem ter a menor reputação como jurista". Para esse autor, o sucesso de Ataulfo de Paiva deveu-se ao fato de ele ter sabido manejar os códigos daquela sociedade — se explorássemos esse caminho de análise proposto por Needell, estaríamos nos aproximando da análise realizada por Mario Biagioli para seu *Galileo, Courtier*, no qual o historiador italiano demonstra que o sucesso das teorias de Galileu na corte dos Médicis na Florença renascentista se deu justamente por ele conhecer e manejar os códigos sociais vigentes à época. Se a estratégia de Galileu visava à manutenção de suas experiências, bem como à circulação de suas ideias (Biagioli, 1993), no caso brasileiro dominar o código social e tirar o máximo proveito das oportunidades que surgiram foram fundamentais para que Ataulfo de Paiva alcançasse os mais altos postos possíveis em sua carreira.

Essa foi a trajetória de Ataulfo de Paiva, mas certamente poderia ser estendida a diversas outras personagens daquele tempo. No caso que nos interessa neste capítulo, ele também foi um dos grandes líderes da filantropia para a saúde no Rio de Janeiro, tendo lançado mão de seu capital social para as ações da Liga Brasileira contra a Tuberculose, da qual foi presidente perpétuo, e foi um dos maiores defensores pela organização da assistência no país, aquela pautada pelos valores liberais.

A filantropia pode ser considerada uma das facetas da sociedade da *belle époque* carioca, que se reunia para angariar donativos para a infância necessitada, para a criação e manutenção de hospitais, entre outras ações. Rosa Araújo (1995) ressaltou que o programa das festas beneficentes (chás, bailes, loterias etc.) era bastante diversificado, buscando, assim, atrair público e doações (Araújo, 1995). Muitas instituições filantrópicas mantinham a sugestiva comissão de donativos particulares, normalmente contando com nomes consagrados do *beau monde*, para organizarem a arrecadação dos fundos necessários para a manutenção da instituição e/ou algum projeto definido.

---

[6] Ângela de Castro Gomes afirma que a cidade do Rio de Janeiro foi, a partir dos anos 1910, um local de forte militância católica, que acabou por catapultar a Igreja Católica no centro do poder, reconduzindo-a ao papel de ator principal no cenário político e intelectual do período (Gomes, 1999).

De modo geral, a elite da virada do século carioca era formada por capital novo, que buscava firmar seus nomes na sociedade e recriar em torno de si um ambiente aristocrático. Na cidade do Rio de Janeiro, capital republicana, conviviam lado a lado a antiga nobreza egressa do Império e um grupo de "novos ricos", cujo enriquecimento datava da virada do século. Recorriam, para tal, à aquisição de mobiliário aristocrático, à organização de coleções artísticas e científicas, e aos hábitos típicos de uma elite *salonière*. Uma das características dessa elite era buscar sinais "aristocráticos", que podem ser traduzidos na arquitetura das residências, em sua decoração, bem como na maneira de se vestir. E se, durante o século XIX, a caridade e a filantropia eram um dos requisitos para almejar o passaporte para um título nobiliárquico, o período da Primeira República é fértil para o estudo dessa prática, ganhando outros contornos e procurando responder às necessidades de seu tempo.

Ao lado dessas ações, a participação em associações filantrópicas ganhava espaço, sobretudo com as transformações do mundo do trabalho — a necessidade de socorro aos acidentes de trabalho, a formação de pecúlio para a velhice, o atendimento à maternidade —, que obrigavam a repensar as relações entre patrões e empregados.

Em países como a França, o surgimento do operariado alterou o foco de preocupação de um grupo de intelectuais, médicos, industriais e políticos, que propuseram pensar um novo pacto social para seu país. No final do século XIX, em meio à agitação social que sacudiu aquele país (Jornadas de 1848, Comuna de Paris, entre outros), a filantropia não respondia mais a suas necessidades, tendo sido, então, cunhada uma nova expressão: reformadores sociais. Contrapunham-se aos "filantropos" por lhes atribuir uma resposta ineficaz às necessidades sociais, em um momento em que eram redefinidas as fronteiras entre as esferas pública e privada. Também se opunham por terem tomado como objeto de atuação o "operário", e não mais o "pobre", anunciando, assim, um longo debate sobre a legitimidade do papel do Estado na sociedade industrial. Esses "reformadores" tinham por objetivo alcançar a paz social, em um momento marcado pelas agitações sociais. As ações propostas por eles estavam direcionadas para a criação de habitações salubres voltadas para o operariado, o que demonstrava forte influência da crença higienista, mediante a criação de uma legislação protetora; e de incentivos aos círculos operários, organizados nas fábricas, objetivando também a educação cívica e o lazer. Foram defensores das sociedades de auxílio mútuo, que visavam ao socorro em caso de doença, acidente, velhice, maternidade ou morte e eram consideradas uma necessidade do mundo do trabalho. A mutualidade era percebida como estrutura complementar para a organização dos operários e proposta em consonância com a prática liberal então vigente (Horne, 2004).

Janet Horne, em seu trabalho sobre o Museu Social francês, instituição criada em 1893 com o objetivo de estudar e propor soluções para os problemas do pauperismo e alcançar, assim, a paz social, chama a atenção para esse que é um fenômeno novo de pobreza, diretamente vinculada ao trabalho industrial assalariado e, portanto, com um caráter mais permanente. A grande preocupação desses reformadores sociais era com o esfacelamento da vida familiar. Segundo a autora: "Para além das transformações tecnológicas e econômicas evidentes, os críticos assinalam o aparecimento de novas formas de riscos e insegurança, de uma cisão mais impermeável entre a vida familiar e o trabalho, e mesmo das novas atitudes sociais e culturais, todas provocadas pela industrialização" (Horne, 2004:39; trad. nossa).

O caminho seguido por esses reformadores podia ser pela via do catolicismo — pois, mesmo com a laicização da proteção social na França pós-revolução, algumas características da cultura católica ainda permaneceram vivas na sociedade —, da saúde pública, do patronato industrial da ética protestante, entre outras. Dessas possibilidades de interpretação da sociedade presentes no Museu Social, e por meio das quais sairiam as proposições de ação, me deterei em duas que considero importantes para pensar o caso brasileiro.

A primeira é a permanência de uma moral católica que previa

> a noção de responsabilidade moral das elites; o respeito pela hierarquia social; a preservação da ligação orgânica entre o indivíduo, a família, a paróquia e o Estado; a recusa em considerar o indivíduo como unidade constitutiva da sociedade; e a importância da prática da doação de esmolas e da ajuda aos pobres [Horne, 2004:45; trad. nossa].

A segunda é a linguagem cada vez mais médica adotada pela higiene pública, que, segundo a autora, encorajou os médicos a se dedicarem ao estudo da "etiologia social da doença e outras 'desordens' públicas ligadas à pobreza" (Horne, 2004:52; trad. nossa).

No caso brasileiro, como vimos anteriormente, a permanência da mística religiosa não foi alterada, tal qual Janet Horne aponta em seu trabalho para o caso francês, da mesma forma que o papel de liderança que os médicos passaram a exercer na virada do século XIX para o XX no que tange à higiene das cidades. Com relação ao discurso de controle da pobreza, o Brasil não esteve alheio a esse movimento e teve, na figura do jurista Ataulfo de Paiva, seu maior divulgador e defensor. Ataulfo de Paiva, filantropo e liberal, defendeu o mutualismo como forma de suavizar a indigência.[7]

---

[7] Como juiz do Tribunal Civil e Criminal, a partir de 1894, Ataulfo de Paiva trava contato com as chamadas *questões sociais* de seu tempo, muito vinculadas às transformações do mundo do trabalho: a

Ao lado dessas ações voltadas mais diretamente para o operário, a virada do século viu surgir, no Rio de Janeiro, diversas ligas, sociedades e cruzadas voltadas para o combate/controle de determinadas doenças, ou mesmo dirigidas às crianças. Combater e controlar a propagação de uma doença e proteger a infância eram formas seguras de garantir o crescimento da nação. O quadro a seguir demonstra esse crescimento, bem como a preocupação da instalação de instituições de caráter filantrópico em bairros conhecidamente operários ou com a presença forte da pobreza, como o tradicional bairro da elite, Botafogo. Vale ressaltar que abrir um hospital era desejo de quase todas as associações, irmandades e mútuas, contudo era extremamente caro, o que as obrigava a manter ambulatórios, dispensários ou policlínicas até que conseguissem fundos suficientes para a abertura e manutenção de um hospital.

Hospitais construídos pela sociedade civil na cidade do Rio de Janeiro
Primeira República

Nome	Ano	Proprietário	Público-alvo	Localização
Hospital Evangélico	1894	Associação Fundadora e Mantenedora do Hospital Evangélico	Evangélicos	Rio Comprido
Instituto de Proteção e Assistência à Infância	1899	Moncorvo Filho	Crianças / filantrópico	Centro
Policlínica de Botafogo	1899	Luiz Barbosa	Crianças / filantrópico	Botafogo
Liga Brasileira contra a Tuberculose	1900	Liga Brasileira contra a Tuberculose	Filantrópico	Centro
Maternidade de Laranjeiras	1904	Privada / Faculdade de Medicina	Gestantes	Laranjeiras
Cruz Vermelha Brasileira	1908	Sociedade da Cruz Vermelha Brasileira	Filantrópico	Centro

▼

necesssidade de socorro aos acidentes de trabalho, a formação de pecúlio para a velhice, o atendimento à maternidade — que obrigava a repensar as relações entre patrões e empregados —, ou, dito de outra forma, mão de obra, órfãos, saúde, entre outros temas. Esse seria um dos temas que norteariam seus trabalhos, reunidos na obra *Justiça e assistência: novos horizontes* (Paiva, 1916), e, acerca do mutualismo propriamente dito, no artigo "O mutualismo — seus benefícios e seus perigos", presente na obra citada.

Nome	Ano	Proprietário	Público-alvo	Localização
Policlínica das Crianças	1909	Santa Casa do Rio de Janeiro	Crianças / filantrópico	São Cristóvão
Hospital do Amparo Feminino	1912	Associação Beneficente Amparo Feminino	Senhoras luteranas	Rio Comprido
Hospital São Zaccharias	1914	Santa Casa do Rio de Janeiro	Crianças / filantrópico	Centro
Pró Matre	1918	Associação Pró Matre	Gestantes / filantrópico	Centro
Fundação Oswaldo Cruz	1922	Fundação Oswaldo Cruz	Filantrópico	Mangueira
Fundação Gaffrée e Guinle	1924	Fundação Gaffrée e Guinle	Doenças venéreas / filantrópico	Tijuca
Maternidade de Cascadura	1926	Associação de Senhoras	Gestantes	Cascadura
Hospital Espanhol	1927	Sociedade Espanhola de Beneficência	Espanhóis	Centro
Casa de Portugal	1928	Rede Filantrópica e Beneficente Casa de Portugal	Portugueses	Rio Comprido

Outros dois pontos devem ser levados em consideração para o entendimento do tema aqui discutido. O primeiro deles é o grande crescimento de instituições criadas pela sociedade civil tendo como objeto o auxílio mútuo — e que pode ser percebido como uma singularidade do período. Esse ponto pode ser interpretado com base na dinâmica da própria sociedade. De um lado, uma legislação que obrigava o registro formal dessas instituições, como a criação, em 1903, do 1º Cartório de Registro de Títulos e Documentos no Distrito Federal, como mostra o trabalho de Victor Marques da Fonseca (2008), baseado no acervo notarial sob a guarda do Arquivo Nacional[8] — do qual constam os registros da Academia Brasileira de Letras, da Academia Nacional de Medicina, de todas as irmandades e ordens terceiras existentes na cidade, das associações classistas, entre tantas outras. De outro lado, as transformações no mundo do trabalho, que obrigavam esse grupo a se organizar em busca de pecúlio para a velhice e a invalidez; para os

---

[8] Vale ressaltar que Maria Lucia Mott iniciou estudo acerca desse mesmo tema para São Paulo, mas restringindo-se apenas às instituições de saúde e com liderança feminina (Mott, 2011).

socorros médicos e o lazer, como mostram os trabalhos de Claudio Batalha (2004, 2009, 2010) e Cláudia Viscardi (2007, 2008, 2009, 2010), entre outros.

O segundo deles é a edição, em 1891, da encíclica *Rerum novarum* pelo papa Leão XIII, seguida pela *Inter sollicitudines* (1892). A publicação da *Rerum novarum* é uma resposta da Igreja Católica ao crescimento do movimento socialista no mundo ocidental e toma para si a questão do operário. No texto, família e Estado, propriedade privada são temas discutidos à luz do dogma católico, bem como os direitos e deveres de patrões e empregados: reafirma a caridade dos cristãos; conclama a participação do Estado na resolução da questão do operário e na proteção da propriedade privada; entre outros temas. No que interessa aos limites deste capítulo, os parágrafos 25 e 26 da encíclica são bastante eloquentes e reveladores do movimento da sociedade civil no Rio de Janeiro. O *caput* indica qual tema será abordado: *proteção do trabalho de operários, mulheres e crianças*. Diz o texto papal:

> 25. No que diz respeito aos bens naturais e exteriores, primeiro que tudo é um dever da autoridade pública subtrair o pobre operário à desumanidade de ávidos especuladores, que abusam, sem nenhuma descrição, tanto das pessoas como das coisas. Não é justo nem humano exigir do homem tanto trabalho a ponto de fazer pelo excesso da fadiga embrutecer o espírito e enfraquecer o corpo.
>
> A atividade do homem, restrita como a sua natureza, tem limites que se não podem ultrapassar. O exercício e o uso aperfeiçoam-na, mas é preciso que de quando em quando se suspenda para dar lugar ao repouso. Não deve, portanto, o trabalho prolongar-se por mais tempo do que as forças permitem. Assim, o número de horas de trabalho diário não deve exceder a força dos trabalhadores, e a quantidade de repouso deve ser proporcionada à qualidade do trabalho, às circunstâncias do tempo e do lugar, à compleição e saúde dos operários. O trabalho, por exemplo, de extrair pedra, ferro, chumbo e outros materiais escondidos debaixo da terra, sendo mais pesado e nocivo à saúde, deve ser compensado com uma duração mais curta. Deve-se também atender às estações, porque não poucas vezes um trabalho que facilmente se suportaria numa estação, noutra é de fato insuportável ou somente se vence com dificuldade.
>
> 26. *Enfim, o que um homem válido e na força da idade pode fazer, não será equitativo exigi-lo duma mulher ou duma criança. Especialmente a infância — e isto deve ser estritamente observado —* não deve entrar na oficina senão quando a sua idade tenha suficientemente desenvolvido nela as forças físicas, intelectuais e morais: de contrário, como uma planta ainda tenra, ver-se-á murchar com um trabalho demasiado precoce, e dar-se-á cabo da sua educação. Trabalhos há também que *se não adaptam tanto à mulher, a qual a natureza destina de preferência aos arranjos domésticos, que, por ou-*

tro lado, salvaguardam admiravelmente a honestidade do sexo, e correspondem melhor, pela sua natureza, ao que pede a boa educação dos filhos e a prosperidade da família. Em geral, a duração do descanso deve medir-se pelo dispêndio das forças que ele deve restituir. O direito ao descanso de cada dia assim como à cessação do trabalho no dia do Senhor, deve ser a condição expressa ou tácita de todo o contrato feito entre patrões e operários. Onde esta condição não entrar, o contrato não será justo, pois ninguém pode exigir ou prometer a violação dos deveres do homem para com Deus e para consigo mesmo [Rerum novarum, 1891; grifo nosso].

Com base no quadro até aqui abordado, percebe-se por que não foi à toa que a maior parte das instituições criadas nesse período no Rio de Janeiro era destinada às parturientes e à infância. Não estou querendo aqui afirmar que a publicação dessa carta endereçada aos católicos tenha sido a única motivação para a abertura dessas instituições, mas certamente exerceu papel importante na sociedade brasileira ao lançar luzes sobre esse público em particular. Mas, ao somarmos a edição dessa encíclica ao movimento operário mais organizado, a uma elite formada por um capital novo buscando recriar um ambiente aristocrático ao redor de si e a um saber médico que buscava sua institucionalização — como a pediatria —, temos os ingredientes necessários para entendermos a criação dos hospitais infantis no Rio de Janeiro, bem como das maternidades.

Filantropia e saber médico: a construção dos hospitais infantis no Rio de Janeiro

Em artigo recente, Luiz Otávio Ferreira e eu chamamos a atenção para o processo de institucionalização da pediatria no Rio de Janeiro. Tal processo, conforme apontamos, começa a ser estruturado ainda na década de 1880 com a liderança do médico Arthur Moncorvo de Figueiredo (1846-1901), a quem é atribuída a criação da cátedra de pediatria clínica e cirúrgica na Faculdade de Medicina do Rio de Janeiro (FMRJ) em 1882. Contudo, como afirmamos, as posições políticas defendidas pelo médico o impediram de assumir a cátedra em 1883. A tensão em torno dessa cadeira fez com que a FMRJ só viesse a ter, de fato e de direito, um médico dedicado ao estudo dos problemas da infância em 1928, com a aprovação de Luiz Barbosa no concurso para catedrático (Sanglard e Ferreira, 2010).

Uma das questões que opunham Moncorvo de Figueiredo à FMRJ era com relação ao espaço de atendimento às crianças. Para ele, a Santa Casa da Misericórdia não era o lugar adequado — tanto o Hospital Geral quanto a Casa dos Expostos.

É certo que, ao longo da história, houve pontos de atritos entre a Mesa Diretora da Irmandade e a FMRJ, que sempre foram resolvidos de um modo ou de outro.

É certo também que os médicos dedicados a essa nascente especialidade[9] reclamavam da presença de crianças junto com adultos no hospital da irmandade. Antonio Fernandes Figueira será visto, periodicamente, na imprensa cotidiana e especializada pleiteando melhorias urgentes no serviço hospitalar na cidade no que tangia ao atendimento às crianças, à questão do isolamento e no que se referia às instalações hospitalares, sobretudo a partir do momento em que foram anexadas as enfermarias aos serviços clínicos. Ele defendia que, mesmo que houvesse movimentação de criação de hospitais pela municipalidade, o mais importante era a introdução de reformas "nas casas santas, a que vão ter os doentes sem recursos"; além de separar crianças de adultos e contar com isolamentos mais definidos a fim de não misturar variolosos com tuberculosos e pestilentos. Fernandes Figueira considerava que essa seria a maior obra que o provedor da Santa Casa poderia realizar (Figueira, 1902:3311-3312). Como se pode perceber, ao contrário de Moncorvo de Figueiredo, Fernandes Figueira não defendia o afastamento da Misericórdia.

O período que vai de 1883 a 1928 apresenta alguns problemas para a cátedra da pediatria, notadamente a questão do espaço para as aulas práticas. Entretanto,

> em torno do ensino da pediatria tecia-se emaranhada rede de relações pessoais, políticas e institucionais que proporcionava a existência simultânea de vários cursos de pediatria oficiais e "equiparados". O mais curioso, porém, era o fato de os dois catedráticos de pediatria FMRJ [Nascimento Gurgel e Simões Correa] não exercerem sua autoridade pedagógica sobre as enfermarias ou clínicas que efetivamente proporcionavam treinamento clínico aos estudantes e aos médicos recém-formados. Mesmo na Santa Casa de Misericórdia — em que tradicionalmente ocorria o treinamento clínico e cirúrgico dos estudantes da FMRJ — a Policlínica das Crianças e a 25ª enfermaria de clínica de pediatria estavam sob o comando de Fernandes Figueira e Luiz Barbosa, respectivamente. A dicotomia entre a cátedra e a clínica foi peculiaridade da cultura institucional do ensino da pediatria no Rio de Janeiro [Sanglard e Ferreira, 2010:450].

Essa "emaranhada rede de relações pessoais" à qual nos referimos pode ser traduzida na criação de três instituições filantrópicas voltadas para o atendimento à criança, entre os anos 1899 e 1909. Eram elas: o Instituto de Proteção à Crian-

---

[9] A cátedra de clínica das moléstias médicas e cirúrgicas foi criada por decreto do Ministério do Império em outubro de 1882, e o primeiro concurso ocorreu no ano seguinte, tendo assumido o posto Candido Barata Ribeiro, que se notabilizaria como prefeito do Distrito Federal no início da República, sobretudo na demolição do célebre cortiço *Cabeça de Porco*.

ça (Ipai), criado em 1899 por Arthur Moncorvo Filho; a Policlínica de Botafogo, também de 1899, criada e dirigida por Luiz Barbosa; e a Policlínica das Crianças da Santa Casa da Misericórdia, de 1909, dirigida por Fernandes Figueira. Em comum, o fato de seus líderes não estarem vinculados à FMRJ[10] e de as três serem criadas e mantidas pela filantropia e instaladas em pontos-chave da cidade: Centro, Botafogo e São Cristóvão (hoje Cidade Nova), respectivamente.

Entender a constituição dessa rede permite-nos visualizar o movimento da elite nas respostas aos problemas tratados, bem como entender essas instituições como palco da disputas dos médicos envolvidos no processo de institucionalização da pediatria na FMRJ.

O Ipai

O Ipai foi fundado a 24 de março de 1899 no Rio de Janeiro pelo médico carioca Arthur Moncorvo Filho (1871-1944), no Centro da cidade. Para a criação dessa instituição, Moncorvo Filho se inspirou em diversas organizações internacionais, entre elas as *Goûttes de Lait* francesas.[11]

Segundo Maria Martha de Luna Freire, o Ipai "foi o centro administrativo do projeto criado por Moncorvo Filho voltado para campanhas de educação e assistência materno-infantil, e rapidamente se transformou em referência para uma rede de instituições criadas por todo o território brasileiro" (Freire, 2008).

A proposta de Moncorvo Filho tinha como objeto de atuação a inspeção e regulamentação das amas de leite — profissão ainda em voga naquela época —; o estudo das condições de vida das crianças pobres; a fiscalização do trabalho feminino e infantil nas fábricas; a inspeção das escolas; entre outros pontos. Esses objetivos eram traduzidos em distribuição gratuita de leite às crianças pobres; campanhas de vacinação; vulgarização dos conhecimentos sobre as doenças infantis, notadamente a tuberculose; incentivo do aleitamento materno etc.

Para tal, reuniu um grupo formado por médicos, filantropos, militares, senhoras, eclesiásticos, industriais, políticos (senador/deputado/intendente), comerciantes, escritores, nobres, ministros, jornalistas, entre outros profissionais, que se dedicaram à obra que ele criou. Nota-se também a presença de estudantes de medicina.

---

[10] Vale ressaltar que, dos três médicos, Moncorvo Filho foi o único que jamais se candidatou à cátedra de pediatria. Mantinha-se, de certo modo, à margem dessa discussão.

[11] As *Goûttes de Lait* foram criadas em 1894, na cidade de Fécamp, região da Normandia, pelo dr. Dufour, visando oferecer às crianças pobres da localidade leite esterilizado e de boa qualidade. Cf. Rothschild (1902).

Chama atenção nesse grupo a grande participação de senhoras, que atuavam em diversas ações da instituição: nas várias comissões organizadoras de festejos (Natal, Ano-Novo, bolo de Reis); na Comissão de Senhoras — grupo eleito periodicamente e que tinha como função "dirigir" os trabalhos das beneméritas —; ou apenas prestando serviços em ocasiões especiais, como o Concerto Militar de 1903. Podiam também trabalhar no Ipai, como a parteira Carlota de Bem ou a médica Isabella von Sydon, e também atuar benemeritamente (fazendo doações etc.). Podiam ser vistas nos serviços de distribuição do leite esterilizado; cirurgia dentária; clínica médica; distribuição de gêneros alimentícios; eletricidade e massagem; proteção à mulher grávida; farmácia; ou como parteiras e enfermeiras. Nota-se ainda nesse caso uma forte presença feminina: são cerca de 30 mulheres, das quais seis configuram-se como parteiras concursadas e nove como enfermeiras. Destas últimas, todas eram *Damas da Cruz Verde*, entidade que atuou durante a epidemia de gripe espanhola (1918).

Contudo, a maior parte dos filantropos era formada por médicos, havendo uma presença significativa da elite oriunda do Império — composta de barões, condes, viscondes, baronesas, viscondessas, comendadores e conselheiros. Entretanto, vale a pena ressaltar que o grosso desse grupo era constituído por profissões vinculadas ao higienismo (médicos e engenheiros), bem como por aquelas vinculadas ao projeto republicano de 1889 (militares, a presença de presidentes da República, ministros e dos próceres da República). Assim, podemos aferir que eram homens envolvidos com o projeto de modernização do país.

O quadro de filantropos que se constituiu no Ipai é bastante interessante. Por exemplo, a presença de nomes importantes da política imperial em face de figuras não menos importantes da Primeira República — tanto no cenário político quanto no econômico. Um grupo eclético, que misturava a elite nova, em busca de afirmação, e a tradicional. Residia na conformação do grupo de apoio ao Ipai o sucesso da proposta de Moncorvo Filho não só no Rio de Janeiro como em outras capitais brasileiras onde foram instalados Ipais regionais.

Contudo, apesar da grande presença de médicos e estudantes, poucos foram aqueles que se dedicaram de fato à pediatria; apesar do que afirma Martha Freire (2008), o Ipai não era o espaço da prática da pediatria da FMRJ, mesmo contando com alunos em seus serviços.

A Policlínica/Hospital de Crianças

O Hospital de Crianças foi criado graças à ação benemerente de José Carlos Rodrigues e à concordância da Misericórdia carioca. O Hospital das Crianças contou com dois grandes beneméritos: o próprio José Carlos Rodrigues, diretor do *Jornal do Commercio*, e o comerciante suíço Albert Bach, que legou, em 1906, seus bens a essa obra de caridade. A inauguração do prédio aconteceu no dia 8 de maio de 1909. O grupo envolvido na construção dessa instituição, bem como em seu funcionamento, traduz o círculo de relações de José Carlos Rodrigues e Fernandes Figueira, o médico indicado para dirigir a instituição.

A presença majoritária de comerciantes aponta para a manipulação do capital político de José Carlos Rodrigues a favor de sua obra de caridade. A correspondência entre ele e a Associação dos Empregados no Comércio do Rio de Janeiro deixa-nos perceber a defesa que ele fez dos interesses dos comerciantes cariocas nas páginas do *Jornal do Commercio*, ensejando o reconhecimento da classe. Contudo, ao invés de aceitar para si o mimo, Rodrigues transferiu para a instituição por ele fundada a benevolência ofertada. O resultado foi uma listagem de 77 empresas que doaram entre 100$000 e 500$000, e de alguns particulares residentes, sobretudo em Paris, que doaram quantias diversas. Ainda houve duas remessas feitas pelo *Jornal do Commercio*.

No que tange ao círculo próximo a Fernandes Figueira, uma análise do grupo presente no Hospital/Policlínica das Crianças aponta para uma presença de nomes ligados a Manguinhos, muitos egressos dos Cursos de Aplicação do Instituto Oswaldo Cruz — *locus* por excelência da formação de microbiologistas, pasteurianos, no Brasil desde 1903 —, reforçando a ligação do próprio Fernandes Figueira com Manguinhos. Desse grupo, sobressaem: Eduardo Rabello, chefe do serviço de Dermatologia; Gomes de Faria, chefe do Serviço de Bacteriologia; e João Marinho, chefe do serviço de Otorrinolaringologia. Deve-se ressaltar que Antônio Fernandes Figueira já gozava de prestígio profissional — era membro da Academia Nacional de Medicina desde 1903.

Esse hospital passou a funcionar como lugar das aulas práticas da FMRJ, quando era catedrático de clínica médica pediátrica Simões Correa — o terceiro a ocupar o posto. Foi também em suas dependências que foi criada, e ocorreram suas reuniões, a Sociedade Brasileira de Pediatria, presidida pelo próprio Fernandes Figueira, em 1910.

O sucesso dessa instituição pode ser percebido pela leitura do relatório publicado por José Carlos Rodrigues em 1916 no *Jornal do Commercio*. Nele, afirma-se que ao longo dos sete primeiros anos foram distribuídos cerca de 1 milhão de auxílios em consultas, curativos, receitas etc. e nos quatro anos subsequentes houve aumento da média diária de atendimento (chegando a 341 crianças por dia).

O que singularizava essa instituição em comparação com as outras duas, e principalmente com o Ipai, eram as visitas domiciliárias realizadas por profissionais médicos[12] — que não se limitavam ao tratamento dos enfermos graves, mas registravam também em boletim apropriado as condições higiênicas, de alimentação e de residência dos socorridos — e o funcionamento do consultório de higiene infantil, em que eram atendidos os lactentes e fornecido, ou aconselhado, o alimento oportuno, isto é, o leite materno. Nesse consultório, as crianças eram examinadas semanalmente, o que incluía a pesagem e outros procedimentos para acompanhamento de seu desenvolvimento (Policlínica de Crianças, 1920). Outro ponto importante e que a distingue das demais instituições é sua relação com a FMRJ. Como instituição vinculada à Misericórida, *locus* das aulas práticas da faculdade, a Policlínica das Crianças se tornou oficialmente espaço da prática da clínica pediátrica da FMRJ, tal qual a 25ª Enfermaria do Hospital Geral da Misericórdia — a cargo de Luiz Barbosa.

Por fim, podemos afirmar que a relação que se estabeleceu entre José Carlos Rodrigues e Antônio Fernandes Figueira fez com que o Hospital de Crianças se tornasse um projeto de ambos os personagens: o filantropo deu-lhe a forma física, os equipamentos e sua manutenção, e o médico, o respaldo profissional. Assim, sua realização traduz o capital social de cada um deles tal qual já demonstrado.

Policlínica de Botafogo

A Policlínica de Botafogo foi criada pelo médico Luiz Barbosa em fins de 1899 e iniciou seus atendimentos em junho de 1900. Sua marca mais forte era a atuação paroquial, restrita aos moradores de Botafogo e adjacências. Instituição privada, era mantida por seus protetores, todos moradores daquele bairro. Seus principais benfeitores eram o conselheiro Catta-Preta, Eugenio José de Almeida, Eduardo P. Guinle, Candido Gaffrée, senador Antonio Azeredo, John Gregory, Rui Barbosa e Oswaldo Cruz.

A relação da instituição, ou do próprio Luiz Barbosa, com a família Guinle é tão forte que mesmo após a morte de Eduardo P. Guinle, em 1912, os vínculos são mantidos. Por ocasião da inauguração da sede da Policlínica, em 1922, foi proposta a criação de um Instituto de Puericultura que receberia o nome de Instituto Gaffrée e Guinle, em homenagem aos dois patronos. Três anos depois, foi proposta uma nova homenagem à família Guinle: com a morte da matriarca, Guilhermina Guinle, foi proposto que a seção de puericultura passasse a ser denominada

---

[12] No Ipai, as visitas domiciliárias eram realizadas pelas damas de caridade, mesmo que treinadas por médicos.

Berçário Maternal e Infantil Guilhermina Guinle, em homenagem à sua atuação em prol da instituição.

A singularidade da Policlínica de Botafogo foi sua forte relação com a Assistência Pública Municipal, da qual Luiz Barbosa foi diretor. Em suas dependências, foi criado em 1910 o Serviço de Doenças das Crianças, que contou com a participação de nomes importantes da especialidade.[13] Por fim, também exerceu a função de espaço das aulas práticas da cátedra de pediatria da FMRJ, entre 1930 e 1940 — período em que Luiz Barbosa esteve à frente da cátedra (Sanglard e Ferreira, 2010).

Os hospitais infantis do Rio de Janeiro — à guisa de conclusão

Ao longo do capítulo, procurou-se mostrar que a abertura dos hospitais voltados às doenças da criança está ligada a um conjunto de fatores que singularizam aquela sociedade que tem pesos iguais na reunião de médicos e filantropos.

O grande número de filantropos ligados ao Ipai mostra como foi eficaz o discurso de Moncorvo Filho no convencimento da sociedade, mesmo que a rotatividade (de médicos, alunos e filantropos) fosse a grande marca. No caso da Policlínica das Crianças, sua criação esteve muito vinculada às ações de José Carlos Rodrigues, e sua manutenção foi absorvida como obra da Misericórdia. No caso da Policlínica de Botafogo, sua ação paroquial fez com que seus grandes filantropos fossem os nobres moradores de Botafogo — a elite exercendo o papel que lhe cabia.

Os filantropos, imbuídos dos ideais pregados pelo papa Leão XIII ou de um discurso nacionalista, percebendo na benemerência uma forma de exercer seu papel social ou marcar sua posição social, e/ou objetivando resolver a "questão social" daquele período, não pouparam esforços na construção desses hospitais.

Do lado dos médicos, vimo-los mergulhados em disputas em torno da institucionalização da pediatria na FMRJ, buscando sobretudo apresentar sua ideia da pediatria. Essas instituições se tornaram, assim, o palco para a demonstração de cada uma das propostas.

Mas a questão do espaço próprio para as aulas práticas da cátedra ainda estava por ser resolvida. Simões Correia e Nascimento Gurgel,[14] como catedráticos, se

---

[13] Além do próprio Luiz Barbosa, podemos citar: Azarias de Andrade Carvalho, Jacob Renato Woiski, Álvaro Aguiar e Rinaldo de Lamare.

[14] Em 1910, com a morte de Barata Ribeiro, Simões Correa assume interinamente a cátedra. No ano seguinte, consegue, no âmbito da Reforma Rivadávia Correa, a divisão da antiga cátedra em duas: clínica

submetiam às diretrizes de Fernandes Figueira, na Policlínica das Crianças, e de Luiz Barbosa, na 25ª Enfermaria. Em 1914, a abertura do Hospital São Zaccharias, também vinculado à Misericórdia, nas dependências no antigo Colégio dos Jesuítas no morro do Castelo, transferiu para lá as aulas práticas de pediatria.[15] Simões Correia tinha, enfim, seu próprio hospital.

Pode-se imaginar que a disputa teria sido encerrada. Mas não. A reforma da saúde pública de 1919, que criou o Departamento Nacional de Saúde Pública (DNSP), e o Regulamento Sanitário de 1920, ambos a cargo de Carlos Chagas, levou Fernandes Figueira a assumir a Inspetoria de Higiene Infantil — as diretrizes dessa inspetoria, com atuação do Distrito Federal e no território do Acre e nos estados mediante convênios, foram dadas por Fernandes Figueira. Em 1924, foi criado o Hospital Abrigo Arthur Bernardes, vinculado às ações da inspetoria e destinado à clínica e à cirurgia pediátricas. Fernandes Figueira levou para o hospital público parte da equipe da Policlínica das Crianças: para chefe do serviço de Higiene Infantil, a médica Ursulina Lopes, que exerceu o mesmo cargo na Policlínica de Crianças e também fora sua assistente no Serviço de Clínica Médica naquela mesma instituição. Ao assumir a direção desse novo hospital, Fernandes Figueira se desvinculou da Misericórdia e ficou lá até sua morte, em 1928. Hoje, o hospital abrigo é o Instituto Fernandes Figueira/Fiocruz.

Por fim, vale ressaltar que, se Luiz Barbosa conseguiu colocar em prática suas ideias defendidas desde 1908 ao assumir a cátedra de pediatria em 1928, Fernandes Figueira logrou em pôr as suas ao assumir a Inspetoria de Higiene em 1919 — serão suas propostas que irão ser nacionalizadas na gestão de Martagão Gesteira diante da Saúde Pública (Ribeiro, 2011).

O Hospital São Zaccharias se manteve como espaço da prática da pediatria da Faculdade de Medicina por muito tempo, mesmo depois da criação do Instituto de Puericultura Martagão Gesteira no *campus* do Fundão em 1953.

E o projeto de Moncorvo Filho, de longe aquele que mais movimentou a sociedade, tanto no que concerne a suas ações, ao número de filantropos envolvidos, quanto à difusão por outros estados da Federação, acabou em 1941 quando ele

---

de pediatria médica e higiene infantil, e clínica cirúrgica infantil e ortopédica — a primeira passou a ser comandada por ele próprio, e a segunda, por Nascimento Gurgel, aprovado no concurso tendo em vista que Fernandes Figueira não participou do certame por se considerar *hors concours*. Dos dois, Nascimento Gurgel continuará "sem hospital" até a abertura, em 1922, do Hospital São Francisco de Assis, do DNSP, para onde transfere as aulas práticas de clínica cirúrgica infantil, pois a enfermaria infantil desse hospital era comandada por ele próprio (Sanglard e Ferreira, 2010).

[15] Vale ressaltar que, naquele momento, a FMRJ ainda funcionava na Misericórdia, no prédio do antigo Recolhimento, ao lado da igreja de N. Sra. do Bonsucesso e no sopé da ladeira da Misericórdia. Sem dúvida, a proximidade com a FMRJ também exerceu papel importante nessa decisão.

encerrou as atividades da instituição e doou o patrimônio do Ipai à Prefeitura do Distrito Federal (Freire, 2008).

Referências

ABREU, Laurinda. Igreja, caridade e assistência na Península Ibérica (sécs. XVI-XVIII) — estratégias de intervenção social num mundo em transformação. In: *Igreja, caridade e assistência na Península Ibérica (sécs. XVI-XVIII)*. Évora: Colibri/Cidehus, 2004.

A POLICLÍNICA de Crianças Pobres da Santa Casa da Misericórdia fundada e doada pelo dr. José Carlos Rodrigues e inaugurada pelo presidente Affonso Penna a 8 de maio de 1909 — retrospecto de 11 anos de serviços sob a direção do dr. Fernandes Figueira. Rio de Janeiro: Typ. do Jornal do Commercio, 1920. Com fotos.

ARAÚJO, R. M. B. *A vocação do prazer*: a cidade e a família no Rio de Janeiro republicano. Rio de Janeiro: Rocco, 1995.

ASSISTÊNCIA pública e privada no Rio de Janeiro (Brasil): história e estatística. Rio de Janeiro: Prefeitura do Distrito Federal, 1922.

BATALHA, C. Cultura associativa no Rio de Janeiro da Primeira República. In: _____ et al. *Culturas de classe*. Campinas: Unicamp, 2004.

_____. A geografia associativa: associações operárias, protesto e espaço urbano no Rio de Janeiro da Primeira República. In: AZEVEDO, E. et al. *Trabalhadores na cidade*. Campinas: Unicamp, 2009.

_____. Relançando o debate sobre o mutualismo no Brasil: as relações entre corporações, irmandades, sociedades mutualistas de trabalhadores e sindicatos à luz da produção recente. *Revista Mundos do Trabalho*, v. 2, n. 4, p. 12-22, ago./dez. 2010.

BENCHIMOL, J. L. *Pereira Passos*: um Haussmann tropical. Rio de Janeiro: Secretaria Municipal de Cultura, Turismo e Esportes/Departamento Geral de Documentação e Informação Cultural, 1992. (Biblioteca Carioca).

BIAGIOLI, M. *Galileo Courtier*: the practice of science in the culture of absolutism. Chicago: Chicago University Press, 1993.

CARTA Encíclica "Rerum Novarum" do papa Leão XIII sobre a condição dos operários, 1891. Disponível em: <www.vatican.va/holy_father/leo_xiii/encyclicals/documents/hf_l-xiii_enc_15051891_rerum-novarum_po.html>. Acesso em: 26 fev. 2012.

COLEÇÃO JOSÉ CARLOS RODRIGUES. IHGB/RJ.

CHALHOUB, S. *Cidade febril*: cortiços e epidemias na Corte imperial. São Paulo: Companhia das Letras, 1996.

DUPRAT, C. *Pour l'amour de l'humanité — le temps des philantropes*: la philantropie parisienne des Lumières à la monarchie de Julliet. Paris: Editions CTHS, 1993. t. 1.

_____. *Usage et pratiques de la philantropie*: pauvreté, action sociale et lien social, à Paris, autour du premier XIXe sciècle. Paris: Comité d'Histoire de la Sécurité Sociale, 1996. v. 1 e 2.

EDMUNDO, Luiz. *O Rio de Janeiro do meu tempo*. 2. ed. Rio de Janeiro: Conquista, 1957. v. 1.

FIGUEIRA, A. F. Reforma dos hospitais. *Brasil Médico*, p. 311-312, 15 ago. 1902.

FONSECA, V. M. M. da. *No gozo dos direitos civis*: associativismo no Rio de Janeiro, 1903-1916. Rio de Janeiro: Arquivo Nacional/Faperj; Niterói: Muiraquitã, 2008.

FREIRE, M. M. L. Hospital Moncorvo Filho e Instituto Estadual de Diabetes e Endocrinologia Luiz Capriglione (IEDE). In: PORTO, Â. et al. *História da saúde no Rio de Janeiro*: instituições e patrimônio arquitetônico — Rio de Janeiro (1808-1958). Rio de Janeiro: Fiocruz, 2008.

FREYRE, G. *Ordem e progresso*. Rio de Janeiro: Record, 2000.

GOMES, A. C. *Essa gente do Rio... modernismo e nacionalismo*. Rio de Janeiro: FGV, 1999.

HORNE, J. *Le musée social*: aux origines de l'Etat providence. Paris: Belin, 2004.

MOTT, M. L. Assistência à saúde, filantropia e gênero: as sociedades civis na cidade de São Paulo. In: _____; SANGLARD, G. *História da saúde em São Paulo*: instituições e patrimônio arquitetônico (1808-1958). São Paulo: Manole; Rio de Janeiro: Fiocruz, 2011.

NASCIMENTO, D. R. do. *Fundação Ataulpho de Paiva — Liga Brasileira contra a Tuberculose*: um século de luta. Rio de Janeiro: Faperj/Quadrantim, 2002.

NEEDELL, J. D. *Belle époque tropical*: sociedade e cultura de elite no Rio de Janeiro na virada do século. São Paulo: Companhia das Letras, 1993.

PAIVA, A. *Justiça e assistência*. Rio de Janeiro: Typographia do Jornal do Commercio, 1916.

RELATÓRIOS do Instituto de Proteção e Assistência à Infância, 1903 a 1904. Disponível em: <www.dbd.puc-rio.br/>.

RIBEIRO, Lidiane Monteiro. *Filantropia e assistência à saúde da infância na Bahia*: a liga baiana contra a mortalidade infantil, 1923-1935. Dissertação (mestrado em história das ciências e da saúde) — Casa de Oswaldo Cruz, Fiocruz, Rio de Janeiro, 2011.

ROTHSCHILD, Henri de. *Œuvre philanthropique du lait*. Paris: O. Doin Editeur, 1902.

SANGLARD, G. *Entre os salões e o laboratório*: Guilherme Guinle, a saúde e a ciência no Rio de Janeiro. Rio de Janeiro: Fiocruz, 2008. (Col. História & Saúde).

_____. Cultura, sociedade e saúde no Rio de Janeiro durante a Primeira República. In: MARTINS, W.; SANGLARD, G. *História cultural*: ensaios sobre linguagens, identidades e práticas de poder. Rio de Janeiro: Apicuri, 2010a.

_____. Laços de sociabilidade, filantropia e o Hospital do Câncer do Rio de Janeiro (1922-1936). *História, Ciências, Saúde — Manguinhos*, Rio de Janeiro: Fiocruz/Garamond/Faperj, v. 17, supl. 1, p. 127-148, jul. 2010b.

_____; FERREIRA, L. O. Médicos e filantropos: a institucionalização do ensino da pediatria e da assistência à infância no Rio de Janeiro da Primeira República. *Varia História*, Belo Horizonte, v. 26, n. 44, p. 437-459, jul./dez. 2010.

SEVECENKO, N. A capital irradiante: técnica, ritmos e ritos do Rio. In: NOVAIS, Fernando (Org.). *História da vida privada — República*: da *belle époque* à era do rádio. São Paulo: Companhia das Letras, 1998a. v. 3.

_____. Introdução: o prelúdio republicano, astúcias da ordem e ilusões do progresso. In: NOVAIS, Fernando (Org.). *História da vida privada — República*: da *belle époque* à era do rádio. São Paulo: Companhia das Letras, 1998b. v. 3. p. 7-48.

VISCARDI, C. A experiência mutualista e a formação da classe trabalhadora no Brasil. In: FERREIRA, J.; REIS FILHO, D. A. (Org.). *A formação das tradições (1889-1945)*. Rio de Janeiro: Civilização Brasileira, 2007. v. 1. (Col. As Esquerdas no Brasil).

_____. Experiências da prática associativa no Brasil (1860-1880). *Topoi*: Revista de História, Rio de Janeiro, v. 9, n. 16, p. 132, jan./jun. 2008.

_____. Estratégias populares de sobrevivência: o mutualismo no Rio de Janeiro republicano. *Revista Brasileira de História*, v. 29, n. 58, p. 291-315, dez. 2009.

_____. O estudo do mutualismo: algumas considerações historiográficas e metodológicas. *Revista Mundos do Trabalho*, v. 2, n. 4, p. 23-39, ago./dez. 2010.

12 Zona, sertão ou celeiro?
A constituição do cinturão verde da cidade do Rio de Janeiro e seus impasses, 1890-1956

Leonardo Soares dos Santos

Os tristes subúrbios que começavam a alegrar muita gente...

O conselheiro[1] Fonseca Telles não economizaria nas tintas na sessão legislativa de 22 de setembro de 1909, na qual o (autointitulado) "representante da zona suburbana", depois de ler artigos publicados nos jornais *O Suburbano* e *Jornal do Brasil* sobre a "referida zona", afirmaria que uma das principais fontes de renda da região era a taxa de enterramentos: "É tristíssimo!" — arrematava o edil suburbano. Por essas e outras — não custa lembrar que aqueles artigos destacavam exatamente o abandono, a insalubridade, o "pouco cuidado, a pobreza da localidade" — tencionava convidar o então prefeito a fazer uma visita à região. Assim, "o chefe do Executivo, vendo com os seus olhos, não deixará de agir quanto antes, senão para embellezar essas paragens, ao menos para tornal-as mais transitáveis e salubres" (*Annaes do Conselho Municipal* [*ACM*], 22/5/1909, p. 176-177).

Os contrastes eram tão evidentes dentro de uma mesma cidade que muitos questionavam se os subúrbios poderiam ser efetivamente considerados uma região pertencente ao Distrito Federal. Aqui temos o testemunho de *O Subúrbio*, pouco tempo antes de Telles, felicitando a iniciativa do intendente municipal Luiz Ramos, que propunha a criação de novas linhas de bonde na zona suburbana. A felicitação servia na verdade de mote para um protesto contra as condições que imperavam na região. Para os editores do jornal, era "talvez a falta de viação para

---

[1] Assim eram chamados os membros do legislativo carioca (Conselho Municipal) até a reforma do regimento interno na década de 1930, quando este passou a se chamar Câmara Municipal.

todos os pontos seus [...] que a zona suburbana encontra-se ainda em tão deplorável atraso!", com "algumas de suas regiões mais pittorescas, acham-se amesquinhadas por uma tal incúria, e tão enxovalhadas de lamaçaes, e tão comidas de matto bravo, que lembram velhas regiões abandonadas, onde pé de homem não parece ter pisado!". Nos parágrafos seguintes, o protesto ganha novo conteúdo. Culpa-se a Prefeitura não apenas pelo "abandono" da zona suburbana, mas por tratar de maneira desigual as zonas da cidade, como se só a zona urbana fizesse parte da capital: "E uma vez que a viação traga movimento e vida, como há de forçosamente trazer, a essas paragens mortas, que não parecem estar a poucos passos da capital, e della fazerem parte, mas estarem sumidas nos envios sertões de Matto Grosso" (*O Subúrbio*, 10/8/1907, p. 1).

Não parece haver dúvida de que a noção de abandono pudesse traduzir de maneira justa a realidade de grande parte da região. Entretanto, devem-se considerar algumas precauções com o uso de tal termo — de tão grande eficácia em termos retóricos, principalmente para os "chefes" políticos da região — para os fins de uma análise comprometida com a perspectiva crítica. E é no debate político sobre o abandono da região que podemos perceber outras nuanças e significados possíveis de algo que, mais do que uma noção técnica, parece ser um conceito de grande eficácia política. Seu intenso uso em tal arena o atesta.

Em maio de 1912, por exemplo, o conselheiro Honório Pimentel, também autointitulado representante da região, tecia duras críticas ao projeto da Prefeitura de adotar medidas para a concessão de licença e autorização para obras e melhoramentos nas zonas suburbana e rural, com o mesmo grau de exigência que já se verificava na zona urbana. Além disso, esse fato poderia implicar a instituição de impostos e taxas. Mas o problema, justificava Pimentel, é que "são bastante conhecidas as dificuldades com que lutam as freguesias rurais para levar por diante o seu desenvolvimento material". Era de conhecimento público — já há um bom tempo — que "falta-lhes água, luz, esgotos, falta-lhes tudo". No fundo, Pimentel parecia querer recorrer a ideia (ou realidade) do abandono secular sofrido pela região. Mas a originalidade de seu argumento — embora ele não fosse o único a veiculá-lo — era que tal abandono tinha de ser necessariamente compensado por uma política tributária, fiscal e econômica diferenciada para a região. Para que não restassem dúvidas, o edil complementava: "É evidente, pois, que, se não gozam dos mesmos benefícios das outras, não devem estar sujeitas aos mesmos ônus" (*ACM*, 25/5/1912, p. 180).

Por outro lado, há de se atentar que nessa mesma época era a região abarcada pelas freguesias rurais a com maior crescimento demográfico em todo o Distrito Federal. Tal crescimento pressionava pelo aumento da demanda por habitações e, consequentemente, por materiais de construção, gerando em alguns casos uma pressão por estabelecimento de serviços públicos como água, luz, esgoto etc. Parece inegável que a região mudava, em diversos aspectos. Estes comentários de Lima Barreto dão bem a ideia de certa cultura urbana que se consolidava em alguns pontos da região com base em tais mudanças:

> Tem confeitarias decentes, botequins frequentados; tem padarias que fabricam pães, estimados e procurados; tem dois cinemas, um dos quais funciona em casa edificada adrede; tem um circo-teatro, tosco, mas tem; tem casas de jogo patenteadas e garantidas pela virtude, nunca posta em dúvida, do Estado, e tem boêmios, um tanto de segunda mão; e outras perfeições urbanas, quer honestas, quer desonestas.
>
> As casas de modas, pois as há também, e de algum aparato, possuem nomes *chics*, ao gosto da rua do Ouvidor. Há até uma "Notre Dame", penso eu [Barreto, 1956].

Para que se tenha uma ideia, a população de toda a zona suburbana — incluindo os distritos rurais — crescia bem mais do que a da zona urbana. Comparando-se os números dos Censos de 1911 e 1921, verificamos que a população da primeira passa de 213.318 para 365.899. Já a segunda vai de 708.669 para 822.523. Ou seja, isso equivalia a um aumento populacional de 71% e 16%, respectivamente (PDF,[2] 1911:8 e 10).

Tal aumento, entre tantas consequências possíveis, implicava logicamente o alargamento de um mercado consumidor em potencial de bens e serviços, algo bastante caro a uma sociedade de economia de mercado recém-saída das entranhas de uma sociedade escravista (Lôbo, 1978). Poucos anos depois, o conselheiro municipal Fonseca Telles ainda demonstrava extremo entusiasmo com o que vinha acontecendo na região suburbana. Algumas denominações que eram antes motivo de vergonha já passavam a ser tratadas com irreverência. Numa das sessões legislativas dizia o quão

> agradável lhe é referir que sente satisfação em ver progredir esses logares, que eram ironicamente conhecidos pelo nome de "Mato Grosso" — hoje trafegados a toda hora por automóveis e toda sorte de vehiculos. E agradável lhe é também referir esses factos, porque são elles a prova de que certo modo, já se cuida nesta terra, do bem estar do povo que vive nesses afastados pontos [ACM, 27/7/1914, p. 108].

Boa parte desse crescimento populacional parecia, por sua vez, servir como um importante indutor de atração de investimentos para a região. Embora tais in-

---

[2] Prefeitura do Distrito Federal.

vestimentos viessem à luz de forma lenta e descontínua, os próprios poderes públicos — que muito contribuíam com tal lentidão — reconheciam já em 1911 "que o desenvolvimento da zona suburbana é um facto inilludivel" (*ACM*, 19/5/1911, p. 161). O crescimento da população implicava também um alargamento do número de eleitores da cidade. Logicamente, tal detalhe não fugiu à aguçada percepção de representantes do Legislativo carioca. Nesse sentido são ilustrativos o empenho demonstrado por figuras como Arthur Menezes, que numa sessão de 1922 solicitava a iluminação da estrada da Freguesia em Jacarepaguá (*ACM*, 20/10/1922, p. 566). Mario Julio, dias depois, pedia simplesmente "a arborização systematica das estradas e ruas dos subúrbios da capital" (*ACM*, 27/12/1922, p. 665). E, sinal dos tempos, a própria Mesa do Conselho Municipal pedia ao prefeito providências para que se fizesse "macadamizar o trecho entre Vargem Grande e o do Rio das Piabas e o que vai do Matto Alto à Ilha de Guaratiba e desta ao Figueira" (*ACM*, 28/8/1922).

Evidencia-se aqui o desenvolvimento de uma espécie de competição entre tais legisladores pela realização de obras de melhoramento na região, com o sentido explícito de serem reconhecidos como autênticos e efetivos "representantes dos subúrbios". A região, portanto, independentemente da natureza e finalidade de tais representantes, ganhava visibilidade política pelo simples fato de que, em termos políticos, seu papel também crescia (Bourdieu, 1990). Era praticamente inevitável que no seio de tal disputa certo discurso regionalista se insinuasse nas falas dos políticos suburbanos. Assim, a comparação com a área central da cidade e com bairros como Copacabana e Botafogo — pertencentes ao primeiro distrito eleitoral — seria recorrente. A própria divisão da cidade em dois distritos, mas tão distintos entre si, seria um combustível privilegiado para alimentar as polêmicas dos tribunos do Legislativo carioca. No fim das contas, como tirar a razão de um Adolpho Bergamini, quando afirmava numa das sessões da casa que "o segundo districto só é equiparado para pagar impostos. No momento das regalias e das concessões justíssimas, é esquecido por completo"? (*ACM*, 29/12/1922, p. 703.)

Além dos políticos locais, os "capitalistas" da cidade também mostravam vivo interesse pelas possibilidades que se anunciavam com as mudanças verificadas na zona suburbana. Vários requerimentos seriam enviados ao Conselho Municipal, com o fim de obter a autorização oficial para a realização de empreendimentos e negócios na região. Um dos exemplos mais notórios seria o das linhas de *bonds*. Até o final do século XIX, todas as freguesias rurais já eram cortadas por linhas dessa modalidade de transporte, com viagens constantes para Jacarepaguá, Guaratiba, Campo Grande, Santa Cruz, Barra da Tijuca, Méier, Madureira, Cascadura, Bangu, Realengo. Havia empresas voltadas especificamente para o desenvolvimento desse serviço na região, como a já citada Cachamby, a Carris de Campo Grande, a Carris de Guaratiba e a Linha Circular Suburbana de Tramways (Santos, 1965:278).

Enquanto alguns pedidos de concessão visavam articular as localidades rurais com as zonas mais populosas do subúrbio, outros tinham o claro propósito de constituir uma malha urbana no interior ou entre as freguesias rurais. Temos o exemplo de José Candido Teixeira, que, "tendo em vista a necessidade de uma linha férrea de bitola estreita, ligando a Freguesia de Jacarepaguá à de Guaratiba", requeria em 1891 "o privilegio por trinta annos para esse fim".[3] Foi o caso também de Luiz Gonçalves Peixoto, que pedia em fins de setembro de 1901 uma concessão para construir uma estrada de carris de "tracção elétrica, partindo da Fazenda da Boa Esperança e terminando no lugar denominado Cantagallo na freguesia de Campo Grande" (*ACM*, 24/9/1901, p. 119). Poucos anos depois era a vez de Francisco Manuel das Chagas Dória receber a concessão de uma linha ligando Campo Grande a Guaratiba. Em julho de 1896 era inaugurado o trecho entre Campo Grande e Monteiro (Santos, 1965:224).[4] Ainda em 1894, mais precisamente no dia 18 de outubro, era concedida ao engenheiro Domingos Guilherme de Braga Torres uma linha entre Guaratiba e Santa Cruz.

Outro tipo de serviço muito requerido foi o de trens. Ao contrário dos bondes, praticamente todos seriam indeferidos. Uma das razões é que esse serviço era bem mais complexo e, por isso, muito mais custoso do que o de bondes. Imaginemos o que deveriam ser os custos e as implicações para que saísse do papel uma proposta como a do capitão tenente Collatino Marques de Souza, que, em meados de 1893, solicitava a concessão de uma estrada de ferro "elevada e electrica", bem ao estilo dos *elevators* de Nova York, que ligaria "esta capital e o subúrbio de Cascadura" (*ACM*, 7/9/1893, p. 57). Não menos ambicioso era o projeto de Delphim Ribeiro, que pedia uma concessão por 50 anos para construção de uma linha de "carris de ferro por tracção elétrica", partindo do Rio Grande, em Jacarepaguá, até o alto da Tijuca (*ACM*, 10/3/1898, p. 29). Tais projetos eram invariavelmente indeferidos: a inviabilidade — tão flagrante em alguns casos — tornava fácil a justificativa do indeferimento.[5] Mas não foram poucas as propostas que tiveram seu

---

[3] AGCRJ. *Estrada de Jacarepaguá a Guaratiba — 1891*. Códice 57-2-41, fl. 1.

[4] Tal concessão seria transferida em 1897 para Sebastião Navarro Betim Paes Leme, que ficava obrigado a expandir a linha até ilha e pedra de Guaratiba, o que realmente aconteceu, sendo inaugurada a tração elétrica da linha em 17/5/1917. Ela funcionaria, em precárias condições, até o início da década de 1960.

[5] Não eram raros os casos em que os proponentes tinham sua solicitação indeferida por não apresentarem os documentos necessários (como plantas) ou por não serem claros ao apontar os terrenos que deveriam ser desapropriados.

pedido aceito pelo Conselho Municipal. Caso de Francisco Canella, que pretendia construir uma "estrada de ferro econômica" ligando a estação de Mangueira ao "povoado" de Sepetiba, passando por Jacarepaguá e Guaratiba (*ACM*, 1/4/1897, p. 100).

O volume de melhoramentos realizados na região era realmente significativo, mesmo considerando que muitos deles nunca sairiam do papel. Contudo, o que se pode continuar a discutir é sobre o grau e, fundamentalmente, a qualidade desse investimento. Não restam muitas dúvidas de que o material empregado nos serviços públicos utilizados pelas classes pobres das freguesias rurais não era o mesmo daquele usufruído pelos filhos da aristocracia que habitavam Botafogo, Laranjeiras ou Ipanema. Em crônica de 1915 intitulada "História macabra", Lima Barreto contava a história de um "defunto", Florêncio da Costa, que morava em Engenho Novo e que também fora enterrado em Inhaúma. A estrada seguida pelo coche fúnebre tinha tantos buracos, verdadeiros "abismos", segundo Lima, que ao final da viagem o "defunto ressuscitou" (Barreto, 2004:157-158).

Num requerimento enviado diretamente ao então prefeito Souza Aguiar, moradores de Jacarepaguá mostravam-se descontentes com a Companhia de Ferro-Carris de Jacarepaguá:

> É possível que esta cia. que acaba de dar tão grande dividendo possa continuar a zombar dos habitantes deste pobre arrabalde, tendo uma linha sem lastro, com dormentes todos podres, com trilhos estragados, com animaes imprestáveis, comprados das outras cias. por não servirem para o trabalho. Com falta de bonds.
> Pedimos a Vx. para tomar as providências que temos direito.[6]

Podemos observar que tanto quanto o discurso dos governantes que buscava impor aos subúrbios a imagem de uma região totalmente desolada e largada às traças, a imprensa suburbana e os políticos da localidade também recorriam a uma imagem que retratava o subúrbio como algo compacto e homogêneo. A essa imagem, que podia beirar a caricatura, podiam-se facilmente objetar aspectos do contexto social e geográfico da região. No Projeto de Lei nº 5.413, de agosto de 1921, podemos ter uma ideia do tipo de crescimento, bastante desigual e de certa forma desordenado, que marcaria a evolução urbana da região. O autor desse projeto procurava isentar por "dous annos do pagamento de taxas, emolumentos, plantas, soleiramento e demais exigências as casas" construídas nas "partes não povoadas dos distritos de Inhaúma, Irajá, Jacarepaguá, Campo Grande, Santa Cruz e Ilhas". Assim, os poderes públicos permitiam livremente "as construcções

---

[6] AGCRJ. *Companhia Ferro-Carril de Jacarepaguá*. Códice 55-1-34, fl. 236.

toscas de madeiras e tapume [...] desde que sejam afastadas pelo menos dezesseis metros dos logradouros" (*ACM*, 24/8/1921, p. 236). Havia áreas (comumente chamadas de "povoados" desde o século XIX) densamente povoadas que conviviam com áreas de ocupação rarefeita, sem contar regiões praticamente inabitadas, como o Recreio dos Bandeirantes, a Barra da Tijuca e as restingas de Guaratiba e Santa Cruz. Outro detalhe a ressaltar é que a própria municipalidade procurava dar conta dessa urbanização descontínua ao estabelecer a divisão administrativa do município. Tal aspecto transparece, entre tantos textos oficiais, no art. 126 do Código de Posturas de 1928, que proibia a circulação de tropas de animais de carga "pelos logradouros públicos da zona urbana", só sendo permitida quando cada animal tivesse "seu condutor especial". Mas o mesmo artigo ressalvava que, "na zona suburbana e nos povoados da rural, as tropas poderão transitar, com as devidas cautelas" (Distrito Federal, 1928:68). Portanto, é muito pouco factível que a Prefeitura não tivesse consciência da heterogeneidade espacial do município.

A grande diferença em relação à concentração demográfica, de construções e serviços urbanos, não se verificava apenas entre as zonas urbana, suburbana e rural. Os "povoados" evidenciavam, portanto, a existência de aglomerados urbanos no interior de distritos eminentemente agrícolas. Muitos daqueles "povoados" correspondiam às estações suburbanas da linha ferroviária Central do Brasil, como Paciência, Realengo, Bangu e Santa Cruz. Em outro momento (talvez a partir das décadas de 1920 e 1930), alguns desses "povoados" seriam incrementados pelas linhas de bondes, principalmente nos pontos de ligação entre importantes localidades, como Freguesia, Taquara, Ilha de Guaratiba, Pechincha, Praça Seca e Sepetiba. Partindo desse importante elemento, é possível pensar que o caráter descontínuo da urbanização possa ter sido resultado das linhas de transporte que iam se estabelecendo na região desde o último quartel do século XIX, mas não há como deixar de lado que tal perfil descontínuo tenha sido determinado também pela condição geomorfológica do lugar. Nunca é demais notar que ele é cortado por três maciços (Tijuca, Pedra Branca e Mendanha), em torno dos quais foram se formando vales, baixadas e restingas. E acrescente-se um sem-número de rios, lagos e brejos que completavam o cenário. Muito da conformação urbana que a região conquistaria no século XX não pode ser compreendida sem que se levem em conta os desafios e limites impostos por tal condição ambiental (como explicar, por exemplo que Campo Grande e Santa Cruz, distantes léguas do centro do Rio, tenham se urbanizado muito mais cedo do que Ipanema, Leblon e Copacabana?).[7]

---

[7] Norberto Ferreras (1995) faz uma interessante comparação entre os tipos geográficos de evolução urbana das cidades de Buenos Aires e Rio de Janeiro. Na primeira, o crescimento teria se realizado

Por tudo isso, mas principalmente levando em consideração que muitas áreas da extensa zona suburbana e rural do Rio ainda não tinham sido atingidas pela expansão urbana, não seria exagero afirmar que em algumas delas a paisagem ainda pudesse lembrar cenários típicos do interior do país. Mesmo Inhaúma, o distrito suburbano de maior expansão demográfica de todo o município, ainda possuía áreas francamente agrícolas em seus limites. Analisando o caso da freguesia de Inhaúma, Joaquim Santos (1987:272) destaca que, junto a uma intensa urbanização ocorrida a partir da última década do século XX, várias áreas dessa mesma freguesia permaneciam "divididas em pequenas propriedades voltadas para a plantação de hortaliças, legumes, frutas, cereais, capim para animais de tração, e para a criação de porcos, aves e outros animais". Em tais áreas ainda era grande o número de estábulos, cocheiras e pastos de aluguel.

Em freguesias mais distantes do Centro, o cenário era semelhante. Pode-se ler, num guia turístico do início do século XX, uma descrição reveladora sobre a paisagem de Jacarepaguá: "Da Igreja da Penna se observa um bello panorama: na planície a variedade de plantações da pequena lavoura, em cujo extremo se distingue as lagôas de Jacarepaguá, Marapendy e Camorim" (Pessoa, 1905:153). A região abrigava ainda vários cenários: agrícolas, pouco e muito urbanizados, insalubres, inabitados. Portanto, não podem soar como absurdas as reclamações em relação à insalubridade da região suburbana ou de alguns pontos dela. Numa sessão legislativa de 1917, o ilustre conselheiro municipal Cesário de Mello, figura tradicional da zona rural, parabenizava a Academia Nacional de Medicina por "tratar de combater as lamentáveis condições de salubridade de zonas importantes do Distrito [Federal], como especialmente a vasta região do Rio Guandu". Era inadmissível, para Mello, que o Rio ainda abrigasse tamanho contraste entre a riqueza das "zonas privilegiadas" e a miséria "das regiões esquecidas". Mas tal miséria ganhava um novo conteúdo em fins da década de 1910. Ela não dizia respeito apenas à decadência econômica.

> Quando diz miséria, refere-se o orador à causada pelo morbus que nessas importantes regiões dizima as suas já escassas populações, e as que por alli attrahidas pela riqueza

---

de maneira *radiocêntrica*, e, na segunda, de forma *tentacular*. O primeiro, mais linear e contínuo, enquanto o segundo se explicaria pela necessidade de driblar os vários obstáculos naturais presentes na geografia carioca, em especial seus maciços. Daí que a forma espacial desse crescimento seja marcada pelas linhas curvas. Entretanto, cabe assinalar que o crescimento radiocêntrico não implicou um tipo de urbanização mais justa ou igualitária. Podemos citar alguns casos de cidades com topografias, digamos, menos acidentadas, mas cujo ritmo de crescimento se expressou em uma lógica espacial segregacionista: Buenos Aires (Ferreras, 1995, 2006), Recife (Marins, 1998), Chicago (McKelvey, 1963; Beauregard, 2006), Cidade do México (Delgado e Ramírez, 1999) e Campos dos Goytacazes (Faria, 2005).

e promessas do sólo fértil, com esforço e affronta louváveis, tudo arrostam. Urge, é, indispensável, é imperioso o combate sem tréguas, nessas promissoras zonas do Distrito, ao morbus dizimador e afugentador, como a uncinariose, a leischmaniose, o impaludismo, já não fallando, da epizootia que victima tantos animaes [*ACM*, 2/7/1917, p. 75].

Como salvar o insalubre sertão?

E, quando o assunto era insalubridade, os autores mais prolixos foram, sem dúvida, os sanitaristas da época. É interessante observar que a zona suburbana e a rural se constituiriam num importante manancial de dados e casos que seriam explorados por esses pesquisadores nos confins do Brasil com grande intensidade nas décadas de 1910 e 1920. Um desses sanitaristas mais ilustres, Belisário Penna, ao argumentar sobre a principal razão da "indolência dos nossos homens do campo", alerta que

> nem precisamos penetrar rondonianamente os sem fins [*sic*] da Pátria para trazermos à tona, exemplos seguros e sem conta.
> Basta, por exemplo, que nos refiramos àquelles pobres homens que temos observado e acudido no Posto de Prophilaxia de Guaratiba, isto é, na própria zona do Distrito Federal.
> Alli, a indolência se apregoa meridianamente, basta um olhar, um simples e vago olhar pelas circunvizinhanças para que o attestado salte plena e inconfundivelmente, indestructivel.[8]

E havia outros pontos calamitosos segundo o mesmo autor, como em Santa Cruz, cuja epidemia de impaludismo, segundo ele,

> tão explorada pelos políticos da localidade não é mais grave nem mais extensa do que a que ali explode todos os annos, nas epochas de calor e chuvas abundantes, que augmentam as perennes innundações de toda a baixada das regiões do Distrito Federal desde Santa Cruz a Campo Grande, e no Estado do Rio.[9]

Penna não fazia mais do que ratificar uma ideia já consagrada por Afrânio Peixoto, escritor e professor de higiene na Faculdade de Medicina do Rio de Janeiro, que era uns dos especialistas "alarmados" com tal situação. Numa conferência

---

[8] Casa Oswaldo Cruz (COC). O saneamento rural. In: *Coleção Belisário Penna*, 1919. pasta 24, fl. 1.
[9] Ibid.

realizada em 19 de maio de 1918, o sanitarista tentava convencer que não era só o interior do país que se encontrava entregue às "terríveis endemias rurais":

> Se raros escapam à doença, muitos têm duas ou mais infestações [...] Veem-se, muitas vezes, confrangido e alarmado, nas nossas escolas públicas crianças a bater os dentes com o calafrio das sezões [...] E isto, não nos "confins do Brasil", aqui no DF, em Guaratiba, Jacarepaguá, na Tijuca [...] Porque, não nos iludamos, o "nosso sertão" começa para os lados da Avenida [Central]... [Hochman, 1998:70].

Essa visão era reforçada por José Maria Bello, também sanitarista. Mas Bello ia além. Para ele, as condições de saúde na zona rural eram tão alarmantes que se fazia necessário reformular a tradicional divisão do país entre "litoral" e "interior". Além dessas duas regiões, haveria a "periferia do Distrito Federal". Cada uma dessas regiões era definida não por critérios geopolíticos, mas pela presença das três grandes endemias rurais. Dizia Bello no mesmo ano 1918: "Às portas da capital a ancilostomose dizima a população da baixada, como mais além, por todo o litoral e margens de rios, o impaludismo, e pelos sertões, a tripanossomíase americana colhem as suas vítimas" (Hochman, 1998:71). Dois anos depois, o próprio Belisário afirmava novamente, com todas as letras, que "as zonas ruraes de Guaratiba, Campo Grande, Santa Cruz, Jacarepaguá, Ilha do Governador em nada differem das de qualquer município do interior do paiz, nem quanto às condições geraes de hygiene e ou de ausência de higyene, nem quanto ao atraso e ignorância das gentes".[10]

Os "diagnósticos" dos sanitaristas também encontravam respaldo em parte da imprensa. Segundo o *Gazeta Suburbana*, Tijuca, Campo Grande, Guaratiba, Santa Cruz, Sepetiba, Irajá e Inhaúma eram "localidades" que "maior progresso" não tinham em razão das "várias moléstias que definham ou matam as suas populações" (*Gazeta Suburbana*, 12/7/1919, p. 3). Portanto, tinha-se junto a uma visão da zona rural como área de prosperidade e fartura outra extremamente pessimista, que a tomava como um *sertão*, já que entregue ao atraso e a toda sorte de "pestilências". É sem dúvida muito significativo o fato de os anunciantes de terrenos fazerem questão de afirmar que suas terras ofereciam boas condições de saúde e higiene nos anúncios imobiliários.

> — Campo Grande — belíssimo sítio, tendo morro e vargem, boa agua de cachoeira, tem bananas de diversas qualidades, pomar de laranjas, boas arvores, abacate, 300 fruteiras

---

[10] COC. O saneamento rural no Distrito Federal. In: *Coleção Belisário Penna*, 1918. pasta 20, fl. E.

de conde, algum mamão, tem café, muito aipim, batatas, uma grande horta de couves, feijão de vagens, um grande aboboral, terreno em matto, 800 cabeças de criação, tendo algumas ferramentas da roça, logar muito sadio [*Jornal do Brasil*, 13/5/1927, p. 4].

— Jacarepaguá — Casas em pequenas prestações, no melhor clima do Rio, correspondente a aluguel ao alcance de todos. Construção garantida [*Jornal do Brasil*, 31/3/1935, p. 35].

Mas, no caso da insalubridade detectada pelos sanitaristas nos confins da zona rural, havia uma especificidade a ser considerada. Ela — a zona rural — não era uma área apenas ignorada pelos poderes públicos e, portanto, sem ter recebido os devidos melhoramentos urbanos. Tratava-se de uma zona rural que, além de muito insalubre, tinha inúmeras terras incultas, que ainda não haviam sido devidamente ocupadas. E, na verdade, este último aspecto era uma grande causa do primeiro. Ocupar tal área parecia ser o maior dos remédios para uma zona que parecia comprovar a "tese" de Miguel Couto de que o Brasil era um "imenso hospital". Outro detalhe importante: o saneamento não era visto como algo que tinha fim em si mesmo. É necessário que não percamos de vista que o saneamento proposto nessa época era substancialmente diferente das medidas saneadoras propugnadas na virada do século XIX para o XX,[11] num momento em que se tratava de sanear quase exclusivamente as áreas centrais das principais cidades do país. Aqui ele tinha um perfil praticamente urbano, voltado para os negócios e o bem-viver das elites. Já o saneamento abraçado por figuras como Belisário Penna e Afrânio Peixoto a partir da década de 1910 seria pensado principalmente para o meio rural. Tal perfil se expressava no próprio nome da campanha: Saneamento Rural.[12] E, mesmo com todas as limitações, vários desses "homens de ciência" passariam a se dedicar a questões específicas das zonas interioranas do país. É claro que as doenças seriam o alvo das maiores preocupações, mas não apenas elas. Questões como a baixa capitalização da agricultura, o pouco estímulo e oferta de assistência técnica e financeira por parte dos governos, a estagnação dos meios de cultivo, o relativo isolamento, a ação de intermediários, o grande número de terras férteis abandonadas também mereceriam a atenção desses cientistas.

---

[11] Chalhoub (1996); Santos (2006); Lapa (1996); Gitahy (1994); Lanna (1996); Alves (2001); Paziani (2004).

[12] A *Campanha pelo Saneamento Rural* ganhou visibilidade, segundo Hochman (1993), com a publicação do relatório da expedição médico-científica realizada por Belisário Penna e Arthur Neiva em 1912 pelo interior do país. Mas foi com a fundação da *Liga Pró-saneamento do Brasil*, em 1918, que a campanha pelo "saneamento dos sertões" conquistaria maior respaldo institucional juntos às elites. No mesmo ano, o então presidente Wenceslau Braz formalizava os princípios que regeriam a atuação do *Serviço de Prophylaxia Rural* por meio do Decreto nº 13.001 (Barros, 1923:54). O tema do saneamento rural também é exaustivamente analisado por Lima (1999, 2005).

Podemos perceber também que em pouco tempo a questão do saneamento "moral e físico" dos sertanejos passa a ser atrelada a uma proposta de resolução da questão agrária, ou, como Belisário preferia nomear, a "ressurreição agrícola", que, "com a do saneamento, é a regeneração physico-psychica e moral da nossa gente, a reparação ao injusto, ingrato e deshumano abandono a que tem sido deixada; de dignificação do trabalho, de reerguimento econômico, de expansão da riqueza e do progresso".[13] Um ano depois, vemos Belisário assumir a *Campanha pelo Saneamento Rural* como uma verdadeira missão nacional. Mais do que um esforço por sanear "nossa terra", tratava-se de uma "cruzada patriótica de regeneração physica, de levantamento intellectual e moral de nossa gente". Entretanto, havia mais em jogo. A *Campanha* era um importante instrumento "de povoamento 'util' do nosso solo, de exploração rendosa das nossas innumeraveis riquezas, de assistência ao povo, da sua educação hygienica, do combate ao alcoolismo, de diffusão e aproveitamento do ensino, de salvação nacional".[14]

Se, por um lado, havia certo consenso sobre a existência de tantas terras abandonadas e incultas — o que fazia da região um sertão —, por outro havia da parte dos sanitaristas a ideia de que, por ser exatamente um sertão, exigia esforços para sua incorporação à civilização, isto é, à cidade. Mas, no entender desse grupo, qual seria a melhor maneira para proceder a essa incorporação?

No caso do então Distrito Federal, um importante argumento foi construído pelos sanitaristas e outras figuras da época (como as autoridades políticas da cidade): o aproveitamento de suas terras era entendido como condição *sine qua non* para seu saneamento. Para sermos mais precisos: Penna, por exemplo, acreditava que o melhor remédio para o saneamento do sertão da cidade seria constituí-lo como um celeiro da cidade. Ou seja, não seriam os melhoramentos urbanos ou mesmo a expansão urbana da cidade a melhor alternativa para "salvar" a região das epidemias que a assolavam — algo que era persistentemente pedido, clamado e exigido pela imprensa, por moradores e políticos das áreas mais populosas dos subúrbios —, e sim a consolidação de um perfil agrícola da zona rural, com o fim de prover o abastecimento de gêneros alimentícios da cidade do Rio de Janeiro.

Contudo, conforme a intricada rede de interesses próprios do cenário sociopolítico carioca iria demonstrar, a constituição de um celeiro na e para a cidade era uma entre tantas possibilidades viabilizadas pelas obras de saneamento. Como bem observa Penna, os bons frutos do saneamento rural podiam não se

---

[13] COC. A campanha pelo saneamento no país. In: *Coleção Belisário Penna*, 1920. pasta 24, fl.1.
[14] BANM. Sessão Ordinária de 15/9/1921, p. 193-194.

dirigir diretamente em prol do abastecimento da população carioca. Ao comentar alguns dos resultados das primeiras obras de saneamento realizadas pelo *Serviço de Prophylaxia do Distrito Federal* em Jacarepaguá e Campo Grande — como "abertura de canaes e vallas para dessecamento dos terrenos, derrubada de mattas, destruição de bromeliáceas; rectificação, regularização e restabelecimento de rio" —, Penna atentava para os germens de um fenômeno que daria a tônica da evolução urbana da região décadas depois:

> Sítios abandonados, terrenos incultos, estão sendo aproveitados, e valorizaram-se extraordinariamente.
> Os terrenos à margem do Pavuna valorizaram-se de 300 a 600% do que custavam anteriormente ao saneamento.[15]

Um celeiro saudável

A ideia da zona rural como um possível celeiro não era nova, ou, dizendo de outro modo, não havia nascido da cabeça dos sanitaristas. Ela já havia sido claramente formulada pelo prefeito Amaro Cavalcanti em 1917, por ocasião da *Mensagem* por ele dirigida ao Conselho Municipal, na qual reiterava que "animar, auxiliar, favorecer, sem solução de continuidade, o desenvolvimento da lavoura" deveria "ser reconhecido, na lei, uma das obrigações permanentes do Governo local". E mesmo que isso, continuava ele, acarretasse "despeza a ser inscripta no orçamento annual da Municipalidade, não obstante as condições precárias dos cofres municipaes exigirem a maior parcimônia a esse respeito". Porém, a "despeza alludida se torna [...] necessária". Amaro via no investimento em prol da agricultura da zona rural um excelente meio para minorar a situação precária dos cofres da Prefeitura: "Sem augmentar e revigorar as fontes da riqueza existente no Distrito Federal, este não passará, economicamente fallando, de um parasita, vivendo apenas do alheio que outros produzem, muito embora lhe sobrem elementos bastantes de alimentação e sustento próprios" (*ACM*, 9/7/1917, p. 217).

Os "elementos bastantes" certamente tinham a ver com a significativa produção agrícola ainda encontrada na região e, principalmente, com os terrenos que não eram aproveitados. Embora com algumas reservas, não restavam dúvidas de que a zona rural tinha todas as condições para se constituir num verdadeiro

---

[15] COC. O saneamento rural no Distrito Federal. In: *Coleção Belisário Penna*, 1918. pasta 18, fl. 20.

celeiro. O recurso a essa noção é o grande pano de fundo deste trecho — sem dúvida, o principal — de sua *Mensagem*:

> Não se cogita de emprehendimento a ser realizado de uma só vez. Ninguém espera ver, no correr de um ou dous annos sómente, todo o território do Districto Federal transformado em um celeiro de gêneros alimentícios ou num pomar ou jardim, onde se encontrem as frutas e flôres de toda espécie. O que se intenta, é encetar, com fé e perseverança, a obra agrícola do Distrito, semeando, onde melhor convenha, a boa sementeira, para que della brotem plantas escolhidas, capazes dos melhores frutos. Procedamos aos poucos; mas com inteira fé no êxito [...]. Se assim fizermos, em cinco ou seis annos o Districto Federal terá para sua população alimentação propria, abundante e segura; as suas terras ora incultas, ficarão altamente valorizadas, pela riqueza enorme nellas produzida; e as finanças publicas verão, ao seu turno, progressivamente augmentadas as fontes da renda, as quaes agora lhe faltam e hão de faltar, e enquanto fôr descurada a sorte da riqueza própria do mesmo Districto [ACM, 10/7/1917, p. 227].

Não era incomum que a noção de celeiro fosse acionada como uma espécie de rememoração do passado agrícola da região, e não apenas como um projeto a ser realizado. A memória desse passado servia, portanto, como uma crítica à precariedade vivida pela agricultura local. Entretanto, em que pese o tom nostálgico (e até idealizado), sempre era ressaltado um importante aspecto desses "tempos de fartura": não se perdia de vista seu perfil "aristocrático". No fundo, o que se destacava era o passado das grandes fazendas ricas e escravistas. Também sobre isso escreveu Lima Barreto no início de 1920:

> Os nossos arrabaldes e subúrbios são uma desolação. As casas de gente abastada têm, quando muito, um jardinzito liliputiano de polegada e meia; e as de gente pobre não têm coisa alguma.
> Antigamente, pelas vistas que ainda se encontram, parece que não era assim.
> Os ricos gostavam de possuir vastas chácaras, povoadas de laranjeiras, de mangueiras soberbas, de jaqueiras, dessa esquisita fruta-pão que não vejo e não sei há quantos anos não a como assada e untada de manteiga [...].
> Os subúrbios e arredores do Rio guardam dessas belas coisas roceiras, destroços como recordações [...]. Não se diga que tudo isso desapareceu para dar lugar a habitações; não, não é verdade. Há trechos e trechos grandes de terras abandonadas, onde os nossos olhos contemplam esses vestígios das velhas chácaras da gente importante de antanho que tinha esse amor fidalgo pela "casa" e que deve ser amor e religião para todos [Barreto, 2004:129].

O que talvez fosse novo era uma associação tão direta entre saneamento e a constituição da zona rural carioca como um celeiro. Em meados de 1918, num projeto que autorizava o "prefeito a proceder ao saneamento das zonas suburbana e rural", também de autoria do governo Amaro Cavalcanti, ficava definitivamente evidenciado o caráter complementar que passava a revestir a relação entre saneamento das terras e aproveitamento agrícola destas. Para tanto, o prefeito deveria

a. desapropriar os terrenos situados em zonas (endêmicas) insalubres, cujos proprietários não realizarem, dentro do prazo que lhes fôr marcado (12 mezes), os serviços de saneamento determinados pelo competente departamento da Prefeitura.
b. no caso de desapropriação, proceder no território, ao saneamento de modo a contribuir para a prophylaxia geral das endemias reinantes [*ACM*, 31/7/1918, p. 248].

Em 1921, já com argumentos devidamente extraídos do manancial de diagnósticos dos sanitaristas, Cesário de Mello iria elaborar uma análise *sui generis* da importância do funcionamento das lavouras para o saneamento da região e para o próprio abastecimento da cidade. No dizer do tribuno, a proibição da derrubada de matas e a exigência de licença para tal estariam afastando os pequenos lavradores dos "trabalhos do campo", resultando na conformação do seguinte quadro, que ele assim descreve:

> Se é certo que a cultura sanêa, que a maleita é inimiga do trabalho, porque, onde se trabalha, Ella diminue ou tende a desapparecer, que o principal remédio da malaria está na marmita, punge assistir o trabalhador agrícola sem o amparo da instrucção, do credito e do bom transporte para o trabalho attrahido pela uberdade dos terrenos na esperança de trabalhar para viver e concorrer para o erário publico, desde logo desapparecido, ceifado pela morte ou reduzido à inutilidade pelo impaludismo e pelas verminoses, sómente porque o grande e o pequeno meio estagnado, quer à superfície do sólo, quer sobre a vegetação parasitaria que encima o caule e os ramos dos vegetaes, onde de preferencia, nesse meio límpido, os anophelinos depõem os seus ovos, que não são destruídos pelo batracchio ou pelo amphibio, têm permanecido illesos para desenvolvimento da grande transmissão e a água canalizada, à pequena distancia das habitações pobres, não tem sido, ao menos, distribuída para as necessidades de alimentação. E quando, na parte urbana, transformada e saneada, são executadas trabalhos que não podem ser condemnados, porquanto redundam, de futuro, em contribuição econômica ao Estado, cujas tendencias devem ser de expansão e nunca de estagnação [*ACM*, 4/8/1921, p. 59].

Ao mesmo tempo, é necessário que se assinale que a associação da região à noção de celeiro era também um reconhecimento da produção agrícola que já tinha lugar ali. Vê-la como um celeiro não se devia apenas ao fato de haver um projeto de transformá-la num futuro bem próximo numa zona produtora de gêneros voltada para o centro urbano. Com todas as dificuldades e limites, a zona rural produzia o suficiente para ser vista como uma importante zona de abastecimento de gêneros para a cidade, e o que aquele projeto buscava, portanto, era ampliar tal produção. Ora, tratava-se da zona onde existia a "lavoura do Distrito Federal", fazia questão de sublinhar Fonseca Telles em 1909 (*ACM*, 22/9/1909, p. 176-177). Num projeto de melhoramentos das zonas urbana e rural, seu autor procurava justificá-lo afirmando que a última se ressentia "da falta de boas estradas que satisfaçam as actuaes exigências de sua já não pequena lavoura" (*ACM*, 19/5/1911, p. 161). Mais uma vez aqui, a grande extensão da região, assim como o caráter heterogêneo e descontínuo de sua ocupação, revela a existência de verdadeiros enclaves agrícolas extremamente produtivos como Jacarepaguá, Campo Grande, Santíssimo e Guaratiba — esta última chamada pelo conselheiro municipal Arthur Menezes de "pérola rural" (*ACM*, 14/11/1925, p. 868-869). Há de se anotar ainda que tanto nessas três últimas localidades como em Santa Cruz, os estabelecimentos rurais ocupavam cerca de 90% de sua área total na década de 1920 (Rio de Janeiro, 1990:81). Delgado de Carvalho, um historiador da época, apontava que essas antigas freguesias rurais possuíam uma produção agrícola bastante diversificada. Os estabelecimentos ali localizados produziam ao todo 30 mil toneladas de açúcar, 10 mil de mandioca e mais 3 mil de milho, além de feijão, arroz e café. Tinham ainda significativo rebanho, com 23 mil bovinos, 22 mil suínos, 16 mil muares e 7 mil cavalos (Carvalho, 1926:93). Também digna de nota, já nessa época, era a fruticultura. Delgado de Carvalho notava que, em Guaratiba, "o mais rico de todos os districtos agrícolas", mais precisamente na "encosta Occidental do mássico [*sic*] da Pedra Branca", havia grandes pomares, plantações extensas de bananeiras, de laranjeiras e de "outras frutas". Ainda segundo o Censo de 1920, os distritos de Campo Grande, Guaratiba e Santa Cruz concentravam o maior número de cabeças de gado, tinham a maior produção de arroz, feijão, batata-inglesa, cana, eram os únicos que produziam algodão e mamona, e detinham a segunda maior produção de café, milho e mandioca. O perfil agrícola dessas localidades se encontrava reafirmado até mesmo nos anúncios de compra, venda e aluguel de terrenos e casas da região. Note-se que os atrativos dos terrenos, além de sua dimensão, consistiam em benfeitorias e na existência de algumas plantações e "creações" de animais:

Belíssimo sítio, tendo morro e vargem, boa agua de cachoeira, tem bananas de diversas qualidades, pomar de laranjas, boas arvores, abacate, 300 fruteiras de conde, algum mamão, tem café, muito aipim, batatas, uma grande horta de couves, feijão de vagens, um grande aboboral, terreno em matto, 800 cabeças de criação, tendo algumas ferramentas da roça, logar muito sadio [*Jornal do Brasil*, 13/5/1927, p. 4].

Vende-se ou aluga-se por contrato o lindo sitio da Estrada da Barra da Tijuca 24, a 4 minutos do ponto dos bondes da Freguezia, em Jacarepaguá, com grandes pomar [sic] e todas as qualidades de frutas nacionais e estrangeiras, mangueiras para porcos, cocheiras para animaes, esplendido para criação de aves e o terreno mede 140 metros de Frente por 150 de fundos, agua encanada, boa casa de campo para morada, luz etc. [*Jornal do Brasil*, 7/5/1927, p. 22].

Portanto, a grande disponibilidade de terras e a existência de uma produção agrícola prévia (embora, para muitos, em franca decadência) explicam em boa medida a escolha da zona rural como o espaço que deveria ser o responsável pelo abastecimento do Distrito Federal. Escolha que era elaborada num momento de grande urgência, pois se viviam ainda os rescaldos da Primeira Grande Guerra. Esta teria um impacto importantíssimo no abastecimento do Rio. Os conflitos no palco europeu, ao paralisarem quase por completo a produção agrícola de lá, acabaram impulsionando um aumento considerável das exportações de alimentos por parte do Brasil. Além da grande demanda, os preços dos gêneros estavam elevados, configurando uma situação na qual os produtores passaram a priorizar o setor exportador, em prejuízo do mercado interno. Ou seja, o conflito acabou por beneficiar "enormemente as classes produtoras e commerciaes, [mas] concorreu, também, para o mau estar [sic] das classes consumidoras não bafejadas pela fortuna" (Brasil, 1926:311).[16]

Nesse sentido, as medidas tomadas, de um lado, pelo governo municipal e, do outro, pelo federal buscavam não apenas efetivar um projeto, mas, na medida em que o implementavam, corroboravam um perfil quase previamente consolidado, um papel que historicamente a zona rural vinha ocupando ao longo das décadas,

---

[16] Por conta dos problemas de que a questão do abastecimento passava a se revestir, o governo Wenceslau Braz criava o *Comissariado de Alimentação Pública*, em junho de 1918, que tinha como função exercer rigoroso controle da exportação e até mesmo operar requisições de gêneros, "cujos produtores só os queriam enviar para o estrangeiro e distribuí-los pelos vários comerciantes retalhistas" (Linhares e Silva, 1979:51). Logo depois, em 1920, o governo Epitácio Pessoa o substituiria pela *Superintendência de Abastecimento*, que teria um caráter bem menos interventor, abolindo, por exemplo, coisas como tabela de preços e controle sobre as exportações, liberalizando as exportações e se voltando mais ao atendimento dos pequenos lavradores com a distribuição — a preço de custo — de instrumentos, adubos e inseticidas (Brasil, 1926:312).

muito embora tal produção não se desse em função de um plano sistemático, e sim fruto de circuitos tradicionalmente construídos entre os diferentes povoados e áreas de produção entre si e com a zona urbana. O que talvez fosse novo é que esse perfil era pensado em função das necessidades da população das áreas mais urbanizadas do Rio. E isso era devidamente ressaltado na maior parte dos atos de oficialização dessas iniciativas.

Entre as medidas mais importantes figuram a regulamentação da *Superintendencia dos Serviços Municipaes da Lavoura do Distrito Federal*, a qual atuava por meio de quatro postos: Irajá, Jacarepaguá, Campo Grande e Guaratiba (*ACM*, 10/6/1918, p. 24).[17] No mesmo ano, a Prefeitura começava a transformar a Escola Mauá, localizada em Deodoro, numa "escola prática de ensino agrícola" e que vinha concretizar um projeto apresentado por Cesário de Mello no ano anterior, o qual autorizava o prefeito a "crear, na zona rural do Distrito um Aprendizado Agrícola" em que, "além do ensino primario de lettras", os alunos aprenderiam "praticamente" a "conhecer as operações agrícolas desde o preparo do sólo à colheita" (*ACM*, 6/7/1917, p. 82).

Ainda em 1919, o Conselho Municipal começava a discutir uma lei que permitia o desmatamento de florestas caso os terrenos se voltassem para a cultura de gêneros de primeira necessidade (*ACM*, 9/8/1920, p. 134). Em 1926, tal proposta era radicalizada, digamos assim, pelos conselheiros Caldeira de Alvarenga e Mario Barbosa, que procuravam remover qualquer empecilho de conteúdo preservacionista ao disporem, logo no art. 1º de seu projeto: "Aos lavradores e criadores do Distrito Federal será permitido o córte ou derrubada de mattas independentemente de requerimento, licença, ou quaesquer impostos" (*ACM*, 28/6/1926, p. 739).

Em 1921, por meio do Decreto nº 2.441, a Prefeitura — tendo Carlos Sampaio à frente — ganhava a permissão de instalar na antiga Fazenda do Saco (Guaratiba) uma Colônia Agrícola e Granja de Criação, que anos depois passaria a ser chamada de Fazenda Modelo. É significativo que o decreto abrisse a possibilidade de desapropriação de terrenos contíguos para a instalação de núcleos coloniais, cuja produção seria vendida obrigatoriamente nos mercados da cidade.[18] Em janeiro do mesmo ano, o Decreto nº 2.392 permitia ao prefeito contrair um empréstimo de até 60 mil contos para o gasto com serviços de abastecimento de carne, poden-

---

[17] Passados dois anos, só um posto — o de Guaratiba — permanecia funcionando, o que demonstra o quanto tais medidas tinham de lidar com a densa rede de interesses (pensamos aqui, logicamente, naqueles ligados ao controle de alguns monopólios), cujas ramificações alcançavam certamente as esferas governamentais.

[18] IHGB. Decreto nº 2.441. In: *Coleção Carlos Sampaio*, 26/1/1921, fl. 1.

do destinar 10 mil contos desse montante para "serviços e melhoramentos" em distritos como Jacarepaguá, Campo Grande, Santa Cruz e Guaratiba.[19]

Desde Amaro Cavalcanti foram sendo realizados — com grande lentidão, é bem verdade — melhoramentos das estradas vicinais que ligavam as localidades dos subúrbios e da zona rural aos grandes eixos (avenida Suburbana e estrada de ferro Central do Brasil) que conectavam estas com a área central da cidade (Reis, 1977:53). Do lado do governo federal não se podem esquecer medidas — bem mais tardias — como a criação da Colônia Agrícola de Santa Cruz e da Estação de Pomicultura de Deodoro no início da década de 1930 — embora se possam discutir os reais efeitos de tais iniciativas.

Só que os governantes sabiam que, mais importante do que fomentar a produção já existente, era preciso resgatar as terras da região para a produção que era necessária à cidade. Daí que junto às medidas citadas fossem realizadas também as mais diretamente voltadas ao saneamento da região. Assim, o Serviço de Prophylaxia, subordinado ao Departamento de Saúde Pública (ligado ao governo federal), implementava a retificação, regularização e limpeza de rios, abertura de valas, aterramento e drenagem de pântanos e capinagem, construção de fossas sanitárias, além da medicação, ou, como então se dizia, "o tratamento systemico de toda gente" a partir dos postos de saúde, em especial das pessoas que sofriam com o impaludismo e ancilostomose (Barros, 1923:40-41).

Mas as obras mais importantes foram, sem dúvida, as capitaneadas pelo Departamento Nacional de Obras de Saneamento (DNOS). Para atuar especialmente na região limítrofe do Distrito Federal, ele criaria a Diretoria de Saneamento da Baixada Fluminense (DSBF), que atuaria também nas baixadas de Jacarepaguá a partir da década de 1930, mais precisamente em 1935, com o desmatamento de toda a vegetação no interior dos rios e em suas margens (Fernandes, 1998:197). Dois fatos chamavam a atenção dos técnicos da DSBF: o primeiro era a existência de focos permanentes de impaludismo e o segundo, a convivência nessa mesma região de uma área "próspera e intensamente cultivada" com "enormes áreas inaproveitadas". Mais uma vez vinha à tona a imagem da zona rural como região de contrastes. Em termos práticos, as obras teriam provocado uma melhora nas condições de salubridade da região; muitos pântanos e brejos foram saneados, tornando-se terras próprias para a agricultura. Para isso, inúmeros canais e valas foram construídos ou dragados. Outra importante consequência foi a valorização fundiária dessas áreas, chegando-se ao ponto de vários canais terem seus traçados modificados em função de loteamentos; a própria DSBF promoveria a

---
[19] Ibid., fl. 9.

abertura de valas de drenagem em propriedades particulares, de modo a torná-las mais valorizadas.

Por conta desses melhoramentos e a exemplo do que aconteceu na Baixada Fluminense, houve grande disseminação da cultura da laranja por quase toda a zona rural. As principais regiões atingidas pelo "mar de laranjas" foram Campo Grande, Realengo, Santa Cruz, Guaratiba e, em menor escala, Jacarepaguá (Musumeci, 1987:73). O vigor dessa cultura se faria notar até mesmo no mercado de loteamentos. Conforme a conjuntura, alguns "laranjeiros" preferiam investir na produção de laranjas ou na revenda de lotes, "ou em ambas as modalidades, se fosse oportuno". O terreno que possuísse alguns pés de laranja ou mesmo aquele ainda inculto, mas próximo de uma região de produção citrícola, era certamente um dos mais valorizados, fazendo jus a um *slogan* da época: "laranja no pé, dinheiro na mão". Outra importante cultura era a da banana, que se disseminou principalmente pelas vertentes "noruegas" dos distritos de Jacarepaguá (Camorim, Vargem Grande e Vargem Pequena), Campo Grande (serra do Mendanha) e Guaratiba.

Processo semelhante se verificaria na baixada de Jacarepaguá, terceira região a sofrer as intervenções da DSBF. As obras ali chegaram em 1937. Um grande surto de malária levou o Ministério da Educação e Saúde Pública e sua Inspetoria de Engenharia Sanitária a se ocupar da região. Os estudos desses órgãos constataram que os brejos e manguezais na orla das lagoas de Jacarepaguá eram obstáculos ao curso das águas, constituindo-se num "veículo para o impaludismo". Uma das soluções propostas — e que foi aprovada — foi a regularização dos rios da bacia contribuinte das lagoas da Tijuca, Camorim e Marapendi. Em razão da pressão exercida por companhias imobiliárias que atuavam na restinga de Sernambetiba, chegou-se a cogitar no aterramento dessas lagoas. Mesmo tendo sido recusada essa proposta, os interesses de agentes imobiliários não foram de todo frustrados, já que a própria DSBF apresentava como principais objetivos de seus trabalhos na baixada de Jacarepaguá a extinção de "focos de anofelinos" e, segundo palavras de um engenheiro do órgão, a "melhora da estética deste recanto de turismo do Distrito Federal"; iniciativas que num futuro próximo poderiam até mesmo facilitar a implantação de loteamentos na região, embora essa não pareça ter sido a intenção dos agentes da DSBF. De qualquer forma, em 1939, Hildebrando de Góes, diretor da DSBF, afirmava que inúmeros brejos tinham sido extintos, ocasionando uma sensível diminuição dos focos de malária. Todavia, o almejado "melhoramento estético" ocasionou um aumento da especulação imobiliária em áreas recuperadas pelo órgão. Já em 1937, o mesmo Hildebrando de Góes apresentava e lamentava os dados sobre essa consequência: nas terras que margeavam a lagoa da Tijuca, o metro quadrado tinha conhecido, segundo ele, uma valorização de 200%. Em Vargem Grande, ela era de 1.500%.

Junto com a "febre da laranja", essas obras ajudaram a consolidar a imagem da zona rural como uma região de "fronteira aberta". Mas a importância daquelas obras reside também no fato de ter feito da zona rural uma área de expansão não apenas para a agricultura. Com os melhoramentos da DSBF, a região estava definitivamente aberta para outra expansão, a dos negócios imobiliários. Estes, por sua vez, eram cada vez mais regidos por uma nova modalidade: a produção em massa de lotes urbanos.[20]

É importante frisar que a extraordinária valorização fundiária na região não se deveu apenas às obras da DSBF. Também contribuíram para isso outras obras de infraestrutura do governo federal realizadas ao longo das décadas de 1930 e 1940, como a abertura das estradas do Joá e Menezes Cortes (atual Grajaú-Jacarepaguá), a eletrificação da Linha Pedro II (que corta todo o município no sentido leste-oeste) e a construção da avenida Brasil. Sem esquecer que a extensão das linhas de bonde e principalmente de ônibus exerceria papel fundamental no processo de incorporação urbana da zona rural (Kleiman, 1994). A própria expectativa dos poderes públicos ao efetivar tais melhoramentos era de fomentar a expansão urbana. A constituição de um celeiro já não era a prioridade. Os comentários do engenheiro Raymundo Pereira da Silva sobre a possível instalação de um metrô nos subúrbios e na zona rural são emblemáticos. O grande benefício dessa iniciativa para a cidade seria o "transporte de materiaes de construcção para predios de residencia e de explorações agricolas, industriaes e commerciaes, no grande numero de povoações que a Estrada fará surgir ao longo do seu percurso nas praias do littoral oceânico e nas planícies que lhes ficam vizinhas" (Silva, 1958:1167).

A expansão das vias de comunicação e a melhoria das condições de salubridade passaram a encorajar os empreendedores imobiliários a retalhar seus terrenos não mais para arrendar ou vender a pequenos lavradores. Assiste-se, nesse momento, à consolidação de um mercado efetivo de compra e venda de terras que se destinava à construção de loteamentos. Não parece haver dúvidas de que boa parte desses loteamentos conduziu à implantação de um mercado imobiliário urbano. Os anúncios dos terrenos vão deixando de enfatizar a existência de benfeitorias e de recursos de uso agrícola, dedicando-se a atrair compradores

---

[20] Embora sejam inegáveis os avanços conquistados em termos de saneamento das zonas rural e suburbana, isso não implica que a questão tenha sido plenamente resolvida. Num texto de 1941, o eminente engenheiro Edison Passos, membro do Clube de Engenharia, sustentava que tais áreas careciam "de numerosas obras, principalmente de viação e saneamento: tratamento de estradas, pavimentação de logradouros, canalização de valas etc." (Passos, 1941:222).

com a menção de "qualidades urbanas", como proximidade em relação a vias de comunicação (estradas, avenidas, linhas de trem, bonde etc.) e existência de serviços de luz, água encanada, esgoto e telefone. Mas esses loteamentos não eram exclusivamente urbanos. Alguns eram constituídos de lotes rurais, outros buscavam conciliar as duas funções (urbana e rural) por meio dos lotes para veraneio. Vejamos esses anúncios, de Campo Grande e Senador Câmara, respectivamente:

> No DF, 4 milhões de m², em zona servida por trem elétrico, bonde a porta; projeto de loteamento para 600 lotes: não aceito intermediário [*Jornal do Brasil*, 8/7/1945, p. 31].

> Casas, terrenos e sítios — uma estação depois de Bangu, água encanada, luz, telefone, bom comercio, trens de meia e meia hora, 10 minutos da Central; 600 casas a serem construídas em 40 dias, por 55 mil; financiado pelo IAPC; [...] mais de 100 lotes em ruas construídas, a 2 minutos da estação a partir de 6 mil [*Jornal do Brasil*, 7/7/1946, p. 16, Classificados].

Estamos lidando com um mercado de terras que poderíamos chamar de híbrido, ainda longe de ter uma forma puramente urbana. Contudo, fosse urbano, rural ou de veraneio, os loteamentos pareciam ser um negócio altamente rentável. Os lucros proporcionados por tal tipo de negócio faziam com que muitos se oferecessem para a compra de grandes propriedades na região, como nos mostra este anúncio de Campo Grande: "Compra-se sítio, até 300.000 m², que tenha nascente, com queda d'água, não distando do Rio mais de 2 horas e em lugar de recursos e saudável. Com ou sem benfeitorias. Dá-se preferência para Campo Grande" (*Jornal do Brasil*, 15/5/1940, p. 18).

Outro fator que passa a ganhar ênfase nos anúncios de venda de terras a partir de meados da década de 1940 é a possibilidade de serem usados como ativo financeiro. Com a onda inflacionária que passa a tomar conta do país, os rendimentos que se podiam ter com a especulação de terras eram bem maiores do que com a produção agrícola. E, mesmo quando se tratava de lotes urbanos, os anunciantes não deixavam de destacá-los. Desejosa de vender lotes em Jacarepaguá, "recanto tradicional dos nobres da Corte, tradicional solar dos barões da Taquara, Visconde de Asseca e Camarista Mor Thedim de Siqueira", a Companhia de Extensão Territorial dizia oferecer o "melhor *week-end* para o carioca", servido com água, luz, telefone, ônibus e bondes; localizado num lugar que "dentro em breve será ligado à cidade pela estrada Três Rios-Grajaú". Também podemos notar nos anúncios dessa época a introdução de algumas inovações nas formas de propaganda dos empreendedores imobiliários. É a representação da zona rural como um recanto paradisíaco que dará cor às estratégias de venda dos grandes loteamentos dirigidos para a classe média. Tal objetivo faz com que os classificados de imóveis tenham entre seus termos mais recorrentes referências do tipo "clima privilegiado", "clima de sanatório", "vista deslumbrante", "recanto aprazível e sossegado". A própria noção de sertão passava a ser positivada. O sentido de área distante e afastada do Centro era visto agora por outro ângulo. O saneamento dessas áreas distantes podia fazer delas importantes locais de instalação de casas de veraneio e mesmo balneários. Viver longe do Centro, mas com saúde e cercado pelas "belezas e mistérios" da natureza — por que não? Tal imagem já se faria presente na obra *O sertão carioca*, de autoria de Magalhães Correa e publicada em 1936 — sendo originalmente em forma de crônicas no *Correio da Manhã* entre 1931 e 1932.

É nesse momento também — e há nisso uma grande contribuição por parte das obras da DSBF — que as referências sobre a zona rural como o lugar da doença cairia em desuso. Na verdade, até pela existência de um clima tão favorável, ela é o lugar por excelência para a instalação de instituições de cura, principalmente das doenças que causavam temor e cujo melhor tratamento era associado à reclusão dos enfermos, de preferência que permanecessem bem distantes dos centros mais populosos. Era o caso da "lepra", tuberculose e das "doenças mentais". Fruto dessa concepção e da imagem que se tinha da zona rural nessa época (afastada e salubre, ao menos em alguns lugares), seriam instaladas na região várias instituições desse tipo, especialmente em Jacarepaguá. Assim foram criadas em 1924 a Colônia Juliano Moreira, voltada para a internação de "alienados e psicopatas" (Venancio, 2008), o Hospital Curupaiti em 1929, dedicado ao tratamento da hanseníase (Almeida, 1932), e o Hospital Rafael de Paula Souza em 1951, e que inicialmente tratava apenas de tuberculosos.[21]

Um sertão sem celeiro

O mercado imobiliário que consumia as terras do sertão carioca (como passaria a ser conhecida a zona rural e boa parte da zona suburbana) era diferente daquele que ajudou a incorporar à zona urbana os distritos de Méier, Irajá e Inhaúma. Nesses lugares, a incorporação foi sendo feita a passos lentos, de lote em lote. Já a nova expansão que começou a se consolidar na década de 1940 dirigiu-se para as enormes áreas agrícolas e agricultáveis da zona rural. Segundo denúncias abundantemente veiculadas pela imprensa e pela Câmara Municipal em 1947, 70% das terras agricultáveis estavam imobilizadas nas mãos de loteadoras (Grillo, 1947:302).

---

[21] Em fins de 1938, até mesmo uma "Cidade Olímpica" seria projetada para Jacarepaguá, projeto de autoria do engenheiro Antonio A. Laviola (1938).

A "convivência pacífica" entre o urbano e o rural também não era mais encontrada pela geógrafa Hilda Silva quando de sua pesquisa de campo sobre a localidade rural do Mendanha. Ao invés disso, o que se tinha eram pessoas esperando o "melhor momento" para lotear suas terras. Segundo ela, havia, além de "chácaras-recreio" com "pomares bem cuidados, criação de galinhas etc.", a existência de

> domínios dos pequenos sitiantes passando, ora por terrenos em que o aproveitamento agrícola está se iniciando como o atestam as pequenas lavouras recém-iniciadas, ora por terrenos abandonados cujos proprietários se desinteressam da lavoura e aguardam oportunidade para vendê-los ou retalhá-los [Silva, 1958:438].

Ocorria no sertão carioca a mesma situação verificada por Pedro Geiger na Baixada Fluminense. Vejamos o relato que ele fazia dessa região no início da década de 1950:

> Os proprietários das terras próximas do Rio percebem que problemas complexos da cidade, como de moradias, poderiam servir para obtenção de lucro pelo loteamento urbano que ampliaria as áreas da cidade. [...] O loteamento, paradoxalmente, contribui para a reconstituição de grandes propriedades, pois, preliminarmente, os capitalistas e bancos imobiliários vão comprando extensões de terras visando a futuros parcelamentos, sendo uma das razões da manutenção de latifúndios nas proximidades de uma grande capital [Geiger e Mesquita, 1956:60-61].

Depois de algumas décadas, confirmavam-se de maneira incontestável os temores de Belisário Pena e de vários outros sobre a apropriação das terras rurais da cidade pelo capital imobiliário. Em pensar que em 1917, quando o grande desafio era sanear a zona rural de modo a fazer dela um verdadeiro celeiro, Amaro Cavalcanti já antevisse os problemas que decorreriam da valorização dos terrenos da região. Para precavê-los, o então prefeito defendia a implantação do "Registro das Terras do Distrito Federal". O motivo era bem óbvio — já em 1917:

> Esta medida se impõe, não só como meio de evitar futuros litígios entre proprietários ou possuidores, mas também como elemento indispensável a diversos fins da administração pública. Desnecessário é dizer que, uma vez valorizadas as terras pela melhor exploração agrícola delas, a cúbica de não poucos appareceerá logo, querendo disputal-as, muitas vezes sem o menor titulo ou direito para assim fazel-o [*ACM*, 31/7/1917, p. 219].

Mais profético impossível...

Referências

AGACHE, Alfred. *Cidade do Rio de Janeiro*: extensão, remodelações e embelezamento. Paris: Foyer Brésilien, 1930.

ALMEIDA, Teófilo de. O Leprosário (Hospital-Colonia) de Curupaiti no Distrito Federal do Rio. *Boletín de la Oficina Sanitaria Panamericana (OSP)*, v. 11, n. 5, p. 549-552, maio 1932.

ALVES, Florentina. *A mortalidade infantil e as práticas sanitárias na cidade de São Paulo*. Dissertação (mestrado em história) — FFLCH, USP, São Paulo, 2001.

ANNAES do Conselho Municipal (1892-1920).

BARRETO, Lima. *Feiras e mafuás*. São Paulo: Brasiliense, 1956.

_____. *Recordações do escrivão Isaías Caminha*. Rio de Janeiro: Record, 1998.

BARROS, Gouveia de. *Aspectos de nossa política sanitária (dentro e fora do Parlamento)*. Rio de Janeiro: [S.l.], 1923.

BEAUREGARD, Robert A. *When America became suburban*. Minneapolis: University of Minnesota Press, 2006.

BOURDIEU, Pierre. A ideia de região. In: *Poder simbólico*. Lisboa: Difel, 1990.

BRASIL. *Relatório do Ministério da Agricultura*. Rio de Janeiro: Imprensa Oficial, 1926.

CARVALHO, Delgado de. *Chorografia do Distrito Federal*. Rio de Janeiro: Livraria Francisco Alves, 1926.

CHALHOUB, Sidney. *Cidade febril*: cortiços e epidemias na Corte imperial. São Paulo: Companhia das Letras, 1996.

CORRÊA, Magalhães. *O sertão carioca*. Rio de Janeiro: Edição do Instituto Histórico e Geográfico Brasileiro, 1936.

CRULS, Gastão. *Aparência do Rio de Janeiro*. Rio de Janeiro: José Olympio, 1949.

DELGADO, J.; RAMÍREZ, B. (Coord.). *Transiciones*: la nueva formación territorial de la Ciudad de México. México DF: Programa de Investigación Metropolitana, Plaza y Valdés/UAM, 1999.

DISTRITO FEDERAL. *Consolidação das leis e posturas municipaes*. Rio de Janeiro: Imprensa Oficial, 1906. 2. parte.

_____. *Coleção de leis municipais*. Rio de Janeiro: Imprensa Oficial, 1928.

FARIA, Teresa Peixoto. Configuração do espaço urbano da cidade de Campos dos Goytacazes, após 1950: novas centralidades, velhas estruturas. In: X ENCONTRO DE GEÓGRAFOS DA AMÉRICA LATINA. *Anais...* São Paulo: Universidade de São Paulo, 2005.

FERNANDES, Leonardo Jefferson. *O remédio amargo*: as obras de saneamento na Baixada Fluminense. Dissertação (mestrado em desenvolvimento rural) — UFRRJ, Seropédica, abr. 1998.

FERRERAS, Norberto Osvaldo. *Cidades inumanas*: condições de vida dos trabalhadores de Buenos Aires e Rio de Janeiro (1930-1945). Dissertação (mestrado em história) — UFF, Niterói, 1995.

GEIGER, Pedro Pinchas; MESQUITA, Myriam Gomes Coelho. *Estudos rurais da Baixada Fluminense (1951-1953)*. Rio de Janeiro: IBGE, 1956.

GITAHY, Maria Lucia C. *Ventos do mar*: trabalhadores do porto, movimento operário e cultura urbana em Santos, 1889-1914. São Paulo: Edunesp, 1994.

GRILLO, Heitor. Prestação de contas. *Diário Oficial do Distrito Federal*. Rio de Janeiro, p. 291-303, 17 abr. 1947.

HOCHMAN, Gilberto. Regulando os efeitos da interdependência: sobre as relações entre saúde e construção do Estado (Brasil 1910-1930). *Estudos Históricos*, Rio de Janeiro, v. 6, n. 11, 1993.

_____. *A era do saneamento*: as bases da política de saúde pública no Brasil. São Paulo: Hucitec, 1998.

KLEIMAN, Mauro. *De Getúlio a Lacerda*: um "rio de obras" transforma a cidade do Rio de Janeiro. As obras públicas de infraestrutura urbana do Novo Rio no período 1938-65. Tese (doutorado em arquitetura e urbanismo) — FAU, USP, São Paulo, 1994. 2 v.

LANNA, Ana Lucia Duarte. *Santos*: uma cidade na transição, 1870-1913. São Paulo: Hucitec; Santos: Prefeitura Municipal de Santos, 1996.

LAPA, José Roberto do Amaral Lapa. *A cidade*: os cantos e os antros: Campinas: 1850-1900. São Paulo: Edusp, 1996.

LAVIOLA, Antonio A. Anteprojeto para a cidade olímpica (a ser construída na Restinga de Jacarepaguá). *Revista Municipal de Engenharia*, n. 89, nov. 1938.

LIMA, Nísia Trindade. *Um sertão chamado Brasil*. Rio de Janeiro: Revan/Iuperj, 1999.

_____; FONSECA, Cristina; HOCHMAN, Gilberto. Saúde na construção do Estado nacional no Brasil: reforma sanitária em perspectiva histórica. In: _____; EDLER, Flavio; GERSCHMAN, Sílvia; SUÁREZ, Julio Manoel (Org.). *Saúde, democracia, história e perspectivas do SUS*. Rio de Janeiro: Fiocruz, 2005.

LINHARES, Maria Yedda L.; SILVA, Francisco Carlos Teixeira. *História política do abastecimento (1918-1974)*. Brasília: Binagri, 1979.

LÔBO, Eulália Maria Lahmeyer. *História do Rio de Janeiro (do capital comercial ao capital industrial e financeiro)*. Rio de Janeiro: Ibmec, 1978. 2 v.

MAIA, Clarissa Nunes. *Policiados*: controle e disciplina das classes populares na cidade do Recife, 1865-1915. Tese (doutorado em história) — PPGH, UFPE, Recife, 2001.

MARINS, Paulo César Garcez. Habitação e vizinhança: limites da privacidade no surgimento das metrópoles brasileiras. In: SEVECENKO, Nicolau (Org.). *História da vida privada no Brasil. República*: da *belle époque* à era moderna. São Paulo: Companhia das Letras, 1998.

MCKELVEY, Blake. *The urbanization of America*. New Brunswick: Rutgers Univ., 1963.

MUSUMECI, Leonarda. *Pequena produção e modernização da agricultura*: o caso dos hortigranjeiros no estado do Rio de Janeiro. Rio de Janeiro: Ipea/Inpes, 1987.

PASSOS, Edison. Plano de melhoramentos da cidade do Rio de Janeiro. *Revista Municipal de Engenharia*, v. 8, jul. 1941.

PAZIANI, Rodrigo Ribeiro. *Construindo a petit Paris*: Joaquim Macedo Bittencourt e a *belle époque* em Ribeirão Preto (1911-1920). Tese (doutoramento em história) — Faculdade de História, Direito e Serviço Social, Universidade Estadual Paulista, Franca, 2004. 348 f.

PESSOA, Paula. *Guia da cidade do Rio de Janeiro*. Rio de Janeiro: Officinas Graphicas Editora Bevilacqua & Cia., 1905.

PREFEITURA DO DISTRITO FEDERAL. *Anuário estatístico*. Rio de Janeiro: Imprensa Oficial, 1911.

REIS, José de Oliveira. *O Rio de Janeiro e seus prefeitos*: evolução urbanística da cidade. Rio de Janeiro: Prefeitura do Rio de Janeiro, 1977.

RESENDE, Beatriz; VALENÇA, Rachel (Org.). *Toda crônica*: Lima Barreto. Rio de Janeiro: Agir, 2004.

RIO DE JANEIRO. *Atlas fundiário do Rio de Janeiro*. Rio de Janeiro: Secretaria de Estado de Assuntos Fundiários e Assentamentos Humanos, 1990.

SANTOS, Fabio Alexandre dos. *Domando as águas*: salubridade e ocupação do espaço na cidade de São Paulo, 1875-1930. Tese (doutorado em economia) — IE, Unicamp, Campinas, 2006.

SANTOS, Joaquim Justino Moura dos. *Contribuições ao estudo da história do subúrbio do Rio de Janeiro*: a freguesia de Inhaúma de 1743 a 1920. Dissertação (mestrado em história) — UFRJ, Rio de Janeiro, 1987.

SANTOS, L. A. Castro. Estado e saúde pública no Brasil (1889-1930). *Dados*: Revista de Ciências Sociais, v. 23, n. 2, 1980.

_____. O pensamento sanitarista na Primeira República: uma ideologia de construção da nacionalidade. *Dados*: Revista de Ciências Sociais, v. 28, n. 2, 1985.

SANTOS, Leonardo Soares dos. *Um sertão entre muitas certezas*: a luta pela terra na zona rural da cidade do Rio de Janeiro: 1945-1964. Dissertação (mestrado em história) — UFF, Niterói, 2005.

SANTOS, Noronha. *As freguesias do Rio Antigo*. Rio de Janeiro: O Cruzeiro, 1965.

SEMEGUINI, Ulysses C. *Do café à indústria*: uma cidade e seu tempo. Campinas: Unicamp, 1991.

SILVA, H. Uma zona agrícola do Distrito Federal — o Mendanha. *Revista Brasileira de Geografia*, Rio de Janeiro, v. XX, n. 4, 1958.

VENANCIO, Ana Teresa A. Colônia Juliano Moreira na década de 1940: política assistencial, exclusão e vida social. In: III CONGRESSO INTERNACIONAL DE PSICOPATOLOGIA FUNDAMENTAL, *Anais...* Niterói, 2008.

13 A saúde e a cidade:
o bairro de Jacarepaguá e os hospitais de isolamento

Renato Gama-Rosa Costa
Ana Albano Amora
Sara Cabral Filgueiras

ESTE CAPÍTULO TEM COMO PROPOSTA abordar a relação entre instituições de saúde e o meio urbano, em especial a inserção da antiga Colônia de Alienados Juliano Moreira no bairro de Jacarepaguá, zona Oeste do Rio de Janeiro, como marco significativo para a história do lugar.[1]

Os resultados deste estudo, relacionado com o bairro de Jacarepaguá, poderão contribuir para pensar a Juliano Moreira como parte do processo de formação da cidade, como patrimônio e paisagem cultural. Sua contribuição como paisagem cultural se caracteriza pelo significado, valor e singularidade desse lugar, assim como por ele representar importante referência para os moradores das comunidades do entorno. Poderíamos apresentá-la utilizando, sobretudo, os termos de classificação paisagens contínuas ou vivas (*continuing landscapes*) e paisagem associativa, ou seja, uma paisagem que se construiu no passado, mas em que processos ainda em curso (sociais, econômicos e administrativos) continuam a modelar a natureza, que apresenta marcos significativos. Constitui-se em um bem cultural, mais amplo e abrangente, formado por um conjunto de bens,[2] e carrega valores, memórias e

---

[1] Este projeto integra a pesquisa coordenada pela arquiteta Maria Lilia González de Servín, do Centro de Investigaciones y Estudios de Postgrado da Universidad Nacional Autónoma de México, intitulado "El sistema arquitectónico de pabellones en los hospitales de América Latina", que tem como objetivo avaliar como se produziu a modernidade na arquitetura em alguns hospitais da América Latina e de que forma ela contribuiu para melhorar o conceito de saúde-enfermidade e atender à necessidade da habitabilidade nos espaços hospitalares.

[2] A Carta de Bagé, documento fundamental para a conceituação de paisagem cultural no Brasil, em seu artigo 2º refere-se a essa ideia de a paisagem cultural ser um bem cultural o "mais amplo, completo e abrangente de todos, que pode apresentar todos os bens indicados pela Constituição". Disponível em: <www.icomos.org.br/cartas/Carta_de_Bage_PaisagemCultural.pdf>. Acesso em: 19 mar. 2012.

saberes-fazeres de grupos e campos do conhecimento, em particular do campo da saúde e da história da arquitetura e urbanismo para a saúde.

Estudos existentes trazem informações particulares de edifícios da saúde ou características da atenção médica. No entanto, a riqueza da informação sobre alguns hospitais não aponta para análises de como se levou a cabo a habitabilidade desses espaços, a forma como se incorporaram as novas linguagens arquitetônicas, a introdução de novos programas e de novos materiais, as tecnologias, a otimização dos recursos naturais, como o sol e o ar, que levaram ao desenvolvimento do sistema de pavilhões na arquitetura hospitalar na América Latina.

Quando espanhóis e portugueses chegaram à América, estabeleceram hospitais de acordo com a tradição e visão que se tinha na Europa. Optaram pela tipologia do claustro, já amplamente utilizada nas ordens religiosas do Velho Continente. Por meio dos pátios, ventilava-se, iluminava-se e saneava-se. Por mais de 300 anos a tipologia de claustro se conservou na América, variando pouco. O sistema de pavilhões se apresentou como uma forma de renovação, de deixar no passado as estruturas coloniais, incorporando novos materiais e tecnologias, ao mesmo tempo que as nações latino-americanas buscavam sua independência política. Segundo Lilia Servín:

> A definição do novo, do moderno, em relação ao caduco, do passado, pretendia alterar a estrutura ideológica nas novas nações, separando as condições materiais das espirituais, como o conceito de saúde-enfermidade, que se articulava perfeitamente com uma parte do sistema funcionalista; atualizar os edifícios de estrutura vice-reinal para a evolução da prática médica, e, dessa maneira, corresponder à ideia de modernidade [Servín, 2011:10].

De forma quase simultânea, na América Latina se introduziram mudanças na vida moderna, tendo sido uma delas a atenção médica, em um contexto em que a espacialidade era pensada como fator que contribuía para a cura das doenças. A bibliografia sobre o assunto trata, sobretudo, da historiografia europeia, e poucos são os estudos voltados para a América Latina e o Brasil.

No Brasil, o sistema de pavilhões surge num contexto de aprimoramento das estruturas de claustro introduzidas pelos hospitais religiosos, procurando acompanhar a trajetória dessas construções na Europa, que sofreriam profundas transformações depois do higienismo e ainda mais com os trabalhos de Louis Pasteur e da bacteriologia. Durante as primeiras décadas do século XX, os projetos hospitalares estariam sob a influência dessas ciências, mas de olho em um novo modelo hospitalar que se consolidava nos Estados Unidos — o da construção em bloco único, e que é a tônica do que se constrói até hoje (Costa, 2011a).

Consideramos pertinente um olhar mais detalhado sobre o significado desse acervo patrimonial da área da saúde, que não se configura apenas pela excepcionalidade da qualidade dos projetos, mas adquire valor histórico como testemunho de etapas significativas do curso evolutivo desse campo específico do conhecimento. Aspectos referentes à evolução da forma arquitetônica e urbanística para o atendimento, para o tratamento e para a cura das doenças, aos programas e à funcionalidade desses espaços são relevantes e conferem a esses objetos características de documentos para os estudos históricos no campo da saúde.[3]

As transformações pelas quais passaram os espaços construídos para o tratamento e a cura de doenças estiveram pautadas pelas mudanças ocorridas no campo da medicina, que implicaram novos programas e exigências higiênicas com impacto direto no projeto. Por outro lado, somaram-se a essas demandas outros pontos, como aquele referente à representação do Estado e do próprio campo da saúde, e aqueles mais particulares, referentes ao campo da arquitetura e do urbanismo, incluindo as respostas estéticas e de linguagens arquitetônicas, bem como de espacialidade, em face das transformações sociais, técnicas e culturais da chamada modernidade.

Doenças e isolamento

Pensar e construir um lugar específico para abrigar, cuidar e tratar os doentes mentais é relativamente recente, sobretudo no Brasil. Os loucos na Idade Média e no limiar do Renascimento estavam presentes na vida cotidiana. A obra *Nau dos insensatos*, do pintor flamengo Hieronymus Bosch (1450-1516), retrata a pretérita forma de se lidar com a loucura. Os loucos, em especial os estrangeiros, eram entregues à própria sorte, e os últimos eram embarcados na *Narrenschiff*,[4] em idas e vindas — a montante e a jusante nos rios —, em busca de seu destino. Retirados do convívio da comuna e impedidos de vagar errantes, os *insensatos* eram escorraçados para fora dos muros das cidades.[5]

---

[3] Apresentamos em artigos a relação entre o campo médico e o da arquitetura e urbanismo e a importância de se relacionarem os estudos históricos e a documentação desses campos (Amora, 2006, 2009, 2011, e Costa, 2011a, 2011b, 2007, 2008).

[4] Narrenchiff refere-se a um tema mítico, o qual remete a uma nau que levava seus passageiros a uma grande viagem simbólica e que lhes traria, segundo Foucault (2010:9), "senão a fortuna, pelo menos a figura de seus destinos ou suas verdades". No caso dos loucos, essas naus tiveram existência real e a busca da verdade e do destino era fundamentalmente a busca da razão.

[5] Foucault (2010) considera a possibilidade de as cidades expulsarem sobretudo os estrangeiros e cuidarem apenas daqueles que eram seus cidadãos.

A descoberta de "conferir aos alienados um regime especial" é datada por Michel Foucault (2010:73) na Europa no século XVII. Nesse século, os doentes mentais ainda não são "fechados" em instituições próprias, mas inicia-se seu internamento, misturando-os a toda sorte de indivíduos excluídos do convívio social. Já nessa época, o principal foco do que Foucault (2010) chamou de "grande internação" é a população pobre e sem habitação regular que vagava e esmolava nas cidades. A miséria das ruas torna-se um obstáculo para a boa marcha do Estado, e a suposta liberdade do louco é suprimida pelo internamento, que é justificado por meio da razão e por regras da moral. Esse internamento do século XVII, entretanto, não se constitui num estabelecimento médico e estava desconectado da medicina. Os loucos, segundo ainda Foucault, obedeciam ao que ele considera *esquema de quarentena*, juntamente com os leprosos e os acometidos pela peste. Esses doentes eram "expulsos do espaço comum, postos fora dos muros da cidade, exilados em um lugar confuso. [...] O mecanismo da exclusão era o mecanismo do exílio, da purificação do espaço urbano. Medicalizar alguém era mandá-lo para fora e, por conseguinte, purificar os outros" (Foucault, 2002:88).

A loucura era, então, percebida no "horizonte social da pobreza, da incapacidade para o trabalho e da impossibilidade de integrar-se ao grupo" (Foucault, 2010:78). A partir do século XVIII até o século XIX, estabelece-se uma classificação da loucura, sua gradativa medicalização e inserção numa patologia. Isso é acompanhado pela criação de asilos destinados especificamente aos loucos. No século XIX, essa relação entre a teoria médica e o espaço do internamento se estabelece, possibilitando o nascimento da psiquiatria positiva e do asilo.

No Brasil, dentro desse movimento, vamos observar uma maior preocupação com a criação de instituições e edificações para o tratamento das doenças mentais a partir da segunda metade do século XIX, ao mesmo tempo que se observava a construção de complexos hospitalares com edificações do tipo pavilhonar para abrigar esses pacientes e para os das demais doenças cujo tratamento deveria ser realizado em isolamento, como a hanseníase e a tuberculose, em sua maioria edificados em áreas afastadas dos núcleos citadinos, menos densas e com atividades ainda rurais.

Tais doenças foram estigmatizadas e consideradas por muito tempo não condizentes com a vida citadina, o que acarretou a localização afastada de abrigos, hospitais e complexos hospitalares destinados a esses doentes, em áreas na periferia das cidades. Até meados do século XIX, no Brasil, o quadro das doenças mentais, abrangendo o abrigo e o tratamento, era da maior gravidade, e não se observara um atendimento específico nessa área. Os "loucos" ou "alienados", como eram chamados, vagavam pelas ruas ou eram encarcerados em prisões, e em celas nos hospitais gerais, como nas santas casas. Por volta de 1830, segundo Engel (1999), iniciou-se um processo longo para a institucionalização de um campo especializado da medicina no tratamento dessas enfermidades e que teve como marco as reivindicações para a criação de um lugar para os insanos — um hospício na cidade do Rio de Janeiro.

Em decorrência disso, foi inaugurado em 1852, na capital do Império, o prédio do Hospício Pedro II,[6] na praia da Saudade, onde hoje funciona o *campus* da praia Vermelha da Universidade Federal do Rio de Janeiro, e que se tornou modelo de assistência. O local estava distanciado da área central da cidade, permitido o isolamento daqueles que apresentavam condutas desviantes na sociedade, o que incluía uma gama de comportamentos e práticas não aceitos, como a população que vivia nas ruas, sem moradia ou trabalho fixo; os que eram considerados sugestionáveis, dedicados a práticas religiosas espíritas e à bruxaria; os que tinham ideias e posições políticas consideradas radicais ou revolucionárias — "intoleráveis na sociedade" — e que deveriam ter seu lugar no hospício; até aqueles com comportamentos sexuais considerados *anormais* (Engel, 1999).

Nesse primeiro momento, até o advento da República, o Pedro II teve sua administração a cargo das religiosas da Santa Casa de Misericórdia, que detinham os cuidados e o trato com os doentes, distanciando-os de uma supervisão de cunho mais científico. Tal situação foi se modificando com a instalação de cátedras de psiquiatria nas Faculdades de Medicina da Bahia e do Rio de Janeiro, em 1884, demarcando a estruturação desse campo especializado.

Com a Proclamação da República, o Hospital Pedro II passou a ser administrado pelo Estado, subordinado ao Ministério do Interior, sendo então denominado Hospício Nacional dos Alienados. Em 1903, com o Decreto nº 1.232 com o objetivo de "reorganizar a assistência aos alienados", novos avanços se fizeram sentir, demonstrando a intenção na unificação da assistência psiquiátrica no país e o estímulo à construção de asilos estaduais.

Entretanto, apesar de entre os anos 1912 e 1920 já terem sido criadas as Colônias de Engenho de Dentro e de Jacarepaguá, foi somente após a Revolução de 1930 que se consolidaram a política assistencial psiquiátrica em âmbito nacional e a proposição de instalação dos pacientes em hospitais-colônias. Após o fato revolucionário, a saúde foi subordinada ao recém-criado Ministério da Educação e da Saúde Pública (Mesp), e, em 1941, com a reforma do Departamento Nacional

---

[6] O Pedro II funcionou inicialmente como anexo do hospital da Santa Casa de Misericórdia do Rio de Janeiro, mas, antes do início da construção do edifício na praia Vermelha, mudou-se para um prédio adaptado próximo ao local, com a transferência de todos os doentes.

de Saúde, por meio do Decreto-lei nº 3.171, de 2 de abril, segmentaram-se as ações de saúde segundo doenças determinadas, legando-se a área das doenças mentais ao Serviço Nacional de Doenças Mentais (SNDM), o qual reunia a Divisão de Assistência a Psicopatas (DAP) e o Serviço de Assistência a Psicopatas (SAP).

A fim de expandir a assistência a essas enfermidades no país, instituiu-se como modelo institucional o "hospital-colônia", implantado em diferentes estados brasileiros. Sua determinação como padrão para atendimento e assistência foi proferida com inquérito promovido em 1937 para levantamento das ações necessárias e do Plano Hospitalar Psiquiátrico (realizado entre 1938 e 1941), o qual menciona a construção ou ampliação de hospitais-colônias em 14 dos 20 estados descritos no plano (Venancio, 2006).

Esses hospitais, seguindo as determinações descritas, foram localizados em áreas afastadas dos centros das cidades e mesmo em locais ainda rurais e distantes das áreas mais urbanizadas.

No Rio de Janeiro, o bairro de Jacarepaguá, situado na zona Oeste do município, tornou-se um lugar para a localização de complexos hospitalares destinados às doenças tratadas em isolamento. O bairro manteve muito das características rurais até meados do século XX, e sua conformação geográfica foi considerada propícia para abrigar o tratamento de tuberculosos, portadores de lepra e doentes mentais (Costa, 2011a).

A Colônia Juliano Moreira: história e contexto

Assim, seguindo o padrão higiênico de afastamento como terapia para tratamento, a Colônia de Alienados Juliano Moreira foi instalada no bairro de Jacarepaguá. A região apresenta um clima tropical quente e úmido de inverno seco e temperatura média anual de 23,4°C, variando entre as médias mínimas de 17,7°C em julho e máximas de 29,8°C no mês de janeiro. As chuvas ocorrem ao longo de todo ano, com maior incidência nos meses de verão, situação favorecida pelos maciços montanhosos, em que os ventos marítimos são retidos ou desviados, fazendo com que a umidade relativa do ar varie entre 75% e 80% nas médias mensais. Sua paisagem é constituída de uma vasta planície costeira, formada por duas restingas, apresentando alagadiços, lagoas, canais e bosques, a poucos metros acima do nível do mar, onde encontramos a praia da Barra da Tijuca e as lagunas de Marapendi e Lagoinha. Encontra-se cercada e envolvida por cadeias de montanhas, com reservas de mata atlântica a norte, oeste e leste e que alcançam em alguns pontos até o oceano, sendo formada principalmente a oeste pelo maciço da Pedra

Branca e a leste pelo maciço da Tijuca, onde se localizam também as lagunas de Jacarepaguá, Camorim e Tijuca (Pimenta, 2009). Por suas características climáticas e geográficas, o bairro de Jacarepaguá abrigaria mais três instituições de isolamento ao longo das cinco primeiras décadas do século XX: o Hospital-Colônia Curupaity, para hansenianos (1929), o Hospital-Sanatório Santa Maria (1945) e o Hospital-Sanatório Curicica (1952), ambos para tuberculosos.

A Colônia de Alienados Juliano Moreira foi construída sob jurisdição do governo federal e está assentada em terras da antiga fazenda do Engenho Novo, originária do Engenho de Nossa Senhora dos Remédios, cujo nome remete a uma pequena capela construída ainda no século XVII pelos escravos. A partir de 1715, sob o controle da família Teles Barreto de Meneses, consolidou-se como uma das fazendas mais prósperas da antiga freguesia de Jacarepaguá. Dedicadas ao cultivo da cana-de-açúcar, essas terras tiveram sua origem em 1653, como resultado da fragmentação da antiga fazenda do Camorim.

Ainda no século XIX, as terras receberam a denominação de fazenda do Engenho Novo da Curicica ou da Pavuna, substituindo a cultura da cana pela do café e do anil. Até a primeira década do século XX, permaneceu com pequenas culturas e criação de rebanhos, até ser desapropriada pela União em 31 de agosto de 1912 para a instalação da unidade asilar, cujo processo judicial perdurou até 1918.

À época, o diretor das colônias da Ilha do Governador João Augusto de Rodrigues Caldas, atendendo às reivindicações de que os internos fossem de lá transferidos, por inadequação das dependências, resolveu estimular o governo a adquirir essas terras e destiná-las a abrigar a nova colônia de alienados. O antigo hospital psiquiátrico Pedro II, mesmo com as reformas arquitetônicas de 1903, a cabo do próprio Juliano Moreira, seu diretor na ocasião, já não atendia à modernização da psiquiatria. Por outro lado, as colônias agrícolas eram consideradas um meio de assistência aos insanos,[7] e ganhava força a assistência familiar ao doente também para sua recuperação.[8] Nesse sentido, as reformas nas instituições da Ilha do Governador tampouco resolveriam, tornando-se necessário, de fato, a construção de uma colônia em moldes modernos, e, como nos fala Ana Teresa Venancio (2011), nos estabelecidos pelo conceito de hospital-colônia.

---

[7] Segundo Ana Teresa Venancio (2011), era notável a preocupação do governo federal com as colônias agrícolas e o interesse em conhecer as experiências em outros países. A autora cita o relatório ministerial de 1892 e 1893, no qual se faz referência à viagem do diretor-geral da Assistência [médico-legal a alienados], dr. João Carlos Teixeira Brandão, à Europa e sua incumbência de visitar colônias agrícolas, nos países do continente como Bélgica, Áustria, Prússia, França, Suíça, Itália e Inglaterra.

[8] Segundo Venancio (2011), citando o próprio Juliano Moreira, a implantação do tratamento familiar se constituía, entre outras medidas, na implantação de *casinhas higiênicas* para alugar às famílias dos empregados, os quais poderiam receber pacientes que suportassem o tratamento domiciliar.

Segundo Venancio (2011), pela perspectiva psiquiátrica, a proposta do isolamento, sobretudo dos doentes mentais, estava prontamente associada à vida rural e suburbana, longe das cidades, o que proporcionaria clima ameno e uma melhor dedicação ao trabalho agrícola. Jacarepaguá — chamado à época de sertão carioca — era visto como exemplar para tal. Para a autora, a Colônia de Alienados Juliano Moreira exemplifica dois momentos da psiquiatria no Brasil, pois, criada como colônia agrícola, em referência a uma concepção de finais do século XIX, se tornaria paradigmática para uma assistência psiquiátrica implantada nas décadas de 1930 e 1940, a do moderno hospital-colônia, com todos os benefícios das mais atuais formas de tratamento, alicerçadas na praxiterapia e na assistência heterofamiliar.

Foto 1. Vista do conjunto de pavilhões do núcleo primitivo da Colônia Juliano Moreira. Acervo IMASJM, c. 1940.

Em 1911, o diretor do Hospício Nacional dos Alienados, dr. Juliano Moreira, obteve autorização para implantar, na localidade de Engenho de Dentro, uma colônia destinada a mulheres alienadas. Em 1919, iniciaram-se as obras de adaptação da antiga fazenda do Engenho Novo da Curicica às necessidades de um estabelecimento asilar, nos moldes de uma colônia agrícola. Finalmente, em 1923, as colônias da Ilha do Governador foram desativadas e os internos foram transferidos para o complexo psiquiátrico da Colônia de Alienados de Jacarepaguá, na Estrada Rodrigues Caldas, 3.400, bairro de Jacarepaguá. A estrada recebeu esse nome em 1932, em homenagem ao diretor da colônia entre 1909 e 1926, dr. João Augusto Rodrigues Caldas. Em 1930, passou a se denominar Colônia Juliano Moreira, em homenagem ao médico psiquiatra responsável pela Lei de Assistência aos Alienados, de 1904.

Bem mais tarde, em 1937, Adauto Botelho recomendava o sistema de colônias para o Distrito Federal, sugerindo que as colônias para psicopatas, com atividades agrícolas e industriais em moldes vastos e com boa aparelhagem técnica, para todos os serviços a elas inerentes. Seriam construídas de preferência longe do centro urbano ou talvez fora do perímetro urbano, pelas melhores condições econômicas. Nestes órgãos haveria serviços médicos complementares, além de um centro para orientação psicológica, da praxiterapia e do serviço de assistência heterofamiliar. As Colônias seriam divididas em núcleos, cada um para cerca de 500 doentes [apud Venancio, 2011:44-45].

Entretanto, o primeiro núcleo da colônia é de 1923 e foi localizado no sítio original da fazenda, ao lado do aqueduto, da igreja Nossa Senhora dos Remédios, da antiga sede, do chafariz e de demais edificações da fazenda, como a vacaria, as senzalas etc. Para acomodar os pacientes, foram construídos oito pavilhões de isolamento, além de um cinema, lavanderia, necrotério, refeitório, depósitos e residências para funcionários.

A maior referência para a construção de hospital em pavilhões, o chamado *sistema Tollet*, foi desenvolvido em 1872, na França, e propunha que as construções hospitalares deveriam ser afastadas das aglomerações urbanas e localizadas em terrenos ensolarados. A superfície do terreno seria crescente em relação ao número de alojamentos coletivos. Os edifícios, entre outros itens de segurança, deveriam estar dispostos por toda a superfície do terreno e respeitariam um paralelismo entre os diversos prédios. O sistema assim concebido foi amplamente difundido por toda a Europa e ficou conhecido como "modelo pavilhonar", tendo sido marcado pelo medo do contágio pelos germes — seguido das descobertas de Louis Pasteur. Era caracterizado por edifícios de no máximo dois pavimentos, e nele imperava o princípio de isolamento, em que cada doença e doente eram apartados no interior do pavilhão (Tollet, 1894).

Os pavilhões que hoje compõem o Núcleo Histórico Rodrigues Caldas, entretanto, não seguem a disposição em paralelo proposta por Tollet. Sua disposição certamente buscava conforto, higiene, aeração e insolação dos ambientes de cura ou de repouso, por se tratar de uma instituição para doentes mentais, mas sem a preocupação de serem paralelos uns aos outros. Buscou-se, ao que parece, uma implantação própria para cada pavilhão, procurando tirar proveito do sol em todas as épocas do ano; da ambiência em torno do chafariz da antiga fazenda, local de coleta de água; das áreas ajardinadas; da localização e da topografia do terreno. Outra fonte de água importante, e que certamente auxiliou na escolha daquele terreno, era, sem dúvida, o aqueduto, que trazia água da nascente do morro até o sítio de localização do primitivo núcleo da fazenda.

A implantação procurava, sobretudo, usufruir ao máximo o que o sítio proporcionava de melhor: distância da malha urbana, muita área verde e muito ar puro. Segundo Andrés Rios Molina, ao analisar o projeto de outro importante manicômio construído no período, o La Castañeda, em 1910, na Cidade do México, esses pontos acerca do ar puro e da localização foram os principais motivos para a edificação do novo sanatório mexicano em substituição aos "obscuros e insalubres" hospitais para dementes existentes naquela cidade, como o San Hipólito, de 1566, e o Divino Salvador, de 1700:

> O ar puro tinha dotes terapêuticos sobre a loucura, o ruído citadino não ajudava na cura, a mistura de pacientes com diferentes enfermidades em espaços comuns não permitia uma detalhada observação clínica; em resumo, eram sítios [os dos antigos hospitais] em que a ciência não podia mais se arriscar [Molina, 2008:75].

Molina ainda menciona outros artigos acerca do Castañeda em que se chama a atenção para a localização dos manicômios: "a eficiência de um manicômio implicava que fosse construído fora da cidade, preferivelmente na proximidade de uma montanha para que os enfermos tivessem uma agradável vista e, assim, evitar a sensação de clausura" (Molina, 2008:77).

Horácio Vásquez Lucio (2011), ao também estudar o Castañeda, chama a atenção para a montagem de uma comissão de cooperação à época entre as embaixadas mexicanas localizadas no estrangeiro, com o objetivo de obter informações sobre o que acontecia nos demais países referente à higiene mental e que pudessem servir de base para a construção do novo sanatório: "A comissão recomendava grandes espaços ajardinados e pavilhões amplos com o objetivo de que os pacientes tivessem uma sensação de liberdade em um ambiente agradável que facilitaria sua cura, como ditava as normas tanto na Europa quanto nos Estados Unidos" (Lucio, 2011:181).

Parece-nos convincente aferir que todos esses pontos estiveram presentes na escolha do terreno da antiga fazenda de Curicica, para a instalação da nova colônia de alienados e para a escolha dos locais na instalação dos demais hospitais e sanatórios em Jacarepaguá. Não por acaso, todos foram situados na proximidade do maciço da Pedra Branca.

Por sua vez, a linguagem arquitetônica buscava reproduzir um ambiente familiar, expressando-se sob um "aspecto rústico" ou "de casas comuns", que, segundo o arquiteto Ramos de Azevedo (1851-1928), autor do Sanatório de Juquery, em São Paulo, seguia, em 1895, a "prescrição dos modernos alienistas" (apud Carvalho, 2000:208), sendo Juliano Moreira claramente um seguidor deles.

Foto 2. Vista aérea do Núcleo Histórico Rodrigues Caldas. Acervo Fiocruz, c. 2005.

Juquery, sem dúvida, surge como outra fonte importante de inspiração para o projeto que se queria implantar no asilo de alienados do Rio de Janeiro. O hospital de alienados paulista contou inicialmente com oito pavilhões, adotando a disposição pelo isolamento, com interligação por galerias cobertas e áreas ajardinadas entre os pavilhões e o edifício central da administração. O hospício foi construído conforme a metodologia de recuperação dos pacientes pela *praxiterapia* ou *laborterapia*, ou seja, promovendo a recuperação do doente pelo trabalho, no caso pelo trabalho agrícola, opção também seguida na Colônia Juliano Moreira. A colônia paulista foi instalada em uma área de 150 hectares, banhada pelo rio Juquery, que, segundo seu idealizador, oferecia salubridade e absoluto isolamento (apud Carvalho, 2000).

A disposição dos pavilhões buscava igualmente conforto, higiene, aeração e insolação dos ambientes de cura, aproveitando a proximidade do rio Juquery, de áreas verdes e o declive do terreno. Sua distribuição espacial partia do edifício principal, mantendo a simetria dos pavilhões, separados em dois grupos de quatro, respeitando a separação por sexo. O edifício da administração foi projetado em estilo gótico. Nos demais pavilhões, Ramos de Azevedo manteve uma linguagem funcional, com destaque para as varandas com estrutura em ferro e cobertura em telha francesa. Internamente, o arquiteto se preocupou em revestir as salas com azulejos impermeáveis e "rincões amortecidos em linhas curvas, de sorte a evitar o acúmulo da poeira ou da umidade" (apud Carvalho, 2000).

A arquitetura dos alojamentos procuraria acompanhar a tentativa de criar um ambiente familiar, adotando uma linguagem mais singela e tradicional, próxima de nossas raízes coloniais, fazendo uso de telhados em duas águas, paredes com revestimento em baixo-relevo, geralmente na cor branca, e esquadrias de madeira. Assim, o modelo pavilhonar foi ainda acrescido de outros aspectos que o caracterizaram como parte integrante do cenário da modernização do tratamento em isolamento, apresentando uma interpretação bucólica aos espaços destinados a essa finalidade.

Foto 3. Fachada posterior do pavilhão 4 com destaque para a colunata neoclássica. Foto de Sara Filgueiras (2011). Acervo Fiocruz.

Nesse sentido, vale mencionar o caso do *Projecto da Leprosaria Modelo*, no qual Adelardo Soares Caiuby,[9] seu autor, explicita claramente as referências à concepção de *cidade-jardim* e à arquitetura *pitoresca*, escrevendo: "A cidade-jardim vem solucionar o problema. Um imenso parque recortado por alamedas arborizadas, salpicado de casinhas alegres e pitorescas, formando tudo uma pequena cidade" (apud Amora, 2009:38). Parece-nos que essa era uma tendência presente entre os

---

[9] Engenheiro-arquiteto pela Escola Politécnica de São Paulo, autor do Leprosário Modelo de Santo Ângelo, em Mogi das Cruzes/SP.

engenheiros-arquitetos que construíram para a saúde, muitos oriundos da Escola Politécnica de São Paulo,[10] e estava em voga entre os sanitaristas a articulação de uma perspectiva técnica a um ponto de vista estético. Segundo Carlos Roberto M. de Andrade (1992), ao estudar a obra urbanística de Saturnino de Brito, o urbanismo, em seu nascedouro, buscou "conciliar exigências técnicas e saneamento com uma visão pinturesca da cidade [...]" (Andrade, 1992:76).

O *pitoresco ou pinturesco*, segundo Eudes Campos (2008:48-50), nasceu no ambiente rural inglês e se disseminou como estilo nas cidades assentado na ideia de que a "arquitetura devia falar aos homens como as palavras de uma língua" e na de que deveria ser "capaz de suscitar emoções fortes". Tal estilo se configurou com o historicismo como uma reação romântica ao processo de industrialização que se iniciava em meados do século XVIII e princípios do século XIX. Caracterizou-se pela utilização de referências vernáculas, pela rusticidade, pelos projetos residenciais com composições assimétricas e plantas irregulares e pela adoção da tipologia do chalé de amplos telhados de duas águas com grande angulação. Essa observância de uma visão estética antiurbana na criação dessas vilas-colônias vai ao encontro da concepção das cidades-jardins presente como referência para o urbanismo brasileiro do início do século XX.[11]

Em relação à concepção arquitetônica, técnicas construtivas e materiais empregados, os pavilhões da Colônia Juliano Moreira são bem semelhantes entre si e buscaram, a seu modo, atender a essa estética do pitoresco. São construções térreas e de arquitetura simples, com exceção do pavilhão 1, que tem dois pavimentos e ornamentação mais rebuscada, dentro das variações do *estilo colonial*.[12] Trazem embasamento em pedra, grandes aberturas, varanda e alvenaria em tijolo, excluindo o pavilhão 6, que é todo em pedra. As janelas e portas são em madeira com veneziana e vidro, soleiras e peitoris em granito, e tanto o revestimento interno como o externo apresentam ladrilho hidráulico. O salão não tem divisões internas e o teto, em geral, é em telha vã e madeiramento aparente, não

---

[10] Em seu projeto de pesquisa intitulado *Lugares de memória do isolamento: arquitetura e urbanismo, projetos e projetistas de edifícios e complexos hospitalares destinados à hanseníase e à tuberculose (1920-1945)*, Ana Albano Amora menciona engenheiros-arquitetos formados pela Escola Politécnica de São Paulo e que realizaram projetos de hospitais-colônias para a hanseníase.

[11] A paisagem das cidades brasileiras, em particular a paulistana no início do século XX, foi marcada por referências à concepção de cidade-jardim. Vale mencionar os bairros construídos pela Companhia City. A dupla Barry Parker e Raymond Unwin projetara, já em 1913, o bairro *Jardim América*, o primeiro projeto de *garden-city* na América do Sul (Leme, 1999; Wolff, 2001).

[12] O chamado *estilo neocolonial* em arquitetura foi inspirado na tradição colonial da arquitetura brasileira, com opção de modernização do campo em contraposição ao ecletismo vigente, tendo como referências as raízes da cultura luso-brasileira. Seu uso tornou-se popular na arquitetura habitacional e disseminou-se nas edificações institucionais dos anos 1930 e 1940, acrescido de elementos de linguagem da arquitetura de origem ibérica produzida na Califórnia.

tendo forro. A grande quantidade de vãos (janelas e portas) com venezianas nos pavilhões evidencia os cuidados com a aeração permanente do ambiente. Por sua vez, o posicionamento das janelas e portas em frente umas às outras, ladeando os salões sem divisão interna, permite a ventilação cruzada. Tais opções construtivas revelam preocupação em atender aos princípios da higiene, observando a relação com o espaço exterior, arborizado e circunscrito na mata virgem.

Foto 4. Detalhe da porta principal de acesso ao pavilhão 5, com destaque para elementos da linguagem eclética, como platibanda, frisos e adornos em volta das portas e janelas. Foto de Sara Filgueiras (2011). Acervo Fiocruz.

Foto 5. Vista do pavilhão 6, com fachadas revestidas em pedra, que garantem maior rusticidade à construção. Foto de Sara Filgueiras (2011). Acervo Fiocruz.

Foto 6. Fachada principal do pavilhão 7. O destaque se deve ao óculo situado no eixo da construção e abaixo da cumeeira do telhado, revelando cuidados com a ventilação interna do ambiente. Foto de Sara Filgueiras (2011). Acervo Fiocruz.

Outros núcleos foram sendo erguidos pelo terreno de quase 8 milhões de metros quadrados a partir da década de 1940, com a criação do Serviço de Doenças Mentais, compondo uma das maiores colônias de asilados do Brasil, recebendo milhares de pacientes. À medida que os núcleos iam sendo erguidos, procurava-se seguir uma concepção arquitetônica contemporânea à época, formando um interessante repertório para o estudo de hospitais-colônias e em pavilhões no Brasil e na América Latina.

Uma das preocupações do estudo é fazer uma análise comparativa entre os pavilhões estudados pelo continente. A coordenadora da pesquisa, Lilia Gonzalez de Servín, em texto introdutório à primeira publicação conjunta da rede (Servín, 2011:12), apresenta parâmetros em relação à metragem cúbica, citando documento da Secretaria de Saúde do México, de 1877:

> O número de metros cúbicos de ar, por norma, varia entre 21 e 54 m³ sendo a última cifra a que corresponde à do salão do Hospital Lariboissière, que serve de modelo para seu gênero; havendo como o Hospital Grande de Milão, que tem 69 m³, o de Santa Ma-

ria de Florença, 61, e por último, o de San Luis de Marin, que chega a 97 m³ por leito; sendo que na França o máximo de 54 m³ e na Inglaterra, 58 m³. O novo Hospital de Burdeos, inteiramente moderno e cuja disposição é sem dúvida a melhor, tem salões de 40 metros de comprimento, 40 enfermos, com largura de 7,9 metros e uma altura de 5 metros, com janelas de ambos os lados e só há cada enfermo 40 m³ de ar [apud Servín, 2011:12].

Não nos foi possível averiguar a metragem cúbica de todos os pavilhões, mas, dos inventariados, os pavilhões 2 e o 8 (demolido) tinham entre 43 e 48 m³ por leito, e os de número 4 e 5, de dimensões menores, com 33,60 m³ por leito. Ou seja, dentro dos parâmetros verificados pela Secretaria de Saúde do México naquele ano 1877. Os de maiores dimensões estariam muito próximos do obtido pelo Hospital Lariboissière (1864), de grande referência à época, como o próprio documento revela.

Isso sugere que dois outros hospitais tenham surgido como modelo à proposta da Colônia Juliano Moreira:[13] *Salpêtrière* e *Bicêtre*, ambos localizados em Paris, França. O primeiro teve sua construção iniciada em 1656, por iniciativa de Luís XIV, e no século XIX se especializou no tratamento de alienados, quando foram construídos os pavilhões de isolamento (AP-HP, 2001). O segundo foi originalmente planejado como hospital militar, cuja construção se iniciou em 1642. Em 1853, passou a oferecer tratamento a doentes mentais do sexo masculino, ficando conhecido como hospício para homens velhos. Suas dependências ficaram famosas por introduzir métodos humanizados para o tratamento dos doentes, a cargo de Philippe Pinel (1745-1826).[14]

Aqui é interessante recuperar outras informações acerca do manicômio La Castañeda, da Cidade do México. Ele foi construído durante a presidência de Porfírio Diaz (1877-1910), sendo sua inauguração tida como um dos últimos atos do presidente, realizada no ano de início da Revolução Mexicana e em meio às comemorações do centenário da Independência. Os gestores do manicômio, atendendo aos apelos de Diaz sobre a importância simbólica da construção do Castañeda para o ingresso do México na modernidade, recorreram aos aportes de Jean Etienne Esquirol (1772-1840), destacado reformador da arquitetura psiquiá-

---

[13] Como sugerem as citações presentes na base da estátua feita na década de 1950 em homenagem a Pinel, instalada na recepção do edifício que hoje abriga a sede do IMASJM: "Pinel, que seu gesto heroico e humanizador nos ajude a livrar o doente de piores grilhões: o descaso dos poderosos e a incompreensão da sociedade. Heitor Peres (fev. 195?), Bicêtre (1793) e Salpêtrière (1795). Moldagem feita por Baldissara, da Escola Nacional de Belas Artes, sob original que existia no hospício Nacional de Alienados da Praia Vermelha. Estátua atribuída a Fernando Pattrick".

[14] Disponível em: <http://en.wikipedia.org/wiki/Bic%C3%AAtre_Hospital>. Acesso em: 23 fev. 2012.

trica na França e que havia chegado a Paris em 1799 justamente para trabalhar em Salpêtrière com Philippe Pinel. Esquirol se destacou por seus estudos, que serviram, nos primeiros anos do século XIX, para estimular um movimento de alienistas que propunham a construção de novas instituições psiquiátricas na França, ou a construção de novos pavilhões nas instituições de saúde já existentes, com o específico propósito de introduzir novos tratamentos aos doentes mentais. Entre essas instituições, Bicêtre e Salpêtrière foram duas das contempladas (Molina, 2008).

Ao longo de seus primeiros 40 anos, a Colônia Juliano Moreira foi expandindo o número de espaços para tratamento, formando outros núcleos, mantendo ainda a tipologia de pavilhões, mas adotando com mais rigor o paralelismo, aspecto tão importante para Tollet. A partir de meados da década de 1950, a instituição arriscou a erguer no terreno construções mais próximas à tipologia do monobloco, como pode ser visto na edificação que hoje abriga a sede do IMASJM, localizado à entrada do terreno. Essa opção seguiu um modelo já plenamente consolidado à época nos Estados Unidos e que ditaria a forma de se construir hospitais pelo mundo até os dias de hoje, sem abrir mão da tranquilidade e do ar puro proporcionado pelo isolamento e distanciamento da urbe. Nas décadas de 1980 e 1990, ao mesmo tempo que era um dos protagonistas do movimento de emancipação dos doentes e do fim do isolamento compulsório, a Colônia Juliano Moreira veria a cidade "invadir" suas terras, obrigando a repensar a política de assistência psiquiátrica no Brasil e as formas de proteção e de valorização desse patrimônio.

Considerações finais

Atualmente, os núcleos da Colônia Juliano Moreira, ou, como foi renomeada após o processo de municipalização, Instituto Municipal de Assistência à Saúde Juliano Moreira (IMASJM), e seus pavilhões estão desativados ou em processo de desativação, mantendo algumas dezenas de leitos para os cerca de 600 pacientes que ainda lá residem e não têm para onde ir, composto, em sua maioria, de idosos portadores de transtornos mentais graves e que passaram a maior parte de suas vidas em hospitais psiquiátricos. Segundo o *site* da instituição,[15] a idade média dos internados é de 66 anos e a média do tempo de internação dessa população, de 40 anos.

O chamado programa de desinstitucionalização promove a transferência progressiva de pacientes para fora da colônia, incentivando aqueles com maior

---

[15] Disponível em: <www.sms.rio.rj.gov.br/servidor/cgi/public/cgilua.exe/sys/reader/htm/preindexview.htm?editionsectionid=165>.

autonomia a conviverem com outros usuários de serviços de saúde mental nas chamadas residências terapêuticas. Para tal, esses pacientes recebem ajuda financeira do poder público, com aportes da Secretaria Municipal de Saúde e do Ministério da Saúde. Outros vivem nos lares de acolhimento, como são chamados os espaços que resultaram das reformas realizadas nos antigos pavilhões, nos quais as antigas enfermarias foram transformadas, abrigando hoje quartos para duas ou três pessoas, com banheiros privativos,[16] além de espaços coletivos com copa, cozinha e sala de estar. O processo de municipalização do IMASJM é resultado de um conjunto de medidas para a implementação da Lei Orgânica da Saúde nº 8.080, de 19 de setembro de 1990. Tal processo iniciou-se em 24 de junho de 1996, por meio do Convênio nº 031/96-01, de 24 de junho de 1996, entre o Ministério da Saúde e a Prefeitura Municipal do Rio de Janeiro.

A extensa área do complexo, de 786 hectares, é composta por cerca de 50% de reserva ambiental e 10% de uma densa favela. A maior parte do terreno (500 hectares) está sob a jurisdição da Fiocruz, compondo o *Campus* Fiocruz da Mata Atlântica (CFMA), com um percentual de 80% coberto de remanescente desse importante ecossistema e que é envolvido pelo Parque Estadual da Pedra Branca (Domingues, Vinhosa e Benites, 2011). Já a área onde se localiza o núcleo histórico é de propriedade da Prefeitura Municipal do Rio de Janeiro, estando ambas sob tutela do órgão de proteção do estado.

A região em torno da colônia encontra-se bastante urbanizada, cercada de comunidades de baixa renda, muitas oriundas da própria implantação dos hospitais. A Secretaria Municipal de Habitação vem promovendo em Jacarepaguá o Programa de Aceleração do Crescimento (PAC)[17] da Colônia Juliano Moreira, procedendo à regularização fundiária das comunidades com entrega dos títulos de propriedade, implantação de infraestrutura, canalização e retificação dos rios Engenho Novo e Areal, bem como construção de 1.665 moradias.[18] Assim, vamos presenciar uma significativa transformação desse espaço em parte integrante da área urbanizada da cidade formal.[19] A urbe, enfim, alcançou a colônia, que, por tantos motivos, já elencados, no passado foi dela distanciada.

---

[16] Disponível em: <www.sms.rio.rj.gov.br/servidor/cgi/public/cgilua.exe/sys/reader/htm/preindexview.htm?editionsectionid=165>.

[17] Com investimento de R$ 142 milhões, correspondentes a R$ 100 milhões do PAC e R$ 42 milhões do Pró-moradia.

[18] Disponível em: <www.rio.rj.gov.br/web/smh/exibeconteudo?article-id=159877>.

[19] Em pronunciamento de 7/11/2011, na inauguração do Espaço de Desenvolvimento Infantil Artur Bispo do Rosário, o secretário municipal de Habitação, Jorge Bittar, afirmou essa intenção ao dizer: "Esperamos, até o fim do ano que vem, que a Colônia se transforme em um bairro ecologicamente

O entendimento da existência de um valor patrimonial desses complexos hospitalares da baixada de Jacarepaguá, e em particular da Juliano Moreira, incluindo não apenas seu núcleo histórico, mas os demais, em suas especificidades histórico-espaciais, poderá vir a iluminar as políticas urbanas para a região para que não se distanciem de uma política patrimonial e da história do lugar, integrando-as a um projeto de cidade e de cidadania. Por sua vez, o estudo desses exemplares torna-se relevante para a compreensão das diversas formas de atendimento às doenças tratadas em isolamento e sua concretização por meio de projetos urbanísticos e arquitetônicos, contribuindo para elucidar aspectos importantes da história da cidade.

No caso da Juliano Moreira, vale lembrar que, para além da memória das doenças mentais e do patrimônio arquitetônico e urbanístico da saúde, a colônia é uma área verde importante para o ecossistema urbano da cidade do Rio de Janeiro, com marcos paisagísticos significativos. Suas dependências abrigam, ainda, o museu Arthur Bispo do Rosário, com um acervo de artes plásticas de cerca de mil peças. Esse conjunto deve ser compreendido em sua totalidade e como objeto de uma política específica que o preserve como lugar de memória da medicina, da psiquiatria, da arquitetura de saúde e como paisagem cultural da cidade do Rio de Janeiro.

Referências

Bibliografia

AMORA, Ana Albano. *O nacional e o moderno*: a arquitetura e saúde no Estado Novo nas cidades catarinenses. Tese (doutorado) — Programa de Pós-graduação em Planejamento Urbano e Regional, Ippur, UFRJ, Rio de Janeiro, 2006.

_____. O Departamento de Administração Municipal e o desenvolvimento das cidades catarinenses durante o Estado Novo. *Cadernos Ippur*, ano XXI, n. 2, p. 133-152, ago./dez. 2007.

_____. Utopia ao avesso nas cidades muradas da hanseníase: apontamentos para a documentação arquitetônica e urbanística das colônias de leprosos no Brasil. *Cadernos de História da Ciência*, v. V, p. 23-53, 2009.

_____. *Lugares de memória do isolamento*: arquitetura e urbanismo, projetos e projetistas de edifícios e complexos hospitalares destinados à hanseníase e à tuberculose (1920-

---

de excelente qualidade, aberto a novos moradores da cidade". Disponível em: <www.rio.rj.gov.br/web/sme/exibeconteudo?article-id=2280470>. Acesso em: 20 abr. 2012.

1945). Projeto de pesquisa apresentado à FAU/UFRJ para participação em programa de pós-doutorado junto ao Instituto de Medicina Social da Uerj. Rio de Janeiro, 2011.

_____. Paulo Motta e a arquitetura de saúde em Santa Catarina, 1936/1940: a contribuição do Curso de Arquitetura da Enba. In: 9º SEMINÁRIO DOCOMOMO BRASIL — INTERDISCIPLINARIDADE E EXPERIÊNCIAS EM DOCUMENTAÇÃO E PRESERVAÇÃO DO PATRIMÔNIO RECENTE. Anais... Brasília: UnB, 2011.

ANDRADE, Carlos Roberto M. de. A peste e o plano, o urbanismo sanitarista do eng. Saturnino de Brito. Dissertação (mestrado) — Programa de Pós-graduação em Estruturas Ambientais Urbanas, FAU, USP, São Paulo, 1992.

AP-HP (ASSISTANCE PUBLIQUE — HÔPITAUX DE PARIS). Patrimoine hospitalier: un parcours à travers l'Europe. Paris: Centre des Monuments Nationaux (Monum)/Editions du Patrimoine, 2001.

ARCHIVO DE LA SECRETARÍA DE SALUD. México, 1877. In: SERVÍN, Maria Lilia Gonzalez (Coord.). Sistema arquitectónico de pabellones de América Latina. Cidade do México: Universidad Nacional Autónoma de México, 2011.

CAMPOS, Eudes. Chalés paulistanos. An. Mus. Paul. [on-line], v. 16, n. 1, p. 47-108, 2008. Disponível em: <http://dx.doi.org/10.1590/S0101-47142008000100003>. Acesso em: 20 jan. 2012.

CARVALHO, Maria Cristina Wolff de. Ramos de Azevedo. São Paulo: Universidade de São Paulo, 2000. (Artistas Brasileiros, 14).

COSTA, Renato da Gama-Rosa. Healthcare in Brazil. 1930-1960: preserving the modern architectural legacy. Docomomo Journal, n. 37, set. 2007.

_____. Arquitetura e saúde no Rio de Janeiro. In: PORTO, Ângela et al. História da saúde no Rio de Janeiro: instituições e patrimônio arquitetônico — Rio de Janeiro (1808-1958). Rio de Janeiro: Fiocruz, 2008.

_____. Apontamentos para a arquitetura hospitalar no Brasil: entre o tradicional e o moderno. História, Ciências, Saúde-Manguinhos, Rio de Janeiro, v. 18, supl. 1, p. 53-66, dez. 2011a.

_____. Los hospitales de aislamiento y el médio urbano: el caso de Jacarepaguá. Rio de Janeiro. In: SERVÍN, Maria Lilia Gonzalez (Coord.). Sistema arquitectónico de pabellones de América Latina. Cidade do México: Universidad Nacional Autónoma de México, 2011b.

DOMINGUES, L. C. S. M.; VINHOSA, L. C.; BENITES, M. C. Plano diretor do campus da Fiocruz da Mata Atlântica: a preservação do patrimônio cultural e ambiental como aspecto relevante da estratégia de ocupação e gestão territorial. In: COELHO, C. M. T.; CARVALHO, C. S. R.; ANDRADE, I. E.; COSTA, R. G. R. (Org.). I SIMPÓSIO FLUMINENSE DE PATRIMÔNIO CULTURAL-CIENTÍFICO: PLANOS INTEGRADOS DE PRESERVAÇÃO. Anais..., Rio de Janeiro: Casa de Oswaldo Cruz — Fiocruz/Fundação Casa de Rui Barbosa, 2011.

ENGEL, Magali Gouveia. As fronteiras da "anormalidade": psiquiatria e controle social. *História, Ciências, Saúde-Manguinhos*, Rio de Janeiro, v. 5, n. 3. nov. 1998/fev. 1999. Disponível em: <www.scielo.br/scielo.php?script=sci_arttext&pid=S0104-59701999000100001>. Acesso em: 2 jun. 2011.

FOUCAULT, Michel. *Microfísica do poder*. 17. ed. Rio de Janeiro: Graal, 1979, 2002.

_____. *História da loucura na idade clássica*. São Paulo: Perspectiva, 2010.

LEME, M. C. S. (Coord.). *Urbanismo no Brasil 1895-1965*. São Paulo: Studio Nobel/FAU/USP/Fupam, 1999.

LUCIO, Horacio Vázquez. La construcción de La Castañeda. México, Distrito Federal. In: SERVÍN, Maria Lilia Gonzalez (Coord.). *Sistema arquitectónico de pabellones de América Latina*. Cidade do México: Universidad Nacional Autónoma de México, 2011.

MOLINA, Andrés Rios. Locura y encierro psiquiátrico en México: el caso del manicônio La Castañeda, 1910. *Antípoda*, n. 4, p. 79-90, jun. 2008.

PIMENTA, Leonardo Correa. Contribuições para o entendimento e planejamento da ocupação urbana da Baixada de Jacarepaguá — Rio de Janeiro/RJ: uma aplicação da matriz P. E. I. R. Dissertação (mestrado) — Programa de Pós-graduação em Geografia, Uerj, Rio de Janeiro, 2009.

PORTO, Ângela; SANGLARD, Gisele; FONSECA, Maria Rachel F.; COSTA, Renato Gama-Rosa (Org.). *História da saúde no Rio de Janeiro*: instituições e patrimônio arquitetônico (1808-1958). Rio de Janeiro: Fiocruz, 2008.

SERVÍN, Maria Lilia Gonzalez (Coord.). *Sistema arquitectónico de pabellones de América Latina*. Cidade do México: Universidad Nacional Autónoma de México, 2011.

STEVENSON, Christine. *Medicine and magnificence*: British Hospital and Asylum Architecture, 1660-1815. Londres: The Paul Mellon Centre for Studies in Britsh Art; New Haven: Yale University Press, 2000.

TOLLET, Casimir. *Les hôpitaux modernes au XIXe siècle*: description des principaux hôpitaux français et étrangers les plus récemment édifiés, divisés en dix sections par contrées, études comparatives sur leurs principales conditions d'établissement... Paris: [S.l.], 1894.

VENANCIO, Ana Teresa A. A Colônia Juliano Moreira na década de 1940: política assistencial, exclusão e vida social. In: VIII CONGRESSO BRASILEIRO DE PSICOPATOLOGIA FUNDAMENTAL. *Anais...* Associação Universitária de Pesquisa em Psicopatologia Fundamental, Belém, 2006. Disponível em: <www.fundamentalpsychopathology.org/8_cong_anais>. Acesso em: 12 jul. 2011.

_____. Da colônia agrícola ao hospital-colônia: configurações para a assistência psiquiátrica no Brasil na primeira metade do século XX. *História, Ciência, Saúde-Manguinhos*, v. 18, supl. 1, p. 35-52, dez. 2011.

VIEIRA, Priscila Piazentini. Reflexões sobre *A história da loucura* de Michel Foucault. In: RAGO, Margareth; MARTINS, Adilton Luís. *Revista Aulas*: Dossiê Foucault, n. 3, dez. 2006/mar. 2007.

VINDLER, Anthony. *The writing of the walls*: architectural theory in the late enlightenment. Princenton: Princenton Archtectural Press, 1987.

WOLFF, Silvia Ferreira Santos. *Jardim América*: o primeiro bairro-jardim de São Paulo e sua arquitetura. São Paulo: Universidade de São Paulo/Fapesp/Imprensa Oficial do Estado, 2001. 295 p.

Fontes eletrônicas

PREFEITURA DO RIO. <www.rio.rj.gov.br/web/smh/exibeconteudo?article-id=159877>.

SERVIDOR/SAÚDE-RIO. <www.sms.rio.rj.gov.br/servidor/cgi/public/cgilua.exe/sys/reader/htm/preindexview.htm?editionsectionid=165>.

WIKIPEDIA. Bicêtre Hospital. <http://en.wikipedia.org/wiki/Bic%C3%AAtre_Hospital>. Acesso em: 23 fev. 2012.

Tecendo o urbano:
culturas políticas em xeque

14 Memória em ruínas:
desindustrialização fluminense no limiar do século XX*

Ricardo M. Pimenta

> *Who controls the past controls the future:*
> *who controls de present controls the past*
> [GEORGE ORWELL, 1984]

QUANDO VISITAMOS UM SHOPPING CENTER, raramente nos perguntamos o que havia ali anteriormente, salvo quando as próprias paredes do *shopping* nos causam certa inquietude. Aqueles tijolos eram referentes a quê? E aquela chaminé? O que havia aqui antes? Perguntas como essas são feitas ainda que intimamente por nós mesmos todos os dias quando visitamos um lugar que nos apresenta vestígios, restos que aparentemente se destacam do cenário atual pela incompatibilidade estética ou arquitetônica. *Shoppings*, supermercados, estacionamentos ou instituições de ensino; em muitos lugares encontramos diariamente um Rio de Janeiro que o próprio Rio deixou de preservar por conveniência.

Desde a favelização dos prédios abandonados e terrenos baldios aos "elefantes brancos" que se colocaram no caminho do desenvolvimento urbano, o Rio de Janeiro ainda guarda em seu cenário antigas fábricas, há muito falidas, que hoje são compreendidas apenas como formas de espaços mal aproveitados, que aos poucos vão silenciosamente se apagando entre um dia e outro, sem que percebamos o que de fato esteve e ainda está em jogo. Desenvolvimento? Sim. Crescimento e melhores modelos de urbanização? Claro. Mas está aí também a clara condescendência pública em esquecer uma cidade cujos protagonistas jamais foram de famílias conhecidas e que na ordinária memória pública apenas deram muito trabalho ao Estado.

---

* Este capítulo se apresenta como uma parte da pesquisa de mestrado, realizada durante os anos 2004 e 2006, sobre a memória de trabalhadores têxteis no Rio de Janeiro. Para uma compreensão mais extensa do tema, ver: Pimenta (2012).

Vejamos o caso das fábricas têxteis no Rio de Janeiro. Durante a primeira metade do século XX, o estado do Rio de Janeiro abrigou algumas das maiores produtoras têxteis do país. Destas podemos destacar as companhias América Fabril (presente nos bairros do Andaraí, Caju, Horto, Deodoro e no município de Pau Grande, em Magé), Nova América (no bairro de Del Castilho), Brasil Industrial (em Paracambi), Progresso Industrial (em Bangu), Petropolitana (em Petrópolis), entre tantas outras. No município do Rio, destaque maior para as companhias América Fabril e Nova América, que já estiveram entre as maiores produtoras e exportadoras de produtos têxteis do Brasil.

Se considerarmos que Orwell estava certo ao afirmar que o controle do passado garantiria o controle do futuro, caberá a nós ponderarmos sobre o descaso do próprio Estado brasileiro em acudir muitas indústrias de médio e grande porte cujo passado recente pudesse ser associado a imagens ora "inapropriadas", ora potencialmente subversivas, como foi o caso do setor têxtil e de seu operariado. Setor que, assim como outros característicos da indústria "tradicional" brasileira, como o da madeira, de alimentos e bebidas, foi gradativamente abandonado pelo Estado durante os anos 1960, 1970 e 1980. E a companhia América Fabril, nesse caso, merece algum destaque. Uma das maiores companhias têxteis da América Latina, que se concentrava em várias regiões do Rio de Janeiro e que desde 1964 passava a ser dirigida por Fernando Gasparian. Empresário de contornos nacionalistas claros, Gasparian trazia consigo sinais evidentes do pensamento nacional democrático que marcou parte da esquerda brasileira ainda durante os primeiros anos da década de 1960, crescendo consideravelmente no cenário político do governo João Goulart. Entretanto, a história da América Fabril não começa daí.

América Fabril e Nova América: início, meio e fim

A companhia América Fabril tem seu início marcado por volta do ano 1878 como uma simples fábrica-fazenda na região de Magé, no município de Pau Grande. Sua localização favorável, em relação à mão de obra e ao espaço físico, possibilitou rapidamente seu desenvolvimento e diversidade de produção.

Em 1891, a América Fabril adquire a fábrica Cruzeiro na região do Andaraí Grande,[1] freguesia do Engenho Velho. O fato é que, em um período de aproxima-

---

[1] O Andaraí Grande abrangia parte do que hoje constitui a Tijuca e parte de Vila Isabel, além do bairro do Grajaú. A fábrica Cruzeiro localizava-se no quarteirão que hoje abrange não só uma agência central do Banco do Brasil como uma agência da Caixa Econômica Federal e um condomínio chamado pelos

damente 10 anos, a companhia América Fabril viria a multiplicar seu capital em grandes proporções, pois se expandiria rapidamente. Sendo inicialmente composta pelas fábricas Pau Grande e Cruzeiro, em 1903 adquiriria também a fábrica Bonfim, situada no atual bairro do Caju,[2] na zona portuária, colocando-se entre as 10 maiores indústrias têxteis brasileiras.

A compra da fábrica Bonfim pela companhia América Fabril foi seguida de uma melhora de sua infraestrutura. Assim, com mais um ponto de produção e, além disso, um ponto de embarque e desembarque, a companhia viria a se ampliar, ocasionando, mais tarde, a compra dos terrenos vizinhos e de construções inacabadas para estabelecer ali uma futura expansão e criação de sua próxima fábrica: a Mavilis, talvez a mais moderna fábrica de fiação e tecelagem da época (Weid, 1995:14).

A Mavilis tornou-se detentora dos mais modernos equipamentos de fiação na época e marcou-se pela entrada do inglês Mark Sutton[3] em um cargo especial de Diretoria Técnica da companhia América Fabril. Logo após, a companhia atingiria o primeiro lugar em todos os quesitos, colocando-se à frente de todas as suas concorrentes (Weid e Bastos, 1986). Mas não pararia por aí. No início da década de 1920, a América Fabril acabou adquirindo outra fábrica, a Carioca. Localizada à rua Dona Castorina,[4] ficava atrás do Jardim Botânico.

Os primeiros anos da década de 1920, entretanto, foram de divergências na Diretoria da companhia. Em 1923, um grupo de acionários estabeleceu um "mal-estar" ao se chocar com outro grupo, também de dirigentes, que foi contra a aquisição da fábrica Carioca, anteriormente, e contra também uma proposta de aumento do capital e reforma de estatutos. O grupo que propusera as reformas se demitiu em 4 de março de 1923.[5] Segundo Weid e Bastos:

> Os membros demissionários da administração e seus familiares foram aos poucos vendendo suas ações [...] Mark Sutton e Alves Bebianno investiram seu capital em nova empresa de fiação e tecelagem, a Companhia Nacional de Tecidos Nova América S.A.

---

moradores locais de "Tijolinho". Além desses imóveis, outros residenciais e restaurantes ocupam a área localizada entre as ruas Barão de Mesquita, Barão de São Francisco e Teodoro da Silva.

[2] Situada no bairro do Caju, anteriormente tido como freguesia de São Cristóvão.

[3] Mark Sutton veio ao Brasil na segunda metade do século XIX. Trabalhou nos maiores centros industriais cariocas, como fábrica Bangu, companhia América Fabril e mais tarde em sua própria companhia, fundada em sociedade com Afonso Bebianno, a Companhia Nacional de Tecidos Nova América, em 1924. Foi fundador também da White Martins S.A., empresa de oxigênio.

[4] Hoje rua Pacheco Leão, no bairro carioca do Jardim Botânico.

[5] Notícia publicada no *Jornal do Commercio*, 4/3/1923. Disponível na Biblioteca Nacional, no setor de periódicos.

[...] à qual se associaram, além das famílias Sutton, Bebianno e Bulhões, vários dos antigos sócios da Carioca [Weid e Bastos, 1986:115].

Foi então que, em 1924, uma "cisão" na diretoria da companhia América Fabril criou a Companhia Nacional de Tecidos Nova América S.A., cuja fundação oficial se deu no dia 18 de janeiro desse ano. Localizada à rua de São Pedro, 67, a reunião deliberativa para a aprovação dos estatutos, eleição da diretoria, conselho fiscal e suplentes marcou a fundação daquela nova companhia têxtil, que atuaria pelas próximas décadas no cenário industrial brasileiro.

A criação dessa companhia e a construção de sua primeira unidade fabril foram acompanhadas por diversos jornais da época, os quais a consideravam a fábrica mais moderna — em 1924 — de que se tinha notícia no Rio de Janeiro. O nome da primeira fábrica — mais tarde chamada de "fábrica velha" — foi fábrica Domingos Bebianno.

A companhia Nova América tinha como área de sua propriedade terrenos da estação de Del Castilho, da estrada de ferro auxiliar, da estação Liberdade e da estrada de ferro Rio d'Ouro, em Inhaúma. Sua primeira fábrica ocuparia uma área na antiga avenida Suburbana, hoje avenida Dom Helder Câmara, começando do antigo nº 1122.

Segundo o *Jornal do Commercio*, sua composição estava calculada em cerca de pouco mais de mil teares e outras máquinas, todas importadas da Inglaterra.[6] Não obstante, a companhia detinha outros terrenos, como na região do Rio Comprido — idealizados para a criação de novas fábricas —, além de regiões ao redor da fábrica Domingos Bebianno em Del Castilho, para a construção de moradias para o futuro operariado.

Os anos se passaram e as duas companhias têxteis continuaram a crescer não somente em proporções físicas como econômicas. Durante a década de 1950, por exemplo, era concluída pela companhia América Fabril a compra de mais uma unidade têxtil: a companhia de tecidos de linho Sapopemba, a qual seria então renomeada como fábrica Deodoro. Essa expansão, no entanto, figurou como a última da companhia América Fabril.

Seu parque tecnológico já não era suficiente para reestruturar todas as suas unidades industriais; tal fato se mostraria patente poucos anos depois, quando algumas fábricas começariam a fechar suas portas em razão da perda de mercado não só para a indústria paulista — mais modernizada e com produtos e fibras

---

[6] Extraído do *Jornal do Commercio*, 8/3/1924. Disponível no Acervo Particular da Companhia Nova América.

novos —, como para todas as outras que investissem em novas tecnologias. Ao que parece, a América Fabril também não deixou de investir na tecnologia de sua produção; entretanto, sua ramificação e extensão — em razão do grande número de fábricas — acabaram por deixá-la "lenta" no novo cenário de reestruturação e flexibilidade do trabalho, tempo e espaço.

Em contrapartida, no ano 1961, a nova unidade da companhia Nova América, Fonte Limpa, localizada em Duque de Caxias, finalmente passou a funcionar totalmente. Sua produção aumentara e jogava a Nova América em uma posição diferenciada da América Fabril, que experimentava um processo de decadência sem igual em sua história, levando-a a fechar algumas de suas unidades. Ao direcionar parte de sua produção, como o beneficiamento do tecido, alvejamento, tintura, para o interior com instalação de nova unidade, a Nova América não só qualificava mais ainda sua produção como resolvia o problema do abastecimento de água, que se tornava dispendioso demais na cidade do Rio de Janeiro, em termos de uma indústria têxtil.

Diferentemente da América Fabril, só agora a Nova América se expandia. Além do mais, no regime militar dos anos 1960, igualmente garantiria que o operariado daquela região estivesse menos exposto à propaganda "subversiva" que era combatida fortemente nos centros urbanos.

Quanto à América Fabril, à mesma época vivia um processo que, aliado a uma crise de nível nacional, na produção têxtil, juntamente com o crescimento urbano, deflagrava seu processo degenerativo. Sua unidade do Jardim Botânico — fábrica Carioca — foi desativada já em 1962, sendo demolida em 1964. Vale lembrar que, no mesmo ano do golpe militar, apagar o espaço da fábrica Carioca era "limpar" o "lugar comum", ou seja, um espaço fabril onde era notória a presença, desde meados de 1920, de simpatizantes do Partido Comunista. Foi rapidamente desmembrado e vendido para o mercado imobiliário, no qual boa parte do terreno também fora vendida para a então Rede Globo de Televisão (Weid e Bastos, 1986:267).

De fato, após o golpe civil-militar em 1964, não nos escapa hoje a característica evidente de que símbolos, lugares, grupos e instituições que poderiam se fortalecer politicamente durante o período Goulart precisavam ser "esvaziados" do rol de representações e exemplos de governo que se alinharia ao modelo do regime, por quaisquer meios. A Carioca foi, durante considerável tempo, um símbolo, um lugar comum de concentração de trabalhadores, operários ligados ao comunismo. O reduto, inclusive chamado de "Gávea Vermelha", foi rapidamente debelado quando do fechamento da fábrica, por meio da especulação imobiliária e da indiferença do Estado em preservar qualquer coisa que remetesse à memória da classe trabalhadora que ali se erigira nas décadas anteriores.

Em 1968, a maior unidade da companhia América Fabril, fábrica Cruzeiro (localizada entre os bairros do Andaraí, Vila Isabel e Grajaú), foi finalmente desativada quase por completo e desmembrada entre credores como Banco do Brasil, Caixa Econômica Federal e Banco Nacional de Habitação. Em seu terreno, quase tudo foi demolido e dividido entre estatais que trataram de instaurar uma nova ordem e função naqueles locais. Hoje, parte de sua área é ocupada pelo Banco do Brasil, pela Caixa Econômica Federal e por um condomínio residencial de prédios, cuja construção se deu anos depois — por meio do financiamento do BNH —, chamado de "tijolinho" pelos moradores do bairro. Esse condomínio, entretanto, apresenta uma fachada de tijolos vermelhos que, ao morador mais antigo, faz lembrar a antiga fábrica.

Foto 1. Condomínio Solaris da Torre, no terreno da fábrica Cruzeiro. Em primeiro plano, é possível ver a torre do relógio com a data de fundação de 1895. Ao fundo o condomínio chamado de "Tijolinho". Foto de Ricardo M. Pimenta (jun. 2005).

No bairro do Caju, as fábricas fecharam suas portas para nunca mais abrir, deixando dezenas de famílias desempregadas. Os prédios da Mavilis e da Bonfim ficaram por anos inertes, sendo degradados pelo tempo.

As unidades ainda em funcionamento restringiam-se apenas às fábricas Santana, em Pau Grande, e Deodoro, no bairro de mesmo nome. Passando por períodos de concordata e troca de dirigentes, essas unidades funcionaram até meados de 1983, quando foram vendidas para o grupo MultiFabril.[7]

Foto 2. Portões da fábrica Pau Grande fechados definitivamente para operários da América Fabril (*Correio da Manhã*, 1971).

Quanto à companhia Nova América, localizada no bairro de Del Castilho, no subúrbio carioca, mesmo em meados dos nos anos 1960 já apresentava grave estado econômico, proveniente da entrada dos produtos chineses e japoneses no mercado têxtil. Para a Nova América, que havia cogitado unir capital com uma empresa têxtil japonesa no ano 1964,[8] o crescente cenário de crise no setor vivido nos anos seguintes levou a pique seus planos. Empréstimos e estratégias

---

[7] Grupo empresarial têxtil ligado ao grupo Cataguazes-Leopoldina.

[8] *Livro de atas da reunião da diretoria e conselho fiscal S.A. Cia. Nacional de Tecidos Nova América*, 14/9/1964.

promovidos pela companhia não conseguiram devolvê-la o auge dos anos 1940 e 1950. Os anos 1970 foram de queda vertiginosa na produção e na contratação de mão de obra. Com sua falência em 1984, a Nova América — em sua "morte" institucional — acabaria por se encontrar com parte de sua "origem", sendo adquirida pelo grupo MultiFabril, o mesmo que havia comprado há alguns anos as fábricas da companhia América Fabril, sua predecessora e rival desde meados dos anos 1920.

Esse retrato não se restringiu apenas ao setor têxtil. Fábricas de diferentes produtos, com milhares de trabalhadores, estiveram presentes no Rio de Janeiro em diferentes bairros, mas, em sua grande maioria, foram apagadas da paisagem urbana enquanto em seu vácuo formavam-se favelas acompanhadas por uma clivagem social ascendente marcada pela desigualdade e pobreza. O lugar comum, de trabalho e produção, em que a identidade coletiva do operário urbano encontrava eco, encerrou-se em muitos casos de um dia para o outro. Centenas de desempregados passavam a orbitar um centro, antes vivo e pulsante, esvaziado.

Degradação e esquecimento: fábricas e trabalhadores em ruínas

O arrefecimento das fábricas urbanas cariocas causou uma falência de seu entorno. Nos anos 1970, dependendo da localização, muitas vilas e prédios fabris foram ao chão para dar lugar a uma nova classe que crescia e se reproduzia: a classe média consumidora.

Em outros casos, a região não recebia investimentos. As famílias de antigos trabalhadores tampouco logravam se mudar, no intuito de perseguir uma melhor forma de vida, e a favelização tornava-se um processo quase natural. Um grande exemplo disso é o retrato do que se tornou o bairro do Jacaré ao longo dos anos 1980, na zona Norte do Rio de Janeiro (cf. Thiago, 2007). Apesar de ter se beneficiado por concentrar um tipo de indústria como a metalúrgica, metalmecânica, elétrica, entre outras, que prosperaram fortemente desde fins dos anos 1950, ainda no governo Kubitscheck, em detrimento daquelas tradicionais, o fato é que para aquelas indústrias que se localizavam de fora da crescente corrida tecnológica o espaço na produção nacional se tornaria cada vez menor. Produzia-se e contribuía-se cada vez menos para o produto interno bruto (PIB). Essas indústrias acabariam se prejudicando com a crescente dívida externa brasileira, que já nos anos 1980 levaria muitas delas ao abismo da falência.

Os momentos de falência e de encerramento das atividades fabris têxteis na zona urbana do Rio de Janeiro denotam veementemente as mudanças ocorridas nos espaços do trabalho urbano após os anos 1960, de modo que novas significações e sentidos vieram a ser atribuídos pelas relações contemporâneas e suas mudanças de estruturas. E é nesse discurso que desenvolveremos esta seção.

De fato, as mudanças ocorridas no espaço das cidades, de maneira geral, têm modificado diversas estruturas sociais, econômicas e políticas que ali se inseriam. O antigo cenário, da forma que muitos de seus velhos habitantes o conheciam, apagou-se ou se transformou em um novo conjunto de símbolos e funções, tornando possível e mais contundente um "desenraizamento" (Weil, 1996) não só no plano econômico e social como no aspecto físico daqueles atores que ali se identificavam. Nesse sentido é que consideramos como elemento fundamental para o desaparecimento social do homem (Arendt, 2003:61) a mudança do espaço no processo de "desmapeamento" (Abreu e Chagas, 2003:13) de seus grupos.

Com o fechamento das primeiras unidades da América Fabril em 1962 e 1968 — respectivamente, a Carioca no Jardim Botânico e a Cruzeiro no Andaraí —, houve nas demais unidades da companhia um "inchamento" de seu operariado. Algumas das fábricas passaram a funcionar durante a noite e de madrugada para, assim, aproveitar seu excedente de mão de obra que, àquele momento, já sofrera cortes expressivos.

Tal cenário não se dispôs de forma isolada. Em ata da diretoria da Nova América, à mesma época, o ponto central de discussão se tornou o "caráter epidêmico"[9] gerado pelas dificuldades financeiras vividas no campo da indústria têxtil nacional.

Por tais maneiras, os operários precisavam se adaptar às mudanças que haviam chegado de forma contundente. Após trabalhar por mais de 20 anos na fábrica Cruzeiro, dona Noêmia foi transferida para a fábrica Mavilis no Caju. Seu estranhamento com o espaço de trabalho e com o maquinário mais antigo, entretanto, não era compartilhado na fala do operário "original" da Mavilis.

Dona Sílvia, operária das unidades do Caju, aponta para aquele momento, como um marco responsável pelas mudanças futuras na fábrica: "Quando começou a vir esse pessoal de fora, aí começou, sabe?".[10] Naquele momento, a luta pelo espaço, ainda que protagonizada entre os próprios funcionários da companhia, já classificava uma disputa entre os primeiros ocupantes daquele local e os *outsiders* (Elias e Scotson, 2000), companheiros de classe que começavam a dividir o tempo de trabalho e suas máquinas:

---

[9] Extrato das *Atas de reunião de diretoria*, 27/4/1965. Acervo particular Nova América.
[10] Entrevista com dona Sílvia Ministério, aposentada, ex-operária da companhia América Fabril, unidade de Caju (Bonfim e Mavilis); concedida ao autor em 16/2/2005.

[...] começou a fechar lá no Andaraí, a fábrica do Andaraí, aí vinham "pra" cá. Vieram "pra" cá, aí começou a trabalhar dia e noite; aí já não era por causa de guerra, não... [...] eles vieram, sabe, não eram, eles vieram, não eram muito legais com a gente não, sabe?... Por que os teares, a gente tem que deixar eles arrumadinho, preparadinho, né? "pra" outro chegar e, e... geralmente, sempre quando a gente chegava um tinha rombo, sabe? [...] eles não estavam acostumados com o nosso trabalho... com, com os teares daí, né? Que eles vinham de lá, né? [...] parece que eles vinham revoltado; aí... a gente é que pagava o pato, sabe?[11]

Assim como a Cruzeiro, as fábricas Mavilis e Bonfim seguiram a mesma lógica de um desaparecimento programado. Essas fábricas vizinhas, às margens da baía de Guanabara, da zona portuária do bairro do Caju, foram completamente demolidas até o chão, ao passo que seus terrenos passaram a ser utilizados para depósito de contêineres.

Foto 3. Terreno da antiga fábrica Mavilis (América Fabril) no bairro do Caju, Rio de Janeiro. Foto de Ricardo M. Pimenta (jan. 2005).

Desde então, os moradores de uma das antigas vilas operárias que havia ali passaram a conviver com o barulho dos guindastes e a paisagem de blocos de aço coloridos que cercam sua vila. Não há quaisquer outros restos das fábricas de

---

[11] Ibid.

tecidos que não sejam os antigos muros das fábricas e eles mesmos, além de sua vila e a memória de um lugar apagado.

[...] foi mudando tudo, né? Num instante, em 69 [1969], a fábrica fechou; aí ficou um terreno vago aí; tantos anos! Era, ficou tudo jogado... [O entrevistador pergunta: — A fábrica foi demolida logo?] Não! Levou mais, mais de 15 anos! Mais de 15 anos; tudo parado aí, depois é que botaram tudo abaixo.[12]

Esse cenário também está presente no bairro de Deodoro, onde uma das fábricas da América Fabril — de mesmo nome que o bairro — só é reconhecida pela chaminé e pela fachada ainda de pé, que, juntamente com o imponente relógio, se mantém em silêncio diante da favelização crescente daquela região.

Foto 4. Fachada da fábrica Deodoro (América Fabril) no bairro de mesmo nome. Foto de Ricardo M. Pimenta (jun. 2005).

Do mesmo modo que as unidades apontadas aqui, o "apagamento" da fábrica Cruzeiro — já mencionado — do cenário urbano compôs esse mesmo quadro sintomático de desindustrialização. Entretanto, alguns fatores conferiram ao caso da fábrica Cruzeiro características singulares.

[12] Ibid.

Atualmente, apenas algumas casas de suas vilas operárias se mantêm como os últimos "restos" daquelas "aldeias urbanas" (Burke, 2002:84) tão características do local. De modo que a presença daquelas indústrias imprimiam em sua população, e no espaço que a tangenciava, as experiências que no cotidiano e no trabalho formavam sua dinâmica.

Seja pela urbanização modernizadora e pelo arquiteto/sociedade "maestro" dos processos de "roseamentos" (Jeudy, 1990) da memória, seja pela opinião comum de grupos locais, a permanência desses vestígios continua, ainda, a suscitar questionamentos sobre seu processo mantenedor e sobre a dialética da destruição criadora a que a sociedade contemporânea está atrelada.

Esse é o caso da Nova América, uma vez que, após seu fechamento, em 1995, era inaugurado em suas antigas dependências o *shopping* de mesmo nome. A "casca" de tijolos vermelhos abrigaria um novo espaço social e de trabalho em que o chão de fábrica dá lugar a um conjunto de lojas, células destinadas à satisfação individual pelo consumo e estética, tornando o lugar de produção submisso ao produto, na prática do consumo, além de prover as reinscrições dos espaços como reflexo das mudanças societárias e de seus cenários (Santana, 1998).

No *shopping center*, o luxo, o entretenimento e a beleza de suas dependências têm como germe as "passagens" parisienses da segunda metade do século XIX. As mudanças ocorridas pela instituição do *shopping* ainda assim não afastam a "fantasmagoria" presente entre o espaço físico da fábrica e seus antigos operários, embora o local possa reescrever-se por temporalidades e formas sociais distintas, marcando sua capacidade de mutabilidade (Bourdin, 2001:44-45).

Diferentemente do processo realizado no Centro urbano do Rio de Janeiro, as fábricas que se localizavam nas zonas rurais — como as regiões de Magé e Cachoeira Grande, por exemplo — foram mais atingidas pelo abandono, em grande parte em razão da menor velocidade com que o próprio cenário rural impôs a si e a seus atores com a urbanização e suas mudanças constantes, que desempenhou o processo degenerativo daqueles espaços industriais cujos restos ainda permanecem ao sabor do tempo (Jeudy, 1990:126).

Na pesquisa de campo, após contato com as ruínas da fábrica em Cachoeira Grande,[13] responsável pelo tratamento dos tecidos trabalhados e confeccionados na unidade de Pau Grande, à qual estava ligada pela linha férrea, tornava-se claro o quanto essas ruínas que se decompunham entre a vegetação e a ferrugem formavam para a população local sua história, identidade e sua própria orientação do espaço (Bosi, 2003a:73-75).

---

[13] No município de Magé, Cachoeira Grande era uma unidade pequena de alvejamento da companhia América Fabril, responsável pelo tratamento dos tecidos trabalhados e confeccionados na unidade de Pau Grande.

Foto 5. A presença de vegetação e a ausência do teto mostram o atual estado de ruína da unidade de Cachoeira Grande. O revestimento de telhas já não existe. Todo o metal que estava ao alcance foi tirado; a vegetação recria o espaço de tijolos. Foto de Ricardo M. Pimenta (ago. 2004).

Foto 6. Fachada externa da unidade de alvejamento de Cachoeira Grande. Foto de Ricardo M. Pimenta (ago. 2004).

Chaminés, altas e extensas paredes, reservatórios de ferro e aço, tanques profundos, barragens e açudes compunham parte do que era a fábrica; e, apesar das ruínas, das depredações e da vegetação que junto ao tempo tornaram-se implacáveis, a imagem da fábrica de tecidos ainda resiste por meio das lembranças de poucos moradores da região.

Nesse processo, os antigos espaços fabris protagonizam, portanto, esse episódio de "crise", inflamada pela memória e identidade, entre passado e futuro, em que lembrar se torna um ato de resistência contra a dissolução total do espaço.

A memória está justamente no "jogo" entre essa ameaça de desaparecimento iminente e a permanência de seus traços. A "ameaça" do esquecimento, que acontece de fato, está no processo de "mudança" ocorrido nos espaços físicos e sociais; em que seus agentes tentam "gerir" suas representações, símbolos e patrimônios.

Esses patrimônios se apresentam em meio à velocidade contemporânea como em tempos de "angústia" (Le Goff, 2003:469), relacionada com o passado, suas formas de representação e discursos presentes em nossa sociedade; compondo-se, dessa forma, uma nova classificação de patrimônio no Brasil.

A fábrica como patrimônio industrial

Os antigos espaços fabris protagonizam, ainda hoje, o embate fruto de uma "crise" entre o que representa o passado e aquilo que se torna um projeto de futuro margeado pela práxis do esquecimento e da dissolução do espaço.

O estudo e a investigação do patrimônio industrial no Brasil iniciam-se antes da difusão da disciplina de arqueologia industrial no país, que ocorreu durante a década de 1970. Pode-se dizer, porém, que as pesquisas e a preservação do patrimônio industrial no Brasil são ainda incipientes, e seu campo teórico, metodológico e prático para o conhecimento sobre o patrimônio industrial está ainda disperso em esforços isolados e pouco difundidos. O patrimônio industrial deve ser considerado parte integrante do patrimônio cultural em geral.

Falar do patrimônio industrial, portanto, é tratar de uma mudança profunda nas estruturas simbólicas compartilhadas pelos grupos sociais (Bourdieu, 1997:163), nas quais se incluem esses espaços instituídos pelo trabalho e para o trabalho, e, nesse ínterim, da necessidade de interpretá-los como um *locus* representativo das relações sociais ali instituídas, as quais singularizam determinado grupo em que a técnica, o trabalho, a resistência e as conquistas compuseram, e historicizam, um dos alicerces da sociedade contemporânea: a industrialização.

Tal categoria de patrimônio pode ser constituída pelas máquinas, objetos e locais referentes ao todo do conjunto arquitetônico fabril, caracterizando, assim, todo o espaço da fábrica e seus apêndices, como vilas operárias, açudes, muros, chaminés, galpões, tetos e estruturas. Dessa forma, são esses objetos e imagens que marcam um conjunto de traços simbólicos e materiais em que atividades produtivas realizadas pelo homem apontam um cenário singular das relações sociais ali constituídas, tendo a prática do trabalho como sua linha mestra.

As companhias e suas respectivas fábricas aqui estudadas não poderiam deixar de ser entendidas como um lugar comum àquela classe operária e, assim, como um "território do homem" (Mendonça, 1992:52), que, juntamente com a ideia de patrimônio industrial, vem sendo comumente usado de maneira fértil como cenário da criação dos "ecomuseus".

Estes têm na interação da população com o espaço da antiga fábrica, ou seja, nas "relações locais" (Evrard, 1980:228) que ali se desenvolveram, uma "ruptura da musealização clássica" associada à "fragmentação da noção de patrimônio" (Jeudy, 1990:35-36) e uma relativização do espaço, compostas pelos antigos lugares de atividades e trabalho juntamente com a população local e o trabalho de pesquisa multidisciplinar.

No ritmo do progresso aliado à "limpeza" e ao "roseamento" (Jeudy, 1990:19) da memória — como o caso dos *shoppings*-fábricas", cada vez mais comuns nas cidades —, ou ao abandono dos prédios industriais à própria natureza, o fato é que nesses locais alguns desses grandes complexos fabris — característicos pelas relações sociais, modos de vida, signos e práticas — foram quase em sua totalidade apagados.

Ou seja, enquanto alguns desses centros industriais, de quase 100 anos, têm sido extirpados, de um cenário urbano principalmente, outros vêm sendo transformados em ruínas; ou, ainda, "reestabelecidos" no espaço social com uma nova leitura e propósito.

Ainda assim, em todos esses casos há uma ação de resgate e preservação de um conjunto simbólico ou de outro. Estes exprimem, portanto, relações e representações sociais instituídas em determinados espaços-tempo por determinados personagens. Um pouco mais ou um pouco menos, todos engendram "sítios" muito singulares de uma "arqueologia industrial" no palco da contemporaneidade que inflige mudanças de seus símbolos, significados e ações.

Ao falar dessa "arqueologia industrial", é importante que possamos refletir sobre a importância do patrimônio nessa categoria. Se o exercício arqueológico soa um tanto desconexo de seu propósito primário, uma vez que sua prática se volta para os resquícios do cenário industrial característico dos séculos XIX e XX, aqui nos parece muito apropriado, já que é na interação com esses "restos" que, em razão da constante inovação tecnológica e das mudanças do cenário socioeconômico, se tornaram "antigos".

Um "lugar de memória", aqui visto como bairros e ruas reconstruídas; condomínios renomeados; ruínas em meio à vegetação ou mesmo *shoppings* e lojas — todos têm em comum a antiga presença dos grupos de trabalhadores.

Dessa forma, o patrimônio industrial, como uma nova categoria, vem se localizando nessa mesma dinâmica em que simboliza e representa os grupos e as "histórias de vida" de muitos de seus membros, ao mesmo tempo que os forma e baliza suas identidades por meio de uma memória local e do espaço coletivo.

As condições do patrimônio industrial no Brasil vêm sendo alvo de estudos cada vez mais empenhados por meio do Comitê Brasileiro de Preservação do Patrimônio Industrial.[14] Essas questões referentes ao patrimônio industrial vêm sendo tratadas também no cenário internacional por diversos organismos, como: Instituto Português do Patrimônio Arquitectônico,[15] European Federation of Associations of Industrial and Technical Heritage[16] e The International Committee for the Conservation of the Industrial Heritage (TICCHI).[17]

Não é de hoje que antigos territórios e regiões urbanas, insufladas pelas atividades industriais e seus demais postos de trabalho, se degradam ou até mesmo se apagam econômica e socialmente de forma radical; "em qualquer metrópole contemporânea, temos a impressão de ver muitas cidades diferentes: a dos birôs, a das velhas fábricas, a dos imigrantes, e da economia subterrânea principalmente" (Bourdin, 2001:63).

O espaço de fato tem vínculo importante com a formação da identidade social e com a memória no âmbito coletivo e individual. Para um Rio de Janeiro de outros tempos, ora composto por uma classe trabalhadora, as últimas décadas escolheram extirpar de sua identidade histórica o Rio operário; suas chaminés e muros interpretados a cada dia com mais indiferença. Assim, a deliberação do que merece permanecer como parte da história e o que se torna dispensável redefine o próprio espaço urbano, que não pode encontrar empecilho à modernização de uma cidade como o Rio de Janeiro — mesmo que esse empecilho seja nossa própria história.

---

[14] Presente no Departamento de História da Universidade Estadual de Campinas (Unicamp).
[15] Disponível em: <www.ippar.pt/>.
[16] Disponível em: <www.e-faith.org/>.
[17] Disponível em: <www.mnactec.com/ticcih/>.

Referências

ABREU, Regina; CHAGAS, Mario (Org.). *Memória e patrimônio*: ensaios contemporâneos. Rio de Janeiro: DP&A, 2003.

ARENDT, Hannah. *A condição humana*. Trad. Roberto Raposo. Posfácio Celso Lafer. 10. ed. Rio de Janeiro: Forense Universitária, 2003.

BOSI, Eclea. *Memória e sociedade*: lembrança de velhos. 10. ed. São Paulo: Companhia das Letras, 2003a.

_____. *O tempo vivo da memória*: ENSAIOS DE PSICOLOGIA SOCIAL. SÃO PAULO: ATELIÊ EDITORIAL, 2003b.

BOURDIEU, Pierre. Efeitos de lugar. In: *A miséria do mundo*. 5. ed. Petrópolis: Vozes, 1997.

BOURDIN, Alain. *A questão local*. Trad. Orlando dos Santos Reis. Rio de Janeiro: DP&A, 2001.

BURKE, Peter. *Teoria e história social*. São Paulo: Unesp, 2002.

CORREIO DA MANHÃ. *Fábrica Pau Grande fecha as portas*. Rio de Janeiro: Fundo Correio da Manhã/Arquivo Nacional, 1971.

ELIAS, Nobert; SCOTSON, John L. *Os estabelecidos e os outsiders*: sociologia das relações de poder a partir de uma pequena comunidade. Rio de janeiro: Jorge Zahar, 2000.

EVRARD, Marcel. Le Creusot — Montceau-les-Mines: la vie d'uné comusée, bilan d'une décennie. *Museum*, Paris: Unesco, v. 32, n. 4, 1980.

JEUDY, Henri-Pierre. *Memórias do social*. Trad. Márcia Cavalcanti. Rio de Janeiro: Forense Universitária, 1990.

LE GOFF, Jacques. *História e memória*. 5. ed. Campinas: Unicamp. 2003.

MENDONÇA, Eliana Rezende Furtado de. Ecomuseu: a guarda da memória coletiva. In: I ENCONTRO INTERNACIONAL DE ECOMUSEUS. *Anais...* Rio de Janeiro: Secretaria Municipal de Cultura, 1992.

PIMENTA, Ricardo M. *Retalhos de memória*: lembranças de operários têxteis sobre identidade e trabalho. Jundiaí: Paco Editorial, 2012.

POZO, Paz Benito del. Patrimonio industrial y cultura del territorio. *Boletín del A. G. E. (Associación de Geógrafos Españoles)*, n. 34, 2002.

SANTANA, Marco Aurélio. Trabalho, identidade e política no plural: a síntese possível para além dos fragmentos. *Revista Proposta*, n. 76, p. 54-56, mar./maio 1998.

THIAGO, Cristiane Muniz. *Rio de Janeiro operário*: memórias dos trabalhadores do bairro do Jacaré. Dissertação (mestrado) — PPGMS, Unirio, Rio de Janeiro, 2007.

WEID, Elisabeth von der. *Fontes documentais para a história de empresas têxteis no Rio de Janeiro*: estudo de um caso. Rio de Janeiro: Fundação Casa de Rui Barbosa, 1995.

_____; BASTOS, Ana Maria Rodrigues. *O fio da meada*: estratégia de expansão de uma indústria têxtil. Rio de Janeiro: Fundação Casa de Rui Barbosa/Confederação Nacional da Indústria, 1986.

WEIL, Simone. *A condição operária e outros estudos sobre a opressão*. 2. ed. Rio de Janeiro: Paz e Terra, 1996.

15 Praia do Flamengo, 132:
entre história e memória
Angélica Müller

"LUGAR DE MEMÓRIA" POR EXCELÊNCIA, a Praia do Flamengo, 132, foi e "é" palco das principais disputas da União Nacional dos Estudantes (UNE) enfrentadas ao longo de sua história, de boa parte de seus "feitos", suas "glórias", de eventos que marcaram a vida nacional (como a cadeia da legalidade, a vinda do astronauta Iuri Gagarin e a criação do Centro Popular de Cultura [CPC]). Local de imortalizar a morte e materializar o imaterial, para empregar a expressão de Pierre Nora (1997:38), a Praia do Flamengo, 132, é ponto fundamental quando se trata da construção da identidade da UNE e do uso político que a entidade faz de seu passado.

    O objetivo deste capítulo é refletir sobre quatro momentos-chave, que considerei importantes, para estruturar um modelo de ligação entre história e memória e como ele se apresenta. As memórias (mesmo com toda a subjetividade e possíveis anacronismos inerentes a seu ato) daqueles que presenciaram direta ou indiretamente os acontecimentos que marcaram essa história, ou melhor, essas histórias, serão a base para o trabalho aqui apresentado. A narrativa, então, será guiada pelas lembranças dos próprios atores em momentos distintos, a saber: a conquista da sede, o golpe civil-militar e o incêndio, a demolição do prédio pelo governo militar e a retomada do terreno pela entidade. Os depoimentos de expoentes da militância estudantil utilizados ao longo do trabalho foram realizados no âmbito do Projeto Memória do Movimento Estudantil entre os anos 2004 e 2005 e estão disponíveis em seu *site*.

A conquista da sede

A UNE teve suas origens em um Conselho da Casa do Estudante do Brasil, em 1937, mas somente em 1938 a entidade foi estruturada pelos estudantes e, então, realizado o pedido de oficialização por parte do governo de Getúlio Vargas. Em 11 de fevereiro de 1942, o Decreto-lei nº 4.104 reconhecia a União Nacional dos Estudantes como entidade coordenadora dos corpos discentes dos estabelecimentos do ensino superior. A sede inicial da UNE era na própria Casa do Estudante, que, por seu "espírito", não fomentava questões políticas. Ana Amélia Queiroz Carneiro de Mendonça, presidente da Casa do Estudante, passou a ter uma relação complicada com a associação[1] estudantil recém-fundada. As divergências entre as duas entidades tiveram como consequência a expulsão da UNE daquele espaço. Assim, a entidade passou alguns anos sem sede fixa.

Com a declaração de guerra ao Eixo, cuja pressão inicial para o posicionamento brasileiro teve participação estudantil com as manifestações de massa pró-aliados, a política de nacionalização de Vargas foi posta em prática com o intuito de terminar principalmente com os núcleos de origem alemã, italiana e japonesa no país. Foi nesse ínterim que o Clube Germânia, localizado na Praia do Flamengo, 132, foi fechado pelo governo e "tomado" pelos estudantes. A partir de então, o histórico edifício tornou-se a sede da UNE e palco de inúmeras manifestações políticas e culturais.

As interpretações e as disputas de memória começaram na maneira como foi cedido o prédio por parte do governo. José Gomes Talarico (na época presidente da Confederação Brasileira de Desporto Universitário [CBDU]) relatou que, quando do fechamento do Clube, ele, o presidente da UNE, Luís Pinheiro Paes Leme, e Airton Diniz (secretário) escreveram uma petição pedindo ao presidente Vargas a ocupação do Clube Germânia por parte da UNE. De posse do documento, foram até o presidente, que despachou favoravelmente o pedido. Nas palavras de Talarico: "Getúlio, em vez de mandar prosseguir o processo, na mesma hora o tomou e pôs: 'Sim, Getúlio Vargas.' Com isso, nos devolveu [a petição] e fomos ao ministro da Educação" (Talarico, 2004). Já Hélio de Almeida, sucessor de Paes Leme na presidência da UNE, apresentou outra versão:

---

[1] Acredito que a UNE possa ser entendida como uma associação que atua na esfera política. Para um aprofundamento da questão e do conceito de associação em política, ver a tese de doutorado: Müller (2010).

Um grupo composto pelo Paes Leme, por mim, que era Presidente do DCE da UB, pelo José Gomes Talarico e os dois filhos de Oswaldo Aranha, o Vavau Aranha e o Euclides Aranha Neto, fomos ao Clube Germânia, procuramos seus diretores, dissemos-lhes que a UNE ia se instalar naquele edifício, e que nós dávamos cinco dias para o Clube Germânia evacuar o edifício de modo próprio e sem qualquer atribulação. Agora, se ao fim de cinco dias chegássemos e os encontrássemos ainda no edifício íamos trazer umas centenas de estudantes para botar todos os móveis na rua. [...] Felizmente, chegamos depois de cinco dias e o prédio estava inteiramente desimpedido [Barcellos, 1997:20].

Ainda segundo Hélio de Almeida, somente depois da ocupação os dirigentes foram até o ministro:

Nós ocupamos o edifício e fomos imediatamente ao ministro Capanema, com quem nós mantínhamos muito boas relações na ocasião, e o ministro assinou uma portaria, na mesma hora cedendo à UNE o edifício da Praia do Flamengo 132, que ficou entretanto administrativamente subordinado ao Departamento de Administração do Ministério da Educação e Saúde e o administrador nomeado foi um senhor Catanhede [Barcellos, 1997:20].

A subordinação administrativa do prédio deixa transparecer a cultura política do período. A política executada por Vargas tentava (ou colocava) "amarras" nos movimentos sociais, centralizando seu poder. Não poderia ser diferente no que diz respeito ao espaço público. Como bem salientou Marly Motta, o município do Rio de Janeiro, então capital federal, "foi a sede do processo de centralização político-administrativa (devendo) cumprir seu papel de modelo para a nova nação que então se construía" (Motta, 2004:35-37). O cenário cultural também cumpria seu papel, projetando a imagem do carioca como imagem do brasileiro. A cidade do Rio de Janeiro passava a projetar, então, a imagem do Brasil. Para a UNE, a sede do Clube Germânia servia como ponto de referência para a associação se institucionalizar nacionalmente, como também para articular politicamente a entidade com o governo. Como atestou Raymundo Eirado, eleito presidente da UNE pelo XXI Congresso da entidade em agosto de 1958, a conquista de uma sede própria deu à entidade um caráter institucional mais sólido e grande prestígio junto à classe estudantil. Em suas palavras:

Assim, ela [a UNE] passou a ser importante também pela sua sede. Os outros movimentos, que não tinham bens materiais, faziam no auditório da UNE seus congressos. A UNE congregava, tinha espaço para amparar essa gente. Além disso, a UNE era importante por causa de sua proximidade do poder central, porque ficava a 300 m da presidência da República, o que era um fator de preocupação do poder: "o que é que esses meninos vão fazer aqui?" [Eirado, 2004].

A sede "própria" da UNE permitiu a congregação das entidades estudantis num único espaço, possibilitando a interlocução entre elas. Instalaram-se no prédio da Praia do Flamengo, além da UNE, a Confederação Brasileira de Desporto Universitário (CBDU), o Diretório Central da Universidade do Brasil (DCE/UB) e a recém-criada União Metropolitana de Estudantes (UME). Para além das versões apresentadas, inerentes ao trabalho de memória, o fato que deve ser analisado é o *status* que a entidade garantiu com a ocupação do Clube Germânia. Fernando Santana, vice-presidente da UNE na época, relembra: "Estivemos com Getúlio, conversamos com ele, discutimos e ele nos deu a garantia definitiva de que aquele edifício do clube dos alemães ficaria pertencendo realmente à União Nacional dos Estudantes" (Santana, 2005). Passando pelo pedido a Vargas ou pela ocupação direta da sociedade alemã, a UNE evidenciou sua força política no contexto do Estado Novo. Resolvido o impasse quanto à ocupação definitiva do prédio da Praia do Flamengo pela UNE e as demais entidades estudantis, o local se tornou importante centro político instalado a poucos metros da sede do poder republicano: o Palácio do Catete.

O golpe civil-militar e o incêndio

Os primeiros anos de 1960 são lembrados até hoje por grande parte da militância estudantil (mesmo de diferentes gerações) como a "época de ouro" do movimento. A UNE realizou os Seminários de Reforma Universitária e percorreu o país para debater esta e outras questões numa caravana que ficou conhecida como UNE-Volante em pleno governo João Goulart. É ainda nesse momento que foi criado o Centro Popular de Cultura (CPC), reconhecido como uma das principais experiências na área cultural em nosso país. Nas vésperas do golpe civil-militar, a sede da UNE se encontrava em festa pela inauguração do teatro reformado que serviria para as apresentações artísticas promovidas pelo CPC. De acordo com Arnaldo Jabor, membro do CPC, o teatro da UNE,

> depois de reformado por bons arquitetos e alguns arquitetos estudantes, virou um grande teatro para umas quatrocentas pessoas, bacana, todo de madeira, com palco novo, cadeiras novas etc. Foi inaugurado dia 30 de março, ou já estava pronto e nesse dia teve

uma festa comemorando... Era um teatro fantástico. Lembro que fui nessa festa e havia um clima de euforia absoluta, sem tristeza, sem medo de que houvesse uma revolução de direita. Havia uma autoconfiança espantosa. Tinha a Elza Soares cantando, Nora Ney, Jorge Goulart, o Grande Otelo contando piada, era uma puta festa [Jabor, 2005].

Ainda nesse dia, por um momento, estudantes e integrantes do CPC comemoraram uma pseudoinformação de vitória sobre o golpe, como recorda Cacá Diegues:

No dia 30 de março, no auditório da UNE, nós estávamos comemorando a vitória sobre o golpe. Tinha sido anunciada uma tentativa de golpe que tinha sido já controlada, tinha sido já derrotada. E a ideia era: botaram a cabeça para fora, a gente cortou a cabeça deles, vitoriosos! Não havia possibilidade de outra coisa. Eu fui dormir pronto para acordar no dia seguinte num novo país [Diegues, 2004].

Contudo, diante dos acontecimentos do dia 31 de março, além dos dirigentes da entidade, artistas e intelectuais se reuniram no edifício da Praia do Flamengo com o intuito de salvaguardá-lo de um iminente ataque dos grupos golpistas. Havia uma vigília no momento em que o prédio foi mais uma vez metralhado, como conta Carlinhos Lyra, músico que integrou o CPC da UNE:

Havia um movimento policial, um movimento, enfim, alguma coisa cheirava mal no ar. Quando eu chego lá, as pessoas estão conversando na porta da UNE, e eu falei: "Escuta, o MAC [Movimento Anticomunista] já nos metralhou antes, acho melhor a gente não ficar aqui na porta, vamos lá para dentro, ficar lá dentro". No momento que nós entramos nós começamos a ouvir as rajadas de metralhadora. Os caras estavam chegando e metralhavam. Então, foi uma noite muito angustiante mesmo. E, até de madrugada, quando vieram os fuzileiros navais e, de certa maneira, deram proteção às pessoas que estavam dentro da UNE, nós saímos vigiados pelos fuzileiros. Cada um foi para sua casa na tentativa de voltar no dia seguinte armados para defender [Lyra, 2005].

No dia seguinte à metralhagem, a sede da UNE foi alvo de mais um atentado brutal que culminou em sua depredação e incêndio pelas forças direitistas que apoiavam a derrubada do presidente João Goulart e a instauração do novo regime. A essa altura, o prédio já estava desocupado e todos acompanharam perplexos o desenrolar dos fatos, como relata Maria de Nazaré Pedrosa, a primeira mulher diretora da UNE: "Aí, quando eu olhei, estava começando a entrar em chamas a Praia do Flamengo, 132. O MAC, os grandes cabeças da reação, do que havia de mais reacionário no Brasil, tinham tanto ódio daquela célula ali, o que representava aquele prédio..." (Nazaré, 2005). O clima de euforia protagonizado por boa parte da classe média que aderiu ao golpe, como lembrou a brasilianista Victória Langland (2003:78-85), propiciou com que muitas pessoas ajudassem na depredação do prédio ou, ainda, se dirigissem para o endereço apenas para ver e rir do "espetáculo". A ideia corrobora a visão do poeta Ferreira Gullar, na época presidente do CPC, que descreveu o "clima de guerra" que se instalou a partir do golpe, antecipando como seria a relação entre o movimento estudantil e o governo militar estabelecido:

> Nós voltamos para a UNE. Quando nós nos aproximamos, no carro, nós vimos que havia um tumulto muito grande em frente à UNE. E o carro foi avançando devagar, porque o trânsito não andava. De repente ficamos parados em frente à sede da UNE, e, em volta de nós, uma multidão furiosa, com bombas molotov e com revólveres, dando tiros e jogando bombas molotov na sede. Passavam pela nossa janela e eu, presidente do CPC, com medo de ser reconhecido e trucidado... Enquanto isso, como eu soube mais tarde, o pessoal que tinha ficado na UNE fugiu pelos fundos do prédio, em face dessa investida dos lacerdistas e dos direitistas. Eu vi o momento em que a sede começou a pegar fogo [Gullar, 2004].

O ataque ao prédio da UNE, além de sua destruição física (incluindo, logicamente, a destruição de seus arquivos), simbolizava a intolerância do governo autoritário com a mobilização estudantil, cujo "quartel-general" era o prédio de número 132 da Praia do Flamengo. Local onde provavelmente abrigaria a organização de uma possível resistência ao regime instaurado arbitrariamente, sua destruição pode ser entendida com um duplo objetivo: a desmobilização estudantil em prol do silenciamento de uma militância que não se deixou silenciar, mas também uma maneira de forçar um trabalho de esquecimento daquela entidade e da simbologia que ela representava.

Com a UNE (e todas as entidades estudantis) colocada na ilegalidade pelo Decreto-lei nº 4.464 criado pelo ministro da Educação Eduardo Suplicy, ainda no mês de abril daquele ano, o prédio foi fechado. Em 1966, ocorreu a instalação do Centro de Artes da Federação das Escolas Federais Isoladas do Estado do Rio de Janeiro (Fefierj — atual Unirio) no prédio da antiga sede da UNE. A partir de então, o edifício da Praia do Flamengo, 132, passou a integrar oficialmente o patrimônio da União.

Durante o fim dos anos 1960 e toda a década de 1970, o movimento estudantil apresentou diferentes propostas de resistência contra o regime, de acordo com as possibilidades do momento vivido. O ano 1968 foi o da eclosão nas ruas, capitaneada pelos estudantes por meio de uma UNE que atuava na ilegalidade. O fim desse ano marca a história do país com a decretação do Ato Institucional nº 5 e o acirramento do regime. Muitos estudantes que já se encaminhavam para a luta armada pegaram em armas, e suas organizações foram destruídas. Outros tantos apresentaram uma resistência pacífica, atuando durante os "anos de chumbo" dentro das universidades, centrando-se nos problemas estudantis. A UNE como entidade nacional de representação não teve mais condições de atuar naquela conjuntura, o que não representou um esmorecimento do movimento estudantil como um todo. Ao contrário, este sempre apresentou propostas de resistência contra a ditadura, o que lhe proporcionou ser o primeiro ator político entre os movimentos sociais a retornar às ruas, ainda em 1977. Durante esse tempo, foi grande a luta dos estudantes para reconstruir sua entidade. O histórico da UNE, e de seu prédio, era uma grande força de combate contra os militares (Müller e Rezende, 2012).

A demolição do prédio pelo governo militar

Ao final da década de 1970, o arrefecimento gradativo do regime militar e a continuidade das ações de resistência empreendida pelos estudantes possibilitaram a reorganização da entidade por meio de um processo iniciado em meados dos anos 1970. Em maio de 1979, foi consolidada a reconstrução da UNE durante a realização do 31º Congresso, em Salvador, que contou com cerca de 10 mil estudantes. O Congresso foi aberto pelo seu ex-presidente de 1964, José Serra. Posteriormente, o baiano Ruy Cesar foi eleito o primeiro presidente da UNE reconstruída. Concluída a reconstrução da entidade representativa em nível nacional, mesmo que ainda não oficialmente reconhecida, os estudantes desejavam reaver sua sede incendiada no dia 1º de abril de 1964 e confiscada pela União. Foi assim que, em outubro de 1979, eles ocuparam simbolicamente o prédio por alguns minutos, e a partir desse momento iniciou-se um longo processo para retomar "a posse" do histórico prédio da Praia do Flamengo, 132, sede da UNE desde 1942. Amâncio Paulino, então presidente da UEE-RJ, conta que foi realizada uma reunião da diretoria da UNE, no início de 1980, cuja pauta estava centrada na questão do prédio: "a gente tem que tomar esse prédio de volta, porque é importante para a tradição da UNE" (Paulino, 2005).

Uma série de manifestações e publicações passou a reivindicar a retomada do prédio da UNE, culpabilizando o governo militar pelo incêndio ocorrido em 1964. Victória Langland assinalou que uma das principais "imagens" utilizadas pelos estudantes foi a recordação da ditadura destruindo o edifício da UNE, e, em razão da conjuntura do momento, mostrar o apoio da classe média àquele episódio seria colocar em risco o suporte que os estudantes de fins dos anos de 1970 começaram a obter desse grupo (Langland, 2003:83). A brasilianista fala de "esquecimento estratégico". Apontaria, corroborando suas ideias, que esse momento reforçou a criação de um sistema simbólico cristalizado (Nora, 2011:382-383) que serviu de referência e assim foi explorado pela militância da associação em todo o período subsequente. Em suma, foi realizado um tipo de ligação ao passado, uma reconstrução para ser instrumentalizada no presente, lembrando que o uso pragmático da memória não significa maquiavelismo ou oportunismo, mas está relacionado com um cenário de luta entre diferentes atores, que atribuem diferentes sentidos ao passado (Müller, 2011:167).

Se, por um lado, os estudantes se mobilizavam em torno da retomada do prédio do Flamengo, por outro, o governo agia contra a mobilização. Em 13 de março de 1980, foi realizada uma invasão policial para impedir a retomada do prédio pelos estudantes. A justificativa partiu da Defesa Civil, alegando que o imóvel estava condenado por apresentar condições precárias. A ocupação da polícia aconteceu de maneira intempestiva, anunciando que o local seria imediatamente demolido. Segundo alegação policial, a permanência dos estudantes no local seria uma ameaça à integridade física deles. Para cumprir a ordem de demolição, foi feita a transferência da Escola de Teatro e Música, da já então Unirio, para as dependências do Hospital Pinel na Praia Vermelha, por meio de uma ação policial arbitrária e sem o devido respaldo técnico de profissionais. Segundo Ruy Cesar, a Associação dos Engenheiros do Rio de Janeiro propôs realizar um laudo, mas nem a polícia nem a Prefeitura deixaram. E, a partir de então, os estudantes organizaram manifestações:

> A imprensa começou a divulgar que a Prefeitura demoliria o prédio imediatamente, e a situação ficou bastante difícil. Nós começamos a organizar um conjunto de forças no Rio de Janeiro, e a polícia cercou o prédio com batalhões. Acho que havia quase três mil soldados na porta do prédio, fechando-o para que a gente não conseguisse acessar. E nós do outro lado, em frente, na Praia do Flamengo, com também outros três mil estudantes e parlamentares. Nós vivemos uns cinco dias de confronto, em frente a esse prédio, observando-os colocar as bombas para a implosão, tentando invadir. Fizemos várias tentativas de romper o cerco policial. O máximo que conseguimos foi pendurar uma bandeira numa sacada. Alguém me levantou, eu subi na sacada, e um guarda me puxou pelos pés. Nós fizemos uma batalha campal em frente à Praia do Flamengo [Cesar, 2004].

Com a iminência da derrubada do local que fora sua sede entre 1942 e 1964, os estudantes entraram com uma ação para impedir tal acontecimento e conseguiram que o juiz da 4ª Vara Federal, Carlos Aarão Reis, impetrasse uma liminar interrompendo a demolição. Com o intuito de impedir a derrubada do edifício histórico para a UNE e para todos os estudantes, no dia 20 de março, o juiz então foi pessoalmente à sede para paralisar as obras. Apesar de todos os esforços, no dia 27 de abril, o Superior Tribunal de Recursos da União cassou a liminar que suspendia a demolição. Mesmo com a aprovação de um projeto de lei pela Comissão de Constituição e Justiça da Câmara dos Deputados determinando o tombamento do prédio da antiga sede da UNE pelo Sphan, em 5 de junho, tiveram início as obras de demolição do prédio na Praia do Flamengo, ocasionando grande manifestação estudantil e, consequentemente, novo confronto com a polícia. Nesse ínterim, foi impetrada nova liminar por parte do juiz Aarão Reis, com o intuito de novamente impedir a demolição do prédio. Paralelamente, os estudantes faziam vigília na Praia do Flamengo para impedir a continuidade da demolição na calada da noite. Assim, em 9 de junho, o juiz, armado, tentou paralisar a demolição e prendeu os encarregados da obra. Aldo Rebelo, presidente da UNE eleito em 1980, ressalta:

> O governo percebeu que aquilo tinha uma simbologia, porque o que ficou na imagem do golpe militar foi exatamente o assalto ao prédio da UNE. Aquilo ali calou fundo. E queríamos a volta dos estudantes retomando o prédio da UNE, que mandaram demolir. Fizemos manifestações, reunimos milhares de estudantes na Praia do Flamengo, sofremos uma repressão brutal dos policiais, e a polícia cercou o local e garantiu a demolição do prédio [Rebelo, 2004].

Entre março e junho de 1980, uma verdadeira batalha foi travada entre os estudantes e a polícia, a justiça e o poder público com o intuito de impedir que os estudantes retomassem a posse do prédio, que desde 1966 era ocupado pelo Centro de Artes da Unirio. No dia 10 de junho, cerca de 400 manifestantes e jornalistas entraram em conflito direto com a polícia em frente ao prédio da UNE, resultando na prisão de 11 estudantes. Apesar dos esforços dos estudantes, de políticos e artistas simpáticos à sua causa e da própria Justiça, personalizada no juiz Aarão Reis, o prédio foi demolido em fins de junho de 1980. Ruy Cesar descreve com detalhes o processo que culminou na demolição:

> Mas foi um episódio bastante frustrante, porque nós assistimos ao prédio cair. Eles implodiram o prédio na nossa frente. Na frente do prédio se travava uma verdadeira

batalha, brutal. Policiais e estudantes brigando. O prédio desabou, toda a frente e o miolo, e ficaram aparentes somente o fundo e a abóbada do teatro. Foi um episódio extremamente doloroso. Acho que foi uma agressão à história do Brasil, um atestado de ignorância não só dos militares, mas também dos dirigentes do governo e da Prefeitura do Rio de Janeiro. Uma incapacidade da opinião pública de reagir, um bando de estudantes solitários brigando pela preservação de um espaço, de um patrimônio, de uma forma completamente isolada. Acho que é mais um atestado do tipo de ignorância que atingiu o país nesses 20 anos de ditadura militar. Foi um encontro com a ignorância muito forte esse episódio [Cesar, 2004].

A destruição do prédio que outrora abrigou o Clube Germânia e posteriormente a UNE pode ser vista também dentro de uma conjuntura mais ampla das tentativas de apagamento das marcas que transformavam a cidade do Rio de Janeiro em centro da nação e da nacionalidade, como afirma a historiadora Marieta de Moraes Ferreira (2006:178). O projeto de fusão do estado da Guanabara com o do Rio de Janeiro, implantado no governo Geisel, para além das justificativas econômicas "em nome de um projeto de desenvolvimento nacional", "implementou estratégias de disciplinarização da cidade do Rio e de diluição de uma identidade ancorada num passado de capital do país" (Ferreira, 2006:180). Ferreira argumentou que "a fusão e o desejo de transformar o Rio em 'um município como outro qualquer' aprofundavam a política de esvaziamento da cidade como tradicional vitrina do país" (Ferreira, 2006:179). Foi nesse sentido a demolição do Palácio Monroe, prédio que abrigava o Senado quando o Rio era capital, e que foi demolido, na visão de Ferreira, justamente por ainda ser, naquele momento, um ponto de encontro dos senadores quando estes se encontravam na cidade.

Ora, se pensarmos que a memória da entidade estudantil esteve ligada à resistência e que, consequentemente a existência do prédio da Praia do Flamengo rememorava automaticamente a (in)existência da UNE, parece-me lógico supor que aqueles rastros que ainda estavam presentes deveriam fazer parte de um passado da cidade que naquele momento deveria ser propositalmente esquecido. É bom lembrar que, ao mesmo tempo, os estudantes começaram paulatinamente a se organizar para reconstruir sua entidade nacional, e o ano 1977, que marcou o retorno das manifestações estudantis de massa, acelerou esse processo, calcado, principalmente, num resgate da história da UNE cujos principais eventos em boa parte se desdobraram naquele prédio. Assim, dentro da lógica proposta pelos militares, parece coerente com sua política a veemência com que trataram o caso, cortando, ou melhor, destruindo o símbolo maior da organização estudantil. Também não é por acaso que a entidade passou a ter uma sede alugada em São

Paulo que serve até hoje mais para propósitos administrativos que políticos em si. Assim, parece-me que a operação não foi somente uma tentativa de privação da memória, mas também de privação da própria prática política da entidade.

A retomada do terreno pela entidade

Várias foram as tentativas para reaver a propriedade do terreno e reconstruir a sede da UNE. No decorrer da década de 1980, projetos de lei tramitaram nas esferas municipal, estadual e federal com o intuito devolver a posse do terreno à entidade. Em 4 de novembro de 1980, foram aprovadas por unanimidade na Câmara Municipal do Rio de Janeiro a permuta de imóvel pertencente à municipalidade e a reconstrução da sede da UNE por parte da Prefeitura.[2] Em 1982, o arquiteto Oscar Niemeyer entregou um esboço de projeto para a construção de uma nova sede para a UNE, que acreditava na retomada do terreno da Praia do Flamengo. Como não havia vontade política por parte do governo federal em realizar tal acordo, o governador do estado do Rio de Janeiro, Leonel Brizola, em 1983, cedeu à UNE as dependências da antiga Faculdade de Ciências Jurídicas, situada na rua do Catete. Em 1986, o então ministro-chefe da Casa Civil, Marco Maciel, assumiu compromisso político com a UNE de devolver o terreno da Praia do Flamengo e reconstruir sua sede.[3] Em agosto do mesmo ano foi encaminhado ao Congresso Nacional um anteprojeto de lei, aprovado finalmente em 13 de abril de 1987.[4] Em 19 de maio de 1988, o ministro da Educação, Jorge Bornhausen, entregou ao presidente José Sarney a autorização parlamentar para que o Poder Executivo pudesse devolver o terreno à UNE.[5] Contudo, tal resolução não chegou a ser concretizada. O terreno ficou ocioso por anos, até que, em 1987, um guardador de carros ocupou o local, transformando-o num negócio, apesar das tentativas de reintegração de posse por parte da Unirio, que ainda detinha a propriedade do terreno. Em 17 de maio de 1994, o presidente Itamar Franco "devolveu", ou melhor, doou o terreno da Praia do Flamengo, 132, embora ele ainda estivesse ocupado pelo posseiro que explorava o local como estacionamento.[6] Cabe a ressalva de que a UNE

---

[2] *Jornal do Brasil*, 5/11/1985.
[3] *Jornal do Brasil*, 27/2/1986.
[4] *O Globo*, 14/4/1987.
[5] *O Globo*, 20/5/1988 e 25/5/1988.
[6] *O Globo*, 19/5/1994.

nunca deteve, oficialmente, até aquele momento, a posse do terreno da Praia do Flamengo.

Depois de anos de brigas judiciais e articulações políticas, em 1º de fevereiro de 2007, durante a V Bienal de Arte e Cultura, a UNE lançou a campanha "De volta para casa". Nesse dia, realizou-se uma "Culturata", passeata cultural, com a participação de estudantes, ex-militantes e ex-dirigentes da entidade, que caminharam da Lapa até o terreno da Praia do Flamengo, 132, onde tomaram posse novamente da "Casa dos Estudantes". Uma série de eventos, artísticos, políticos e/ou de cunho histórico (como a caravana da anistia e a exposição sobre a história do prédio), foi realizada naquele que, sem dúvida, é um *lieux carrefour* da memória, para utilizar a expressão de Pierre Nora, uma vez que atravessa dimensões múltiplas: a dimensão historiográfica, local onde se constrói e se reconstrói a história, a própria matéria para a construção da história; a dimensão psicológica, operando por meio de noções como inconsciente, censura, simbologia, morte tanto no plano individual como coletivo, tão caras à vida dessa associação; e, por fim, a dimensão política, sobretudo quando a entendemos como um jogo de forças que pode transformar a realidade. A Praia do Flamengo, 132, é mote para a (re)construção da identidade de grupo em permanência e propicia que gerações diferentes se encontrem com um mesmo objetivo e "mesmo passado" que as unificam em nome de uma bandeira que é erguida agora em prol da reconstrução do prédio histórico da UNE. São momentos em que o regime de historicidade se apresenta latente. Entendo como "regime de historicidade", referência empregada por François Hartog (2003), a "costura" de diferentes regimes de temporalidade, que traduz e ordena as experiências do tempo, articulando passado, presente e futuro e dando sentido à relação entre as diferentes temporalidades. Hartog refere-se a um regime de historicidade entendido como a maneira pela qual uma sociedade trata seu passado e como propõe utilizá-lo.

Esses eventos incluíam uma lista enorme de convidados: artistas, intelectuais, militantes dos diversos movimentos sociais e das organizações da sociedade civil, bem como muitos políticos. O intuito de chancelar a demanda da UNE de "reconstruir seu prédio" esteve ancorado no apoio desses grupos/pessoas, passando a reivindicação a ser mais que um apelo de um só grupo. A ideia de reconstrução da sede aparece já nesse documento encaminhado ao presidente Luiz Inácio Lula da Silva, em 2008:

> O mesmo Estado que, num período de exceção democrática, demoliu a sede das entidades, tem agora o dever de reconstruí-la. Devolver à UNE e à Ubeso direito de voltar a se organizar a partir da Praia do Flamengo, 132, é rever a dívida histórica de toda a

sociedade com os estudantes e a juventude brasileira e um dos atos simbólicos para superar definitivamente um período tão duro para o povo deste país.[7]

Segundo a interpretação da historiadora Aline Portilho, a carta procura deixar claro que a exigência da UNE se baseia na superação de uma dívida histórica, deixando entendido que, para aqueles militantes, a ideia que fazem da possibilidade de uso do seu passado está ancorada em uma dimensão de direito (Portilho, 2010:144). A "dívida histórica" não é somente do Estado, mas "de toda a sociedade". Aqui, diferentemente do momento da demolição, mais uma vez o passado é evocado conforme a situação do presente vivenciado. Portilho ainda ressalta que o conteúdo da carta demanda que o Estado apare "definitivamente" as arestas do período do militar, que foi "tão duro para o povo deste país". E, portanto, "reparar a instituição seria devolver a eles seu espaço de organização política e sociabilidade. Reconstruir é o termo, ainda que, na verdade, se trate da construção de um edifício completamente novo, que sequer faz referência ao antigo ou à sua demolição (Portilho, 2010:145).

No dia 19 de maio de 2010, cerca de três anos após as movimentações de 2007, a Comissão de Constituição, Justiça e Cidadania do Senado Federal, presidida pelo senador Marco Maciel (DEM-AL), aprovou o Projeto de Lei nº 3.931/2008, apelidado de PL da Reconstrução, passando-o para a sanção do presidente da República. O projeto de lei reconheceu a responsabilidade do Estado na destruição do prédio da Praia do Flamengo e ofereceu à UNE uma reparação na forma de indenização. Em dezembro daquele ano, o presidente Luiz Inácio Lula da Silva, acompanhado pelo governador do Rio Sérgio Cabral e do prefeito Eduardo Paes, participou de um ato no terreno que simbolizou a entrega da indenização de 40 milhões de reais e do lançamento da pedra fundamental para a construção do novo prédio das entidades estudantis. Mais uma vez em um ato político, a UNE evocou seu passado, trazendo a presença invisível dos mortos na forma de um grande painel do mártir estudantil Honestino Guimarães, ex-presidente da UNE e integrante da "estranha categoria" de desaparecido político. Honestino liderou a entidade no período mais difícil do regime de exceção, após a instauração do Ato Institucional nº 5, em 1968, época de perseguições, torturas e mortes. O ato que se seguiu teve o intuito de rememorar os grandes momentos da história da UNE e de marcar a decisão política do Estado em acertar suas contas com a entidade.

Se a função do PL (e de sua indenização) é culpabilizar o Estado como agressor e a UNE como vítima, pergunto-me se o direito à reparação traz o esquecimento das

---

[7] *Carta ao presidente Lula*. Brasília, abr. 2008. Disponível em: <www.une.org.br>.

tentativas de "apagamento". Possibilita a reconciliação com o passado? Realiza o trabalho de superação em busca de uma memória apaziguada? Enfim, traz o perdão?

Para finalizar, parece-me que o prédio/terreno da Praia do Flamengo, como objeto, pode ser trabalhado nessas relações entre história e memória, entre apagamento e conservação, entre presença e ausência, entre lembrança e esquecimento. É nesse caráter seletivo das lembranças que opera a instrumentalização da memória. Assim, creio que um olhar mais aprofundado sobre a história do terreno e a instrumentalização de sua memória pode contribuir tanto para os estudos dos "usos políticos do passado" como também para aqueles trabalhos que se debruçam sobre as questões de espaço, destacadamente o urbano, tema desta nossa obra.

Referências

Depoimentos

Depoimento de Aldo Rebelo ao PMME, em 4/12/2004.
Depoimento de Amâncio Paulino ao PMME, em 30/5/2005.
Depoimento de Arnaldo Jabor ao PMME, em 13/9/2005.
Depoimento de Cacá Diegues ao PMME, em 27/10/2004.
Depoimento de Carlos Lyra ao PMME, em 21/6/2005.
Depoimento de Fernando Santana ao PMME, em 12/2/2005.
Depoimento de Ferreira Gullar ao PMME, em 3/11/2004.
Depoimento de Hélio de Almeida a Jalusa Barcellos (ver referências).
Depoimento de José Gomes Talarico ao PMME, em 19/10/2004.
Depoimento de Maria de Nazaré ao PMME, em 17/5/2005.
Depoimento de Raymundo Eirado ao PMME, em 14/10/2004.
Depoimento de Ruy Cesar ao PMME, em 12/11/2004.

Bibliografia

ARAÚJO, Maria Paula. *Memórias estudantis*: da fundação da UNE aos nossos dias. Rio de Janeiro: Relume-Dumará, 2007.

BARCELLOS, Jalusa. *Histórico UNE*: 60 anos a favor do Brasil. Rio de Janeiro: UNE, 1997.

BENJAMIM, Walter. Le narrateur. In: *Rastelli raconte... autres récits*. Trad. do alemão Maurice de Gandillac. Paris: Editions du Seuil, 1987. p. 143-178.

FERREIRA, Marieta de Moraes. A fusão do Rio de Janeiro, a ditadura militar e a transição política. In: ABREU, Alzira Alves (Org.). *A democratização no Brasil*: atores e contextos. Rio de Janeiro: Cpdoc, 2006.

HARTOG, François. *Regimes d'historicité*: présentisme et expériences du temps. Paris: Seuil, 2003.

LANGLAND, Victoria. La casa de la memoria em Praia de Flamengo 132: memorias estudiantiles y nacionales em Brasil, 1964-1980. In: JELIN, Elizabeth; LANGLAND, Victoria (Org.). *Monumentos, memoriales y marcas territoriales*. Buenos Aires: Siglo XXI, 2003. (Col. Memorias de la Represión).

MOTTA, Marly Silva da. *Rio, cidade-capital*. Rio de Janeiro: Jorge Zahar, 2004.

MÜLLER, Angélica. *Entre o Estado e a sociedade*: a política de juventude de Vargas e a fundação e atuação da UNE durante o Estado Novo. Dissertação (mestrado em história) — Uerj, Rio de Janeiro, 2005. Anexos.

_____. *A resistência do movimento estudantil brasileiro contra o regime ditatorial e o retorno da UNE à cena pública (1969-1979)*. TESE (DOUTORADO EM HISTÓRIA SOCIAL) — FFLCH, USP/Centre d'Histoire Sociale du XXème Siècle, Université de Paris 1 — Panthéon Sorbonne, São Paulo/Paris, 2010.

_____. "Você me prende vivo, eu escapo morto": a comemoração da morte de estudantes na resistência contra o regime militar. *Revista Brasileira de História*, São Paulo, v. 31, n. 61, p. 167-184, 2011.

_____; REZENDE, Tatiana de Matos. *Praia do Flamengo, 132*: história e memória. São Paulo: Letras do Pensamento, 2012.

NORA, Pierre (Org.). *Les lieux de la mémoire*: la République, la nation, la France. Paris: Gallimard, 1997. v. I. (L'Edition Quarto).

_____. *Présent, nation, mémoire*. Paris: Gallimard, 2011. (Bibliothèque des Histoires).

POERNER, Arthur José. *O poder jovem*: história da participação política dos estudantes brasileiros. Rio de Janeiro: Civilização Brasileira, 1979.

POLLAK, Michael. Memória e identidade social. *Revista de Estudos Históricos*, Rio de Janeiro, FGV, v. 5, n. 10, p. 200-215, 1992.

PORTILHO, Aline dos Santos. *Praia do Flamengo, 132*: memória, reparação e patrimonialização da União Nacional dos Estudantes. Dissertação (mestrado) — Cpdoc, FGV, Programa de Pós-graduação em História, Política e Bens Culturais, Rio de Janeiro, 2010.

RICOEUR, Paul. *La mémoire, l'histoire, l'oubli*. Paris: Seuil, 2000.

16 Jeca Total:
a invenção do sertanejo urbanizado na academia paulista

Gustavo Alonso

> Jeca Total deve ser Jeca Tatu
> Um ente querido
> Representante da gente no Olimpo
> Da imaginação
> Imaginacionando o que seria a criação
> De um ditado
> Dito popular
> Mito da mitologia brasileira[1]

NÃO É DE HOJE QUE a música sertaneja faz sucesso no Brasil. Nos anos 1970, o êxito de duplas como Leo Canhoto & Robertinho e Milionário & José Rico foi fundamental para a legitimação da modernidade no meio musical de largos setores que habitavam o interior do país. Esses artistas foram os principais expoentes da mistura de gêneros estrangeiros na música rural brasileira. Leo Canhoto & Robertinho, assim como Jacó & Jacozinho, Belmonte & Amaraí, entre outros, desde 1969 misturavam as guitarras e a instrumentação *pop/rock* a temáticas rurais. Milionário & José Rico seguiam a trilha aberta por Cascatinha & Inhana e Pedro Bento & Zé da Estrada e deram prosseguimento à importação de gêneros latinos à música brasileira, sobretudo o bolero e a rancheira mexicanos, o rasqueado e a guarânia paraguaios e o chamamé argentino. O sucesso do repertório dessas duplas deve-se em grande parte à boa receptividade desses gêneros "estrangeiros" entre os camponeses e proletários brasileiros dos subúrbios das grandes cidades.[2]

---

[1] Gil, Gilberto. Jeca total. *Refazenda*, 1975, LP.
[2] Há de se demarcar, contudo, que nessa época o sucesso da música sertaneja concentrava-se no Centro-Sul do país e não conseguia, salvo raríssimas exceções, chegar ao Norte e ao Nordeste, bem como

Não obstante, grande parte da crítica da época esmerou-se em atacar o que considerava essa "aberração" na música rural. Foi com base nas primeiras "importações estéticas" nos anos 1950 que surgiu a ideia de que os *sertanejos* e seu público eram camponeses "falsos" para grande parte da intelectualidade brasileira. Na época, folcloristas, nacionalistas, comunistas e teóricos do populismo se uniram no repúdio à música sertaneja por esta ser vista como "comercial", "banal" e "imperialista" e, ainda por cima, ser a música "alienante" que o camponês migrante e o proletariado urbano da época gostavam e que os divergia da "verdadeira consciência de classe". Para os teóricos do populismo, sobretudo, esses camponeses migrantes não eram politizados o suficiente e acabavam por "contaminar" o trabalhador urbano, desviando-o de vontades revolucionárias. De modo que a música sertaneja foi taxada na época (anos 1970) de "falsa música do campo" por variadas correntes intelectuais, que não compreenderam o significado da transição da música rural brasileira. Houve um frequente desprezo desses artistas e seu público, o que distanciou grande parte da intelectualidade da compreensão do chamado "Brasil profundo". Essa crítica continuou bastante evidente e resquícios dela ainda são possíveis de ser ouvidos diante do sucesso de figuras do sertanejo universitário atual, como Michel Teló, Victor & Leo e Luan Santana (Alonso, 2012).

Paralelamente a esse processo de distinção, criou-se a ideia legitimada por intelectuais de diversos matizes de que haveria uma música que de fato representava o trabalhador do campo. Essa seria a música "caipira". Nos anos 1960, mas sobretudo nos anos 1970, vários intelectuais paulistas interagiram no debate da música popular em defesa da música do campo "verdadeira" e acusaram os sertanejos de serem representantes de uma música "corrupta", porque fruto da indústria cultural e "alienante", por desviar o camponês de seu papel revolucionário. Se nos anos 1960 a academia ajudou a forjar a MPB, nos anos 1970 esse debate se estendeu para a música rural, na definição distintiva entre música *caipira* e música *sertaneja*.

Este texto visa compreender as lógicas que embasaram grande parte da academia brasileira em seu ataque aos músicos sertanejos ainda nos anos 1970. Grande parte dessas formulações surgiu nos trabalhos na USP, em livros de Antonio Candido, José Carlos Martins, Waldenyr Caldas, Francisco Weffort e Otavio Ianni, e foi compartilhada por intelectuais, parte da mídia e pelas classes médias e altas das grandes cidades. Durante muito tempo, recusou-se a ver na música sertaneja uma tradição de fato.

---

não tocava nas rádios das classes médias. A nacionalização do gênero e a superação das barreiras de classe somente acontecerão nos anos 1990.

É curioso que grande parte dos setores populares do país tenha caminhado em direção diametralmente oposta à das elites intelectuais universitárias que forjaram a MPB e o epíteto música *caipira*. Se desde os anos 1950 houve uma série de projetos artísticos de esquerda em "busca do povo brasileiro", esse mesmo povo-alvo parecia deslizar, indo na direção contrária às expectativas de determinada intelectualidade. Ao invés de querer "preservar" sua identidade, setores populares preferiram misturar os sons do campo, desejaram o fim do "caipira" como alegoria do atraso e consumiram a positividade da modernidade em vez de sacralizar o passado.

Diante dessas questões, é importante mapear o nascimento do termo "caipira" no vocabulário universitário, forjador da sigla MPB, e responder a algumas questões: Quem se sentiu ofendido pela modernidade rural? De onde vem a distinção entre sertanejos e caipiras? Que interesses são contemplados nessa divisão? Para responder a essas questões, penso ser preciso analisar a genealogia do termo "caipira" na academia brasileira.

Candido caipira

A primeira vez que o termo *caipira* foi utilizado sistematicamente por um acadêmico foi na obra de Antonio Candido, em seu livro *Os parceiros do Rio Bonito*, de 1964. Importante intelectual paulista, professor de literatura da USP, Candido já era bastante conhecido na época em parte por causa da publicação de um clássico da teoria literária nacional, o livro *Formação da literatura brasileira*, cuja primeira edição é de 1959.

Embora *Os parceiros do Rio Bonito* seja frequentemente considerado um livro "menor" na trajetória de Antonio Candido, o estudo do mundo rural brasileiro contribuiu para sua formação intelectual e formou uma geração de pesquisadores. Nessa obra, Candido deu ao termo "caipira" sentido teórico e, pela primeira vez na academia, utilizou-o de forma sistemática (sem "misturar" com o termo "sertanejo"). Fruto de um trabalho de campo no município de Bofete, estado de São Paulo, entre 1948 e 1954, o livro só foi publicado em 1964, ano que não pode ser desconsiderado.[3] O autor buscava compreender a "decomposição da vida cai-

---

[3] Em entrevista sobre a repercussão de *Os parceiros do Rio Bonito* no mundo acadêmico, o sociólogo José de Souza Martins demarcou a importância do livro de Antonio Candido no cenário da USP dos anos 1950-1960. Martins era aluno de graduação na época, tendo se tornado mais tarde um proeminente cientista social da questão agrária:
"Pergunta: Você se lembra de como foi a repercussão do livro?

pira e a situação crítica do trabalhador rural". Para melhor demarcar seu objeto, chamou-o de "caipira" (Candido, 1977:216).

Como já explicou o sociólogo francês Pierre Bourdieu, o poder de nomear é um poder de atribuir valor (Bourdieu, 1989). Nomes nunca são escolhidos aleatoriamente e estão sempre carregados de valor simbólico. Então cabe a pergunta: que valor tinha o *caipira* de Antonio Candido?

José de Souza Martins: Quando falamos em repercussão de um livro apenas publicado, ficamos pensando no impacto imediato que ele possa ter. Supostamente, um livro de sociologia ou de antropologia repercute quando já não há condições de continuar a trabalhar sobre determinado tema sem lê-lo e conhecê-lo bem — e sem citá-lo [...]. No caso de *Os parceiros do Rio Bonito*, o trabalho do professor Antonio Candido demorou para ser publicado, cerca de dez anos. Antes disso, já circulava num grupo restrito de professores uma cópia datilografada da tese de doutorado que seria transformada em livro. Os alunos interessados no tema tinham alguma informação sobre o conteúdo da tese por ouvir dizer, pelos comentários que professores faziam em conversas informais. Dizia-se na época que o professor Antonio Candido ainda não publicara o livro porque queria fazer nele uma ampla revisão, para livrá-lo do jargão sociológico e torná-lo mais literário, como o próprio dele, o que foi bom. Quando o livro saiu, as pessoas que estavam ansiosas para lê-lo — como era o meu caso — foram correndo à livraria, uma loja da [livraria] Pioneira que havia na rua Maria Antonia, bem perto da faculdade. Se você examinar publicações da época, verá que muitos autores já citam o livro, mesmo quem não estava trabalhando com temas rurais. Além da beleza literária do texto, trata-se de uma das primeiras análises sociológicas do caipira e seu mundo, até então considerados de um ponto de vista meramente folclórico e não raro avaliados preconceituosamente a partir da supervalorização do precário urbano que tínhamos e ainda temos. Antonio Candido fez do desprezado caipira o protagonista de um livro científico. Quem leu e citou o trabalho nessa época não estava necessariamente preocupado com o mundo rural, estava preocupado com a sociologia. [...] Fernando Henrique Cardoso, num ensaio para o livro organizado por Celso Lafer em homenagem a Antonio Candido, *Esboço de figura* [publicado em 1979], diz expressamente que esse livro fundamental não fez escola, não repercutiu em estudos similares, do mesmo modo que *A organização social dos tupinambá*, de Florestan Fernandes. Isso pode ser verdade apenas nos sentido de que estudos posteriores sobre o nosso campesinato não seguiram a mesma linha nem o mesmo método. Se o livro tivesse sido publicado dez anos antes, teria feito escola na acepção que lhe dá Fernando Henrique. Em 1964, porém, estávamos no clima do golpe de Estado. Os sociólogos e também os ideólogos que se interessavam pelo trabalhador rural adotavam, no geral, uma perspectiva fortemente ideológica. Nesses estudos, era pequeno o espaço para considerações sobre os aspectos propriamente culturais do mundo camponês, o que Candido chamou de cultura rústica. [...] Os participantes do famoso seminário sobre *O capital*, que eram jovens professores da Faculdade de Filosofia, dentre os quais todos os assistentes do professor Florestan Fernandes, acolheram *Os parceiros do Rio Bonito* muito positivamente, até onde sei. Foi de alguns deles que recebi enfáticas sugestões para ler o livro. Aliás, parece-me que quase todos eles já conheciam a tese quando o livro foi publicado e penso que foi justamente a tese uma das influências na decisão de organizarem o seminário e de repensarem a sociologia de Marx e a sociologia acadêmica. [...] Candido seguiu a tradição de sua época e, no meu modo de ver, lidou corretamente com as temporalidades dos processos que estudou. Ele, porém, foi além dos pesquisadores de seu tempo ao combinar a análise *redfieldiana* com as perspectivas da teoria da história e da historicidade do homem que Marx e Engels abriram com a sua "A ideologia alemã".
Pergunta: O livro foi lido nos cursos de graduação, na década de 1960?
José de Souza Martins: O livro tem sido usado até mesmo nos cursos de Introdução à Sociologia. Desde a publicação foi lido pelos estudantes, por recomendação dos professores, como um clássico, que de fato é. Sua leitura foi recomendada até mais em cursos de teoria sociológica do que em cursos de sociologia rural, pois esta disciplina foi capturada entre nós pelas concepções instrumentais das escolas de agronomia. [...] É um bom texto para iniciar um jovem estudante no conhecimento da sociologia, suas possibilidades e seus dilemas — uma sociologia enraizada na complicada realidade de nosso país" (Martins, 1998:109-144. Para a citação da crítica de Fernando Henrique Cardoso aos limites da obras de Antonio Candido, ver: Lafer, 1979:89).

O termo *caipira* já existia há quase um século,[4] mas era em Antonio Candido que ganhava sentido teórico: era usado para retratar um estado puro de camponês, um "modo de ser" quase idílico, como ele mesmo escreveu em sua tese de doutorado:

> Para designar os aspectos culturais, usa-se aqui *caipira*, que tem a vantagem de não ser ambíguo (exprimindo desde sempre um modo-de-ser, um tipo de vida, nunca um tipo racial), e a vantagem de restringir-se quase apenas, pelo uso inveterado, a área de influência histórica paulista [Candido, 1977:22].

Antonio Candido encontrou na palavra "caipira" o termo ideal para dar conta de sua problemática. Ele não se sentia satisfeito com os termos raciais da época. Seu texto debatia com Emilio Willems, "o primeiro a utilizar de modo coerente a expressão *cultura cabocla*", e com Cornélio Pires, que em seus textos utilizava variantes como "caipira branco", "caipira preto", "caipira mulato" e "caipira caboclo". O debate de Candido continuava, questionando os conceitos de Alberto Rovai, que utilizava o termo "raça caipira" (Candido, 1977:22). Candido preferiu *caipira* sem adjetivos para não associá-lo a uma raça, e sim a um modo de vida que estava sendo destruído pelo progresso do capitalismo.

Para ele, o *caipira* era um "modo de ser" único na história do Brasil. Tratava-se do primeiro camponês forçado a escolher entre resistir ao progresso e defender seu "modo de vida", ou emigrar por causa do processo de urbanização e industrialização do país. Ou seja, o autor, o primeiro a utilizar sistematicamente o termo *caipira* na academia, só o utilizou porque aquela realidade estava se extinguindo diante da urbanização crescente do país:

> Trata-se de definir um fenômeno da maior importância [...] que altera a perspectiva segundo a qual estudamos a vida caipira: a sua incorporação progressiva à esfera da cultura urbana. A marcha deste processo culminou na ação já anteriormente exercida por outros fatores como o aumento da densidade demográfica, a preponderância da vida econômica e social das fazendas, a diminuição das terras disponíveis. De maneira que, hoje [em 1964], quando estudamos a vida caipira, não podemos mais reportar-nos ao seu universo por assim dizer fechado, mas à sua posição no conjunto da vida do Estado e do País [Candido, 1977:216].

Embora marxista, o tom da obra de Candido não é o mesmo dos marxistas dos anos 1970, em sua maior parte acusatório e condenatório, especialmente aque-

---
[4] Para a invenção do termo "caipira", ver: Oliveira (2009).

les influenciados pela leitura *adorniana* da cultura de massa. O livro de Antonio Candido, apesar do forte viés academicista e antropológico,[5] tem um tom melancólico, no qual o autor se sente solidário ao homem do campo que ia sendo escorraçado pelo progresso urbanizador:

> Ora, o caipira não vive mais como antes em equilíbrio precário, segundo os recursos do meio imediato e de uma sociabilidade de grupos segregados; vive em franco desequilíbrio econômico, em face dos recursos que a técnica moderna possibilita. [...] A industrialização, a diferenciação agrícola, a extensão do crédito, a abertura do mercado interno ocasionaram uma nova e mais profunda revolução na estrutura social de São Paulo. [...] Nesse diálogo, em que se empenham todas as vozes, a mais fraca e menos ouvida é certamente a do caipira que permanece no seu torrão [Candido, 1977:223].

Fato inegável, a gradual industrialização brasileira no século XX trouxe novos cenários em todo país, não só no campo. Aqui não se questionam as transformações que isso causou no campo; ou seja, a análise de Antonio Candido faz todo o sentido. O que se põe em xeque é que, ao descrever o camponês em vias de se extinguir, ele o nomeia *caipira*.

Esse marco instaurado por Candido é muito importante, pois foi dessa forma que o *caipira* e sua música foram lidos a partir de então. Um viés romantizado, *vitimizado*, com certeza, mas fundador de certo imaginário cultural por parte das esquerdas nacionais.

Candido defendeu *Os parceiros do Rio Bonito* como tese de doutorado em 1954 na USP, onde já trabalhava como professor. Dez anos depois, lançou o livro fruto da tese, quase sem modificações (Candido, 1977:223). Em 1964, o autor encontrou um ambiente fértil para publicar o livro, num momento em que gradualmente as lutas políticas progressistas e nacionalistas encorpavam e a classe média radicalizava o discurso contra a ditadura. Dali a menos de um ano, aqueles grupos que se identificavam com a tradição musical urbana fundariam a sigla MPB. É importante perceber que esse viés de explicação do *caipira* estava em sintonia com o pensamento das esquerdas nacionalistas urbanas, que buscaram na música popular as origens e a real representação do povo. A partir de 1965, a recém-criada MPB buscou as raízes de seu passado nos anos 1930 e 1940, vistos como a fonte do Brasil "real", retrato fiel de um povo cuja "essência" estava em vias

---

[5] O próprio Candido escreve: "O leitor verá que aqui se combinam, mais ou menos livremente, certas orientações do antropólogo a outras mais próprias do sociólogo. [...] Como já se escreveu, a Antropologia tende, no limite, à descrição dos casos individuais, enquanto a Sociologia tende à estatística" (Candido, 1977:17).

de desaparecer diante do capitalismo. A obra de Candido veio a contento dessa geração nacionalista de esquerda que buscava camponeses que "de fato" representassem as camadas populares.

Pão e circo

Até meados dos anos 1970, já havia na música rural de influência paulista grupos que se distinguiam como *sertanejos* e outros que preferiam o termo *caipira* (ou ainda *sertanejo-raiz* para alguns) para se distinguir um dos outros. Tratava-se de um processo autônomo da música rural, mas que ainda não era consensual: ainda havia muita "confusão", e as áreas estéticas não estavam delimitadas. As referências não tinham muita precisão e trocava-se um termo pelo outro, quase indiscriminadamente, sem maiores problemas de valor. A distinção tornou-se uma questão problemática em meados da década, quando ficou cada vez mais evidente o sucesso de duplas como Milionário & José Rico, Léo Canhoto & Robertinho, Jacó & Jacozinho, entre outros.

Por isso mesmo, a obra de Candido foi essencial para a polêmica. Afinal, ele delineou as linhas de forças centrais da abordagem da música *caipira*: a) industrialização e urbanização como detonadores do processo de destruição do homem do campo; b) definição do termo *caipira* como camponês "puro"; c) um modo de vida em vias de se extinguir, mas que ainda sobrevivia em razão da bravura *resistente* do verdadeiro homem do campo e sua arte.

Esse viés foi incorporado na década seguinte por dois acadêmicos marxistas da USP. Em seu livro *Capitalismo e tradicionalismo*, publicado em 1975, José Carlos Martins escreveu um capitulo chamado "Música sertaneja: a dissimulação na linguagem dos humilhados" (Martins, 1975:103-161). Martins percebia sua obra como prosseguimento dos questionamentos de Antonio Candido: "Eu mesmo não consigo ver meus trabalhos sobre o mundo rural senão como certa continuação dos trabalhos de Antonio Candido, como o próprio Fernando Henrique [Cardoso] observa ao referir-se ao meu livro *Capitalismo e tradicionalismo*, de 1975" (Martins, 1998:116).

O tom agressivo da obra de Martins, no entanto, era bem diferente da abordagem de seu tutor. Isso se explica em parte pelas condições sociais do campo, que haviam mudado bastante de 1954 a 1975. Martins via a música *sertaneja* como expressão ideológica do conservadorismo político e alienação do público. Para o sociólogo *uspiano*, a música sertaneja era fruto do processo de industrialização e urbanização do Brasil, que havia expulsado o camponês de sua terra e o proletarizado. Esse ex-camponês, ao chegar à cidade, passou a consumir a música da *indústria cultural*, falseadora e corruptora dos verdadeiros bens culturais do povo. O cerne da questão era a urbanização e a proletarização dos migrantes frutos do êxodo rural, que, além de perder a pureza e a ingenuidade campesina, se tornaram consumidores compulsivos da indústria cultural, vorazes compradores de discos. A modernização que o Brasil viveu nos anos 1970 criou, na opinião desse autor, sujeitos sem raízes, um ex-campesinato migrante proletarizado que se tornou refém da *indústria cultural*.

Esse era um tema de fato candente na sociedade em geral. Diante da avalanche de modernização conservadora promovida pela ditadura militar, também a MPB percebeu essa nova realidade. No ano 1975, Gilberto Gil se viu tocado pelo tema rural e compôs a canção "Jeca Total", lançada no LP *Refazenda*: "Jeca Total deve ser Jeca Tatu/ Presente, passado/ Representante da gente no Senado/ Em plena sessão/ Defendendo um projeto/ Que eleva o teto/ Salarial no sertão". Anos mais tarde ele se referiu ao que o levou a compor a canção:

> O fato de que a obra de Jorge Amado tinha antecedido ao período televisivo e então estava na televisão (era a época da novela *Gabriela*) me fez pensar nas interseções entre os mundos rural e urbano — muito presente em seus livros — e no encaminhamento evolutivo dos vários Brasis no sentido campo-cidade, vindo daí a ideia de traçar um risco do Jeca Tatu a um personagem ligado já a um tempo de mudanças técnicas e socioculturais recentes no país, que seria o Jeca Total [Rennó, 2003:200].

Contrapondo-se ao moderno "Jeca Total" de Gilberto Gil, alguns grupos da MPB levaram adiante a valorização do caipira e das raízes nacionais na música popular. O folclorismo das esquerdas nacional-populares estimulava uma parcela dos pesquisadores, jornalistas e historiadores associados à MPB a resgatar os valores "esquecidos" do passado, fossem eles sambistas da cidade ou caipiras do sertão.

A urbanização nos anos 1970 era mesmo um tema muito importante. E não é por acaso que o primeiro trabalho acadêmico específico sobre a *música sertaneja* tenha aparecido nessa década. Esse é o momento em que algumas duplas começaram a ser exclusivamente chamadas de "sertanejas" e começaram a incomodar a intelectualidade da MPB. José de Souza Martins, com a retórica agressiva do artigo "Música sertaneja: a dissimulação na linguagem dos humilhados", deu aos universitários as armas teóricas e o tom virulento para se ver na música sertaneja a alienação do ex-camponês migrante imbecilizado pela *indústria cultural*.

Outro texto que ajudou a forjar a indisposição da academia com a música sertaneja foi o livro do sociólogo Waldenyr Caldas. Fruto de uma dissertação de mestrado em ciências sociais também defendida na USP, *Acorde na aurora — música sertaneja e indústria cultural* tornou-se livro em 1977. Inspirado nos teóricos marxistas alemães Walter Benjamin e Theodor Adorno, sobretudo neste último, Caldas adotou o conceito de *indústria cultural*, na qual as empresas capitalistas da cultura são vistas como corruptoras da pureza artística. No livro *Acorde na aurora* o sociólogo chega a afirmar que "a dupla [*sertaneja*] que pretende sucesso, que precisa sobreviver, prostitui-se profissionalmente, aceitando as condições oferecidas pelo agenciador". A proletarização é vista, seja no consumo, seja na produção, como a maçã que não deve ser mordida.[6]

A grande questão constatada pela bibliografia dos anos 1970 é que o Brasil estava se modernizando, se urbanizando, se industrializando, e os *caipiras*, se transformando. Era um processo sem volta, ao qual só restava aos intelectuais tentar resistir e apontar os problemas intrínsecos da nova música *sertaneja* oriunda desse processo, arte "corrompida" e "falsa". Na verdade, tratava-se menos de uma visão estética e mais de crítica à proletarização do camponês.

Segundo Waldenyr Caldas, como consequência desse processo de proletarização, o sertanejo adotou a temática romântica[7] e a violência do Velho Oeste americano. Era com pesar que Caldas constatava que os sertanejos haviam abandonado os temas "nobres" da terra, a fauna, a flora, a relação social campesina e a plantação:

---

[6] O antropólogo Allan Oliveira abordou essa questão. No entanto, penso que o pesquisador tratou-a de forma um pouco esquemática e breve. Para ele, os textos da década de 1970 sobre a proletarização do músico rural são reflexo de uma visão que já havia em épocas anteriores. Segundo Oliveira: "Desta forma, durante a década de 60 e 70, a música sertaneja foi remetida a um lugar marginal no quadro da música popular brasileira. Excluída em grande medida da síntese proposta pela MPB, do horário nobre da TV, bem como [...] do discurso político relativo à música brasileira, a música sertaneja passou a ser relacionada a categorias sociológicas significativas tais como lúmpen, proletariado, alienação, dentre outras. É nesse momento que surgiram os primeiros estudos acadêmicos sobre o tema: Martins e Caldas" (Oliveira, 2009:313). De fato, isso é, em parte, verdade. No entanto, esse referencial não satisfaz completamente, pois vê nesses acadêmicos dos anos 1970 apenas reflexo de discussões de décadas anteriores. Penso que pensadores como Caldas e Martins não estavam apenas apontando a exclusão da música *sertaneja*, mas sendo eles próprios *formatadores*, *inventores*, dessa exclusão para o público da MPB. Foram eles que criaram as *categorias* e o *tom* agressivo (típico do marxismo dos anos 1970) capazes de ver o sertanejo como "falso" camponês. Seu grande legado é a consolidação da distinção caipira/sertanejo e a associação dos primeiros à pureza e, por consequência, palatáveis aos olhos da MPB.

[7] Caldas dá o veredicto em relação à poética romântica: "Tem-se a poesia sem nenhum trabalho com o significante, nem ao menos uma proposição nova em termos de significado. O compositor cai na repetição de formas já conhecidas, lembrando, ainda que de relance, uma linguagem hiperbólica, evidenciando, ao mesmo tempo, o individualismo da fase romântica. Percebe-se isto pelo constante uso da primeira pessoa. Não temos dúvida de que, na elaboração deste texto, o compositor não dominava as características da linguagem romântica, e nem tinha como preocupação a construção de uma crítica à realidade social, utilizadora ainda das formas românticas como meio de expressão poética. Seu objetivo era repetir o repertório do homem sertanejo e, consequentemente, limitá-lo ainda mais ao apresentar um eixo semântico completamente vazio e desgastado" (Caldas, 1977:77).

A urbanização e consequente inserção desta modalidade musical na indústria cultural não se restringe, entretanto, ao aparecimento de um novo tema a ser cantado em prosa e verso. O compositor rural, que antes, em seus versos, falava das condições da agricultura, da boiada, da vida no campo, cede lugar ao compositor urbano, que explora o amor vivido na cidade grande, o disco voador, a multidão que passa, enfim, temas essencialmente urbanos. Dessa forma, vamos ver que a urbanização da música sertaneja é, antes de tudo um fenômeno sociológico de grande importância, que ocorre não apenas no meio urbano, mas que atinge toda a cultura das regiões Centro-Oeste, Sudeste e Sul do Brasil [Caldas, 1977:11-12].

O trabalho de Waldenyr Caldas é, ao mesmo tempo, demarcador de distinção acadêmica e estética em relação à música sertaneja e efeito do desejo dos acadêmicos de diferenciação entre a "boa" tradição da música caipira e a "corrupção" sertaneja. Sua tese de 1977 atuou de forma a condensar na sociedade pontos de vista acerca da música da época. Junto com a mídia, que também vinha separando "o joio do trigo", Caldas demarcou em sua conclusão que:

> Há uma lacuna muito grande entre música sertaneja e música caipira. Apesar de a primeira ter utilizado determinados elementos estético-formais da segunda, hoje [em 1977], em nada mais elas se identificam. Enquanto a música sertaneja tem, hoje, uma função alienante para o seu grande público, distanciando-o da sua realidade concreta, através do uso que a indústria cultural faz, a música caipira, bem ou mal, ainda possui a função de evitar a desagregação social do caipira paulista através das manifestações lúdicas, profissionais e religiosas. [...] A música sertaneja não se enquadra na categoria de arte. Ela não é arte musical ou qualquer outro tipo de arte, porque sua configuração estética é feita de redundâncias tanto ao nível da forma como do conteúdo. A sua perda de autonomia verifica-se não apenas pelo controle de qualidade estética que a indústria cultural lhe impõe, mas também por transformá-la, ao mesmo tempo, em instrumento de consumo e de controle social, atribuindo-lhe o caráter não de arte, mas de antiarte, distanciada, desta forma, da sua verdadeira função social. [...] A música caipira, após sua urbanização (música sertaneja), passa a exercer, quase que exclusivamente, o papel de instrumento da ideologia burguesa, desvinculando-se inteiramente de sua função de elemento catalisador das relações sociais no campo. Ela, hoje [em 1977], é apenas um produto a mais do consumo de massa do meio urbano, dirigido principalmente ao proletariado [Caldas, 1977:145-146].[8]

---

[8] A observação de Caldas de que "a música sertaneja e [a] música caipira [...] hoje [em 1977] em nada mais [...] se identificam" não é de todo verdade. Nesse mesmo ano de 1977 foi lançada a primeira edição

O esquematismo de Waldenyr Caldas contrapõe música sertaneja e caipira de forma simplista. Enquanto uma representa a integridade do trabalhador camponês, a outra é a completa desagregação da potencialidade do campo. Em seu didatismo, o texto é datado. As influências de Adorno e Benjamin e o contexto da ditadura militar fizeram o autor ver a música *sertaneja* como um dos braços do Estado totalitário e do mercado todo-poderoso (Caldas, 1977:24).

Apesar dos exageros, fato é que a crítica à música *sertaneja* se espalhou pela intelectualidade de classe média, servindo à esquerda e à direita na distinção em relação à "corrompida" arte musical rural. Tratada como "sequela sonora de males maiores", a música sertaneja não era analisada "em si". Quando os sociólogos *uspianos* analisavam as obras sertanejas, buscavam encontrar um espelho das condições "objetivas"; desejava-se ver uma arte que refletisse o real massacrante vivido pela classe operária e camponesa. Como não o encontravam, tachavam esse músico de "alienado".

O tom agressivo de Caldas e Martins denota o apego desses críticos ao padrão estético da MPB. Ambos os sociólogos eram homens socializados na cidade São Paulo, cujas teses transbordam o referencial marxista dos anos 1970. Subjacente ao marxismo setentista, é divulgada a ideia de que apenas a MPB é capaz de, de fato, representar o povo em sua busca das "verdadeiras" raízes da música brasileira. Caldas deixa claro o apego aos parâmetros da MPB:

> Basta uma pequena faixa de bons compositores como Caetano Veloso, Edu Lobo, Milton Nascimento etc., para satisfazer às exigências do pequeno público universitário. A grande massa, entretanto, tem que se contentar em consumir a *masscult*, que, no dizer de Dwight MacDonald, "não oferece nenhuma experiência estética, porque estas coisas requerem um esforço [...]. A massicultura não é qualquer outra coisa: não é simplesmente arte falida, é não arte. É absolutamente antiarte" [Caldas, 1977:67].[9]

---

da *Enciclopédia da música brasileira — erudita, folclórica e popular*. Nela, os pesquisadores chamam indistintamente de "sertaneja" duplas como Palmeira e Biá, Tonico & Tinoco e Chitãozinho & Xororó. A afirmação de Caldas parece mais um desejo expresso de diferenciação do que uma análise de fato "objetiva".

[9] Em outro momento, Caldas deixa transparecer seu gosto pela música de Caetano Veloso: "Com raríssimas exceções (caso da fase do tropicalismo, onde houve experimentalismos estéticos), toda a música popular urbana brasileira está repleta de compositores que também exploram o mau gosto. Seu objetivo primeiro é, sem dúvida, agradar as massas" (Caldas, 1977:66). É paradoxal o fato de Caldas, um marxista *adorniano* dos mais ortodoxos, se apropriar do pensador alemão apenas quando lhe interessa. Para Adorno, a *indústria cultural* teria contaminado todos os *fronts* da área musical. A própria indústria do disco já seria, em si, uma deturpação dos "verdadeiros valores" da música clássica e da experiência da audição de uma ópera de Wagner ou uma sinfonia de Beethoven. Essa é razão pela qual o pensador nega qualquer validade a qualquer produto de massa da indústria fonográfica, inclusive o hoje respeitado *jazz*. Para ele, a música se fetichiza na mercadoria disco. De forma que ter Adorno como matriz

Esse ponto de vista sobre a música *sertaneja* que nasceu em Antonio Candido e se radicalizou com Martins e Caldas se espalhou entre os universitários e a classe média porque serviu na prática para legitimação dos artistas *caipiras* ao torná-los *resistentes* ao desenvolvimento capitalista ditatorial. A música sertaneja seria uma música "menor", porque era fruto do processo de urbanização do Brasil, industrialização da arte e proletarização e alienação do camponês, sem opor nenhum tipo de *resistência* heroica.

A grande maioria dos escritos acadêmicos sobre a música sertaneja segue essa matriz. Em 1980, Geraldo Bonadio e Ivone Savioli reproduziram esse pensamento praticamente na íntegra no artigo "Música sertaneja e classes subalternas". Em 1985, José Luiz Ferrete ainda vê os sertanejos como frutos da urbanização: "O consumidor em altíssima escala dessa maçaroca indefinível [música sertaneja] é membro da comunidade que os grandes centros industrializados formaram após 1960, com a vinda para os mesmos de quase 60% dos trabalhadores rurais, na desesperada busca de melhores condições de vida" (Ferrete, 1985:72).

Os anos passaram e a abordagem do tema continuou a mesma. Em 1999, no livro *Da roça ao rodeio*, Rosa Nepomuceno seguiu vendo a *indústria cultural* e a urbanização corrompendo a "pureza" do homem do campo: "Desde que chegaram nas cidades [sic] as modas [de viola] de João Pacífico foram ganhando enfeites, maquiagem, roupa nova, acessórios, num processo de modificação que culminou com sua quase total descaracterização, a partir dos anos 1980" (Nepomuceno, 1999:23). O pesquisador José Hamilton Ribeiro segue essa linha em livro de 2006:

> O desabamento do universo caipira tem a ver, também e principalmente, com a transformação das circunstâncias que fizeram seu apogeu, de 1920 a 1970. O Brasil daquele período era essencialmente agrícola, com a maioria de sua população concentrada no campo. Hoje é o inverso: a quase totalidade do povo está na cidade [Ribeiro, 2006:247].

Constata-se, assim, que esse é um ponto de vista compartilhado por grande parte dos acadêmicos. Mas não apenas os autores de textos sobre a música sertaneja condenavam a música sertaneja. Esse era um ponto de vista comum na época, dentro e fora da academia. Jornalistas e cientistas sociais concordavam que a música sertaneja era uma arte menor. Numa sintonia como em poucos momentos foi possível, os discursos acadêmico e jornalístico encontravam um cul-

---

teórica implica refletir sobre as consequências desse pensamento. Caldas simplesmente se esquece do pensador ao olhar para a MPB. De modo que o conceito de *indústria cultural* só vale para os sertanejos, não para artistas como Caetano Veloso, Edu Lobo e Milton Nascimento.

pado pela alienação do camponês brasileiro. Um ano após a publicação do livro de Caldas, a revista *Veja* declarou:

> Para agradar as massas, as duplas sertanejas foram incorporando pistões e *uiuiuis* em suas gravações. Daí para a frente, violas e violeiros parecem ter enlouquecido: o sertão virou uma cacofonia só. O bolero teria se intrometido como uma contaminação de preferências da classe média. A guarânia e o tango infiltraram-se por uma simples questão de vizinhança. Assim, hoje [em 1978], a música sertaneja, em termos rítmicos, é simplesmente tudo o que for chamado de música sertaneja. É, enfim, outro sinal dos tempos que opõe o Brasil urbano ao Brasil rural: sua definição de gênero é estabelecida a partir de meras distinções do segmento de mercado ao qual se destina.[10]

Seguindo essa linha crítica, o jornalista e historiador José Ramos Tinhorão escreveu em sua coluna no *Jornal do Brasil* que a música de Milionário & José Rico era fruto de uma "moda", oriunda da exploração mercadológica de suas carreiras:

> O advento das modas roceiras paulista no panorama da música popular brasileira coincidia com o início da expansão industrial partida da capital de São Paulo, e vinha revelar-se como a primeira consequência, no âmbito da cultura popular, da influência urbana sobre vastas áreas até então sob o regime de vida rural.[11]

O historiador Walter Krausche também enxergou na comercialização industrial a perda da essência camponesa: "Para atender a um público remanescente das áreas rurais impõe-se a música sertaneja, produzida em função da 'racionalidade' industrial do disco, lembrando apenas o mundo rural remoto, dirigida a um grande número de pessoas que não precisam viver o rural para consumi-lo" (Krausche, 1983:9).

A revista *IstoÉ* de 29 de agosto de 1979 dizia que havia dois tipos de música rural: a "urbana", criada pela indústria para saciar os migrantes das periferias das capitais, cujas canções primavam pela tom melodramático e canções de dor de cotovelo, e a música "de raiz", de qualidade e verdadeira representante do camponês.[12] Também crítico, o teatrólogo Plínio Marcos chegou a dizer que os sertanejos

---

[10] *Veja*, p. 107, 7/6/1978,
[11] *Jornal do Brasil*, p. 2, 8/2/1974, Caderno B.
[12] Meio século de boa música caipira. *IstoÉ*, p. 50-53, 29/8/1979.

faziam "falsa música", pois eram fruto da indústria cultural, sem raízes na cultura popular.[13]

Esses veredictos foram essenciais para a predisposição da MPB contra a música *sertaneja* e a favor da música *caipira*. Demarca-se aqui que esse pensamento forjado nos anos 1970 foi essencial para a construção, delimitação e distinção de campos culturais diferenciados na música rural. Pensando por meio das categorias de Bourdieu, a música caipira foi sendo ao mesmo tempo "inventada" como projeto estético e campo cultural enquanto criava e delimitava sua oposição, os sertanejos. Em diálogo dinâmico de autonomia relativa, foram sendo gestados campos gradualmente opostos.

A distinção

Após a consolidação da distinção entre caipiras e sertanejos no cenário cultural brasileiro, criou-se certa ideia de que o que distinguia um do outro seria, além da instrumentação e das roupas, a temática. Os caipiras falariam de assuntos "nobres", da terra, da boiada, das relações sociais do campo, das desigualdades, da natureza; os sertanejos cantariam apenas o amor, sobretudo as relações amorosas mal acabadas e melodramáticas. Essa polarização serve mais para demarcar distinções no campo cultural da música rural do que de fato corresponde objetivamente à realidade concreta. Artistas de ambos os lados da "fronteira" estética gravaram os dois tipos de música.

Canções consideradas clássicos do cancioneiro "caipira" cantam temas melodramáticos. "Chico Mineiro" conta de forma pouco contida o drama de vida e morte do personagem título; "Amargurado", clássico de Tião Carreiro & Pardinho, canta a desilusão amorosa: "Vai com Deus, sejas feliz com o teu amado/ Tens aqui um peito magoado/ Que muito sofre por te amar"; "Cabocla Tereza" conta a história do marido traído que resolve matar a esposa: "Senti meu sangue ferver, jurei a Tereza matar/ O meu alazão arriei, e ela eu vou procurar/ Agora já me vinguei, é esse o fim de um amor"; "Chalana" também canta a separação de um casal: "Lá na curva do rio/ E se ela vai magoada/ Eu bem sei que tem razão/ Fui ingrato, eu ferido/ O seu pobre coração"; o clássico "Moreninha linda" canta a desgraça de um casal: "Meu coração tá pisado/ Como a flor que murcha e cai/ Pisado pelo desprezo/ Do amor quando se vai"; o clássico "João-de-barro" conta a história do

---
[13] *Última Hora*, 17/2/1974.

pássaro construtor que serve de metáfora para a condição do caipira: "Quando ele ia buscar o raminho/ Pra construir seu ninho, seu amor lhe enganava/ Mas como sempre o mal feito é descoberto/ João-de-barro viu de perto sua esperança perdida/ Cego de dor, trancou a porta da morada/ Deixando lá a sua amada presa pro resto da vida/ Que semelhança entre o nosso fadário/ Só que eu fiz o contrário do que o João-de-barro fez/ Nosso senhor, me deu força nessa hora/ A ingrata eu pus pra fora, por onde anda eu não sei". Para finalizar, cito a canção "Rio de lágrimas", cujo título e fama já dizem muito: "O rio de Piracicaba/ Vai jogar água pra fora/ Quando chegar a água/ Dos olhos de alguém que chora/.../ Eu choro desesperado/ Igualzinho a uma criança/ Duvido alguém que não chore/ Pela dor de uma saudade/ Eu quero ver quem não chora/ Quando ama de verdade". Várias dessas canções foram consideradas pelo pesquisador folclorista José Hamilton Ribeiro entre as 100 "maiores modas de viola de todos os tempos".[14] Não obstante, são bastante melodramáticas e veem o amor de forma "exagerada".

Os sertanejos também cantavam a tristeza, a amargura da solidão e sobretudo o fim dos relacionamentos amorosos. Isso sempre esteve demarcado pela bibliografia.

Milionário & José Rico, por exemplo, foram cantores de amores desgraçados e situações melodramáticas. Em "Ilusão perdida", José Rico compôs um amor impossível: "Eu te peço por Deus, oh menina,/ Por favor não se iluda comigo/ Sou casado e não posso te amar/ .../ Esquecendo de mim para sempre/ Tu terás muitas felicidades". Em "Livro da vida", o abandono amoroso leva a uma moral: "Eu não peço que siga os meus passos/ Pois o nosso amor terminou/ Ficará gravado na mente/ O erro que praticou/ O mundo é um livro aberto/ Pra ensinar quem não sabe viver". Em "Jogo do amor", o dinheiro não conta nada para a felicidade: "Com meu dinheiro eu comprei de tudo/ No jogo da vida eu nunca perdi/ Mas o coração da mulher querida/ Parece mentira, mas não consegui/ Ela desprezou a minha riqueza/ Com toda franqueza me disse também/ Que gosta de outro com toda pobreza/ E do meu dinheiro não quer um vintém". A mesma lógica está em "Minha paixão": "Minha vida já era, tudo acabou/ Depois que perdi meu querido bem/ Nem mesmo a riqueza me satisfaz". Em um dos maiores sucessos da dupla, a canção "Vá pro inferno com o seu amor", o abandono dá lugar à raiva: "Tudo que eu fiz/ Você zombou/ Do que eu era/ Nem sei quem sou/ Vá pro inferno com seu amor/ Só eu amei/ Você não me amou".

---

[14] "Chico Mineiro" (Francisco Ribeiro e Tonico) ficou em quinto; "Chalana" (Mario Zan e Arlindo Pinto), em sexto; "Cabocla Tereza" (Raul Torres e João Pacífico), em 28º; "João-de-barro" (Muibo Cury e Teddy Vieira), em 48º; "Moreninha linda" (Tonico, Priminho e Maninho), em 53º.

A dupla Milionário & José Rico foi profícua em cantar o abandono, o sofrimento e a tristeza por causa de amores perdidos. Até os títulos de seus LPs chamavam a atenção para esse aspecto: o primeiro LP chamava-se *De longe também se ama* (1973), o segundo, *Ilusão perdida* (1975). Outros discos iam na mesma linha, vide os LPs *Escravo do amor* (1981) e *Tribunal do amor* (1982).

De fato, a música sertaneja era bastante romântica e várias duplas seguiam a mesma balada. Em "Colina do amor", Leo Canhoto cansa-se de tanto buscar o amor: "Estou cansado de andar, procurando alguém,/ que queira ser meu bem,/ Andei pelo deserto ardente, mas infelizmente, não achei ninguém,/ Cruzei montanhas e cidades, planícies que não têm mais fim,/ Será que Deus não fez ninguém, que dê certo pra mim". Mesmo descambando para a violência física, o amor ainda era a tônica em "Tapinha de amor", também de Leo Canhoto: "Não era preciso chorar desse jeito/ Menina bonita, anjo encantador/ Aquele tapinha que dei no seu rosto/ Não foi por maldade foi prova de amor".

Nem sempre o que era cantado era a separação. Em "Castelo de amor" (1975), um dos primeiros sucessos do Trio Parada Dura, o sentimento era correspondido: "Num lugar longe, bem longe, lá no alto da colina,/ Onde vejo a imensidão e as belezas que fascinam,/ Ali eu quero morar juntinho com minha flor/ Ali quero construir nosso castelo de amor".

Apesar de existirem sucessos em que o amor é bem-sucedido, quase sempre o que a música sertaneja canta é a distância e a não concretização amorosa. O primeiro grande sucesso de Chitãozinho & Xororó, a canção "60 dias apaixonado" (1979), falava do desespero da separação da mulher amada: "Viajando pra Mato Grosso/ Aparecida do Taboado/ lá conheci uma morena/ que me deixou amarrado/ Deixei a linda pequena/ por Deus confesso desconsolado/ Mudei meu jeito de ser/ Bebendo pra esquecer/ 60 dias apaixonado". O maior sucesso da dupla (até o *boom* dos anos 1990) foi a canção "Fio de cabelo", de Darci Rossi e Marciano, lançada em 1982. A canção canta o desespero de um amor acabado, sintetizando a forma eloquente de falar do sentimento no mundo sertanejo:

> Quando a gente ama
> Qualquer coisa serve para relembrar
> Um vestido velho da mulher amada
> Tem muito valor
> Aquele restinho do perfume dela que ficou no frasco
> Sobre a penteadeira
> Mostrando que o quarto
> Já foi o cenário de um grande amor

E hoje o que encontrei me deixou mais triste
Um pedacinho dela que existe
Um fio de cabelo no meu paletó
Lembrei de tudo entre nós
Do amor vivido
Aquele fio de cabelo comprido
Já esteve grudado em nosso suor

A questão que se apresenta, então, é: por que o amor é usado na distinção entre caipiras e sertanejos nos anos 1970 se ambos faziam uso desse discurso? O que está em jogo é menos a estética em si e mais uma questão política, claro, embora não se possam desprezar as ênfases amorosas dos sertanejos. No entanto, se na prática os discursos são muito parecidos, porque apenas os sertanejos são vistos como melodramáticos?

A ênfase no melodrama tem a ver, para os críticos, com a invenção da cultura de massa. Segundo esses opositores da música sertaneja, a *indústria cultural* se aproveitaria do discurso amoroso para "alienar" as massas. O amor cantado de forma aberta e "sem pudores" é visto como uma forma de "controlar" os trabalhadores do campo e migrantes. Envolvidos em questões amorosas, o trabalhador se anestesiaria das questões sociais.

Mas permanece a questão: por que os caipiras não são vistos da mesma forma? Penso que isso se explica pelo fato de os críticos verem a música sertaneja como fruto pura e simplesmente da *indústria cultural*, enquanto a música caipira seria a *resistência* ao mercado massivo e à "deturpação" da "boa" arte. De modo que, em razão desse suporte teórico, apenas os sertanejos são chamados de excessivamente românticos, pois simbolizam a hegemonia de um camponês desgarrado de suas raízes, longe da terra e sob a influência vil da *indústria cultural* e da cidade grande.[15]

Esse pensamento esquemático serve, no entanto, mais para distinguir a academia das temáticas populares do que de fato compreendê-las. Como escreveu Barbero, "fazer história dos processos implica fazer história das categorias com

---

[15] Não deixa de ser curioso que vários desses críticos dos sertanejos se apropriem do pensamento de Adorno para deslegitimar a música rural "degenerada". Adorno via a *indústria cultural* tomando todos os espaços culturais no capitalismo, não havendo brecha possível diante da fetichização e mercantilização da arte. A própria gravação já seria, em si, deturpação da arte. No entanto, esses críticos nacional-folcloristas conseguem criticar o capitalismo da *indústria cultural* sem perceber que também estão dentro dela. Artistas da MPB ou da música *caipira* quase nunca são criticados por posições mercadológicas. O que torna isso possível é o *mito da resistência* ao mercado e à ditadura. Para uma análise desses aspectos da *resistência*, ver: Alonso (2011b).

que analisamos e das palavras com que os nomeamos" (Barbero, 2001:31). De modo que não basta simplesmente acusar o romantismo como decadência para explicar o mundo sertanejo.

O historiador E. P. Thompson já apontou alguns problemas dessa visão teleológica que percebe no trabalhador a "consciência" ou a "inconsciência" conforme os planos revolucionários do interpretante. Thompson chamou a atenção para o fato de que as coletividades socialmente construídas são formas de identidade que têm dinâmica própria. As classes sociais não estão predeterminadas *a priori*, seja pela dominação por outra classe, seja pela exploração por meios de produção, mas se constroem no decorrer da luta por identidade social.

Para o pensador marxista, renovador desse campo, classe social é uma experiência histórica mais do que simplesmente uma categoria econômica. De modo que, ao se constituir por um discurso que se distingue e ofende as classes médias e altas, o proletariado migrante da década de 1970 construiu uma identidade por meio da estética do amor romântico excessivo, e não simplesmente esvaziou um discurso revolucionário "correto". Essa visão que busca no camponês a verdade revolucionária no fundo ignora a própria sensibilidade diversa manifestada pelo campesinato e/ou pelo proletariado.

Seguindo a linha de Thompson, Barbero mostrou que a própria *indústria cultural* não foi criadora da estética do excesso. Para o pensador colombiano, a *cultura de massa*, cujos primeiros indícios apareceram na Europa do século XIX, é efeito de uma nova reformulação da hegemonia burguesa:

> O longo processo de enculturação das classes populares no capitalismo sofre desde meados do século XIX uma ruptura mediante a qual obtém sua continuidade: o deslocamento da legitimidade burguesa "de cima para dentro", isto é, a passagem dos dispositivos de submissão aos de consenso. Esse "salto" contém uma pluralidade de movimentos entre os quais os de mais longo alcance serão a dissolução do sistema tradicional de diferenças sociais, a constituição das massas em classe e o surgimento de uma nova cultura, de massa. O significado deste último quase sempre tem sido pensado em termos culturalistas, como perda de autenticidade ou degradação cultural, e não em sua articulação com os outros dois movimentos e, portanto, no que traz de mudança na função social da própria cultura [Barbero, 2001:31].

Barbero aponta algumas questões interessantes para pensar o mundo sertanejo. Para ele, a *indústria cultural* é efeito, e não causa, da reformulação histórica que criou a cultura de massa. A cultura de massa não é simples imposição das elites, mas está aberta a mediações. Para o autor, o massivo não foi simples imposição das classes dominantes, mas fruto de batalhas e incorporações da estética da cultura popular mediada por uma nova relação de poder:

> A cultura de massa não aparece de repente, como uma ruptura que permita seu confronto com a cultura popular. O massivo foi gerado lentamente a partir do popular. Só um enorme estrabismo histórico e um potente etnocentrismo de classe que se nega a nomear o popular como cultura pôde ocultar essa relação, a ponto de não enxergar na cultura de massa senão um processo de vulgarização e decadência da cultura culta [Barbero, 2001:175].

Barbero mostra que a linguagem do excesso na cultura de massa já estava presente na cultura popular, e não foi uma imposição da *indústria cultural* pura e simplesmente, embora, é claro, essa *indústria* lucre com isso. De modo que o sentimentalismo romântico "exagerado" estava presente nos primeiros folhetins populares desde antes da cultura de massa no século XIX. Para ele, a própria noção de *cultura de massa* foi uma maneira de reformular a hegemonia cultural da época no sentido de incorporar as classes baixas como massa. Antes não se fazia cultura de massa; cultura era cultura de elite. A partir do momento que se viu a possibilidade de lucrar com a disseminação de determinada cultura maior que de uma classe social, houve uma aproximação com a cultura popular. Alguns de seus aspectos, não todos, é certo, foram articulados e mediados de modo a tornar esse novo produto possível. Se essa reformulação da hegemonia burguesa se constituiu foi porque incorporou, e não simplesmente impôs, uma estética que em parte não era apenas das elites, mas das classes populares. A linguagem do excesso, seja o melodrama, o romantismo, o terror ou o sensacionalismo, foi a forma pela qual os populares criaram uma identidade no meio da cultura de massa, e não apenas sendo refém desta.[16]

O mesmo pode ser pensado sobre a música sertaneja dos anos 1970. O tom melodramático já era recorrente na cultura popular nacional, tanto é que aparece em composições de décadas anteriores. O que fazem os sertanejos é radicalizar essa proposta, afiando uma identidade de classe de forma positiva, ou seja, afirmativa, e associada ao excesso. A sintonia que os músicos sertanejos têm com seu público é fruto dessa ligação temática com os desejos da plateia. O canto romântico não é simplesmente uma *forma* de atingir as massas ou tentativa de "manipulá-las", mas é *como* as massas sertanejas se exprimem em determinados

---

[16] Para discussão de melodrama e cultura do excesso na cultura de massa, ver: Schwarz (2004) e Singer (2001).

contextos. Trata-se da mediação sentimental que, performaticamente, constituiu esse grupo social. Não se trata de ausência de linguagem, como pensam os críticos, mas de excesso desta. O amor romântico, "brega", "cafona", melodramático e "exagerado" é um catalisador da formação do proletariado das grandes periferias em sintonia com os camponeses, migrantes ou não. Essa identidade torna-se ainda mais forte quanto mais os intelectuais de classe alta e média a repudiam e se abstêm de disputá-la.

Populismo e os sertanejos

Há outro fator importante a considerar para compreender o repúdio da academia pelos sertanejos. Havia quatro matrizes explicativas que condenaram os modernizadores do som rural, três das quais já falamos. Foram elas: a) o folclorismo, que buscava a "pureza" perdida do campo; b) as teorias marxistas debitárias do conceito *adorniano* de *indústria cultural*, que viam nos sertanejos entes manipulados pelo mercado capitalista e pelo regime ditatorial; c) o asco sentido intimamente pelas classes médias e altas diante do romantismo "exagerado" das classes populares que aderiram ao som sertanejo.

Para além dessas razões, uma quarta vertente explicativa também ajudou a condenar, de forma indireta, várias gerações de músicos sertanejos, de Leo Canhoto & Robertinho a Zezé di Camargo & Luciano. Trata-se das teorias que, na segunda metade do século XX, advogavam a existência do *populismo* em terras brasileiras. Por meio desse conceito se consolidaram ideias condenatórias ao camponês migrante e, por consequência, aos cantores sertanejos e sua música. Nas teorias sobre o *populismo*, o trabalhador rural migrante é frequentemente visto como "alienado" e/ou sem consciência política e, por isso, manipulável por líderes carismáticos, estes sim os reais donos do poder.[17]

Na verdade, não foram os teóricos do *populismo* que criaram a noção do campesinato como massa sem consciência política. Isso se deve a uma escola de pensamento anterior. Nos anos 1950-1960, *teóricos da modernização* como Gino Germani e Torcuato di Tella advogavam a ideia de que a inserção latino-americana no mundo moderno não seguiu os padrões clássicos da democracia liberal europeia. Para esses pensadores teria havido em nosso continente um rápido processo de urbanização e industrialização que atropelou a gradual formação e

---

[17] Nessa discussão sobre o *populismo* está subjacente minha filiação ao pensamento do historiador Jorge Ferreira, cujas ideias expostas ao longo de sua obra apontam para uma superação desse conceito.

conscientização dos trabalhadores. O contexto histórico de explosão demográfica, migrações e as aspirações participativas das massas populares tornaram possível, segundo esses autores, a manipulação das *massas* por parte das classes dominantes. Gino Germani e sobretudo Torcuato di Tella elegeram um ator central para o surgimento do *populismo* na América Latina: o campesinato (Germani, 1973; Tella, 1969). A passagem de uma sociedade tradicional e rural para outra industrial e moderna deslocou populações do campo para a cidade. Advindos do campo, mas sem tradição de luta "participativa", os camponeses teriam sido manipulados na cidade.

Mesmo depois de as ideias das *teorias da modernização* tornarem-se desacreditadas, sobretudo em razão de seu etapismo exagerado, as imagens dos camponeses como seres bestializados permaneceu e seguiu adiante no pensamento intelectual brasileiro.

Como mostra Ângela de Castro Gomes, em meados da década de 1950 um grupo de intelectuais começou a se reunir sob o patrocínio do Ministério da Agricultura para discutir os males da desigual formação brasileira (Gomes, 2001). Essa vanguarda esclarecida, que ficou conhecida como o Grupo de Itatiaia, incluía pensadores como Alberto Guerreiro Ramos, Candido Mendes, Hermes Lima, Ignacio Rangel, João Paulo de Almeida Magalhães e Helio Jaguaribe. Um dos problemas brasileiros apontados pelos estudiosos era o surgimento do "populismo na política brasileira". Diante da rápida industrialização brasileira e da proletarização dos trabalhadores, muitos deles migrantes, não teria havido formação da consciência de classe nas cidades. Isso aconteceu em grande parte por causa do camponês, esse personagem de "identidade deficitária" e pouco consciente de seu potencial de classe. Segundo Guerreiro Ramos, os camponeses eram "componentes recém-egressos dos campos [que] ainda não dominavam o idioma ideológico" e teriam escasso "treino partidário" e "tímida consciência de direitos", o que os "tornava incapazes" de exercer influência na sociedade *populista*, sendo então manipulados (Ramos, 1961:56).

Uma segunda geração de teóricos do *populismo*, então instaurada nas universidades, desenvolveu reflexões sobre o papel dos camponeses no processo de formação da classe operária e no movimento sindical. Segundo esses pensadores, a acelerada modernização brasileira criou camponeses migrantes que, instalados nas grandes cidades, não teriam se identificado completamente com os trabalhadores urbanos e se comportaram conforme seus "interesses pessoais". Essa "interpretação sociológica" desenvolvida nas academias brasileiras seguiu adiante com trabalhos sobre o movimento sindical e operário no Brasil desenvolvidos por Azis Simão, Juarez Brandão, José Albertino Rodrigues e Leôncio Martins Rodrigues. Em todos esses teóricos há uma preocupação de explicar os movimentos por meio de reflexos das variantes socioeconômicas. Como mostrou Maria Helena Capelato, esses autores analisavam o comportamento político das classes com base em determinantes estruturais (Capelato, 1998:185-186). Desse modo, da *teoria da modernização* até os primeiros teóricos do *populismo*, houve uma conjunção de visões que tacharam os camponeses migrantes de "incapazes" politicamente. O historiador Jorge Ferreira apontou a catalisação desse processo:

> No entrecruzamento da teoria da modernização com uma certa interpretação do marxismo, eis que surgem os camponeses no cenário político, representando o ator coletivo chave para a formulação e disseminação da primeira versão do populismo. Seria na passagem da "sociedade tradicional" para a "moderna" que atuariam os camponeses, seres incapazes de ações coletivas porque imbuídos de uma percepção individualista da sociedade e, exatamente por isso, refratários às mudanças sociais — em particular as revolucionárias [Ferreira, 2001:73].

Foi nesse contexto da década de 1960 que surgiu a série de artigos de Francisco Weffort, reunidos mais tarde sob o título *O populismo na política brasileira* (1980). Para além das implicações de seu pensamento, a questão da gênese do *populismo* continua a mesma: os camponeses seriam sujeitos pouco capazes de participação política nas cidades. Weffort, um intelectual da USP, talvez o principal dos teóricos do *populismo* no Brasil, via os camponeses oriundos do êxodo rural como sujeitos de tradições patrimoniais, individualistas e sem experiências de lutas sindicais.

O pensamento de Weffort fez escola. Segundo Jorge Ferreira, havia uma premissa no pensamento do sociólogo que persistiu até os anos 1980: a ideia de que o populismo impôs-se pela conjugação da repressão estatal com a manipulação política.[18] Otavio Ianni, autor de vários livros sobre o tema, também seguiu na mesma balada. Em seu livro *O colapso do populismo no Brasil*, de 1975, ele cons-

---

[18] A noção de "manipulação" é quase sempre uma constante no pensamento sobre o populismo de Weffort e outros pensadores. No entanto, para Ângela de Castro Gomes, Weffort chegou a apontar a substituição do conceito de "manipulação" por "aliança" como categoria explicativa mais precisa. No entanto, não houve investimento nem por parte de Weffort nessa temporária transição interpretativa nem por parte dos que seguiram seus passos (Gomes, 2001:34). Jorge Ferreira mostra em seu texto que, apesar de Weffort apontar que "repressão e manipulação" andavam *pari passu* com a satisfação de algumas demandas dos assalariados, esse viés da "satisfação" foi esquecido por seus seguidores. Mesmo os leitores de Gramsci não teriam compreendido essa possível mudança teórica: "Entre a tríade *repressão*, *manipulação* e *satisfação* em Weffort e a dicotomia *repressão* e *persuasão* em Gramsci, a última tornou-se mais atraente" (Ferreira, 2001:85).

tatou na condição camponesa a causa do *deficit* de politização que tornou possível o *populismo* como engodo das massas:

> Outro elemento importante para a compreensão da estrutura da política de massas é a composição rural-urbana do proletariado industrial. Aí está um dos fatores da inexperiência política dessa parte do povo brasileiro. Com as migrações internas, no sentido das cidades e dos centros industriais — particularmente intensas a partir de 1945 —, aumenta bastante e rapidamente o contingente relativo dos trabalhadores sem qualquer tradição política. O seu horizonte cultural está profundamente marcado pelos valores e padrões do mundo rural. [...] Esse horizonte cultural modifica-se na cidade, na indústria, mas de modo lento, parcial e contraditório [Ianni, 1975:57].

O texto de Otavio Ianni percebe na mão de obra brasileira um vácuo de posicionamento político, sobretudo nos trabalhadores de origem rural, de modo que esse sujeito oriundo do campo está pronto a ser "moldado" pelo regime. O historiador Daniel Aarão criticou esse pensamento que faz do trabalhador *tábula rasa*:

> No texto de O. Ianni, não existe nenhuma referência à ação consciente dos trabalhadores, à sua capacidade de elaborar avaliações, cálculos, escolhas. De contribuir, de algum modo, mesmo que de modo subordinado, à construção de uma tradição que, afinal, estava sendo capaz de empolgar muita gente nas cidades e, desde meados dos anos 50, também nos campos. Na aliança que demarca o *populismo*, há uma burguesia industrial consciente, há líderes carismáticos empreendedores e maquiavélicos, e, do lado dos trabalhadores, apenas massa — própria para amassar — de manobra. [...] Aqui estão, subjacentes, sem dúvida, as referências de um certo marxismo-leninismo, segundo o qual os trabalhadores apenas agem conscientemente, ou em outras palavras, somente se *constituem como classe* quando formulam propostas socialistas revolucionárias. Enquanto, e se, isto não ocorre, são massa, instrumentos de outras classes, estas, sim, conscientes de seus interesses [Reis Filho, 2001:353-354].

Isso nos leva à conclusão de que, ao mesmo tempo que se forjou o conceito de *populismo*, instrumentalizou-se também a noção de "manipulação" das massas. Não se quer aqui negar que as elites em diversos momentos tenham tentado manipular os trabalhadores. Mas entre a intenção e a realização concreta dos desejos maquiavélicos elitistas há, aí sim, uma lacuna. Como apontou Jorge Ferreira, as vertentes teóricas que pensaram o *populismo* têm em comum a maneira de abordar as relações entre Estado e sociedade como uma via de mão única, de cima para baixo, à luz do enfoque opressor-oprimido, o Estado todo-poderoso, violento e ideológico subjugando a sociedade e os trabalhadores em particular (Ferreira, 2001:94). Esses trabalhadores, inebriados com o líder carismático e acachapados pela repressão estatal, seriam manipulados por elites burguesas.

Penso que o importante aqui não é fazer um balanço do *populismo* em si, de forma a verificar a legitimidade ou não das propostas de Weffort e Ianni. Afinal, desde meados da década de 1990 há uma revisão historiográfica do período *populista* no Brasil (1945-1964). Alguns cientistas sociais forjadores dessa revisão, como Ângela de Castro Gomes e Jorge Ferreira, preferem não mais utilizar o conceito de *populismo*, por remeter a uma escola de pensamento que priorizou a dominação e a alienação. De modo que esses revisionistas, com os quais me uno, preferem o termo *trabalhismo*. Pretendem, com isso, não apenas uma mudança de palavras, mas a remissão a uma tradição política de forte presença na sociedade brasileira. O conceito de *trabalhismo* permite pensar a sociedade para além do controle e da dominação de classe. Procura-se, assim, entender não apenas a dominação, mas a relação de pacto e aliança entre trabalhadores e elites, desigual, é claro, mas de forte caráter simbólico para a sociedade da época. Assim, esse balanço revisionista do conceito de *populismo* já foi realizado. Não se trata de refazê-lo aqui.

A questão central é tentar entender o papel atribuído ao camponês no processo de construção do conceito de *populismo*. Claro está que os autores partidários do conceito de *populismo* não têm um olhar simpático para os migrantes camponeses, culpados pela "alienação" da classe trabalhadora. Esse migrante seria deficitário em dois aspectos: a) ao abandonar o campo, perdeu as "raízes" puras do campesinato; e b) ao emigrar em massa para as cidades, contaminou a sociedade urbana com sua falta de consciência política de ranço "individualista" e "tradicionalista", adiando os planos revolucionários da vanguarda intelectual de esquerda.

Seja como for, é importante lembrar que não foram só as esquerdas que repudiaram o *populismo*. Variados setores à direita do panorama político também repudiaram a existência dessas práticas políticas no período 1945-1964, que, não à toa, ganhou o apodo de "democracia populista" em vários textos. Como demarca Daniel Aarão, esses setores direitistas "tinham todos uma profunda aversão ao protagonismo crescente das classes trabalhadoras na história republicana brasileira depois de 1945" (Reis Filho, 2001:344). Muitos desses direitistas sentiram um profundo desgosto com a participação popular no período citado e articularam-se para dar fim àquela "falsa" democracia, executando variadas tentativas golpistas (1954/1955/1961) e finalmente o vitorioso golpe de 1964.

Por outro lado, mas na mesma balada de crítica ao "engodo" democrático-*populista*, as esquerdas radicais, que antes do golpe já não sentiam apego aos governos *trabalhistas*, cedo se desvincularam destes e demandaram reformas "na lei ou na marra". Um estranho consenso fez-se entre direitas ultrajadas e esquerdas radicalizadas: ambas condenaram o *populismo* à condição de *herança maldita* (Reis Filho, 2001). E, se o *populismo* tornou-se símbolo de uma mácula, o camponês migrante pagou um dos maiores preços.

Pois é desse mal que sofreu a música sertaneja durante grande parte de sua história. A música sertaneja era a trilha sonora do camponês que emigrou nos anos 1970. Para muitos acadêmicos, era uma "falsa" música, pois já não representava o "puro" trabalhador do campo, mas alguém novo — e alienado — no cenário político. Para este, a intelectualidade à esquerda e à direita do cenário político tinha poucas respostas que não o simples repúdio. As duplas sertanejas tornaram-se, então, figuras desprezíveis para esses intelectuais, fossem direitistas ou esquerdistas. Para as direitas autoritárias, o sucesso sertanejo fazia emanar o asco do "populacho". Para as esquerdas, eram o engodo, a mentira, a falsificação da cultura popular a corromper a pureza revolucionária do trabalhador.

Assim, aliado ao repúdio estético e à busca das raízes, o conceito de *populismo* contribuiu, e muito, para criar uma distinção entre academia e músicos sertanejos. Estranho paradoxo: ao mesmo tempo que o marxismo contribuiu para que a intelectualidade saísse "em busca do povo", o veredicto dado aos setores populares foi extremamente distintivo da intelectualidade de classe média alta do país. O repúdio à música sertaneja serviu mais aos propósitos de demarcação do campo acadêmico do que de fato contribuiu "objetivamente" para a compreensão do Brasil.

Ao se distinguir, a intelectualidade tinha dificuldade de entender a linguagem popular dos sertanejos. Sem respostas para esse novo sujeito histórico, grande parte da academia preferiu acusá-lo de inconsciente politicamente e rejeitou sua legitimidade, negando-lhe a possibilidade de se tornar objeto de análise positivo da sociedade do período.

A música sertaneja seria "alienada" porque os próprios compositores eram migrantes. Milionário veio de Pernambuco para São Paulo, onde conheceu o parceiro José Rico, que viera do interior do Paraná. Robertinho migrou de Goiás para São Paulo e Leo Canhoto veio de Anhumas, cidade do interior paulista. Chitãozinho & Xororó eram de Astorga, no Paraná. Gilberto & Gilmar nasceram em Rinópolis, interior de São Paulo. Leandro & Leonardo eram de Goianópolis, e Zezé Di Camargo & Luciano, de Pirenópolis, duas pequenas cidades do interior de Goiás. A dupla de sertanejo universitário Victor & Leo são de Abre Campo, Minas Gerais, e fizeram sucesso inicialmente em Uberaba. A música sertaneja sempre foi feita de fato por migrantes.

Mas a condição de migrante necessariamente envolve a alienação, tal como pensam os teóricos do populismo? Penso que não. Como mostrei anteriormente, não houve alienação ou mesmo passividade da população em relação ao regime, sobretudo no período do "milagre". Pelo contrário, houve grande participação, que se traduziu quase sempre em apoio.

E aí estava o problema. Para setores das esquerdas revolucionárias, os migrantes ex-camponeses representavam, com seu apoio ao regime, a contrarrevolução. Por seu imobilismo e incapacidade de se enquadrar na luta urbana da classe operária, os migrantes seriam incapazes de contribuir para o caminho revolucionário. No entanto, como demonstrou Daniel Aarão, é preciso analisar que outros cálculos políticos esses cidadãos realizavam, e não simplesmente tachá-los do que quer que seja (Reis Filho, 2001:362). De modo que, em diversos momentos, a crítica aos sertanejos serviu mais para demarcar uma distinção social do que propriamente para compreender seus valores e as questões intrínsecas à formação desse segmento estético-social.

Referências

ALONSO, Gustavo. *Cowboys do asfalto*: música sertaneja e modernização brasileira. Tese (doutorado) — UFF, Niterói, 2011a.

_____. *Simonal*: quem não tem *swing* morre com a boca cheia de formiga. Rio de Janeiro: Record, 2011b.

_____. O sertão vai à faculdade: o sertanejo universitário e o Brasil dos anos 2000. *Revista Perspectiva Histórica*, jul./ago. 2012.

BALDISERA, Marli de Almeida. *Onde estão os grupos de onze*: os comandos nacionalistas na região do Alto Uruguai — RS. Passo Fundo: UPF, 2005.

BARBERO, Jesús Martín. *Dos meios* às *mediações*: comunicação, cultura e hegemonia. Rio de Janeiro: UFRJ, 2001.

BOURDIEU, Pierre. *O poder simbólico*. Rio de Janeiro: Bertrand Brasil, 1989.

CALDAS, Waldenyr. *Acorde na aurora*: música sertaneja e indústria cultural. São Paulo: Companhia Editora Nacional, 1977.

CANDIDO, Antonio. *Os parceiros do Rio Bonito*: estudo sobre o caipira paulista e a transformação dos seus meios de vida. 4. ed. São Paulo: Duas Cidades, 1977.

CAPELATO, Maria Helena Rolim. Estado Novo: novas histórias. In: FREITAS, Marcos Cezar de. *Historiografia brasileira em perspectiva*. São Paulo: Contexto, 1998.

CARDOSO, Fernando Henrique. A fome e a crença — sobre "Os parceiros do Rio Bonito". In: LAFER, Celso (Org.). *Esboço de figura*: homenagem a Antonio Candido. São Paulo: Duas Cidades, 1979.

FERREIRA, Jorge. O nome e a coisa: o populismo na política brasileira. In: _____. (Org.). *O populismo e sua história*: debate e crítica. Rio de Janeiro: Civilização Brasileira, 2001.

FERRETE, J. L. *Capitão Furtado*: viola caipira ou sertaneja?. Rio de Janeiro: Instituto Nacional de Música/Divisão de Música Popular/Funarte, 1985.

GERMANI, Gino. *Política e sociedade em uma* época *de transição*: da sociedade tradicional à sociedade de massas. São Paulo: Mestre Jou, 1973.

GOMES, Ângela de Castro. O populismo e as ciências sociais no Brasil: notas sobre a trajetória de um conceito. In: FERREIRA, Jorge. *O populismo e sua história*: debate e crítica. Rio de Janeiro: Civilização Brasileira, 2001.

IANNI, Octavio. *O colapso do populismo no Brasil*. Rio de Janeiro: Civilização Brasileira, 1975.

KRAUSCHE, Valter. *Música popular brasileira*. São Paulo: Brasiliense, 1983.

LAFER, Celso (Org.). *Esboço de figura*: homenagem a Antonio Candido. São Paulo: Duas Cidades, 1979.

MARTINS, José Carlos. Música sertaneja: a dissimulação na linguagem dos humilhados. In: *Capitalismo e tradicionalismo*. São Paulo: Pioneira, 1975.

MARTINS, José de Souza. *Florestan*: sociologia e consciência social no Brasil. São Paulo: Universidade de São Paulo, 1998.

NEPOMUCENO, Rosa. *Música caipira*: da roça ao rodeio. São Paulo: Ed. 34, 1999.

OLIVEIRA, Allan de Paula. *O tronco da roseira*: uma antropologia da viola caipira. Dissertação (mestrado) — Pós-graduação em Antropologia Social, UFSC, Florianópolis, 2004.

_____. *Miguilim foi pra cidade ser cantor*: uma antropologia da música sertaneja. Tese (doutorado em antropologia social) — UFSC, Florianópolis, 2009.

RAMOS, Guerreiro. *A crise do poder no Brasil*. Rio de Janeiro: Zahar, 1961. p. 56.

REIS FILHO, Daniel Aarão. O colapso do colapso do populismo ou a propósito de uma herança maldita. In: FERREIRA, Jorge. *O populismo e sua história*. Rio de Janeiro: Civilização Brasileira. 2001.

RENNÓ, Carlos (Org.). *Gilberto Gil*: todas as letras. São Paulo: Companhia das Letras, 2003.

RIBEIRO, José Hamilton. *Música caipira*: as 270 maiores modas de todos os tempos. São Paulo: Globo, 2006.

SCHWARZ, Vanessa R.; CHARNEY, Leo. *O cinema e a invenção da vida moderna*. São Paulo: Cosac Naify, 2004.

SINGER, Ben. *Melodrama and modernity*: early sensational cinema and its contexts. Nova York: Columbia University Press, 2001.

TELLA, Torcuato di. *Para uma política latino-americana*. Rio de Janeiro: Paz e Terra, 1969.

WEFFORT, Francisco. *O populismo na política brasileira*. Rio de Janeiro: Paz e Terra, 1980.

Os autores

ANA ALBANO AMORA
Doutora em planejamento urbano pela Universidade Federal do Rio de Janeiro (UFRJ), na qual é professora adjunta da Faculdade de Arquitetura e Urbanismo.

ANGÉLICA MÜLLER
Doutora em história pela Université de Paris 1/Panthéon-Sorbonne e em história social pela Universidade de São Paulo (USP). Professora do mestrado em história do Brasil da Universidade Salgado de Oliveira (Universo) e pesquisadora associada do Centre d'Histoire Sociale du XXème Siècle/Paris 1.

CARLOS EDUARDO MOREIRA DE ARAÚJO
Doutor em história pela Universidade Estadual de Campinas (Unicamp). Professor da Uniabeu.

FLÁVIO GOMES
Professor do Instituto de História e dos programas de pós-graduação em história comparada e de arqueologia, ambos da Universidade Federal do Rio de Janeiro (UFRJ).

GISELE SANGLARD
Doutora em história das ciências e da saúde pela Casa de Oswaldo Cruz (COC/Fiocruz), na qual é pesquisadora.

GUSTAVO ALONSO
Doutor em história pela Universidade Federal Fluminense (UFF). Professor — bolsa de fixação de doutor — da Universidade Estadual do Maranhão (Uema).

IRENILDA REINALDA B. DE R. M. Cavalcanti
Doutora em história pela Universidade Federal Fluminense (UFF). Professora adjunta do Programa de Mestrado em História Social da Universidade Severino Sombra (USS).

JORGE VICTOR DE ARAÚJO SOUZA
Doutor em história pela Universidade Federal Fluminense (UFF), na qual cursa o pós-doutorado (bolsista PDJ-CNPq). Professor adjunto do Programa de Mestrado em História Social da Universidade Severino Sombra (USS).

JOSÉ JORGE SIQUEIRA
Doutor em história social pela Universidade Federal do Rio de Janeiro (UFRJ). Professor titular do Programa de História Social da Universidade Severino Sombra (USS).

LEONARDO SOARES DOS SANTOS
Doutor em história pela Universidade Federal Fluminense (UFF). Professor adjunto da COC/ESR/UFF.

LUCIA SILVA
Doutora em história pela Pontifícia Universidade Católica de São Paulo (PUC-SP). Professora adjunta da Universidade Federal Rural do Rio de Janeiro (UFRRJ, *campus* de Nova Iguaçu).

LUCIMAR FELISBERTO DOS SANTOS
Doutoranda em história pela Universidade Federal da Bahia (UFBA).

MARCELO MAC CORD
Doutor em história pela Universidade Estadual de Campinas (Unicamp). Professor adjunto da Universidade Federal Fluminense (UFF).

RENATO GAMA-ROSA COSTA
Doutor em urbanismo pela Universidade Federal do Rio de Janeiro (UFRJ). Pesquisador da Casa de Oswaldo Cruz (COC/Fiocruz). Professor do Programa de Pós-graduação em Saúde Pública da Escola Nacional de Saúde Pública (Ensp/Fiocruz).

RICARDO M. PIMENTA
Doutor em memória social pela Universidade Federal do Estado do Rio de Janeiro (Unirio). Pesquisador adjunto do Instituto Brasileiro de Informação em Ciência e Tecnologia (IBICT/MCTI). Professor do Programa de Pós-graduação em Ciência da Informação (PPGCI/IBICT-

UFRJ). Membro da Comissão de Altos Estudos do Centro de Referência das Lutas Políticas no Brasil (1964-1985) — Memórias Reveladas.

Rodrigo Fialho Silva
Doutor em história política pelo Programa de Pós-Graduação em História da Universidade do Estado do Rio de Janeiro (PPGH/Uerj). Professor da Universidade do Estado de Minas Gerais (UEMG, unidade de Leopoldina); da Faculdade de Filosofia, Ciências e Letras Santa Marcelina (Fafism), em Muriaé (MG); da Faculdade de Ciências Gerenciais Alves Fortes (Face-Alfor), em Além Paraíba (MG); e da rede municipal de ensino da prefeitura de Leopoldina (MG).

Sara Cabral Filgueiras
Graduanda em arquitetura e urbanismo na Faculdade de Arquitetura e Urbanismo da Universidade Federal do Rio de Janeiro (FAU/UFRJ). Foi bolsista Pibic Fiocruz/CNPq na Casa de Oswaldo Cruz (COC/Fiocruz).

William de Souza Martins
Doutor em história pela Universidade de São Paulo (USP). Professor adjunto do Instituto de História e do Programa de Pós-Graduação em História Social (PPGHIS), ambos da Universidade Federal do Rio de Janeiro (UFRJ).

Esta obra foi produzida nas
oficinas da Imos Gráfica e Editora na
cidade do Rio de Janeiro